한국사 연대표

한국사 연대표

최종수

2021
역민사

차 례

머 리 말

이 책은 편년체로 구성된 연대표로 한국의 역사 전체를 다룬 개설서다. 또한, 명멸하는 국가들의 흥망성쇠와 다양한 인물들의 인생무상이 만들어내는, 스토리가 있고 휴머니티가 있는 한 편의 대서사시이기도 하다.

그 많았던 일들을 조리 있게 체계적으로 기술한다는 것은 쉽지 않은 일이었다. 판단이나 평가 없이 오로지 있었던 사실만을 객관적으로 정확하게 전달하고자 노력하였고, 흥미와 감동을 함께 주고자 나름대로 심혈을 기울였다. 부족한 점이 많지만, 완성은 했으니 그나마 다행이라고 스스로 위로해 본다.

인간의 역사와 문화는 모두 같은 기본과 원리 아래에 이루어진다. 자연의 순리와 인생의 진리에 따른다. 이 책이 그러한 기본과 원리를 파악하고 이해하는 데에 조금이라도 보탬이 되기를 바랄 뿐이다. 도움을 주신 많은 분들에게 진심으로 깊은 감사를 드린다.

2021년 늦가을에 북한산 아래에서
지은이 드림

일러두기

1. 정치, 경제, 사회 분야는 검은 글자, 문화 분야는 붉은 글자로
   기술하였다.
2. -년 -월 -일은 -. -. -. 로 표기하였다. 연도가 분명하지 않은
   사항은 --x. 월이 분명하지 않은 사항은 0. 로 표기하였다.
3. 1895년까지는 음력, 1896년 1월 1일 이후는 양력이다.
4. 지명은 될 수 있는 대로 현재의 이름으로 표기하였다.
5. 외국의 기사는 [ ] 안에 표기하였다.
6. 나이는 한국 나이, 재위 기간 등은 만으로 계산하였다.

한국사 연대표

1. 선사시대

BC 70만년~10만년 전	전기 구석기시대. 평양시 상원 흑우리 검은모루 유적. 경기도 연천 전곡리 유적.
BC 10만년~4만년 전	중기 구석기시대. 평양시 역포구역 대현동 유적. 평안남도 덕천 승리산 유적.
BC 4만년~8천년 전	후기 구석기시대. 함경북도 웅기군 굴포리 서포항 유적. 함경북도 경흥군 부포리 덕산 유적. 충청북도 단양 수양개 유적. 충청남도 공주 석장리 유적. 전라남도 순천 월평 유적.
BC 8천년~4천년 전	전기 신석기시대. 함경북도 웅기군 굴포리 서포항 유적. 평안남도 온천군 궁산리 유적. 강원도 양양 오산리 유적, 서울 암사동 유적.
BC 7천년 전	울주 대곡리 반구대 암각화.
BC 4천년~2천년 전	중기 신석기시대. 평양시 사동 금탄리 유적. 인천 삼목도 유적, 경기도 용인시 능서리 유적.

<주먹도끼> - 경기도 연천 -

2. 고조선

BC 2333.　　　단군檀君 왕검王儉, 아사달에 도읍하고 고조선古朝鮮 건국.

BC 2000. 경　　후기 신석기시대. 함경북도 회령시 왕동 유적. 함경북도 무
　　　　　　　산군 호곡동 유적. 황해도 봉산군 신흥동 유적. 황해도 봉
　　　　　　　산군 지탑리 유적. 경남 합천군 봉계리 유적.

BC 1500. 경　　청동기시대 시작. 평북 용천군 신암리 유적. 경기도 파주
　　　　　　　덕은리 주거지. 충남 부여 송국리 주거지.

BC 1100. 경　　은의 기자箕子가 고조선에 들어옴.

BC 800. 경　　비파형 동검.

BC 700. 경　　<팔조금법> 시행.

BC 300. 경　　철기시대 시작. 연의 군사, 고조선 서부 침입. 세형 동검. 경
　　　　　　　북 고령 장기리 암각화.

BC 200. 경　　북만주 일대에 부여 성립. 한반도 중남부에 삼한족(마한 · 진
　　　　　　　한 · 변한)에 의한 진국 성립.

BC 195.　　　연의 위만衛滿, 고조선에 망명. 준왕, 위만 기용.

BC 194.　　　위만, 고조선을 공격하여 왕검성을 빼앗고 위만조선 건국.
　　　　　　　준왕, 남쪽으로 내려가 한왕을 칭함.

BC 128.　　　한, 창해군 설치.

BC 109.　　　위만의 손자 우거, 한의 요동 도위 공격. 한, 수륙으로 공격
　　　　　　　하여 왕검성 포위. 성기, 한에 항전.

BC 108.　　　우거 죽음. 위만조선 멸망. 한, 고조선 땅에 낙랑 · 진번 · 임
　　　　　　　둔 · 현도 한사군 설치.

BC xxx.　　　여옥, 노래 <공무도하가> 지음.

BC xx.　　　고구려족의 소국 성립.

BC 82.　　　고구려족, 진번 · 임둔 공격. 한, 진번 · 임둔 폐지.

BC 75.　　　고구려족, 현도 공격. 한, 현도를 요동으로 옮김.

3. 고구려

BC 37. (동명성왕 1년, 갑신년) 고주몽高朱蒙(부 해모수, 모 유화), 졸본성에 도읍하고 고구려高句麗 건국.

BC xx. 오녀산성 축성.

BC 36. (동명성왕 2년, 을유년) 비류국의 송양 투항.

BC 34. (동명성왕 4년, 정해년) 성곽과 궁실 건설.

BC 32. (동명성왕 6년, 기축년) 행인국 병합.

BC 27. (동명성왕 11년, 갑오년) 북옥저 병합.

BC 24. (동명성왕 14년, 정유년) 왕모 유화부인 부여에서 죽음.

BC 19. (유리왕 1년, 임인년) 동명성왕 죽음(재위 18년). 2대 유리왕 즉위.

BC 18. (유리왕 2년, 계묘년) 유리왕, 송양의 딸을 비로 삼음.

BC 17. (유리왕 3년, 갑진년) 유리왕, 서정시 <황조가> 지음.

BC 9.   (유리왕 11년, 임자년) 선비를 격파하고 병합.

BC 6.   (유리왕 14년, 을묘년) 부여의 침공 격퇴.

AD 3.   (유리왕 22년, 계해년) 국내성으로 천도. 위나암성(산성자산성) 건설.

9.   (유리왕 28년, 기사년) 태자 해명 자결.

12.   (유리왕 31년, 임신년) 흉노 토벌 문제로 신의 왕망과 분쟁.

13.   (유리왕 32년, 계유년) 부여의 침공 격퇴.

14.   (유리왕 33년, 갑술년) 양맥 멸함. 한의 고구려현 쟁취.

18.   (대무신왕 1년, 기축년) 유리왕 죽음(재위 37년). 3대 대무신왕 즉위.

20.   (대무신왕 3년, 경진년) 동명성왕묘 건립.

22.   (대무신왕 5년, 임오년) 부여 공격하여 대소왕 죽임. 부여 백성 만여 명 투항.

26.   (대무신왕 9년, 병술년) 개마국 토벌 병합. 구다국 투항.

28.   (대무신왕 11년, 무자년) 한 요동 태수의 침입 격퇴.

32.   (대무신왕 15년, 임진년) 낙랑국 공격.

37.   (대무신왕 20년, 정유년) 낙랑국 멸함.

44.   (민중왕 1년, 갑진년) 대무신왕 죽음(재위 26년). 4대 민중왕 즉위.

47.   (민중왕 4년, 정미년) 잠지부락의 대승 등 1만여 호, 낙랑을 통해

한에 투항.

48. (모본왕 1년, 무신년) 민중왕 죽음(재위 4년). 5대 모본왕 즉위.

49. (모본왕 2년, 기유년) 한의 북평·어양·상곡·대원 등 공격했으나 요동 태수의 제의로 화친.

53. (태조왕 1년, 계축년) 모본왕 피살(재위 5년). 6대 태조왕 즉위(7세). 태후 해씨 섭정. 동옥저 정벌.

55. (태조왕 3년, 을묘년) 요서에 10성 축성하여 후한에 대비.

56. (태조왕 4년, 병진년) 동옥저 정벌. 영토가 동 창해, 남 살수에 이름.

68. (태조왕 16년, 무진년) 부여 갈사왕의 손자 도두 투항. 갈사부여 병합.

72. (태조왕 20년, 임신년) 조라국 정벌하고 왕 생포.

74. (태조왕 22년, 갑술년) 주라국 정벌하고 왕자 을음 생포.

98. (태조왕 46년, 무술년) 태조왕, 8개월 간 동순하여 책성에 도달.

105. (태조왕 53년, 을사년) 후한의 요동군 6현 공격.

114. (태조왕 62년, 갑인년) 태조왕, 남해 지방 순행. 일식 관측.

118. (태조왕 66년, 무오년) 예맥과 연합하여 후한의 현도군 공격.

121. (태조왕 69년, 신유년) 후한의 침입 격퇴. 선비와 연합하여 요동군 요대현 공격해 요동 태수 죽임. 마한·예맥과 연합하여 현도군 요동성 포위 공격했으나 패퇴.

122. (태조왕 70년, 임술년) 요동성 계속 공격. 부여왕이 요동 구원.

146. (태조왕 94년, 병술년) 요동군 신안거향·서안평 공격. 태조왕, 동생 수성에게 선위(7대 차대왕).

148. (차대왕 3년, 무자년) 차대왕, 선왕 태조왕의 원자 막근 죽임.

165. (신대왕 1년, 을사년) 태조왕 죽음. 차대왕 시해됨(재위 19년). 8대 신대왕 즉위.

166. (신대왕 2년, 병오년) 대사면 단행. 좌보·우보 통합하여 국상 신설.

169. (신대왕 5년, 기유년) 현도 태수의 공격 격퇴.

172. (신대왕 8년, 임자년) 현도 태수의 공격을 좌원에서 격퇴.

179. (고국천왕 1년, 기미년) 신대왕 죽음(재위 14년). 9대 고국천왕 즉위.

184. (고국천왕 6년, 갑자년) 요동 태수의 침입 격퇴.

191. (고국천왕 13년, 신미년) 좌가려 등의 반란 평정. 국상 을파소 등용.

194. (고구천왕 16년, 갑술년) <진대법> 시행.

197. (산상왕 1년, 정축년) 고국천왕 죽음(재위 18년). 10대 산상왕 즉위. 산상왕의 형 발지, 반란 실패 자결.

198. (산상왕 2년, 무인년) 위나암성을 보수하고 환도성으로 개칭.

208. (산상왕 12년, 무자년) 산상왕, 환도성으로 이어.

217. (산상왕 21년, 정유년) 후한 평주 사람 하요, 1천여 가구와 함께 투항.

227. (동천왕 1년, 정미년) 산상왕 죽음(재위 30년). 11대 동천왕 즉위.

233. (동천왕 7년, 계축년) 오왕 손권의 사신이 고구려로 피신.

234. (동천왕 8년, 갑인년) 위, 사신을 보내 화친 요청.

236. (동천왕 10년, 병진년) 오왕 손권이 화친을 청했으나 사신의 머리를 베어 위에 보냄.

238. (동천왕 12년, 무오년) 위의 요동 공손연 토벌에 군사 1천 명 지원.

244. (동천왕 18년, 갑자년) 동천왕, 위의 압력에 대항해 요동의 서안평 공격.

246. (동천왕 20년, 병인년) 위의 관구검, 반격하여 환도성 점령.

247. (동천왕 21년, 정묘년) 동천왕, 평양성 보수하고 평양성으로 이어.

248. (중천왕 1년, 무진년) 신라에 사신 보내 화친. 동천왕 죽음(재위 21년). 12대 중천왕 즉위.

259. (중천왕 12년, 기묘년) 양맥곡에서 위의 침입 격퇴.

270. (서천왕 1년, 경인년) 중천왕 죽음(재위 22년). 13대 서천왕 즉위.

280. (서천왕 11년, 경자년) 숙신의 침입 격퇴.

286. (서천왕 17년, 병오년) 서천왕의 동생 일우·소발 반란으로 주살.

292. (봉상왕 1년, 임자년) 서천왕 죽음(재위 22년). 14대 봉상왕 즉위. 봉상왕, 숙부 달가 죽임.

293. (봉상왕 2년, 계축년) 전연 모용외의 침입 격퇴. 봉상왕, 동생 돌고 사사.

296. (봉상왕 5년, 병진년) 모용외의 재침 격퇴.

298. (봉상왕 7년, 무오년) 전국적 기근. 봉상왕, 궁궐 증축.

300. (미천왕 1년, 경신년) 국상 창조리 등, 봉상왕 폐위시킴(재위 8년). 15대 미천왕 옹립.

302. (미천왕 3년, 임술년) 3만 군사로 현도군 공격하여 적군 8천여 명 생포.

311. (미천왕 12년, 신미년) 요동군 서안평 점령.

313. (미천왕 14년, 계유년) 미천왕, 낙랑군 점령하여 멸망시킴. 한사군 소멸.

314. (미천왕 15년, 갑술년) 미천왕, 대방군 정벌 병합.

320. (미천왕 21년, 경진년) 미천왕, 요동 공격.

331. (고국원왕 1년, 신묘년) 미천왕 죽음(재위 31년). 16대 고국원왕 즉위.

334. (고국원왕 4년, 갑오년) 평양성 증축.

335. (고국원왕 5년, 을미년) 국내성 보수. 북방에 신성 축성.

339. (고국원왕 9년, 기해년) 고국원왕, 모용외의 아들 연왕 모용황의 신성
     침입에 화친을 청함.

342. (고국원왕 12년, 임인년) 고국원왕, 환도성을 보수하고 이어. 모용황, 4
     만 군사로 침공하여 환도성 점령. 모용황, 미천왕의 묘를 파 시신과
     왕모, 왕비, 5만여 명을 잡아감.

343. (고국원왕 13년, 계묘년) 고국원왕, 동생을 연에 보내 조공 바침. 연에
     서 미천왕의 시신과 왕비 돌려보냄. 고국원왕, 평양 동황성으로 이어.

345. (고국원왕 15년, 을사년) 모용황의 아들 모용각에게 남소 상실.

355. (고국원왕 25년, 을묘년) 왕모 주씨 연에서 귀환.

357. (고국원왕 27년, 정사년) 안악 3호분 축조되고 <대행렬도> 등 고분벽
     화 그려짐.

369. (고국원왕 39년, 기사년) 고국원왕, 2만 군사로 백제 공격했으나 패퇴.

370. (고국원왕 40년, 경오년) 진의 연 격파로 연의 모용평이 망명해 왔으나
     그를 진에 보냄.

371. (소수림왕 1년, 신미년) 백제 근초고왕의 평양성 공격에 고국원왕 전사
     (재위 40년). 17대 소수림왕 즉위.

372. (소수림왕 2년, 임신년) 전진왕 부견이 보낸 승려 순도와 불상·불경을
     받아들임. 고구려에 불교 전래. 태학 설립.

373. (소수림왕 3년, 계유년) <율령> 반포.

375. (소수림왕 5년, 을해년) 전진의 승려 아도 들어옴. 초문사와 이불란사
     창건하고 순도와 아도를 보냄.

376. (소수림왕 6년, 병자년) 백제 북변을 공격.

377. (소수림왕 7년, 정축년) 백제 근구수왕 3만 군사의 평양성 공격 격퇴.
     고구려군, 백제 북변 기습 공격.

378. (소수림왕 8년, 무인년) 거란의 북쪽 변방 침입으로 8부락 상실.

384. (고국양왕 1년, 갑산년) 소수림왕 죽음(재위 13년). 18대 고국양왕 즉위.

385. (고국양왕 2년, 을유년) 고국양왕, 4만 군사로 요동군·현도군 점령. 후

연의 모용농에 요동군 · 현도군 상실.

386. (고국양왕 3년, 병술년) 담덕 태자 책봉. 백제 공격.

389. (고국양왕 6년, 기축년) 백제군이 남쪽 변경 침입.

390. (고국양왕 7년, 경인년) 백제군에 도곤성 상실.

391. (광개토왕 1년) 고국양왕, 불교 장려. 종묘 · 사직 보수. 고국양왕 죽음 (재위 7년). 태자 담덕 즉위(19대 광개토왕). 연호 <영락>. 광개토왕, 백제 북부를 공격하여 석현성 등 10여 성 점령. 백제 관미성 점령. 거란을 격파하고 빼앗겼던 백성 1만여 명을 데리고 옴.

393. (광개토왕 3년, 계사년) 평양에 9사찰 창건하고 불교 장려.

394. (광개토왕 4년, 갑오년) 남쪽에 7성을 쌓고 백제의 공격 격퇴.

395. (광개토왕 5년, 을미년) 백제의 침입을 패수에서 격퇴. 비려 격파.

396. (광개토왕 6년, 병신년) 광개토왕, 수군을 거느리고 백제를 공격하여 58성을 공파하고 항복 받음. 한강 이북과 예성강 이동 점유.

397. (광개토왕 7년, 정유년) 후연의 요동성 점령.

398. (광개토왕 8년, 무술년) 숙신 정벌.

400. (광개토왕 10년, 경자년) 후연의 모용성에게 신성 · 남소 2성 상실. 보병 · 기병 5만을 신라에 보내 백제 · 가야 · 왜 연합군으로부터 구원.

402. (광개토왕 12년, 임인년) 후연의 숙군성 점령.

404. (광개토왕 14년, 갑진년) 후연 공격. 서해 연안에 침입한 왜 토벌.

405. (광개토왕 15년, 을사년) 후연 모용희의 침공을 요동성에서 격퇴.

406. (광개토왕 16년, 병오년) 후연 모용희의 침공을 목저성에서 격퇴.

407. (광개토왕 17년, 정미년) 후연 격파하고 갑옷 1만 벌 획득. 백제 공격.

408. (광개토왕 18년, 무신년) 후연을 멸망시킨 북연과 사신 교류하고 화친.

409. (광개토왕 19년, 기유년) 동쪽에 독산 등 6성을 쌓고 평양 백성 이주시킴.

410. (광개토왕 20년, 경술년) 동부여 병합.

412. (광개토왕 22년, 임자년) 광개토왕 죽음(39세. 재위 21년). 재위 중 백제 64성과 1,400촌락 공파. 고구려 영토 서 요하, 북 개원에서 영안, 동 훈춘, 남 임진강 유역까지 확장.

413. (장수왕 1년, 계축년) 20대 장수왕 즉위. 동진에 사신 파견하여 수교.

414. (장수왕 2년, 갑인년) 광개토왕비 건립.

4xx. 왕산악, 칠현금 개조하여 거문고 제작. 왕산악, 100여 곡 작곡 연주.

427. (장수왕 15년, 정묘년) 국내성에서 평양성으로 천도. 평양에 대성산성 축성하고 안학궁 건설.

436. (장수왕 24년, 병자년) 북연왕 풍홍 투항. 북위, 풍홍을 내줄 것을 요구.

438. (장수왕 26년, 무인년) 송에 투항하려는 풍홍을 죽임.

454. (장수왕 45년, 갑오년) 신라가 조공을 끊으므로 신라 북변 공략.

466. (장수왕 54년, 병오년) 북위에서 혼인을 요청했으나 거부.

468. (장수왕 56년, 무신년) 말갈과 함께 신라 실직성 탈취.

469. (장수왕 57년, 기유년) 백제군이 남변 침입.

475. (장수왕 63년, 을묘년) 장수왕의 3만 군사, 백제를 공격하여 개로왕 죽이고 수도 한성과 한강 유역 점령. 북한산군을 두고 남평양이라 부름. 아차산성 축성.

480. (장수왕 68년, 경신년) 중원고구려비 건립.

481. (장수왕 69년, 신유년) 말갈과 함께 신라 북변의 호명 등 7성 공취.

489. (장수왕 77년, 기사년) 신라의 호산성 점령.

491. (문자명왕 1년, 신미년) 장수왕 죽음(98세, 재위 79년). 21대 문자명왕 즉위.

494. (문자명왕 4년, 갑술년) 부여 왕실, 고구려에 투항. 부여 소멸.

<고구려 아차산성 성벽> - 서울 광진구 -

495. (문자명왕 5년, 을해년) 백제의 치양성 포위 공격. 백제, 신라의 지원을 받아 성을 지킴.

497. (문자명왕 7년, 정축년) 신라의 우산성 점령.

502. (문자명왕 12년, 임오년) 백제군, 수곡성 침입.

512. (문자명왕 22년, 임진년) 백제의 가불성 · 원산성 점령.

519. (안장왕 1년, 기해년) 문자명왕 죽음(재위 28년). 22대 안장왕 즉위.

523. (안장왕 5년, 계묘년) 백제 공략.

531. (안원왕 1년, 신해년) 안장왕 죽음(재위 12년). 23대 안원왕 즉위.

540. (안원왕 10년, 경신년) 백제의 우산성 공격 격퇴.

545. (양원왕 1년, 을축년) 안원왕 죽음(재위 14년). 24대 양원왕 즉위.

547. (양원왕 3년, 정묘년) 백암성 · 신성 중수.

548. (양원왕 4년, 무진년) 예와 연합하여 백제의 독산성 공격했으나 패퇴.

550. (양원왕 6년, 경오년) 백제군에 도살성 상실. 백제의 금현성 탈취. 신라군에 금현성 상실.

551. (양원양 7년, 신미년) 돌궐의 백암성 침입 격퇴. 백제 · 신라 연합군에 패하여 백제에 한강 하류, 신라에 죽령 이북 10군 상실.

552. (양원왕 8년, 임신년) 평양 장안성 축성.

557. (양원양 13년, 정축년) 간주리, 환도성에서 모반하다 주살.

559. (평원왕 1년, 기묘년) 양원왕 죽음(재위 14년). 25대 평원왕 즉위.

581. (평원왕 23년, 신축년) [양견(수 문제), 수 건국].

583. (평원왕 25년, 계묘년) 농업과 잠업 장려.

586. (평원왕 28년, 병오년) 평원왕, 평양 장안성으로 이어.

590. (영양왕 1년, 경술년) 수 양제, 병기 수리와 양곡 비축 질책. 평원왕 죽음(재위 31년). 26대 영양왕 즉위. 온달, 신라 공략 중 아차산에서 전사.

598. (영양왕 9년, 무오년) 영양왕, 말갈병과 함께 요서 공격. 수 문제, 30만 군사로 고구려 침입. 고구려군, 요하에서 수군 대파.

600. (영양왕 11년, 경신년) 이문진, 역사서 <신집> 5권 편찬.

608. (영양왕 19년, 무진년) 신라의 우명산성 점령하고 8천 명을 포로로 함.

610. (영양왕 21년, 경오년) 담징, 왜에 지 · 묵 · 수차 등의 제조 기술 전수. 담징, 왜승 법정과 왜 법륭사 금당벽화 그림.

612. (영양왕 23년, 임신년) 수 양제, 113만 대군으로 1차 침입. 수군, 요동성

포위. 을지문덕, 살수에서 수군 대파(살수대첩).

613. (영양왕 24년, 계유년) 수 양제, 2차 침입. 수 국내 반란으로 철수.

614. (영양왕 25년, 갑술년) 수의 3차 침입, 고구려의 화의 요청 수락.

618. (영류왕 1년, 무인년) 영양왕 죽음(재위 28년). 27대 영류왕 즉위. [수 멸망. 이연, 당 건국].

622. (영류왕 5년, 임오년) 고구려에 억류된 수 포로 만여 명 돌려보내고 고구려 포로 데려옴.

624. (영류왕 7년, 갑신년) 당의 도사, <노자서> 강독.

629. (영류왕 12년, 기축년) 신라 김유신 등에게 낭비성 상실.

631. (영류왕 14년, 신묘년) 북동쪽 부여성에서 동남해에 이르는 천리장성 축성 시작.

638. (영류왕 21년, 무술년) 신라의 칠중성 공격.

640. (영류왕 23년, 경자년) 태자 환권 당에 조빙. 귀족 자제들을 당 국자감에 유학시킴.

641. (영류왕 24년, 신축년) 당, 태자의 입조 답례로 사신 파견. 당 사신, 고구려의 지형 탐색.

642. (보장왕 1년, 임인년) 영류왕, 연개소문에게 피살(재위 24년). 연개소문, 28대 보장왕 옹립.

643. (보장왕 2년, 계묘년) 당에서 도사 8명과 <노자도덕경> 보냄.

644. (보장왕 3년, 갑진년) 연개소문, 당 사신 억류.

645. (보장왕 4년, 을사년) 당 태종, 1차 고구려 침입. 당군, 요동성ㆍ백암성 점령. 양만춘과 안시성의 군민, 당군 격퇴.

647. (보장왕 6년, 정미년) 당군, 2차 침입. 당군, 압록강 이북 탈취. 보장왕, 차남 임무를 당에 보냄. 천리장성 완공.

648. (보장왕 7년, 무신년) 당군, 바다를 건너 3차 침입. 고구려군, 당군 격파.

649. (보장왕 8년, 기유년) 당 태종 죽음으로 당의 고구려 침공 중단.

654. (보장왕 13년, 갑인년) 고구려군, 말갈군과 거란을 공격했으나 실패.

655. (보장왕 14년, 을묘년) 고구려군, 귀단수에서 소정방의 당군에 패배.

658. (보장왕 17년, 무오년) 고구려군, 당의 정명진ㆍ설인귀의 침입 격퇴.

661. (보장왕 20년, 신유년) 연개소문 장남 연남생, 압록강에서 당군에 패배.

662. (보장왕 21년, 임술년) 연개소문, 당군 격파.

664. (보장왕 23년, 갑자년) 신라 김인문에게 돌사성 상실.

666. (보장왕 25년, 병인년) 연개소문 죽음. 연남생, 막리지가 되어 당에 협조. 차남 연남건, 스스로 막리지에 오름. 연남생, 당에 투항. 연개소문 동생 연정토, 신라에 투항.

667. (보장왕 26년, 정묘년) 7. 북방 16성 당군에 항복. 당의 설인귀, 남소·목저·창암 3성을 점령하고 연남생과 합세. 10. 당의 이적, 평양성 북쪽 200리까지 도달.

668. (보장왕 27년, 무진년) 2. 당군, 부여성 점령. 9. 당군, 신라군과 연합하여 평양성 점령. 보장왕 항복. 당, 보장왕과 백성 20만 명 잡아감. 고구려 멸망. 11. 당, 평양에 안동도호부 설치. 고구려의 5부 176성 69만여 호를 9도독부 42주 100현으로 개편.

669. 4. 당, 고구려 유민 38,300호를 내륙 산남 등으로 이주시킴. 6. 검모잠, 안승 추대하고 신라에 귀부할 것을 청함.

670. 7. 안승, 검모잠을 죽이고 신라에 투항.

672. 8. 고구려 부흥군, 신라와 연합하여 당군에 저항했으나 패배.

673. 5. 고구려 부흥군, 당군에 패하고 남은 무리 신라에 투항. 고구려 부흥군 소멸.

4. 백제

BC 18. (온조왕 1년, 계묘년) 온조溫祚(부 주몽, 모 소서노), 하남위례성에 도읍하고 백제百濟 건국(한성 백제). 동명성왕묘 건립. 온조왕, 북한산에 올라 살 땅을 살펴봄.

BC 17. (온조왕 2년, 갑진년) 을음을 우보로 삼고 군사를 맡김.

BC 16. (온조왕 3년, 을사년) 말갈의 북변 침입 격퇴.

BC 15. (온조왕 4년, 병오년) 동쪽의 낙랑과 화친.

BC 11. (온조왕 8년, 경술년) 말갈의 북변 침입 격퇴. 낙랑과의 화친 파기.

BC 9. (온조왕 10년, 임자년) 말갈의 북변 침입 격퇴.

BC 8. (온조왕 11년, 계축년) 낙랑이 말갈로 하여금 병산책을 공격케 함. 독산·구천에 목책을 쌓아 낙랑에 대비.

BC 6. (온조왕 13년, 을묘년) 왕모 죽음. 한산 아래 성을 쌓고 성곽과 궁궐 건설. 위례성의 백성을 이주시킴.

BC 5. (온조왕 14년, 병진년) 한산으로 천도. 국경이 북 패하, 남 웅천, 서 서해, 동 주양에 이름. 농사 권장. 마한에 천도를 알림. 남한산성 축성.

BC 4. (온조왕 15년, 정사년) 한성에 신궁 건설.

BC 2. (온조왕 17년, 기미년) 낙랑의 위례성 침입 격퇴. 국모묘 건립.

BC 1. (온조왕 18년, 경신년) 낙랑의 침입 칠중하에서 격퇴.

AD 4. (온조왕 22년, 갑자년) 석두성·고목성 축성. 부현에서 말갈군 격퇴.

6. (온조왕 24년, 병인년) 웅천에 목책 건설했으나 마한의 항의로 철거.

8. (온조왕 26년, 무진년) 마한 병합. 원산·금현 2성은 저항.

9. (온조왕 27년, 기사년) 원산·금현 2성 투항. 대두산성 축성.

13. (온조왕 31년, 계유년) 백성을 남부·북부 2부로 나누어 둠.

15. (온조왕 33년, 을해전) 동부·서부 2부 추가 설치.

16. (온조왕 34년, 병자년) 전 마한의 장수 주근의 우곡성 반란 평정.

18. (온조왕 36년, 무인년) 탕정성·고사부리성 축조.

19. (온조왕 37년, 기묘년) 가뭄과 기근으로 1천여 호 고구려로 이탈.

20. (온조왕 38년, 경진년) 온조왕, 동쪽의 주양과 북쪽의 패하까지 돌며 백성 위로. 농업과 양잠 장려.

22.   (온조왕 40년, 임오년) 말갈의 술천성·부현성 침입 격퇴.

23.   (온조왕 41년, 계미년) 우보 을음 죽음. 북부의 해루를 우보로 삼음. 15
      세 이상 징발하여 위례성 보수.

25.   (온조왕 43년, 을유년) 남옥저의 구파해 등 귀순.

28.   (다루왕 1년, 무자년) 온조왕 죽음(재위 46년). 2대 다루왕 즉위.

30.   (다루왕 3년, 경인년) 마수산 서쪽에서 말갈 격파.

31.   (다루왕 4년, 신묘년) 고목성에서 말갈 격파.

33.   (다루왕 6년, 계사년) 남부지방에 벼농사 장려.

34.   (다루왕 7년, 갑오년) 우보 해루 죽음. 동부의 흘우를 우보로 삼음. 말
      갈에 마수성 상실.

37.   (다루왕 10년, 정유년) 흘우를 좌보, 북부의 진회를 우보로 삼음.

56.   (다루왕 29년, 병진년) 동부에 우곡성을 쌓아 말갈에 대비.

63.   (다루왕 36년, 계해년) 국경을 넓혀 낭자곡성에 이름.

66.   (다루왕 39년, 병인년) 신라의 와산성 점령했으나 반격으로 철수.

77.   (기루왕 1년, 정축년) 다루왕 죽음(재위 49년). 3대 기루왕 즉위.

85.   (기루왕 9년, 을유년) 신라의 북변 공격.

89.   (기루왕 13년, 기축년) 지진 발생.

105. (기루왕 29년, 을사년) 신라에 사신 파견하여 화친 요청.

108. (기루왕 32년, 무신년) 말갈, 우곡성에 침입하여 약탈. 가뭄 극심.

113. (기루왕 37년, 계축년) 신라에 사신 파견하여 화친 유지.

125. (기루왕 49년, 을축년) 말갈의 공격을 받은 신라에 군사 지원.

128. (개루왕 1년, 무진년) 기루왕 죽음(재위 51년). 4대 개루왕 즉위.

132. (개루왕 5년, 임신년) 한성 북쪽에 북한산성 축조.

155. (개루왕 28년, 을미년) 신라의 길선, 반역하고 백제로 도피.

166. (초고왕 1년, 병오년) 개루왕 죽음(재위 38년). 5대 초고왕 즉위.

167. (초고왕 2년, 정미년) 신라 공격했으나 반격에 화친 요청.

170. (초고왕 5년, 경술년) 신라의 북변 공격.

188. (초고왕 23년, 무진년) 궁궐 수리. 신라의 모산성 공격.

190. (초고왕 25년, 경오년) 와산에서 신라군에 승리.

204. (초고왕 39년, 갑신년) 신라의 요거성 공격하여 성주 죽임. 신라군에
      사현성 상실.

210.   (초고왕 45년, 경인년) 적현·사도 2성을 쌓고 동부의 백성 이주시킴.

214.   (구수왕 1년, 갑오년) 말갈의 석문성 탈취. 말갈, 술천에 침입. 초고왕 죽음(재위 48년). 6대 구수왕 즉위.

216.   (구수왕 3년, 병신년) 사도성에서 말갈군 격파.

217.   (구수왕 4년, 정유년) 사도성 인근에 2책 설치.

222.   (구수왕 9년, 임인년) 신라의 우두성 공취. 제방 축조하고 농사 장려.

229.   (구수왕 16년, 기유년) 말갈, 우곡성 공략하고 노략질.

234.   (사반왕 1년, 고이왕 1년, 갑인년) 구수왕 죽음(재위 20년). 7대 사반왕 즉위 직후 나이가 어려 폐위. 8대 고이왕 즉위.

242.   (고이왕 9년, 임술년) 남쪽의 습지를 개척하여 벼농사 장려.

243.   (고이왕 10년, 계해년) 큰 제단을 만들고 천지신명에 제사 지냄.

248.   (고이왕 15년, 무진년) 가뭄과 기근으로 백성 구제.

260.   (고이왕 27년, 경진년) 6좌평과 16품의 관직 제정. 관리의 복색 지정.

262.   (고이왕 29년, 임오년) 뇌물 수수, 도적질, 장물 취득 금지령.

278.   (고이왕 45년, 무술년) 신라의 괴곡성 공격.

286.   (책계왕 1년, 병오년) 신라에 사신을 보내 화친 요청. 고이왕 죽음(재위 52년). 9대 책계왕 즉위. 위례성 보수. 고구려의 공격을 받은 대방의 구원 요청에 군사 지원. 고구려 침입에 대비하여 아차성·사성 축성.

298.   (분서왕 1년, 무오년) 책계왕, 한인·맥인의 침입에 싸우다 전사(재위 12년). 10대 분서왕 즉위.

2xx.   풍납토성·몽촌토성 축성 완료.

304.   (비류왕 1년, 갑자년) 분서왕, 낙랑군의 서현을 기습 탈취. 분서왕, 낙랑 태수의 자객에 피살(재위 6년). 11대 비류왕 즉위.

312.   (비류왕 9년, 임신년) 각지에 관리를 보내 백성을 보살피게 함.

327.   (비류왕 24년, 정해년) 우복, 북한산성에서 반란 일으켰으나 평정.

330.   (비류왕 27년, 경인년) 김제에 벽골제 건설.

337.   (비류왕 34년, 정유년) 신라에서 사신 파견.

344.   (계왕 1년, 갑진년) 비류왕 죽음(재위 40년). 12대 계왕 즉위.

346.   (근초고왕 1년, 병오년) 계왕 죽음(재위 2년). 13대 근초고왕 즉위.

366.   (근초고왕 21년, 병인년) 근초고왕, 신라에 사신 보냄.

369.   (근초고왕 24년, 기사년) 고구려 고국원왕 2만 군사의 침입을 치양에서

격퇴.

371. (근초고왕 26년, 신미년) 고구려군의 침입을 패하에서 격퇴. 근초고왕, 3만 군사로 고구려 평양성 공격하여 고국원왕 죽임. 한산으로 천도.

372. (근초고왕 27년, 임신년) 동진에 사신 파견하여 수교.

373. (근초고왕 28년, 계유년) 독산 성주, 신라로 도피. 청목령에 성을 쌓음.

374. (근초고왕 29년, 갑술년) 고흥, 사서 <서기> 편찬.

3xx. 근초고왕, 왜왕에 <칠지도> 하사.

375. (근구수왕 1년, 을해년) 고구려군에 수곡성 상실. 근초고왕 죽음(재위 29년). 14대 근구수왕 즉위.

376. (근구수왕 2년, 병자년) 고구려군, 북쪽 변경 침입.

377. (근구수왕 3년, 정축년) 고구려의 평양성 공격. 고구려군, 백제 공격.

3xx. 왕인, 왜에 <논어>를 비롯한 경·사 서적 전함.

384. (침류왕 1년, 갑신년) 근구수왕 죽음(재위 9년). 15대 침류왕 즉위. 동진의 승려 마라난타, 불교를 전함.

385. (진사왕 1년, 을유년) 2. 한산에 불사 창건. 침류왕 죽음(재위 1년). 16대 진사왕 즉위.

<풍납토성> - 서울 송파구 -

386.	(진사왕 2년, 병술년) 15세 이상 징발하여 청목령에서 팔곤성에 이르는 관문에 방어시설 설치. 고구려군, 침입.
387.	(진사왕 3년, 정해년) 관미령에서 말갈군에 패배.
389.	(진사왕 5년, 기축년) 고구려의 남부 공격.
390.	(진사왕 6년, 경인년) 고구려의 도곤성 탈취.
391.	(진사왕 7년, 신묘년) 궁궐 중수. 말갈에 북변의 적현성 상실.
392.	(아신왕 1년, 임진년) 고구려 광개토왕에 북변 석현성 등 10여 성 상실. 고구려군에 해상 요충지 관미성 상실. 진사왕 죽음(재위 7년). 17대 아신왕 즉위.
393.	(아신왕 2년, 계사년) 관미성 탈환 실패.
394.	(아신왕 3년, 갑오년) 수곡성에서 고구려군에 패배.
395.	(아신왕 4년, 을미년) 고구려를 공격했으나 패수에서 패배.
396.	(아신왕 5년, 병신년) 고구려 광개토왕, 수군을 거느리고 백제의 58성을 공파하고 도성에 육박. 아신왕, 항복하고 왕의 동생 등 10명 볼모로 보냄.
397.	(아신왕 6년, 정유년) 왜와 수호를 맺고 태자 전지를 볼모로 보냄.
398.	(아신왕 7년, 무술년) 한강 이북에 쌍현성 축성.
399.	(아신왕 8년, 기해년) 고구려 정벌을 위한 징발에 백성들 신라로 도주.
403.	(아신왕 12년, 계묘년) 왜와 사신 교류.
405.	(전지왕 1년, 을사년) 아신왕 죽음(재위 13년). 아신왕 차남 훈해, 섭정이 됨. 훈해의 동생 설례, 훈해를 죽이고 즉위. 백성들이 설례를 죽임. 전지, 왜에서 귀국하여 즉위(18대 전지왕).
406.	(전지왕 2년, 병오년) 동진에 사신 파견.
408.	(전지왕 4년, 무신년) 상좌평 신설. 여신을 상좌평으로 삼음.
416.	(전지왕 12년, 병진년) 동진에서 사신 보냄.
417.	(전지왕 13년, 정사년) 고구려군에 대비하여 동북에 사구성 축성.
418.	(전지왕 14년, 무오년) 왜에 사신 파견.
420.	(구이신왕 1년, 경신년) 전지왕 죽음(재위 15년). 19대 구이신왕 즉위.
427.	(비유왕 1년, 정묘년) 구이신왕 죽음(재위 7년). 20대 비유왕 즉위.
428.	(비유왕 2년, 무진년) 비유왕, 4부 순행하며 백성에게 곡식을 나누어줌. 왜 사신 일행 40여 명 내조.

433. (비유왕 7년, 계유년) 신라에 사신 보내 나제동맹 결성.

447. (비유왕 21년, 정해년) 가뭄과 기근으로 많은 백성이 신라로 유출.

455. (개로왕 1년, 을미년) 비유왕 죽음(재위 28년). 21대 개로왕 즉위.

469. (개로왕 15년, 기유년) 쌍현성 수리. 청목령에 목책 설치.

472. (개로왕 18년, 임자년) 북위에 사신 보내 고구려 공격 요청. 북위, 거부.

475. (문주왕 1년, 을묘년) 고구려 장수왕, 3만 군사로 백제 공격. 개로왕 전사(재위 20년). 한성 함락됨. 22대 문주왕 즉위. 문주왕, 공주로 천도. 고구려군, 북한산군 설치.

476. (문주왕 2년, 병진년) 대두산성을 보수하고 한성 백성 이주시킴.

477. (삼근왕 1년, 정사년) 궁궐 중수. 문주왕, 해구에 피살(재위 2년). 23대 삼근왕 즉위.

478. (삼근왕 2년, 무오년) 해구, 대두성에서 반란으로 주살.

479. (동성왕 1년, 기미년) 삼근왕 죽음(재위 2년). 24대 동성왕 즉위.

482. (동성왕 4년, 임술년) 말갈, 한산성에 침입하여 백성 3백여 호 잡아감.

486. (동성왕 8년, 병인년) 궁실 중수. 우두성 축성.

490. (동성왕 12년, 경오년) 사현성 · 이산성 축성.

491. (동성왕 13년, 신미년) 기근으로 백성 6백여 호 신라로 유출.

493. (동성왕 15년, 계유년) 동성왕, 신라에 청혼하여 비지의 딸이 옴.

495. (동성왕 17년, 을해년) 고구려의 치양성 포위를 신라의 지원으로 격퇴.

498. (동성왕 20년, 무인년) 탐라 복속시킴. 웅진교 건설.

499. (동성왕 21년, 기묘년) 기근으로 한산 백성 2천여 호가 고구려로 유출.

500. (동성왕 22년, 경진년) 왕궁 동쪽 공산성 정상에 임류각 건설.

501. (무령왕 1년, 신사년) 가림성 축성. 백가, 가림성에서 반란 일으키고 동성왕 시해(재위 22년). 25대 무령왕 즉위.

502. (무령왕 2년, 임오년) 무령왕, 백가의 반란 진압.

503. (무령왕 3년, 계미년) 말갈의 고목성 침입 격퇴.

506. (무령왕 6년, 병술년) 말갈, 고목성 재침입. 전염병 창궐.

507. (무령왕 7년, 정해년) 고목성에 2책을 세우고 장령성을 쌓아 말갈에 대비. 고구려 · 말갈군의 침입 격퇴.

510. (무령왕 10년, 경인년) 제방을 쌓고 유민을 정착시킴.

512. (무령왕 12년, 임진년) 무령왕, 고구려군의 가불성 · 원산성 침공 격퇴.

양에 사신 파견.

521. (무령왕 21년, 신축년) 자연재해로 기근. 백성 구휼. 양에 사신 파견.
523. (성왕 1년, 계묘년) 쌍현성 축성. 무령왕 죽음(재위 22년). 26대 성왕 즉위. 패수에서 고구려군의 침입 격퇴.
525. (성왕 3년, 을사년) 무령왕릉 축조.
526. (성왕 4년, 병오년) 공산성 보수. 사정에 책성 세움.
529. (성왕 7년, 기유년) 고구려에 혈성 상실. 오곡원에서 고구려군에 패배.
538. (성왕 16년, 무오년) 부여로 천도. 남부여로 국호 개칭. 부소산성 축성.
540. (성왕 18년, 경신년) 고구려의 우산성을 공격했으나 실패.
541. (성왕 19년, 신유년) 양에 사신을 보내 박사 · 불서 · 공장 · 화사 등 요청.
548. (성왕 26년, 무진년) 고구려의 독산성 침입을 신라의 구원으로 격퇴.
550. (성왕 28년, 경오년) 고구려의 도살성 쟁취. 고구려에 금현성 상실. 신라에 도살성 상실.
551. (성왕 29년, 신미년) 신라와 연합하여 고구려 공략. 고구려로부터 한강 하류 지역 수복.
552. (성왕 30년, 임신년) 노리사치계 등을 일본에 보내 불교를 전함.
553. (성왕 31년, 계유년) 신라에 한강 하류 지역 상실. 나제동맹 파기.
554. (위덕왕 1년, 갑술년) 성왕, 가야와 왜의 연합군을 이끌고 신라의 관산성 공격했으나 패배. 성왕 전사(재위 31년). 27대 위덕왕 즉위. 고구려군의 웅천성 침입 격퇴. 왜에 역박사 · 오경박사 · 의학박사 보냄. 담혜 등 승려 10명, 왜에 불교 전함.
561. (위덕왕 8년, 신사년) 신라를 공격했으나 패퇴.
577. (위덕왕 24년, 정유년) 신라를 공격했으나 패퇴. 고창 선운사 창건.
579. (위덕왕 26년, 기해난) 웅현성 · 송술성 축성.
595. (위덕왕 42년, 을묘년) 혜총, 왜에 불교 전파.
596. (위덕왕 43년, 무신년) 왜에 건축가 · 화가 등을 보내 아스카사 건립.
597. (위덕왕 44년, 정사년) 아좌태자, 왜에서 <쇼토쿠태자상> 그림.
598. (혜왕 1년, 무오년) 위덕왕 죽음(재위 44년). 28대 혜왕 즉위.
599. (법왕 1년, 기미년) 혜왕 죽음(재위 1년). 29대 법왕 즉위.
600. (무왕 1년, 경신년) 법왕 죽음(재위 1년). 30대 무왕 즉위. 김제 금산사 창건.

602. (무왕 3년, 임술년) 신라의 모산성 공격. 관륵, 왜에 불서 · 천문지리서 등 전함.

607. (무왕 8년, 정묘년) 수에 고구려 토벌 요청. 고구려군의 송산성 침입 격퇴. 고구려, 석두성 점령하고 3천 명 잡아감.

611. (무왕 12년, 신미년) 수와 사신 교류.

618. (무왕 19년, 무인년) [수 멸망. 이연, 당 건국]. 당에 사신 보냄.

630. (무왕 31년, 경인년) 공주의 궁궐 중수.

631. (무왕 32년, 신묘년) 왕자 부여풍을 일본에 보냄.

634. (무왕 35년, 갑오년) 궁 남쪽에 연못과 섬 조성. 왕흥사 완공.

636. (무왕 37년, 병신년) 신라의 독산성 공격.

640. (무왕 41년, 경자년) 귀족 자제를 당 국자감에 유학 보냄.

641. (의자왕 1년, 신축년) 무왕 죽음(재위 41년). 31대 의자왕 즉위.

642. (의자왕 2년, 임인년) 의자왕, 신라의 대야성과 40여 성 점령. 의자왕, 동생 교기 등 40여 명 유배.

644. (의자왕 4년, 갑진년) 신라 김유신에게 7성 상실. 부여융 태자 책봉.

645. (의자왕 5년, 을사년) 신라에 빼앗겼던 7성 회복.

647. (의자왕 7년, 정미년) 신라 무산성 등 공격했으나 패퇴.

648. (의자왕 8년, 무신년) 신라군에 9성 상실.

649. (의자왕 9년, 기유년) 도살성에서 신라군에 패배.

653. (의자왕 13년, 계축년) 왜와 우호 수립.

655. (의자왕 15년, 을묘년) 고구려 · 말갈과 연합하여 신라의 30여 성 공취. 신라 김유신에 도비성 상실. 부여융 폐태자 되고 부여효 태자 책봉.

656. (의자왕 16년, 병진년) 의자왕, 성충을 죽임.

657. (의자왕 17년, 정사년) 의자왕, 서자 41명을 좌평에 임명.

660. (의자왕 20년, 경신년) 6. 신라 무열왕의 5만 군사와 당 소정방의 13만 군사의 나당연합군, 백제 총공격. 7. 계백, 황산벌에서 5천의 군사로 신라 김유신에 대적했으나 패배. 사비성과 웅진성 함락되고 의자왕 신라에 항복(재위 19년). 의자왕과 백성 1만 3천여 명 당에 끌려감. 백제 멸망. 9. 당, 백제 땅에 웅진도독부 등 5도독부 설치. 당, 유인원의 군사 1만 명 남기고 철수. 11. 의자왕 죽음.

661. 1. 복신 · 도침 등, 왕자 부여풍을 추대하고 주류성에서 군사를 모아 백

제부흥운동 일으킴. 3. 복신, 도침을 죽임. 4. 복신, 빈골양에서 신라군 격파. 9. 부여풍, 일본에서 귀국. 부흥군, 옹산성·우술성에서 신라군에 패배.

662.   7. 부흥군, 웅진성에서 당군에 대패. 부여풍, 복신을 죽임. 고구려와 왜에 구원 요청.

663.   2. 신라군에 거열성·거독성·사평성·덕안성 상실. 3. 왜의 원군 도착. 8. 백제·왜 연합군, 백강구전투에서 나당연합군에 패배. 9. 주류성 함락되고 부여풍, 고구려에 망명. 11. 당의 유인궤, 웅진에 주둔.

664.   2. 당의 유인원, 웅진에 주둔. 당, 부여융을 웅진 도독으로 삼음. 3. 백제 유민, 사비성에 모여 항전했으나 패배. 백제 부흥군 소멸.

5. 가야

6. 신라

BC 57. (혁거세거서간 1년, 갑자년) 박혁거세朴赫居世, 경주에 서라벌徐羅伐
        건국.

BC 53. (혁거세거서간 5년, 정묘년) 박혁거세, 알영을 비로 삼음.

BC 50. (혁거세거서간 8년, 신미년) 왜의 변방 침입 격퇴.

BC 41. (혁거세거서간 17년, 경진년) 박혁거세, 알영과 6부를 순무하고 농업
        과 잠업 장려.

BC 39. (혁거세거서간 19년, 임오년) 변한의 일부 투항.

BC 37. (혁거세거서간 21년, 갑신년) 경주에 금성 축성.

BC 32. (혁거세거서간 26년, 기축년) 금성에 궁실 건설.

BC 28. (혁거세거서간 30년, 계사년) 낙랑의 침입 격퇴.

BC 20. (혁거세거서간 38년, 신축년) 마한에 사신 파견.

BC 19. (혁거세거서간 39년, 임인년) 마한왕 죽음에 조문 사신 파견.

BC 5.   (혁거세거서간 53년, 병진년) 동옥저에서 사신이 옴.

AD 4.   (남해차차웅 1년, 갑자년) 박혁거세 죽음(재위 61년). 2대 남해차차웅
        즉위. 박혁거세 왕비 알영 죽음. 낙랑, 신라 침입.

6.   (남해차차웅 3년, 병인년) 박혁거세 사당 건설.

10.   (남해차차웅 7년, 경오년) 석탈해를 대보로 삼고 국정을 맡김.

14.   (남해차차웅 11년, 갑술년) 왜의 병선 1백여 척이 해안 침입.

18.   (남해차차웅 15년, 무인년) 고구려에 속했던 7국이 신라에 투항.

24.   (유리이사금 1년, 갑신년) 남해차차웅 죽음(재위 20년). 3대 유리이사
        금 즉위.

28.   (유리이사금 5년, 무자년) 유리이사금, 국내 순행.

32.   (유리이사금 9년, 임진년) 6부의 명칭 개정. 17관등제 실시.

37.   (유리이사금 14년, 정유년) 고구려에 멸망한 낙랑인 5천여 명 투항.

42.   (유리이사금 19년, 임인년) 이서국 공격하여 병합.

57.   (탈해이사금 1년, 갑신년) 유리이사금 죽음(재위 33년). 4대 탈해이사
        금 즉위.

58.   (탈해이사금 2년, 무오년) 호공을 대보로 삼고 국정을 맡김.

59.	(탈해이사금 3년, 기미년) 왜와 수교하고 사신 교류.

59. (탈해이사금 3년, 기미년) 왜와 수교하고 사신 교류.

61. (탈해이사금 5년, 신유년) 마한의 장수 맹소 투항.

64. (탈해이사금 8년, 갑자년) 백제의 와산성·구양성 침입을 격퇴.

65. (탈해이사금 9년, 을축년) 탈해이사금, 시림에서 김알지 만남. 시림을 계림鷄林으로 개칭하고 국호로 정함.

67. (탈해이사금 11년, 정묘년) 박씨 왕족에게 주·군을 다스리게 함.

73. (탈해이사금 17년, 계유년) 왜의 목출도 침입 격퇴.

74. (탈해이사금 18년, 갑술년) 백제의 침입 격퇴.

75. (탈해이사금 19년, 을해년) 백제에 와산성 상실.

76. (탈해이사금 20년, 병자년) 와산성 회복하고 백제인 2백 명 죽임.

77. (탈해이사금 21년, 정축년) 길문, 황산진구 전투에서 가야군에 승리.

79. (탈해이사금 23년, 기묘년) 거도, 우시산국·거칠산국 2국 합병.

80. (파사이사금 1년, 경진년) 탈해이사금 죽음(재위 23년). 5대 파사이사금 즉위.

81. (파사이사금 2년, 신사년) 파사이사금, 주·군 순행하며 백성을 돌봄.

82. (파사이사금 3년, 임오년) 파사이사금, 농상을 장려하고 국방 대비.

85. (파사이사금 6년, 을유년) 백제군이 변경에 침입.

87. (파사이사금 8년, 정해년) 가소성·마두성 2성 축성.

94. (파사이사금 15년, 갑오년) 가야의 마두성 침입 격퇴.

96. (파사이사금 17년, 병신년) 가야의 남쪽 변방 침입 격퇴.

101. (파사이사금 22년, 신축년) 경주 동남쪽에 월성 축성. 파사이사금, 월성으로 옮김.

102. (파사이사금 23년, 임인년) 음즙벌·실직·압독 병합.

108. (파사이사금 29년, 무신년) 비지·다벌·초팔 병합.

112. (지마이사금 1년, 임자년) 파사이사금 죽음(재위 32년). 6대 지마이사금 즉위.

113. (지마이사금 2년, 계축년) 백제와 수교.

115. (지마이사금 4년, 을묘년) 가야의 남쪽 변경 침입을 격퇴. 황산하에서 가야군에 패배.

116. (지마이사금 5년, 병진년) 가야를 공격했으나 패퇴.

125. (지마이사금 14년, 을축년) 말갈군이 북변에 침입하여 노략질하므로 백

제의 지원 받아 말갈군 격퇴.

134. (일성이사금 1년, 갑술년) 지마이사금 죽음(재위 22년). 7대 일성이사금 즉위.

137. (일성이사금 4년, 정축년) 말갈이 장령 5책을 불태움.

138. (일성이사금 5년, 무인년) 정사당 설치.

139. (일성이사금 6년, 기묘년) 말갈이 장령에 침입하여 노략질.

140. (일성이사금 7년, 경진년) 장령에 책을 세워 말갈에 대비.

144. (일성이사금 11년, 갑신년) 일성이사금, 제방을 보수하고 농지 개척.

154. (일성이사금 21년, 갑오년) 일성이사금 죽음(재위 20년). 8대 아달라이사금 즉위.

157. (아달라이사금 4년, 정유년) 영일현 설치.

158. (아달라이사금 5년, 무술년) 죽령로 개통.

167. (아달라이사금 14년, 정미년) 흥선, 백제 공격. 백제, 화친 요청.

170. (아달라이사금 17년, 경술년) 백제군, 서쪽 변경 침입.

184. (벌휴이사금 1년, 갑자년) 아달라이사금 죽음(재위 30년). 9대 벌휴이사금 즉위.

185. (벌휴이사금 2년, 을축년) 소문국 정벌.

188. (벌휴이사금 5년, 무진년) 백제군의 모산성 침입 격퇴.

189. (벌휴이사금 6년, 기사년) 구도, 구양에서 백제군 격퇴.

190. (벌휴이사금 7년, 경오년) 구도, 부곡성에서 백제군에 패배.

196. (내해이사금 1년, 병자년) 벌휴이사금 죽음(재위 12년). 10대 내해이사금 즉위.

199. (내해이사금 4년, 기묘년) 백제군이 변경에 침입.

204. (내해이사금 9년, 갑신년) 백제군에 요거성 상실. 왕자 이음, 백제의 사현성 격파.

207. (내해이사금 12년, 정해년) 이음을 이벌찬으로 삼음.

208. (내해이사금 13년, 무자년) 왜의 침입 격퇴.

209. (내해이사금 14년, 기축년) 포상 8국을 격파하고 가야 구원.

212. (내해이사금 17년, 임진년) 골포 · 칠포 · 고포 3국의 갈화성 침입 격퇴.

214. (내해이사금 19년, 갑오년) 백제군의 요차성 공격 격퇴.

218. (내해이사금 23년, 무술년) 백제군의 장산성 포위 공격 격퇴.

222. (내해이사금 27년, 임인년) 백제군, 우두진 침입하여 노략질.

224. (내해이사금 29년, 갑진년) 연진, 봉산성에서 백제군 격파.

230. (조분이사금 1년, 경술년) 내해이사금 죽음(재위 34년). 11대 조분이사금 즉위.

231. (조분이사금 2년, 신해년) 감문국을 멸하고 그 땅을 군으로 삼음.

233. (조분이사금 4년, 계축년) 왜의 침입 격퇴.

236. (조분이사금 7년, 병진년) 골벌국이 투항함으로 그 땅을 군으로 삼음.

240. (조분이사금 11년, 경신년) 백제군, 서쪽 변방에 침입.

245. (조분이사금 16년, 을축년) 고구려군, 북쪽 변방에 침입.

247. (첨해이사금 1년, 정묘년) 조분이사금 죽음(재위 17년). 12대 첨해이사금 즉위.

249. (첨해이사금 3년, 기사년) 우로, 사량벌국 합병. 왜, 우로를 죽임. 궁남에 남당 건립.

251. (첨해이사금 5년, 신미년) 첨해이사금, 남당에서 정사를 봄.

255. (첨해이사금 9년, 을해년) 백제군, 괴곡성과 봉산성에 침입.

261. (첨해이사금 15년, 신사년) 백제의 화친 요청 거부. 다벌성 축성.

262. (미추이사금 1년, 임오년) 첨해이사금 죽음(재위 15년). 13대 미추이사금 즉위.

263. (미추이사금 2년, 계미년) 미추이사금, 국조묘에 제사.

266. (미추이사금 5년, 병술년) 백제군의 봉산성 공격 격퇴.

272. (미추이사금 11년, 임진년) 백제군의 북변 공격 격퇴.

278. (미추이사금 17년, 무술년) 백제군의 괴곡성 공격 격퇴.

284. (유례이사금 1년, 갑진년) 미추이사금 죽음(재위 22년). 14대 유례이사금 즉위.

286. (유례이사금 3년, 병오년) 백제, 화친 요청.

298. (기림이사금 1년, 무오년) 유례이사금 죽음(재위 14년). 15대 기림이사금 즉위.

300. (기림이사금 3년, 경신년) 왜와 교빙.

310. (흘해이사금 1년, 경오년) 기림이사금 죽음(재위 12년). 16대 흘해이사금 즉위.

312. (흘해이사금 3년, 임신년) 왜가 통혼을 청하므로 아찬 급리의 딸을 보냄.

314.   (흘해이사금 5년, 갑술년) 월성에 궁궐 건설.

337.   (흘해이사금 28년, 정유년) 백제와 수교.

344.   (흘해이사금 35년, 갑진년) 왜가 통혼을 청했으나 회답하지 않음.

345.   (흘해이사금 36년, 을사년) 왜, 단교 통보.

346.   (흘해이사금 37년, 병오년) 왜, 풍도를 공격하고 경주를 포위했으나 격퇴.

356.   (내물마립간 1년, 병진년) 흘해이사금 죽음(재위 46년). 17대 내물마립간
       즉위. 왕호를 마립간으로 바꿈.

364.   (내물마립간 9년, 갑자년) 왜의 침입을 부현 동원에서 대파.

366.   (내물마립간 11년, 병인년) 백제와 수교.

381.   (내물마립간 26년, 신사년) 전진에 사신 파견.

392.   (내물마립간 37년, 임진년) 고구려에서 사신 파견. 실성을 고구려에 인
       질로 보냄.

393.   (내물마립간 38년, 계사년) 왜의 경주 포위 격파.

399.   (내물마립간 44년, 기해년) 백제 백성이 다수 유입.

400.   (내물마립간 45년, 경자년) 백제·가야·왜의 연합군 침공에 고구려로
       부터 5만 군사 지원을 받아 격퇴.

401.   (내물마립간 46년, 신축년) 고구려에 인질로 있던 실성 귀환.

402.   (실성마립간 1년, 임인년) 내물마립간 죽음(재위 46년). 18대 실성마립간
       즉위. 왜와 수교하고 내물마립간의 아들 미사흔을 왜에 인질로 보냄.

403.   (실성마립간 2년, 계묘년) 백제군, 변경 침공.

412.   (실성마립간 11년, 임자년) 미사흔의 형 복호를 고구려에 인질로 보냄.

415.   (실성마립간 14년, 을묘년) 왜군을 풍도에서 격파.

417.   (눌지마립간 1년, 정사년) 내물마립간의 아들 눌지, 실성을 죽이고(재위
       15년) 즉위(19대 눌지마립간).

418.   (눌지마립간 2년, 무오년) 복호, 박제상과 함께 고구려에서 귀환. 미사
       흔, 왜에서 탈출하여 귀환. 박제상, 왜에 잡혀 죽음.

424.   (눌지마립간 8년, 갑자년) 고구려에 사신 보내어 화친.

433.   (눌지마립간 17년, 계유년) 백제와 나제동맹 맺음.

434.   (눌지마립간 18년, 갑술년) 백제에서 선물을 보내니 답례품 보냄.

435.   (눌지마립간 19년, 을해년) 역대의 원·능 수리.

438.   (눌지마립간 22년, 무인년) 백성들에게 우차법을 가르침.

444. (눌지마립간 28년, 갑신년) 왜, 경주를 포위했다가 퇴각.

450. (눌지마립간 34년, 경인년) 하슬라 성주 삼직이 고구려 장수 살해. 신라, 고구려에 사죄.

455. (눌지마립간 39년, 을미년) 고구려의 침공을 받은 백제 구원.

458. (자비마립간 1년, 무술년) 눌지마립간 죽음(재위 41년). 20대 자비마립간 즉위. 묵호자, 불교를 전함.

459. (자비마립간 2년, 기해년) 왜, 동쪽 변방을 습격하고 경주를 포위했으나 격퇴.

463. (자비마립간 6년, 계묘년) 왜의 삽량성 침공 격퇴. 해안에 2성 축성.

468. (자비마립간 11년, 무신년) 고구려군에 실직성 상실.

469. (자비마립간 12년, 기유년) 경도방리의 이름을 정함.

470. (자비마립간 13년, 경술년) 삼년산성 축성.

471. (자비마립간 14년, 신해년) 모로성 축성.

473. (자비마립간 16년, 계축년) 명활성 축성.

474. (자비마립간 17년, 갑인년) 구례 · 황석 · 답달 · 좌라 축성.

475. (자비마립간 18년, 을묘년) 자비마립간, 명활성으로 옮김.

476. (자비마립간 19년, 병진년) 왜의 동쪽 변방 침입 격퇴.

478. (자비마립간 21년, 무오년) 박문량(백결선생) <낙천악> 지음.

479. (소지마립간 1년, 기미년) 자비마립간 죽음(재위 21년). 21대 소지마립간 즉위.

481. (소지마립간 3년, 신유년) 고구려군에 북변의 호명 등 7성 상실. 고구려 · 말갈의 북변 침입을 백제 · 가야와 함께 이하 서쪽에서 격퇴.

484. (소지마립간 6년, 갑자년) 고구려군의 북변 침입을 백제군과 함께 모산성에서 격퇴.

487. (소지마립간 9년, 정묘년) 사방에 우역 설치. 관도 보수.

488. (소지마립간 10년, 무진년) 소지마립간, 월성으로 옮김.

489. (소지마립간 11년, 기사년) 실향 백성을 농업에 종사토록 함. 고구려에 호산성 상실.

490. (소지마립간 12년, 경오년) 시장 개설.

493. (소지마립간 15년, 계유년) 백제왕이 혼인을 청하니 비지의 딸을 보냄. 임해 · 장령 2진을 설치하여 왜에 대비.

494. (소지마립간 16년, 갑술년) 살수에서 고구려군에 패배. 백제군의 지원으로 고구려군 격퇴.

495. (소지마립간 17년, 을해년) 고구려군의 백제 공격에 구원병을 보냄.

496. (소지마립간 18년, 병자년) 고구려군의 우산성 공격을 이하에서 격퇴.

497. (소지마립간 19년, 정축년) 고구려군에 우산성 상실.

500. (지증왕 1년, 경진년) 소지마립간 죽음(재위 21년). 22대 지증왕 즉위. 왜, 장령진 침입.

502. (지증왕 3년, 임오년) 순장 금지. 농사를 장려하고 우경 실시.

503. (지증왕 4년, 계미년) 국호를 신라新羅로 정함. 마립간을 왕으로 개칭.

504. (지증왕 5년, 갑신년) 상복법 제정. 파리 · 미실 · 진덕 · 골화 등 12성 축성.

505. (지증왕 6년, 을유년) 주 · 군 · 현 재편. 실직주 설치하고 이사부를 군주로 삼음. 얼음을 저장하여 사용. 선박 이용 방도 제정.

509. (지증왕 10년, 기축년) 수도에 동시 설치.

512. (지증왕 13년, 임진년) 이사부, 우산국(울릉도) 정벌.

514. (법흥왕 1년, 갑오년) 아시촌 소경 설치. 지증왕 죽음(재위 14년). 시호법 사용으로 지증왕부터 왕 호칭. 23대 법흥왕 즉위.

517. (법흥왕 4년, 정유년) 병부 설치.

518. (법흥왕 5년, 무술년) 주산성 축성.

520. (법흥왕 7년, 경자년) <율령> 반포. 백관의 복식 제정.

522. (법흥왕 9년, 임인년) 가야국왕이 혼인을 청하니 비조부의 누이 보냄.

523. (법흥왕 10년, 계묘년) 관제와 복색 개정.

524. (법흥왕 11년, 갑진년) 법흥왕이 남쪽을 순행하니 가야국왕이 합류. 관제 개정. 울진 봉평 신라비 건립.

525. (법흥왕 12년, 을사년) 신라 왕족, 울주 천전리 서석 방문.

527. (법흥왕 14년, 정미년) 이차돈 순교. 불교 공인. 경주 흥륜사 착공.

531. (법흥왕 18년, 신해년) 제방 수리. 상대등 신설.

536. (법흥왕 23년, 병진년) 최초로 연호 <건원> 사용.

538. (법흥왕 25년, 무오년) 외직 관리의 가족 동반 부임 허용. 아시량국 멸하고 군으로 삼음.

540. (진흥왕 1년, 경신년) 법흥왕 죽음(재위 26년). 24대 진흥왕 즉위. 단정

한 남자아이를 뽑아 풍월주라 부름.

544. (진흥왕 5년, 갑자년) 경주 부근에 군단 대당 설치. 경주 흥륜사 완공.

545. (진흥왕 6년, 을축년) 거칠부 등, <국사> 편찬.

549. (진흥왕 10년, 기사년) 각덕, 양의 사신과 함께 불사리 가져옴. 무관직 대감 신설.

550. (진흥왕 11년, 경오년) 이사부, 고구려의 도살성과 백제의 금현성 쟁취.

551. (진흥왕 12년, 신미년) 백제와 연합하여 고구려의 죽령 이북 10군 쟁취. 연호 <개국>. <백좌강회·팔관회법> 제정.

552. (진흥왕 13년, 임신년) 군단 상주정 설치. 대가야 출신 우륵, 계고·만덕·법지에게 가야금(12현금) 연주와 가무 가르침.

553. (진흥왕 14년, 계유년) 백제의 동북부 6군을 공략하여 한강 하류 지역 탈취하고 신주 설치. 나제동맹 파기. 본궁 남쪽에 신궁 건설. 신궁을 황룡사로 개조. 의신, 보은 법주사 창건. 진흥왕, 백제 성왕의 딸을 비로 맞음.

554. (진흥왕 15년, 갑술년) 관산성에서 백제 성왕 패사시킴.

555. (진흥왕 16년, 을해년) 완산주 신설. 진흥왕, 북한산 순시하고 <북한산신라진흥왕순수비> 건립.

556. (진흥왕 17년, 병자년) 비열흘주 설치. 혜명, 공주 갑사 창건.

557. (진흥왕 18년, 정축년) 국원 소경 설치. 신주를 북한산주로 개칭.

559. (진흥왕 20년, 기묘년) 귀족 자제와 6부의 호민을 국원으로 이주시킴.

561. (진흥왕 22년, 신사년) 백제의 공격 격퇴. <창녕신라진흥왕척경비> 건립.

562. (진흥왕 23년, 임오년) 대가야 통합. 무관직 제감·소감 신설.

564. (진흥왕 25년, 갑신년) 아라파사산성 축성.

565. (진흥왕 26년, 을유년) 대야주 설치.

566. (진흥왕 27년, 병술년) 황룡사 완공.

56x. 솔거, 황룡사 벽에 <노송도> 그림.

568. (진흥왕 29년, 무자년) 연호 <대창>. <황초령신라진흥왕순수비><마운령신라진흥왕순수비> 건립.

572. (진흥왕 33년, 임진년) 연호 <홍제>. 전몰 사졸을 위한 팔관회 베품.

574. (진흥왕 35년, 갑오년) <황룡사 장륙상> 주조.

576. (진지왕 1년, 병신년) <원화제도> 창설 후 곧 폐지. 화랑 선발. 진흥왕

죽음(재위 36년). 25대 진지왕 즉위.

577. (진지왕 2년, 정유년) 백제군의 침입을 일선군 북쪽에서 격파. 내리서
성 축성.

579. (진평왕 1년, 기해년) 진지왕 죽음(재위 3년). 26대 진평왕 즉위. 천사가
왕에게 <천사옥대>를 주었다고 함.

581. (진평왕 3년, 신축년) 위화부 설치.

583. (진평왕 5년, 계묘년) 군단 서당 설치.

585. (진평왕 7년, 을사년) 대궁·사량궁·양궁 3궁에 사신 배치.

599. (진평왕 21년, 기미년) 지명, 예산 수덕사 창건.

602. (진평왕 24년, 임술년) 백제군의 모산성 침입 격퇴.

<북한산신라진흥왕순수비> - 국립중앙박물관 -

603. (진평왕 25년, 계해년) 고구려군의 북한산성 침입 격퇴.

604. (진평왕 26년, 갑자년) 군단 군사당 설치.

605. (진평왕 27년, 을축년) 백제의 동부 공격. 군단 급당 설치.

613. (진평왕 35년, 계유년) 서당을 녹금서당으로 개편.

624. (진평왕 46년, 갑신년) 백제군에 속함성 등 6성 상실.

625. (진평왕 47년, 을유년) 고구려가 조공길을 막는다고 당에 호소.

627. (진평왕 49년, 정해년) 백제군에 서북 방면 2성 상실. 당에 백제의 침공 호소.

626. (진평왕 48년, 병술년) 백제군, 주의성 공격. 고허성 축성.

631. (진평왕 53년, 신묘년) 칠숙 · 석품, 모반하다 주살.

6xx. 담수, 가요 <날현인> 지음.

632. (선덕여왕 1년) 진평왕 죽음(재위 53년). 27대 선덕여왕 즉위.

633. (선덕여왕 2년, 계사년) 백제군에 서곡성 상실.

634. (선덕여왕 3년, 갑오년) 연호 <인평>. 경주 분황사 완공.

636. (선덕여왕 5년, 병신년) 독산성에 침입한 백제군 격파.

638. (선덕여왕 7년, 무술년) 칠중성에 침입한 고구려군 격파.

639. (선덕여왕 8년, 기해년) 하슬라주를 북소경으로 함.

640. (선덕여왕 9년, 경자년) 귀족 자제를 당에 유학 보냄.

642. (선덕여왕 11년, 임인녀) 백제 의자왕에 서방의 미후성 등 40여 성 상실. 당에 이 사실을 알림. 백제군에 대야성 상실. 김춘추, 고구려에 지원 요청.

643. (선덕여왕 12년, 계묘년) 당에 지원병 요청. 자장, 당에서 돌아와 대국통이 됨. 백제 · 고구려 연합군에 당항성 상실.

645. (선덕여왕 14년, 을사년) 김유신, 매리포성에 침입한 백제군 격파. 당의 고구려 공략에 3만 군사 지원. 백제군에 7성 상실.

646. (선덕여왕 15년, 병오년) 자장, 양산 통도사 창건하고 계율종 개창. <황룡사구층목탑> 완성.

647. (진덕여왕 1년, 정미년) 비담 · 염종 등 모반으로 주살. 선덕여왕 죽음(재위 15년). 28대 진덕여왕 즉위. 연호 <태화>. 백제군, 무산 · 감물 · 동장 3성 공격. 김유신, 백제의 침입 격퇴. 경주 <첨성대> 완성.

648. (진덕여왕 2년, 무신년) 백제군에 서쪽 변방의 요거성 등 10성 상실. 김

유신, 옥문곡에서 백제군 격파. 김춘추, 당에 군사 요청하고 <나당동맹> 맺음.

649. (진덕여왕 3년, 기유년) 당의 복식 착용. 백제군에 7성 상실. 김유신, 백제의 침입 격퇴.

650. (진덕여왕 4년, 경술년) 김춘추, 장남 김법민을 당에 보내 왕이 지은 태평송을 바치게 함. 당의 연호 사용.

651. (진덕여왕 5년, 신해년) 하정례 거행. 김춘추 차남 김인문 당에 숙위.

654. (태종무열왕 1년, 갑인년) 진덕여왕 죽음(재위 7년). 29대 태종무열왕(김춘추) 즉위. <이방부격> 60여 조 제정.

655. (태종무열왕 2년, 을묘년) 고구려·백제·말갈 연합군에 북부 33성 상실. 태종무열왕, 당에 지원군 요청.

656. (태종무열왕 3년, 병진년) 김인문, 당에서 돌아옴. 장산성 축성.

658. (태종무열왕 5년, 무오년) 실직정을 폐하고 하서정 설치. 자장 죽음.

659. (태종무열왕 6년, 기미년) 백제군, 독산성·동잠성 공격. 당에 백제 정벌을 위한 군사 요청. 사정부 설치.

660. (태종무열왕 7년, 경신년) 김유신 등의 신라군 5만과 소정방의 당군 13만 연합군, 백제 총공격. 백제를 멸망시킴. 당군, 웅진에 주둔하고 웅진도독부 설치. 고구려군, 신라의 칠중성 공격.

661. (문무왕 1년, 신유년) 고구려·말갈군의 북한산성 침공 격퇴. 태종무열왕 죽음(재위 7년). 30대 문무왕(김법민) 즉위. 원효, 분황사에서 법성종 개창. 의상, 당에 감.

662. (문무왕 2년, 임술년) 탐라, 신라에 항복.

663. (문무왕 3년, 계해년) 백제의 거열성·거홀성 등 탈취. 당군과 연합하여 백제·왜 연합군을 백강구전투에서 격파. 당, 신라 경주에 계림도독부 설치하고 신라왕을 계림주 대도독으로 삼음.

664. (문무왕 4년, 갑자년) 김유신에 궤장 하사. 부인들, 당의 복식 착용. 재산과 토지를 사찰에 임의 시주 금지. 당의 음악을 배움.

665. (문무왕 5년, 을축년) 문무왕·유인원·부여융, 웅진 취리산에서 회맹.

666. (문무왕 6년, 병인년) 문무왕, 당에 고구려 정벌을 요청.

667. (문무왕 7년, 정묘년) 문무왕, 김유신 등 장수 30여 명과 고구려 출정.

668. (문무왕 8년, 무진년) 나당연합군, 고구려 수도 평양성 정령. 고구려 멸

망시킴. 선조묘에 3국 통합을 고함. 당군, 평양에 주둔.

670. (문무왕 10년, 경오년) 말갈의 북쪽 변경 침입 격퇴. 옛 백제의 87성을 당으로부터 회복. 투항한 고구려 왕족 안승을 고구려왕에 봉하고 금마저에 둠. 의상, 당에서 돌아옴. [왜, 국호를 일본으로 개칭].

671. (문무왕 11년, 신미년) 죽지 등, 석성에서 당군 격파. 당의 군선 70여 척 격파.

672. (문무왕 12년, 임신년) 평양에 당군 4만 주둔. 신라군, 평양 전투에서 당군에 패배. 옛 백제 사비 지역에 소부리주 설치. 한산주에 주장산성(남한산성) 개축.

673. (문무왕 13년, 계유년) 김유신 죽음. 사열산성 축성. 당ㆍ말갈ㆍ거란 연합군의 침입을 호로강ㆍ왕봉강에서 격퇴.

674. (문무왕 14년, 갑술년) 당의 역술을 배워 신역법 사용. 당, 신라왕의 관작 삭탈. 당군, 신라 공격. 안승을 보덕왕에 봉함.

675. (문무왕 15년, 을해년) 당, 신라왕의 관작 회복시킴. 신라군, 매소성에서 20만 당군 격파. 안북하에 관성 설치하고 철관성 축성. 신라군, 당의 설인귀ㆍ이근행의 군사와 18번 싸워 모두 승리.

7. 통일신라

676. (문무왕 16년, 병자년) 당, 안동도호부를 요동성, 웅진도독부를 요동 건 안성으로 철수. 신라군, 기벌포 등지의 22번 전투에서 당군에 모두 승리. 신라, 대동강 이남에서 당군 완전 축출. 신라, 삼국통일 완성. 의상, 태백산에 부석사 창건하고 화엄종 개창.

677. (문무왕 17년, 정축년) 낭당을 자금서당으로 개편.

679. (문무왕 19년, 기묘년) 궁궐 보수. 탐라 통치. 경주에 사천왕사 · 망덕사 창건.

680. (문무왕 20년, 경진년) 가야군에 금관소경 설치.

681. (신문왕 1년, 신사년) 문무왕 죽음(재위 20년). 31대 신문왕 즉위. 김흠돌 등, 모반으로 주살.

682. (신문왕 2년, 임오년) 당, 백제 부여융의 손자 부여경을 대방군왕에 책봉. 국학 창설. 경주 감은사 창건.

683. (신문왕 3년, 계미년) 보덕왕 안승을 소판으로 삼고 김씨 성을 주어 경주에 살게 함. 고구려 유민으로 황금서당 편성.

684. (신문왕 4년, 갑신년) 안승의 조카 대문, 금마저에서 모반하다 처형. 금마저, 금마군으로 강등.

685. (신문왕 5년, 을유년) 전국을 9주 5경으로 배치. 시위부에 장군 6인 배치. 경주 봉성사 창건.

686. (신문왕 6년, 병술년) 원효 죽음. 당, 고구려 보장왕의 손자 고보원을 조선군왕에 책봉.

687. (신문왕7년, 정해년) 문무 관리에게 녹읍제 대신 관료전 지급. 백제 유민으로 청금서당 편성. 군사제도 9서당 편성 완료.

689. (신문왕 9년, 기축년) 서원경 축성.

691. (신문왕 11년, 신묘년) 남원성 축성.

6xx. 설총, 산문 <화왕계> 지음.

692. (효소왕 1년, 임진년) 신문왕 죽음(재위 11년). 32대 효소왕 즉위. 의학박사 2인을 둠.

693. (효소왕 2년, 계사년) 장창당을 비금서당으로 개칭.

694. (효소왕 3년, 갑오년) 김인문 당에서 죽음. 송악·우잠에 축성.

695. (효소왕 4년, 을미년) 서시전·남시전 설치.

699. (효소왕 8년, 기해년) 당, 안동도호부를 안동도독부로 격하하고 보장왕의 아들 고덕무를 도독으로 삼음.

700. (효소왕 9년, 경자년) 이찬 경영, 모반하다 주살.

702. (성덕왕 1년, 임인년) 효소왕 죽음(재위 10년). 33대 성덕왕 즉위.

7xx. 김대문, <화랑세기><고승전> 등 지음.

711. (성덕왕 10년, 신해년) 성덕왕, <백관잠>을 지어 신하들에게 보임.

713. (성덕왕 12년, 계축년) 전사서를 예부에 귀속.

717. (성덕왕 16년, 정사년) 김수충, 당에서 돌아와 <공자·10철·72제자도> 바침.

718. (성덕왕 17년, 무오년) 누각 제작하고 누각전 박사 배치. 한산주에 축성.

719. (성덕왕 18년, 기미년) 김지성, 경주 감산사 창건.

722. (성덕왕 21년, 임술년) 백성에게 정전 지급. 모벌군성을 쌓아 일본에 대비.

723. (성덕왕 22년, 계해년) 삼법, 하동 쌍계사 창건. 혜초, 인도 순례.

724. (성덕왕 23년, 갑자년) 자장, 평창 상원사 창건.

725. (성덕왕 24년, 을축년) 정명, 무안 법천사 창건. 강원도 오대산 <상원사종> 주조.

727. (성덕왕 26년, 정묘년) 혜초, 기행문 <왕오천축국전> 지음.

731. (성덕왕 30년, 신미년) 일본 병선 3백 척의 동해안 침입 격퇴.

732. (성덕왕 31년, 임신년) 충성서약문이 새겨진 <임신서기석> 제작.

735. (성덕왕 34년, 을해년) 당, 신라의 패강 이남 영유 인정.

737. (효성왕 1년, 정축년) 성덕왕 죽음(재위 35년). 34대 효성왕 즉위.

740. (효성왕 4년, 경진년) 영종, 모반하다 주살.

742. (경덕왕 1년, 임오년) 효성왕 죽음(재위 5년). 35대 경덕왕 즉위. 일본 사신의 입국 거절.

745. (경덕왕 4년, 을유년) 소년감전 설치.

746. (경덕왕 5년, 병술년) 내사정전 설치

747. (경덕왕 6년, 정해년) 집사성 중시를 시중, 전대등을 시랑으로 개칭. 국학에 제업박사와 조교 배치.

748. (경덕왕 7년, 무자년) 정찰 1인을 배치하여 백관을 감시케 함. 변경에

14군현 설치.

749. (경덕왕 8년, 기축년) 천문박사 · 누각박사 각 1인 배치.

751. (경덕왕 10년, 신묘년) 김대성, <불국사><석굴암> 건립.

754. (경덕왕 13년, 갑오년) 경주 황룡사 <황룡사 대종> 주조.

755. (경덕왕 14년, 을미년) 경주 분황사 <약사여래좌상> 조성.

757. (경덕왕 16년, 정유년) 관리의 월봉 폐지하고 녹읍 지급. 전국 9주의 명 칭 개정.

758. (경덕왕 17년, 무술년) 율령박사 2인을 둠.

759. (경덕왕 18년, 기해년) 중앙 관직 명칭을 당의 형식으로 개정.

762. (경덕왕 21년, 임인년) 오곡 · 휴암 · 장새 · 한성 · 지성 · 덕곡 6성을 쌓 고 태수 배치.

765. (혜공왕 1년, 을사년) 국학에 사 2인 추가 배치. 경덕왕 죽음(재위 23년). 36대 혜공왕 즉위. 충담사, 향가 <안민가><찬기파랑가> 지음.

766. (혜공왕 2년, 병오년) 진표, 금산사 중창. 금산사 <미륵장륙상> 조성.

768. (혜공왕 4년, 무신년) 대공 · 대렴, 모반하다 주살. 당나라 사람 고음, 견문기 <신라국기> 저술.

770. (혜공왕 6년, 경술년) 김융, 모반하다 주살.

771. (혜공왕 7년, 신해년) <성덕대왕신종>(봉덕사종, 에밀레종) 주조.

775. (혜공왕 11년, 을묘년) 김은거, 모반하다 주살. 염상 · 정문, 모반하다 주살.

776. (혜공왕 12년, 병진년) 관직 명칭을 당 형식에서 원래로 환원.

780. (선덕왕 1년, 경신년) 김지정, 모반하여 혜공왕 죽임(재위 15년). 김양상, 김지정을 죽이고 즉위(37대 선덕왕).

781. (선덕왕 2년, 신유년) 선덕왕, 패강 이남 지방에 관리 파견하여 안무.

782. (선덕왕 3년, 임술년) 선덕왕, 한산주 순행하고 백성을 패강진에 이주.

783. (선덕왕 4년, 계해년) 사직단 세우고 예전 수정.

785. (원성왕 1년, 을축년) 선덕왕 죽음(재위 5년). 38대 원성왕 즉위. 총관을 도독으로 개칭. 승려를 선발하여 정법전에 배치.

787. (원성왕 3년, 정묘년) 혜초, 당 오대산에서 죽음.

788. (원성왕 4년, 무진년) 국학 내에 <독서삼품과> 설치.

790. (원성왕 6년, 경오년) 전주 등 7주의 주민 동원하여 벽골제 증축.

791. (원성왕 7년, 신미년) 제공 등, 모반하다 주살.

794. (원성왕 10년, 갑술년) 연회국사, 서울 견성사(봉은사) 창건.

798. (원성왕 14년, 무인년) 원성왕 죽음(재위 13년).

799. (소성왕 1년, 기묘년) 39대 소성왕 즉위.

800. (애장왕 1년, 경진년) 소성왕 죽음(재위 1년). 40대 애장왕 즉위. 애장왕 의 숙부 김언승 섭정.

801. (애장왕 2년, 신사년) 5묘의 제도 개정.

802. (애장왕 3년, 임오년) 순응 · 이정, 가야산 해인사 창건.

803. (애장왕 4년, 계미년) 일본과 수교.

804. (애장왕 5년, 갑신년) 일본에서 황금 3백 냥 바침.

805. (애장왕 6년, 을유년) <공식 20여 조> 반포.

806. (애장왕 7년, 병술년) 불교 사찰의 신설 창건을 금지하고 보수만 허용.

808. (애장왕 9년, 무자년) 12도에 관리를 보내 군읍의 경계 설정.

809. (헌덕왕 1년, 기축년) 김언승, 애장왕(재위 9년)과 동생 김제옹 죽임. 김 언승 즉위(41대 헌덕왕).

810. (헌덕왕 2년, 경인년) 각 지방의 제방 수리.

815. (헌덕왕 7년, 을미년) 서부 지역 기근. 민란 일어남.

<경주 석굴암 본존불>

817. (헌덕왕 9년, 정유년) 흉년으로 아사자 발생하여 비축 곡식 방출.
819. (헌덕왕 11년, 기해년) 전국 각지에서 민란. 당의 요청에 3만 군사 지원.
821. (헌덕왕 13년, 신축년) 기근으로 자녀 팔아 생계 유지 백성 발생.
822. (헌덕왕 14년, 임인년) 김헌창, 반란 실패하고 자진.
825. (헌덕왕 17년, 을사년) 김헌창의 아들 김범문 반란으로 주살.
826. (흥덕왕 1년, 병오년) 패강에 장성 3백여 리 축성. 헌덕왕 죽음(재위 17년). 42대 흥덕왕 즉위.
828. (흥덕왕 3년, 무신년) 장보고, 청해진 설치. 김대렴, 당의 차 종자 가져와 지리산에 심음.
829. (흥덕왕 4년, 기유년) 집사부를 집사성으로 개편.
832. (흥덕왕 7년, 임자년) 기근으로 각지에 민란.
834. (흥덕왕 9년, 갑인년) 백성의 풍속 단속. 백관의 복식제도 제정.
836. (희강왕 1년, 병진년) 흥덕왕 죽음(재위 10년). 김균정·김제륭 왕위 쟁탈. 김제륭, 김균정을 죽이고 즉위(43대 희강왕).
838. (민애왕 1년, 무오년) 김명·이홍 등 반란. 희강왕 자진(재위 2년). 김명 즉위(44대 민애왕). 김양, 김균정의 아들 김우징을 추대하고 청해진에서 장보고의 군사로 반란. 김양, 무주성 점령.
839. (신무왕 1년, 문성왕 1년, 기미년) 김우징·김양, 왕군 격파. 민애왕 피살(재위 1년). 김우징 즉위(45대 신무왕). 신무왕 죽음(재위 3개월). 46대 문성왕 즉위.
840. (문성왕 2년, 경신년) 당, 억류하고 있던 왕족 등 105인 돌려보냄.
845. (문성왕 7년, 을축년) 장보고, 딸을 왕비로 삼으려 했으나 대신들 반대로 실패.
846. (문성왕 8년, 병인년) 장보고 반란. 장보고, 문성왕이 보낸 자객에 피살.
847. (문성왕 9년, 정묘년) 왕궁 보수. 양순·흥종, 모반하다 주살.
849. (문성왕 11년, 기사년) 김식·대흔, 모반하다 주살.
851. (문성왕 13년, 신미년) 청해진 폐기하고 주민을 벽골군으로 이주시킴.
855. (문성왕 17년, 을해년) 서남지방에 관리를 파견하여 안무.
857. (헌안왕 1년, 정축년) 문성왕 죽음(재위 18년). 47대 헌안왕 즉위.
859. (헌안왕 3년, 기묘년) 제방을 수리하고 농업 장려.
861. (경문왕 1년, 신사년) 헌안왕 죽음(재위 4년). 48대 경문왕 즉위.

864.   (경문왕 4년, 갑신년) 일본 사신 내조.

865.   (경문왕 5년, 을유년) 도선, 철원 도피안사 창건. 도피안사 <철조비로
        자나불좌상><삼층석탑> 건립.

866.   (경문왕 6년, 병술년) 윤흥 3형제, 모반하다 주살.

867.   (경문왕 7년, 정해년) 체징, 순천 송광사 건립.

868.   (경문왕 8년, 무자년) 김예 · 김현 등, 모반하다 주살.

873.   (경문왕 13년, 계사년) 봄 기근과 질병 구제.

874.   (경문왕 14년, 갑오년) 근종, 반란으로 주살. 최치원, 당에서 과거 급제.

875.   (헌강왕 1년, 을미년) 경문왕 죽음(재위 14년). 49대 헌강왕 즉위.

879.   (헌강왕 5년, 기해년) 신홍, 모반하다 주살.

87x.   <처용무> 등장.

880.   (헌강왕 6년, 경자년) 헌강왕, 월상루에 올라 도읍 바라봄. 사벌주 민란.

881.   (헌강왕 7년, 신축년) 헌강왕, 임해전에서 연회 베풂.

885.   (헌강왕 11년, 을사년) 최치원, 당에서 돌아옴.

886.   (정강왕 1년, 병오년) 헌강왕 죽음(재위 11년). 50대 정강왕 즉위. 최치
        원, 시문집 <계원필경> 올림.

887.   (진성여왕 1년, 정미년) 김요, 모반하다 주살. 정강왕 죽음(재위 1년). 51
        대 진성여왕 즉위.

888.   (진성여왕 2년, 무신년) 위홍 · 대구화상, 향가집 <삼대목> 편찬.

889.   (진성여왕 3년, 기유년) 지방 공물 부족으로 국가재정 궁핍. 원종 · 애
        노, 사벌주에서 반란.

894.   (진성여왕 8년, 갑인년) 최치원, <시무 10조> 올림.

896.   (진성여왕 10년, 병진년) 서남 지방에 적고적 일어남.

897.   (효공왕 1년, 정사년) 진성여왕 선위(재위 10년). 52대 효공왕 즉위. 진
        성여왕 죽음.

898.   (효공왕 2년, 무오년) 도선 죽음.

899.   (효공왕 3년, 기미년) 최치원, 가야산 해인사로 은퇴.

907.   (효공왕 11년, 정묘년) 일선군 이남 10성을 후백제에 상실.

912.   (신덕왕 1년, 임신년) 효공왕 죽음(재위 15년). 53대 신덕왕 즉위.

917.   (경명왕 1년, 정축년) 신덕왕 죽음(재위 5년). 54대 경명왕 즉위.

918.   (경명왕 2년, 무인년) 현승, 모반하다 주살.

920.   (경명왕 4년, 경진년) 고려에 사신 보냄. 강주 장군 윤웅, 고려에 투항.

922.   (경명왕 6년, 임오년) 고려에 사신 보냄. 명주 장군 순식, 고려에 투항.

923.   (경명왕 7년, 계미년) 벽진군 장군 양문, 고려에 투항. 진보 성주 홍술, 고려에 투항.

924.   (경애왕 1년, 갑신년) 경명왕 죽음(재위 7년). 55대 경애왕 즉위.

925.   (경애왕 2년, 을유년) 매조성 장군 능현, 고려에 투항. 고울부 장군 능문, 고려에 투항. 후백제에 20여 성 상실.

927.   (경순왕 1년, 정해년) 후백제의 견훤, 경주 점령. 경애왕 자진(재위 3년). 56대 경순왕 즉위.

931.   (경순왕 5년) 경순왕, 경주에서 왕건 만남.

935.   (경순왕 9년, 을미년) 11. 경순왕, 고려에 투항. 신라 멸망.

8. 발해

696. 대조영大祚榮, 천문령 전투에서 당군에 승리.

698. 대조영, 동모산 동북쪽에 도읍하고 진국振國 건국. 연호 <천통>.

713. 국호 발해渤海로 개명. 동 동해, 서 거란, 남 이하. 사방 5천 리에 10
       여만 호. 돌궐과 수교. 말갈 귀부.

719. 고왕 대조영 죽음. 2대 무왕 즉위.

726. 무왕의 동생 대문예, 흑수말갈 정벌 중 당으로 망명. 대일하, 흑수말
       갈과 당 격파.

727. 일본에 첫 사신 파견.

728. 일본과 교역.

732. 장문휴, 당의 등주 공격.

733. 당·신라, 연합하여 발해 공격.

735. 당에 사신 보내 국교 회복..

737. 무왕 죽음. 3대 문왕 즉위. 연호 <대흥>.

738. 당에서 <한서><삼국지><진서><36춘추><당례> 등 구입.

742. 동모산에서 중경 현덕부로 천도.

756. 중경에서 상경 용천부로 천도.

758. 일본에 <국서> 보냄.

776. 일본에 사신 일행 187명 파견.

785. 상경에서 동경 용원부로 천도.

790. 신라에서 사신 내조.

793. 문왕 죽음. 4대 대원의 즉위 후 피살. 5대 성왕 즉위. 연호 <중흥>.
       동경에서 상경 용천부로 재천도.

794. 성왕 죽음. 6대 강왕 즉위. 연호 <정력>.

809. 강왕 죽음. 7대 정왕 즉위. 연호 <영덕>.

813. 정왕 죽음. 8대 희왕 즉위. 연호 <주작>.

817. 희왕 죽음. 9대 간왕 즉위. 연호 <태시>.

818. 간왕 죽음. 10대 선왕 즉위. 연호 <건흥>.

819. 해북 제군을 토벌하여 영토 확장. 해동성국이라 불림.

830.   선왕 죽음. 11대 대이진 즉위. 연호 <함화>.

832.   좌우신책군 및 120사 설치.

858.   대이진 죽음. 12대 대건황 즉위.

870.   대건황 죽음. 13대 경왕 대현석 즉위.

901.   대현석 죽음. 14대 애왕 대위해 즉위.

905.   대위해 죽음. 15대 대인선 즉위.

919.   거란, 요양 고성을 쌓고 발해 사람을 이주시킴.

924.   거란, 요동 공격.

925.   거란, 부여성 공격.

926.   거란, 부여성 점령. 거란, 상경 용천부 홀한성 점령. 발해 멸망. 거란,
         발해를 동단국東丹國이라 함. 홀한성을 천복성이라 개칭.

927.   발해 부흥운동.

934.   7. 세자 대광현, 백성 수만 명을 이끌고 고려에 투항.

9. 후백제

892. 견훤甄萱, 전주에서 봉기하여 광주 점거.
900. 견훤, 전주에 도읍하고 후백제後百濟 건국. 각 관직 설치.
901. 신라 대야성 공격 실패.
907. 신라 일선군 이남의 10여 성 탈취.
912. 덕진포에서 궁예의 군대와 전투.
916. 신라 대야성 공격 실패.
918. 고려에 사신 보내 왕건의 즉위 하례. 고려의 웅주·운주 등 10여 군, 후백제에 귀부.
920. 고려에 사신 파견. 신라의 진례군 공략했으나 고려의 지원으로 실패.
924. 고려의 조물군 공략 실패.
925. 견훤, 조물군에서 왕건과 전투. 신라의 20여 성 탈취.
926. 고려에 보낸 인질이 죽자 고려의 인질을 죽이고 고려 공격.
927. 견훤, 신라 경주 침입. 견훤, 경애왕을 죽이고 경순왕을 세움. 견훤, 대구 팔공산 공산동수에서 왕건 대파.
928. 신라의 강주 공격 탈취. 고려의 부곡성 공격 탈취.
929. 고려의 의성부 공격. 고려의 고창군 공격 실패.
930. 견훤, 고창에서 왕건에 패배.
932. 장군 공직, 고려에 투항.
934. 운주에서 고려군에 패배. 웅진 이북 30여 성, 고려에 투항.
935. 신검, 부왕 견훤을 금산사에 유폐. 신검, 동생 금강 죽이고 즉위. 견훤, 탈출하여 고려에 투항.
936. 견훤의 사위 박영규, 고려에 투항. 신검, 일리천에서 고려에 패하고 항복. 후백제 멸망. 견훤 죽음.

10. 후고구려

891. 궁예弓裔, 북원의 호족 양길의 부하가 됨.
894. 궁예, 강릉에서 장군으로 자립.
895. 궁예, 철원 등 10여 군을 점령하고 철원에 도읍.
896. 개성 호족 왕륭, 궁예에 귀부. 궁예, 발어참성을 쌓고 왕륭의 아들 왕
     건을 성주로 삼음.
897. 궁예, 양길 격파.
898. 궁예, 개성으로 도읍을 옮김. 팔관회 개회.
899. 양길, 궁예를 공격하다 대패하여 궤멸.
900. 국원 · 청주 · 괴양 등, 궁예에 투항.
901. 궁예, 왕을 칭하고 후고구려後高句麗 건국.
903. 왕건, 나주 등 10여 성 탈취.
904. 궁예, 국호를 마진摩震으로 개명. 연호 <무태>. 백관 설치. 신라 공주
     장군 홍기 투항. 신라 패강도의 10여 읍 투항.
905. 철원으로 재천도. 연호 <성책>. 궁궐 수리. 영토가 죽령 북동에 이름.
     평양 성주 검용 투항.
906. 왕건, 상주 사화진에서 견훤 격파. 궁예, 신라를 멸도라 부름.
909. 궁예, 왕건을 나주에 보냄. 왕건, 진도 점령. 고이도 투항.
910. 왕건, 후백제로부터 나주 쟁취.
911. 국호 태봉泰封으로 바꿈. 연호 <수덕만세>. 궁예, 미륵불을 자칭.
913. 왕건, 파진찬 겸 시중이 되었으나 화가 두려워 외직을 구함.
914. 궁예, 왕건을 백선장군으로 삼아 나주 출정. 연호 <정개>.
915. 궁예, 부인 강씨와 두 아들을 죽임.
918. 6. 홍유 등 장군 4인, 왕건을 추대하고 궁예 축출. 궁예, 도망 중 벡성
     에게 피살. 후고구려 멸망.

11. 고려

918. (태조 1년, 무인년) 6. 왕건王建, 홍유·배현경·신숭겸·복지겸 등의 추대로 왕위에 올라 고려高麗 건국(42세).

919. (태조 2년, 기묘년) 1. 태조 왕건, 철원에서 개성으로 천도. 궁궐 만월대 건설. 3. 도성에 법왕사 등 10개 사찰 건설. 10. 평양에 축성.

920. (태조 3년, 경진년) 1. 신라와 수교. 3. 북방 골암진에 축성. 9. 후백제 사신 내조.

921. (태조 4년, 신사년) 2. 흑수말갈의 고자라 투항. 등주에서 말갈 달고적 대파.

922. (태조 5년, 임오년) 11. 태조, 서경(평양)을 순시하고 관부 설치.

923. (태조 6년, 계미년) 4. 유금필이 북방을 순시하니 1천 5백여 명이 귀부. 6. 윤질, 후량에서 돌아와 <오백나한화상> 바침.

925. (태조 8년, 을유년) 10. 유금필, 후백제의 연산진·임존군 탈취. 발해 장군 신덕 등 5백여 명 투항.

926. (태조 9년, 병술년) 4. 후백제군이 침공. 12. 태조, 서경에 행차.

927. (태조 10년, 정해년) 1. 후백제의 용주 점령. 7. 후백제의 대량성 점령. 9. 태조, 신라 지원. 태조, 팔공산 공산동수에서 견훤에 대패. 신숭겸 죽음.

928. (태조 11년, 무자년) 8. 발해인 은계종 등 투항. 11. 태조, 북계 순행하고 통덕진 축성.

930. (태조 13년, 경인년) 1. 고창에서 견훤군 대파. 8. 천안부 설치. 마산에 축성. 울릉도에서 공물을 바침. 12. 서경에 학교 건설.

931. (태조 14년, 신묘년) 2. 태조, 신라의 경주 방문. 11. 태조, 서경 순시. 안북부와 강덕진 설치.

932. (태조 15년, 임진년) 6. 신라의 일모산성 정벌. 9. 후백제군, 예성강 일대 침공. 11. 최응 죽음.

933. (태조 16년, 계사년) 5. 유금필, 후백제 신검과 싸워 승리.

934. (태조 17년, 갑오년) 5. 운주에서 견훤군 대파. 후백제의 웅진 이북 30여 성 투항. 7. 발해의 세자 대광현 투항.

935. (태조 18년, 을미년) 4. 유금필, 나주에서 후백제군 격파. 6. 견훤 투항. 11. 신라의 경순왕 투항. 경순왕을 정승 겸 사심관으로 삼고 경주를 식읍

으로 함. 기인제도 시행.

936. (태조 19년, 병신년) 9. 후백제의 신검 격파. 태조, 전국 통일. 태조, <정
계> 1권과 <계백료서> 8편을 제작 반포.

937. (태조 20년, 정유년) 10. 해주 광조사 <진철대사보월승공탑비> 건립.

938. (태조 21년, 무술년) 7. 후진의 연호 사용. 서경에 나성 축성.

939. (태조 22년, 기해년) 8. 영주 비로사 <진공대사보법탑비> 건립.

940. (태조 23년, 경자년) 3. 경주를 대도독부로 개편. 주부군현의 이름 개정.
7. 역분전제 제정.

941. (태조 24년, 신축년) 4. 유금필 죽음. 0. 원주 흥법사 <진공대사탑비> 건립.

942. (태조 25년, 임인년) 10. 거란 사신을 섬으로 유배 보내고 낙타 50마리
굶겨 죽임.

943. (태조 26년, 계묘년) 4. 태조, <훈요 10조> 지음. 5. 태조 죽음(67세, 재위
25년). 2대 혜종 즉위(32세).

944. (혜종 1년, 갑진년) 진에 사신 파견.

945. (혜종 2년, 을사년) 9. 왕규, 박술희를 죽임. 왕규 처형. 혜종 죽음(34세,
재위 2년). 3대 정종 즉위(23세).

946. (정종 1년, 병오년) 1. 불명경보 · 광학보 설치. 쌀 7만 석 대사찰에 시주.

947. (정종 2년, 정미년) 9. 서북지방 개척. 30만 군사로 거란 대비 광군사 설치.

949. (정종 4년, 기유년) 3. 서경에 왕궁 건설. 정종 죽음(27세, 재위 4년). 4대
광종 즉위(25세). 8. 주현의 세공액 정함.

950. (광종 1년, 경술년) 연호 <광덕>. 장청진 · 위화진에 축성.

9xx. 작자미상 가요 <한송정> 지어짐.

951. (광종 2년, 신해년) 개성에 봉은사 창건하고 태조의 원당으로 삼음.

952. (광종 3년, 임자년) 북방 안삭진에 축성.

956. (광종 7년, 병진년) <노비안검법> 실시.

958. (광종 9년, 무오년) 5. 쌍기의 건의로 <과거제> 실시.

960. (광종 11년, 경신년) 1. 연호 <준풍>. 3. 백관의 공복 제정. 개경을 황도,
서경을 서도라 함.

961. (광종 12년, 신유년) 과거 실시(고시 과목 : 시 · 부 · 의 · 복).

963. (광종 14년, 신유년) 7. 개풍 귀법사 창건. 의료기구 제위보 설치.

96x. 균여, 향가 <보현십원가> 지음. 승 제관, <천태사교의> 지음.

968. (광종 19년, 무진년) 장단 홍화사, 개성 유암사 · 삼귀사 창건. 혜거를 국사, 탄문을 왕사로 삼음. 위화진에 축성.

969. (광종 20년, 기사년) 영삭진 · 장평진에 축성.

973. (광종 24년, 계유년) 12. 공사 진전의 개간 경작에 관한 <수조법> 제정. 0. 춘천 <백암선원> 건립.

975. (광종 26년, 을해년) 5. 광종 죽음(51세, 재위 26년). 5대 경종 즉위(21세).

976. (경종 1년, 병자년) 2. 문무 양반의 묘지제도 제정. 11. 직관 · 산관 각 품의 <전시과> 실시.

977. (경종 2년, 정축년) 3. 경종, 진사 친시 시행. 개국공신과 향의귀순성주 등에 훈전 급여. 공음전시 시행.

980. (경종 5년, 경진년) 4. 왕승, 모반하다 주살.

981. (경종 6년, 신사년) 7. 경종 죽음(27세, 재위 6년). 6대 성종 즉위(22세). 11. 팔관회의 잡기 폐지.

982. (성종 1년, 임오년) 3. 중앙관제 개혁. 6. 최승로 <시무 28조> 올림. 10. 주부현의 자제를 선발하여 황도에서 공부하게 함.

983. (성종 2년, 계미년) 1. 성종, 환구단에서 풍년을 빌고 적전 경작. 2. 전국에 12목 설치. 3. 백관의 명호 개정. 5. 3성 · 6조 · 7시 제정. 6. 각지의 관 · 역에 공수전 · 지전 · 장전 등 공해전시 제정. 12. 진사 복시제 시행.

984. (성종 3년, 갑신년) 5. 압록강변에 여진 대비 축성. 군인의 복색 제정.

986. (성종 5년, 병술년) 7. 전국의 흑창을 의창으로 개편. 8. 12목에 처자 동반 부임 허용.

987. (성종 6년, 정해년) 3. 12목에 경학박사 · 의학박사 각 1인 배치. 6. 주군의 병기를 거두어 농기구 제작. 개경의 오부방리 설정. 7. <노비환천법> 제정. 10. 양경의 팔관회 파기. 11. 경주를 동경이라 하고 유수 배치.

988. (성종 7년, 무자년) 11. 5묘 지정.

989. (성종 8년, 기축년) 3. 동북면 · 서북면에 병마사 배치.

990. (성종 9년, 경인년) 5. 5도의 효자와 절부에 포상. 7. 서경에 관청의 분소 설치. 10. 좌우 군영 설치. 12. 서경에 수서원 설치.

991. (성종 10년, 신묘년) 윤2. 사직단 건설. 10. 중추원 설치. 압록강 밖의 여진을 백두산으로 이주시킴.

992. (성종 11년, 임진년) 11. 조운선의 운송가 및 공전의 수조 제정. 12. 국자감

창설. 태묘 낙성.

993. (성종 12년, 계사년) 2. 개경 · 서경 · 12목에 상평창 설치. 8. 주부군현 역
의 공수시지 지정. 윤10. 거란, 제 1차 침입. 대도수의 고려군, 안융진에서
거란군 격파. 서희, 거란 진영에서 소손녕과 담판하여 화약을 맺음. 0. 북
한산을 삼각산이라 부름. <순화 4년> 새겨진 청자 항아리 제작.

994. (성종 13년, 갑오년) 2. 거란의 연호 사용. 6. 송의 거란 징벌 지원 요청
거절. 송과 단교. 서희, 여진 격퇴. 장흥진 · 귀화진 설치. 곽주성 · 구주성
축성.

995. (성종 14년, 을미년) 5. 문산계 · 무산계 제정. 7. 개주를 개성부로 변경.
전국을 10도 · 128주 · 449현 · 7진으로 구획. 내서성을 비서성으로 개칭.

996. (성종 15년, 병신년) 4. 금속화폐 철전 <건원중보> 주조 통용. 7. 서희,
성주 · 맹주에 축성.

997. (성종 16년, 정유년) 10. 성종 죽음(38세, 재위 16년). 7대 목종 즉위(18세).

998. (목종 1년, 무술년) 7. 서경을 호경이라 개칭. 12. 문무백관 · 군인의 전시
과 개정.

99x. 고려 비색청자 제작 성행.

1002. (목종 5년, 임인년) 5. 개경에 6위의 군영을 설치하고 군사 훈련.

1003. (목종 6년, 계묘년) 덕주 · 희주 · 위화 · 광화에 축성 및 보수.

1004. (목종 7년, 갑진년) 3. <과거법> 개정.

1005. (목종 8년, 을사년) 1. 동여진의 등주 침입 격퇴. 3. 지방 관직 일부 개정.

1007. (목종 10년, 정미년) 흥화진 · 익령현 · 울진현에 축성.

1009. (목종 12년, 기유년) 2. 강조, 목종 폐위시키고(30세, 재위 12년), 대량원군
즉위시킴(18세, 8대 현종)(강조의 정변). 강조, 김치양 등을 죽임. 강조, 목종
을 죽임.

1010. (현종 1년, 경술년) 10. 강조, 30만 군사로 거란에 대비. 11. 거란, 40만
군사로 2차 침입. 강조, 거란에 잡혀 죽음. 12. 강감찬, 항전 주장. 현종,
남쪽으로 피신.

1011. (현종 2년, 신해년) 1. 거란군, 개경에 침입하여 파괴 약탈. 김숙흥, 귀주
에서 거란군 격파하고 전사. 양규, 세 차례 거란군 격파하고 전사. 거란
군, 압록강 건너 퇴각. 고려군, 퇴각하는 거란군 1만 격살. 2. 현종, 개경
수창궁으로 환궁. 0. <초조대장경> 조판 착수.

1012. (현종 3년, 임자년) 1. 12주의 절도사를 폐하고 5도호 · 75목 안무사 배치.
동여진의 침입 격퇴.

1013. (현종 4년, 계축년) 5. 여진 · 거란의 압록강 도강 저지. 7. 거란군, 청천
강 이북의 흥화 등 6성 요구. 11. 문무양반 · 왕족 소유 30결 이상의 토지
세액 결정.

1014. (현종 5년, 갑인년) 10. 거란군의 흥화진 침입 격퇴. 11. 김훈 · 최질 등
무신들의 청원 허가. 어사대 폐지하고 금오대 설치. 삼사 폐지하고 도정
서 설치. 무관으로 상참관 이상인 자는 문관 겸직 허용.

1015. (현종 6년, 을묘년) 1. 거란군의 흥화진 · 통주 침입 격퇴. 3. 김훈 · 최질
등 무신 19명 처형. 7. 금오대 폐지하고 사헌대 설치. 9. 거란의 통주 · 흥
화진 침입 격퇴. 거란의 여진성 침입 격퇴.

1016. (현종 7년, 병진년) 1. 거란, 곽주 침입 노략질. 0. 선주 · 철주에 축성.

1017. (현종 8년, 정사년) 1. 가옥을 절로 만들거나 부녀자가 여승이 되는 것
금지. 5. 거란의 흥화진 공격 격퇴. 0. 안의진 축성. 충주 정토사 <홍법국
사탑비> 건립.

1018. (현종 9년, 무오년) 1. 각 도의 안무사를 폐지하고 4도호 · 8목 · 56지주
군사 · 28진장 · 20현령 배치. 9. 소배압의 10만 거란군, 3차 침입. 강감
찬, 흥화진에서 거란군 대파. 강민첨, 자주에서 거란군 대파. 0. 북한산성
증축.

1019. (현종 10년, 기미년) 1. 거란군, 신은현에서 회군. 2. 강감찬, 철수하는 거
란군을 귀주에서 격멸(귀주대첩).

1020. (현종 11년, 경신년) 최치원 문묘에 배향.

1021. (현종 12년, 신유년) 7. 사원에서 술 제조 금지. 10. 범죄 아들의 공음전은
손자에게 지급.

1022. (현종 13년, 임술년) 1. 설총 문묘에 배향.

1023. (현종 14년, 계해년) 윤9. 의창의 <수렴법> 제정하여 전조 징수.

1024. (현종 15년, 갑자년) 7. 서역 대식국인 1백 명이 토산물 바침. 12. 개경을
5부 · 35방 · 314리로 확장 편성. 아들 없이 죽은 군인의 처에 구분전 지급.

1025. (현종 16년, 을축년) 9. <목감양마법> 제정.

1028. (현종 19년, 무진년) 7. 서여진의 니오블 · 두루개 등 2백 명이 공물 바침.

1029. (현종 20년, 기사년) 8. 개경 나성 축성. 11. 동여진의 구두 등 내조. 위원

진 · 정융진 설치. 9. 현종, <중양 영국시> 지음.

1030. (현종 21년, 경오년) 2. 인주에 축성. 4. 철리국이 공물을 바침. 5. 동여진이 공물을 바침. 9. 영덕진 축성. 10. 거란인 · 발해인 5백여 명 투항.

1031. (현종 22년, 신미년) 5. 현종 죽음(40세, 재위 22년). 9대 덕종 즉위(16세). 윤10. 국자감시 신설.

1033. (덕종 2년, 계유년) 1. 철리국이 공물을 바침. 3. 해적의 침입 격퇴. 0. 천리장성 축성 착수.

1034. (덕종 3년, 갑술년) 1. 동여진이 수차례 조공. 4. 양반 · 군한인의 전시과 개정. 명주성 축성. 9. 덕종 죽음(19세, 재위 3년). 10대 정종 즉위(17세). 0. 윤징고 · 황주량 등, <7대실록> 편찬.

1035. (정종 1년, 을해년) 9. 서북 경계 송령에 장성 축성. 창주성 축성.

103x. 개경 사람들, 노래 <금강성곡> 부름.

1036. (정종 2년, 병자년) 2. 모든 관리에게 녹패 제공. 4. 동여진 내조. 5. 아들 4명 중 1명이 승려가 되는 것을 허용.

1038. (정종 4년, 무인년) 8. 동북 · 서북 여진 내조. 송의 상인이 토산물 바침.

1039. (정종 5년, 기묘년) 5. 일본인 26명 귀순. 윤12. <천자수모법> 제정.

1040. (정종 6년, 경진년) 2. 도량형 통일. 10. 박원작, <수질구궁노> 제작. 11. 대식국인 상인이 토산물 바침.

1041. (정종 7년, 신사년) 4. 북계의 영주 등 33주와 동계의 고주 · 화주 등의 세적 폐기. 8. 동여진인 50명 내조. 9. 영원 · 평로에 축성.

1042. (정종 8년, 임오년) 1. 서북면 호구조사. 0. 국자감 학생 중 나이 많고 재간 없는 자를 광군에 편입.

1043. (정종 9년, 계미년) 4. 여진인 495명 내조. 용봉문 · 금박 비단의 착용 금지. 여진인 80여 명 내조. 영삭진 · 수덕진 축성.

1044. (정종 10년, 갑신년) 11. 북방 장주 · 정주 · 원흥진 축성 종료로 천리장성 완성. 공사 대곡 채무자가 죽으면 징수 중단.

1045. (정종 11년, 을유년) 4. 5역 · 5적 · 불충 · 불효 · 향 · 부곡 · 악공 · 잡류의 자손은 과거 응시 불허. 비서성에서 후한의 <예기정의>와 당의 <모시정의> 재발간. 10. 비수 휴대 금지.

1046. (정종 12년, 병술년) 1. 백성의 <입사법> 제정. 4. 정종 죽음(29세, 재위 12년). 11대 문종 즉위(28세). 6. 동남 해안에 벽을 쌓아 해적에 대비.

1047. (문종 1년, 정해년) 1. 주부군현의 윤경회 금지. 2. 6 · 7품으로 자손 없는 자의 처에 구분전 지급.

1049. (문종 3년, 기축년) 5. 5품 이상 관리의 <공음전시법> 제정. 0. 개성에 빈민 의료기관 동서대비원 설치.

1050. (문종 4년, 경인년) 3. 영삭진에 축성. 9. 열산현에 침입한 해적을 추자 도에서 대파. 11. <손재면역법> 제정.

1051. (문종 5년, 신묘년) 4. 억류했던 동여진인 77인을 돌려보냄. 9. 동북면 · 서북면 여진의 침입 격퇴. 10. 특수군단 유음기광군 설치. 12. 지방 관리 의 전형과 임명 절차 제정.

1052. (문종 6년, 임진년) 2. 사직단 신축. 3. 김성택 <십정력>, 이인현 <칠요 역>, 한위행 <견행력>, 양원호 <둔갑력>, 김정 <태일력>을 편찬케 함.

<낙성대 삼층석탑> 1층 탑신에 '강감찬 낙성대'라고 새겨져 있다. - 서울 관악구 -

1053. (문종 7년, 계사년) 2. 탐라국이 공물을 바침.

1055. (문종 9년, 을미년) 최충, 구재학당 설립.

1056. (문종 10년, 병신년) 7. 동여진 20여 둔락 격파. 8. <구경><한서><진
서><당서><논어><효경>과 문집, 의학 등 서적을 학원에 비치하게 함.

1057. (문종 11년, 정유년) 고구려 · 백제 · 신라 능묘 주위에서 경작 금지.

1058. (문종 12년, 무술년) 9. 충주목, <난경><상한론> 등의 신 조판본 바침.
0. 15세 이상 60세 이하로 사면기광군 편성. <황제내경> 등 8종의 중국
의서 발간.

1059. (문종 13년, 기해년) 2. 안서도호부 · 경산부에서 신조판본 바침. 3. 서북
면에 양전 실시하여 민전 산정. 4. 남원부사 이정공, <삼례도><손경자
서> 신조판본 바침. 8. 아들 3명 중 1명이 승려가 되는 것을 허용.

1061. (문종 15년, 신축년) 12. 내사문하성을 중서문하성으로 개편. 동서계 방술
군의 징발수 결정.

1062. (문종 16년, 임인년) 3. 개성부 재설치. 개성부가 도성 소관 11현 및 우봉
군 관할. 호경을 다시 서경으로 개칭. 서경에서 경기 4도 관리. 거란이
대장경을 보내옴.

1064. (문종 18년, 갑진년) 2. 안찰사를 도부서로 개편.

1066. (문종 20년, 병오년) 4. 지방 장관이 권농사 겸임.

1067. (문종 21년, 정미년) 1. 개풍 흥왕사 완공. 흥왕사에서 연등회 개설. 6.
양주를 남경이라 하고 유수 배치.

1068. (문종 22년, 무신년) 1. <양자계호법> 제정. 9. 남경에 신궁 건설.

1069. (문종 23년, 기유년) 3. 향리들의 무산계 규정 제정. 10. 양전의 등급 ·
규모와 전세 결정.

1070. (문종 24년, 경술년) 2. 흥왕사에 삼층대전 <자씨전> 건립. 11. 경성 4면
에 고수탄철고 설치.

1072. (문종 26년, 임자년) 2. 예복제도 제정. 7. 거신, 모반하다 주살. 12. 요왕
이 <불장경> 보냄.

1073. (문종 27년, 계축년) 1. 아들 없는 자의 공음전은 사위 · 조카 · 양자 순으
로 공여. 2. 교방여제자 진경 등 13인이 연등회에서 <답사행가무> 공연.
4. 동서북 장성 밖에 둔전 설치. 9. 동여진 11촌을 귀순주에 소속시킴.

1074. (문종 28년, 갑인년) 원흥진 · 용주 · 위주에 축성.

1075. (문종 29년, 을묘년) 혁련정, 전기 <균여전> 지음.

1076. (문종 30년, 병진년) 12. 양반 전시과 개정. 관리의 반차 및 녹과 제정.

1077. (문종 31년, 정사년) 2. 교방여제자 초영과 55인이 연등회에서 <왕모대
　　　가무> 공연. 3. 금자 화엄경을 흥왕사로 이관.

1078. (문종 32년, 무오년) 7. 흥왕사 금탑 완성. 12. 송 제도에 따라 치황색 ·
　　　담황색 복색 금지.

1079. (문종 33년, 기미년) 5. 서여진의 평로관 침입 격퇴.

107x. 대악서 · 관현방 설치하여 음악 장려.

1080. (문종 34년, 경신년) 6. 흥왕사 금탑의 외호 석탑 건조. 12. 문정 등, 보
　　　병 · 기병 3만으로 정주성 밖 여진 토벌.

1081. (문종 35년, 신유년) 2. 서여진 내조.

1082. (문종 36년, 임술년) 5. 동여진 내조. 8. 송의 상인 입국. 11. 대마도 사신
　　　이 토산물 바침.

1083. (문종 37년, 순종 1년, 계해년) 2. 모든 관리에게 녹패 하사. 3. 송의 대장
　　　경을 개국사에 안치. 7. 문종 죽음(65세, 재위 37년). 12대 순종 즉위(38세).
　　　10. 순종 죽음(재위 3개월). 13대 선종 즉위(35세). 0. 진사 이하의 제업은
　　　3년에 한 번씩 시험 실시.

1084. (선종 1년, 갑자년) 4. 요 사신, 문종과 순종에 제사 지냄.

1085. (선종 2년, 을축년) 4. 선종의 동생 대각국사 의천, 송에 감. 0. 양산 통도
　　　사 인근에 <국장생석표> 세움. 원주 법천사 <지광국사현묘탑비> 건립.

1086. (선종 3년, 병인년) 6. 의천, 송에서 귀국. 흥왕사에 교장도감 두고 불경
　　　4천여 권 발간.

1087. (선종 4년, 정묘년) 2. 흥왕사에서 <초조대장경>(1차 대장경) 완성.

1089. (선종 6년, 기사년) 9. 선종, <하성조사> 지음. 10. 인예태후, 개풍 국청
　　　사 창건. 회경전에 13층 황금탑 안치.

1090. (선종 7년, 경오년) 8. 의천, <신편제종교장총록> 3권 편수.

1092. (선종 9년, 임신년) 11. <오복상피식> 제정.

1093. (선종 10년, 계유년) 5. 선종, 개경 홍호사 창건. 7. 연평도에서 송 · 일본
　　　의 해적 나포. 8. 동북 양계의 병영에 군복 지급.

1094. (선종 11년, 갑술년) 2. 지방에 감창사 파견. 5. 선종 죽음(46세, 재위 11년).
　　　14대 헌종 즉위(11세).

1095. (헌종 1년, 을해년) 7. 이자의, 모반하다 주살. 10. 헌종, 숙부 계림공에게 선위(12세, 재위 1년). 15대 숙종 즉위(42세). 중추원을 추밀원으로 개편.

1096. (숙종 1년, 병자년) 6. 공친 간의 혼인 금지. 7. 김위제, 남경으로 천도 주청. 문덕전에 비장되어 있는 문서를 문덕전·장형전·어서방·비서각에 나누어 보관. 0. <속장경> 완성하여 대구 부인사에 안치.

1097. (숙종 2년, 정축년) 1. 개경 국청사 완공. 윤2. 전왕 헌종 죽음(14세). 7. 진명현에서 노략질하는 동여진 해적선 10여 척 격파.

1098. (숙종 3년, 무인년) 3. 태자부 설치하고 관속 배치.

1099. (숙종 4년, 기묘년) 4. 주부군현에 둔전 5결 경작 허용. 윤9. 숙종, 천도를 위해 양주의 지형을 살핌.

1101. (숙종 6년, 신사년) 2. 외방관리의 읍록을 공수조로 지급. 3. 국자감에 서적포 설치. 4. 문선왕묘 좌우 행랑 벽에 61자 21현의 호상을 그림. 개성 일월사 <금자묘법연화경> 완성. 6. 은병을 화폐로 사용. 왕하·오연총, 송에서 돌아와 <태평어람> 1천 권 바침. 9. 남경에 개창도감 설치. 10. 남경 건설 착수.

1102. (숙종 7년, 임오년) 3. 남경의 구획 획정. 10. 평양에 기자 사당 건립. 숙종, 북숭산 신호사에서 오백나한재 개설. 12. 동전화폐 <해동통보> 1만 2천 관 주조하여 통용. 경성 좌우에 주점 및 점포 설치. 서경에 문무반 및 5부 설치. 0. 기자의 무덤을 찾게 함.

1103. (숙종 8년, 계미년) 8. 고문개·장홍점·이궁제·김자진 등, 모반하다 유배. 주·진의 둔전군 1대에 1결 지급.

1104. (숙종 9년, 갑신년) 2. 임간, 정주성 밖에서 여진에 패배. 3. 윤관, 여진과 전투 후 맹을 맺고 돌아옴. 8. 숙종, 남경에 행차. 12. 신기군·신보군·항마군으로 별무반 편성. 0. 북송의 손목, 고려 견문록·어휘집 <계림유사> 편찬.

1105. (숙종 10년, 을유년) 10. 숙종 죽음(52세. 재위 10년). 16대 예종 즉위(27세). 12. 탐라국을 탐라군으로 함.

1106. (예종 1년, 병술년) 3. 김인존 등, 도참서 <해동비록> 편찬. 4. 우봉 등 20여 현에 감무관 배치. 8. 각 도 병사에 진법 가르침. 0. 거란 포로 중 기술 있는 자 중용.

1107. (예종 2년, 정해년) 12. 윤관, 17만 군사로 정주 출발하여 135개 여진 촌

락 격파. 함주·영주·웅주·복주·길주·공험진 등 6성 축성. 0. 요에
서 대장경 보냄.

1108. (예종 3년, 무자년) 1. 척준경, 여진의 영주성 침입 격퇴. 2. 척준경, 여진
의 웅주성 포위 격퇴. 3. 윤관, 의주·통태·평융 3성 축성. 함경도 북부
의 9성 완성. 5. 여진의 웅주성 공격 격퇴. 7. 윤관, 여진 재정벌. 토산현
등 41현에 감무 설치. 9. 예종, 남경 행차.

1109. (예종 4년, 기축년) 5. 오연총, 길주에서 여진에 패배. 7. 여진에서 9성을
돌려줄 것을 간청하므로 9성을 돌려줌. 국자감에 7재 설치.

1110. (예종 5년, 경인년) 윤8. 예종, 남경 행차.

1111. (예종 6년, 신묘년) 8. 전주와 전호 사이의 전수분급률(수조율) 정함.

1112. (예종 7년, 임진년) 의료기관 혜민국 설치.

1113. (예종 8년, 계사년) 8. 의례 제정 기관 예의상정소 설치. 11. 김연 등, 정책
서 <시정책요> 5책 지음.

1114. (예종 9년, 갑오년) 6. 안직숭 등, 송 휘종이 보낸 <대성신악> 악기와 악
보 가져옴. 10. 송악 연주 시작.

1116. (예종 11년, 병신년) 5. 중앙과 외직의 관제 개정. 4. 요의 연호 사용 중지
하고 간지만 사용. 6. 왕자지·문공미 등, 송의 <대성아악>과 악기 가져
옴. 10. 태묘·사직에서 <대성아악> 연주. 11. 궁중에 보문각 설치.

1117. (예종 12년, 정유년) 2. 내원성·의주성 축성. 8. 예종, 남경에 행차.

1118. (예종 13년, 무술년) 윤9. 한안인, 청연각에서 <노자> 강론.

1119. (예종 14년, 기해년) 7. 국학에 양현고 설립. 학사를 뽑아 서적 수집과 역
·시·서·경 강론케 함.

1120. (예종 15년, 경자년) 9. 예종, <수성명사>를 지어 연주케 함. 10. 예종,
팔관회 열고 <도이장가> 지음. 0. 예종, 가요 <벌곡조> 지음.

1122. (예종 17년, 임인년) 4. 예종 죽음(44세, 재위 17년). 17대 인종 즉위(14세).
10. 이자겸을 한양공에 책봉.

1123. (인종 1년, 계묘년) 송의 서긍, <고려도경> 40권 지어 송 휘종에 바침.

1126. (인종 4년, 병오년) 2. 김찬 등, 이자겸 제거 실패. 이자겸·척준경, 궁성
에 불을 지르고 소란. 5. 이자겸, 변란 시도(이자겸의 난). 척준경, 이자겸
과 결별. 7. 이자겸 유배. 12. 이자겸 병사.

1127. (인종 5년, 정미년) 3. 척준경·최식 등 유배. 인종, 서경에서 <유신지교

15조> 반포. 묘청, 왕사가 됨. 묘청, 서경 천도 주장. 10. 이자겸 일파가
빼앗은 땅을 원주인에게 돌려줌. 0. 각 주에 향학 설립.

1128. (인종 6년, 무신년) 2. 서경 궁궐 화재. 11. 서경에 신궁 대화궁 착공.

1129. (인종 7년, 기유년) 2. 서경 대화궁 낙성. 묘청 등, 인종을 황제라 칭하고
연호 사용 요청했으나 거부됨. 8. 서적소 설립. 0. 민간 아동들에게 <효
경><논어> 배포.

1131. (인종 9년, 신해년) 2. 유생들의 노장 학문 금지. 5. 백관의 집에 태조의
<계백료서>를 보관시킴. 8. 서경에 궁성을 쌓고 궁내에 팔성당 건설.

1132. (인종 10년, 임자년) 8. 임원애, 묘청을 처단할 것을 주청. 11. 후손 없는
자의 노비를 관청에 귀속시킴.

1133. (인종 11년, 계축년) 11. 이중·문공유 등, 묘청을 멀리할 것을 상소. 0.
윤포, 고사 3백 수 수록된 <당송악장일부> 편찬.

1134. (인종 12년, 갑인년) 1. 인종, 묘청을 삼중대통지루각원사에 임명. 적전의
제사에 처음 <대성악> 연주. 3. <효경><논어>를 민간 아동들에게 배포.
5. 임완, 묘청을 죽일 것을 주청. 9. 김부식 등, 왕의 서경 행차 반대.

1135. (인종 13년, 을묘년) 1. 묘청 등, 서경에서 반란을 일으키고 대위국 건설.
서북지역, 묘청에 호응. 정지상·김안·백수한 등 처형. 김부식 등, 서경
정벌. 서경의 조광 등, 묘청을 죽이고 항복. 조광 등, 다시 반란.

1136. (인종 14년, 병진년) 2. 서경 반란 평정되고 조광 자결. 4. 서경 관리의
수 감축. 경기 4도를 폐하고 6현 설치.

1140. (인종 18년, 경신년) 4. <체례복장제도> 조정. 6. 공·상·악인의 자손은
공이 있어도 벼슬을 못하게 함.

1142. (인종 20년, 임술년) 11. 8도에 어사 파견하여 현지 관리의 능력 평가.

1144. (인종 22년, 갑자년) 서경 및 동서 주진 거주 군인은 본관의 잡역 면제.

1145. (인종 23년, 을축년) 12. 김부식 등, <삼국사기> 50권 편찬.

1146. (인종 24년, 병인년) 2. 인종 죽음(38세, 재위 24년). 18대 의종 즉위(20세).
김제 벽골제 철거. 연등회에서 노래 금지. 0. 윤포, <태평광기촬요시일백
수><오천축국도> 찬진.

1147. (의종 1년, 정묘년) 11. 서경인 이숙 등, 모반하다 주살. 12. 당고종자매·
당질녀·형의 손녀와의 혼인을 금함.

1148. (의종 2년, 무진년) 5. 이심 등, <고려지도>를 송에 전달. 윤8. 이심·지

지용 등, 송과 내통죄로 주살.

1149. (의종 3년, 기사년) 8. 5군을 3군으로 개편.

1150. (의종 4년, 경오년) 9. 수주를 안남도호부로 개편.

1151. (의종 5년, 신미년) 4. 의종, 관음상 조각하여 내전에 봉안. 5. 정서, 가요 <정과정곡> 지음. 0. 보문각에 문첩소 설치.

1152. (의종 6년, 임신년) 3. 중의 자손은 서반 · 남반의 7품직으로 제한. 4. 간관, 왕에게 격구 중지를 간함.

1153. (의종 7년, 계유년) 3. 의종, 보제사에서 오백나한재 지냄. 4. 내외 문무 양반에게 산직을 더하고 전시를 내림.

1154. (의종 8년, 갑술년) 1. <과거법> 개정. 6. 금에서 양 2천 마리 보냄.

1157. (의종 11년, 정축년) 4. 이궁 수덕궁 및 천녕전 완성. 민가 50여 호를 헐어 태평정 건설. 5. 김유립, 울릉도 조사.

1158. (의종 12년, 무인년) 9. 백주에 별궁 중흥궐 건설.

1159. (의종 13년, 기묘년) 11. 목감장에 <제목감장축마료식> 제정.

1161. (의종 15년, 신사년) 10. 무고사건으로 감음현을 부곡으로 강등. 0. 유생들, 예종 때 들어온 송의 신악 배척.

1162. (의종 16년, 임오년) 5. 이천 · 동주 · 선주 등에서 민란.

1166. (의종 20년, 병술년) 4. 동불 40구 주조. 10. 격구장에서 승려 3만 명에게 식사 제공.

1168. (의종 22년, 무자년) 3. 6조의 교서 내림. 11. 탐라 민란.

1169. (의종 23년, 기축년) 7. 대간, 왕의 이궁 행차의 빈번함을 논함. 금에서 양 2천 마리 보냄.

1170. (의종 24년, 경인년) 8. 정중부 · 이의방 · 이고 등, 문신 대학살(무신정변. 경인의 난). 9. 정중부, 의종을 거제로 추방(44세, 재위 24년). 의종의 동생 왕호 즉위(40세, 19대 명종). 정중부, 영의 · 유방 등과 환관 다수 죽임.

1171. (명종 1년, 신묘년) 1. 이의방, 한순 · 이고 등 죽임. 4. 이의방, 채원 죽임. 10. 궁궐에 화재.

1172. (명종 2년, 임진년) 2. 연등절 제정. 12. 불정도량을 명인전에서 개설. 0. 서북면의 창주 · 성주 · 철주 등에 민란. 진주 지리산 단속사 <대감국사탑비> 건립.

1173. (명종 3년, 계사년) 8. 김보당, 난을 일으킴(계사의 난). 9. 이의방, 김보당

과 많은 문신을 죽임. 10. 이의민, 전왕 의종을 경주에서 죽임. 3경 · 4도
호 · 8목부터 군현관역에 이르기까지 문신 축출하고 무신 임용.

1174. (명종 4년, 갑오년) 1. 중광사 · 홍호사 등의 중 2천 명, 이의방 제거 실패.
9. 조위총, 서경에서 반란(조위총의 난). 서북방 절령 이북의 40여 성 조
위총에 호응. 연주의 현덕수, 조위총에 항거. 12. 정중부의 아들 정균, 이
의방을 죽임. 정중부, 문하시중이 됨.

1175. (명종 5년, 을미년) 10. 조위총, 금에 지원 요청했으나 거부됨.

1176. (명종 6년, 병신년) 1. 천민 망이 · 망소이, 공주 명학소에서 민란. 남부
지방에 민란 빈번히 일어남(남적). 2. 장정을 선발하여 남적을 치게 함.
6. 윤인첨, 서경을 점령하고 조위총 죽임. 9. 남적, 예산 점령. 11. 남적과
내통한다는 구실로 문신 7명 유배.

1177. (명종 7년, 정유년) 1. 망이 · 망소이 항복. 3. 망이 등, 다시 반란 일으켜
공주 · 아산 점령. 4. 남적, 아주 점령. 5. 조위총 잔당, 서경에서 다시 반
란. 7. 망이 · 망소이 항복. 0. 밀양 표충사 <대정17년명청동은입사향완>.

1178. (명종 8년, 무술년) 1. 이의민, 서경 반란군 격파. 10. 서경 반란군 항복.
0. 고배형향완 받침대 <대정18년명금산사청동은입사향완>(일본 소재).

117x. 청자 등 도자기 제조 성행. 개경 부근에 청자 가마터 설치.

1179. (명종 9년, 기해년) 4. 서경의 잔여 반란군 궤멸. 9. 경대승, 정중부 · 정
균 · 송유인 죽임. 경대승, 도방 설치.

1180. (명종 10년, 경자년) 1. 개경에 도적 빈발. 7. 종참 등 승려 7명 유배. 12.
경대승, 허승 · 김광립 죽임.

1181. (명종 11년, 신축년) 1. 관리의 서용 연한 제정. 3. 도둑떼가 약탈 자행.
4. 이의민, 경주로 돌아감. 9. 범죄자 990여 명 복직.

1182. (명종 12년, 임인년) 3. 죽동 등, 전주에서 반란. 4. 전주 반란 평정. 9.
목친전 · 여정궁 완성.

1183. (명종 13년, 계묘년) 5. 문신 관직 감축. 7. 경대승 죽음. 8. 경대승 일당
섬에 유배.

1184. (명종 14년, 갑진년) 1. 문신의 녹을 삭감. 2. 이의민 소환.

1185. (명종 15년, 을사년) 6. 환관 최동수 등, <유두음> 시행.

1186. (명종 16년, 병오년) 10. 무관을 내시원 · 다방에 겸직시킴.

1187. (명종 17년, 정미년) 8. 조원정 등, 모반하다 주살. 9. 서북면 순주에 안치

되었던 도적 수백 명 탈출 난동.

1188. (명종 18년, 무신년) 3. 양계 병마사와 5도 안찰사에게 백성을 살피게 함.

1190. (명종 20년, 경술년) 1. 경주 민란. 경주 민란 진압 실패. 10. 인왕백고좌
회 시행. 12. 문하성의 재신을 8인으로 증원. 0. 지눌, 수선사 결사.

1191. (명종 21년, 신해년) 8. 외방 역군을 3번으로 나눔.

1192. (명종 22년, 임자년) 4. 최선 등, <증속자치통감> 교정. 8. 최선 등, <태
평어람> 교정 간행.

1193. (명종 23년, 계축년) 7. 경상도 운문의 김사미와 초전의 효심, 대규모 민
란(남적 봉기). 이의민의 아들 이지순 남적과 내통. 9. 글을 모르는 두경
승, 감수국사가 됨. 0. 이규보, 장편 서사시 <동명왕편> 지음.

1194. (명종 24년, 갑인년) 2. 김사미, 항복을 청했으나 참살. 4. 민란 봉기군
밀성에서 격파됨. 8. 봉기군 항복. 12. 효심 생포.

1196. (명종 26년, 병진년) 4. 최충헌 · 최충수 형제, 이의민을 죽이고 삼족을 멸
함. 최충헌, 조신 다수 죽임. 5. 최충헌 <봉사십조> 올림.

1197. (명종 27년, 정사년) 9. 최충헌, 명종을 폐하고(67세, 재위 27년) 왕의 동
생 왕민을 세움(54세, 20대 신종). 두경승 등 유배. 10. 최충헌, 동생 최충
수 죽임. 11. 문무관의 자제 30인을 시학공자 · 시학급사로 충원.

1198. (신종 1년, 무오년) 1. 산천비보도감 설치. 4. 양계의 병마판관을 부사로 승
격. 5. 최충헌의 사노 만적, 개경에서 노비 봉기 실패 죽음(만적의 난).

1199. (신종 2년, 기미년) 2. 강릉 · 경주 민란. 민란 주모자 회유. 6. 최충헌,
문무 관리의 인사권 총괄. 0. 안동 봉정사 <목조관음보살좌상>.

1200. (신종 3년, 경신난) 4. 정방의 등, 진주에서 민란. 밀양 관노 50여 명
운문적에 입당. 8. 시흥 잡족 민란. 12. 최충헌, 도방 설치.

1201. (신종 4년, 신유년) 12. 진주 백성들, 정방의 죽임. 동생 정창대 도주.

1202. (신종 5년, 임술년) 8. 경주 민란. 10. 탐라 민란. 경주 별초군 폭동. 11.
탐라 민란 평정. 경주 · 운문 · 울진 등 백성, 연합하여 대규모 민란. 0. 전
왕 명종 죽음(72세).

1203. (신종 6년, 계해년) 4. 경주 민란 주모자 이비 부자 잡힘. 7. 운문산 민란
주모자 패좌 잡혀 죽음. 8. 태백산 민란 주모자 아지 잡힘. 9. 부석사 · 부
인사의 승려들, 난을 꾀하다 유배.

1204. (신종 7년, 갑자년) 1. 신종 죽음(61세, 재위 7년). 21대 희종 즉위(24세).

12. 희종, 최충헌을 <은문상국>이라 호칭.

1205. (희종 1년, 을축년) 1. 최충헌에게 내장원 1백결 하사.

1206. (희종 2년, 병인년) 3. 최충헌을 진강후로 봉하고 흥녕부를 세움.

1207. (희종 3년, 정묘년) 5. 최충헌, 생질 박진재 죽임.

1208. (희종 4년, 무진년) 7. 개경의 좌우 행랑 재건.

1209. (희종 5년, 기사년) 4. 최충헌, 한기 등 9명 죽임. 교정도감 설치.

12xx. 임춘, 가전체소설 <공방전><국순전> 지음.

12xx. 양산 통도사 <청동은입사향완>.

1210. (희종 6년, 경오년) 3. 지눌, <권수정혜결사문><간화결의론><수심결> 등 남김.

1211. (희종 7년, 신미년) 12. 희종, 최충헌 제거 실패. 최충헌, 희종을 폐하고(31세, 재위 7년), 한남공 왕정 옹립(60세, 22대 강종).

1212. (강종 1년, 임신년) 1. 최충헌의 흥녕부를 진강부로 개칭.

1213. (강종 2년, 계유년) 6. 지겸을 왕사로 삼음. 8. 강종 죽음(62세, 재위 2년). 23대 고종 즉위(22세).

1215. (고종 2년, 을해년) 각훈, 전기 <해동고승전> 지음.

121x. 한림의 유생들, 경기체가 <한림별곡> 지음.

1216. (고종 3년, 병자년) 윤7. 각 도에 찰방사 파견하여 민정 살핌. 8. 거란군, 압록강 건너 영삭·정융에 침입. 창주·연주·운주 등지에서 거란군 격파. 9. 김취려, 거란군 격파. 10. 거란군, 청천강 건너 서경으로 향함.

1217. (고종 4년, 정축년) 1. 승려들, 최충헌 제거 실패로 다수 참살. 이장대·이당필 등, 반란 실패 주살. 태조탄에서 거란군에 대패. 4. 거란군, 서경 임박. 6. 최광수, 서경에서 반란 실패 주살. 7. 김취려, 거란군 격파. 11. 거란군, 예주 점령.

1218. (고종 5년, 무인년) 8. 거란군, 양주 침입. 9. 조충, 거란군 격파. 12. 몽골, 거란 토벌 약속.

1219. (고종 6년, 기묘년) 1. 조충·김취려, 몽골군과 함께 거란 격파(강동성 전투). 거란 항복. 9. 최충헌 죽음. 아들 최우 승계. 10. 한순·다지, 의주에서 반란.

1220. (고종 7년, 경진년) 1. 최우, 최충헌이 탈취한 토지와 가옥을 원주인에게 돌려줌. 2. 한순·다지 주살. 4. 김취려, 잔존 거란 격파.

1221. (고종 8년, 신사년) 1. 의주의 윤장 등 처형. 5. 최우를 진양후에 봉했으나 사양. 8. 몽골 사신 저고여, 금품 등 요구. 윤12. 최우의 집에서 몽골 대비책 논의.

1222. (고종 9년, 임오년) 1. 몽골 대비 선주·화주·철관에 축성. 0. 임춘 시문집 <서하집> 사후 발간. 부안 <내소사 동종> 제작.

1223. (고종 10년, 계미년) 5. 금의 우가하, 의주·정주·인주 침입. 왜구, 남해에 침구. 7. 개경 나성 보수. 0. 최우, <황금 13층탑><화병> 제작하여 흥왕사에 봉안.

1225. (고종 12년, 을유년) 1. 몽골 사신 저고여, 귀국 도중 압록강에서 피살. 몽골, 고려 의심하여 단교. 6. 최우, 자택에 정방 설치. 동진인 주한, <여진소자> 전수.

1226. (고종 13년, 병술년) 1. 왜구, 경상도 연해 침구. 5. 서경의 조영수 등, 모반하다 주살. 6. 왜구, 금주에 침구.

1227. (고종 14년, 정해년) 5. 일본, 해적선의 침구에 사죄하고 교역 요청. 12. 일본에 사신 파견하여 강화. 0. 최우, 서방 설치.

1228. (고종 15년, 무자년) 8. 문무 4품 이상에 비변 대책 강구케 함. 최우, 사전 7백여 결 관아에 귀속.

1229. (고종 16년, 기축년) 2. 동진인, 함주에서 화친 요청. 5. 동진인, 화주 침입.

1230. (고종 17년, 경인년) 5. 대묘 9실의 옥책 분실. 7. 대창·팔름지고 소실. 8. 최우의 동생 최향, 난을 일으키다 실패 자결.

1231. (고종 18년, 신묘년) 8. 살리타이의 몽골군, 1차 고려 침입. 몽골군, 함신진 포위하고 철주 도륙. 9. 귀주의 박서와 고려 군민, 몽골군 격퇴. 몽골군의 서경 공격 격퇴. 동선역에서 몽골군 격퇴. 10. 안북성에서 몽골군에 대패. 11. 박서, 귀주성 사수. 몽골군, 평주 점령. 몽골군, 개경 포위. 12. 몽골군, 광주·충주·청주 점령. 몽골과 강화.

1232. (고종 19년, 임진년) 1. 귀주의 박서, 왕명으로 항복. 살리타이, 다루가치 72명을 남기고 철군. 4. 몽골에 신하를 칭하고 방물을 바침. 6. 고종, 개경에서 강화로 천도. 9. 충주의 노비 반란 토벌. 12. 몽골군의 2차 침입. 몽골군, 한양산성 공격. 김윤후, 용인 처인성에서 항전. 살리타이 전사. 몽골군 철군. 0. 몽골군 침입으로 대구 팔공산 부인사 소장 <초조대장경> 소실.

1233. (고종 20년, 계사년) 5. 최산·이유 등, 경주에서 난을 일으킴. 이자성 난을 평정. 필현보·홍복원, 서경에서 반란. 12. 최우, 가병을 보내 필현보를 죽임. 홍복원, 몽골로 도주.

1234. (고종 21년, 갑오년) 10. 최우를 진양후에 봉함. 0. <상정고금예문> 50권 금속활자 인쇄.

1235. (고종 22년, 을미년) 윤7. 탕구의 몽골군, 3차 침입. 몽골군, 안변도호부 침공. 8. 몽골군, 용강·함종·삼등 등 점령. 9. 몽골군, 용진진·진명성 점령. 몽골군, 해평에서 이유정 대파. 10. 몽골군, 동주성 점령. 12. 강화도 연안 제안 보수.

1236. (고종 23년, 병신년) 2. 송경인, <처용희> 공연. 6. 몽골군, 서북의 여러 성과 황주·신주·안주 점령. 7. 몽골군, 자주 점령. 8. 몽골군, 남경·평택·아산 등에 주둔. 9. 안성에서 몽골군 격파. 10. 몽골군, 전주·고부 경계에 이름. 강화도에 대장도감을 두고 대장경 재조 착수. 12. 몽골군의 대흥성 공격 격퇴. 0. 대장도감, 의약서 <향약구급방> 발간.

1237. (고종 24년, 정유년) 1. 김경손, 전라도 초적 이연년 토벌. 8. 강화 외성 축성. 몽골군, 경상도 침입.

1238. (고종 25년, 무술년) 윤4. 몽골군, 경주 점령. 몽골군의 침입으로 황룡사가 불탐으로 <황룡사구층목탑><황룡사장륙상> 소실. 12. 김보정·송언기를 몽골에 보내 철병 요구.

1239. (고종 26년, 기해년) 4. 몽골, 고려왕의 친조 요구. 몽골군 철수. 8. 몽골, 친조 촉구. 0. 개경에서 <남명천화상공증도가> 발간.

1240. (고종 27년, 경자년) 9. 몽골, 고려왕의 친조 재촉구.

1241. (고종 28년, 신축년) 4. 영녕공 왕준을 왕자라 칭하고 몽골에 인질로 보냄. 0. 이규보 시문집 <동국이상국집> 사후 발간.

1242. (고종 29년, 임인년) 10. 최우에게 식읍을 하사하고 공으로 작위 올림.

1243. (고종 30년, 계묘년) 1. 최우, 최이로 개명. 2. 각 도에 순문사와 권농별감 파견.

1245. (고종 32년, 을사년) 강진 만덕산 백련사 <원묘국사중진탑비> 건립.

1246. (고종 33년, 병오년) 1. 최이, 자신의 집에서 재추에게 연회 베풂. 5. 단오절에 남녀의 그네타기와 북과 피리 금함.

1247. (고종 34년, 정미년) 7. 아모간의 몽골군, 4차 침입. 몽골군, 영주에 주둔.

1248. (고종 35년, 무신년) 2. 몽골에 사신 파견. 10. 양반이 윤번으로 송도 경비.

1249. (고종 36년, 기유년) 8. 몽골, 고려왕의 출륙 친조 강요. 9. 별초군, 동계에 침입한 몽골군 격파. 11. 최이 죽음. 아들 최항 승계.

1250. (고종 37년, 경술년) 3. 북계의 주민을 서경 · 경기 · 서해 도서에 이주시킴. 8. 강화에 중성 축성.

1251. (고종 38년, 신해년) 6. 몽골, 홍복원을 고려군민장관으로 임용. 9. <재조대장경>(팔만대장경) 조판 완료. 10. 몽골, 고려왕의 친조와 개경으로 환도 요구.

1252. (고종 39년, 임자년) 7. 여러 산성에 보호별감 파견. 8. 한인 · 백정을 점검하여 군대에 보충. 10. 서경유수관 재배치.

1253. (고종 40년, 계축년) 8. 몽골군, 양산성 점령. 몽골군, 경산성 · 동주산성 함락시키고 전주에 이름. 별초군, 금주 · 전주에서 몽골군 격퇴. 9. 몽골군, 충주성 점령. 10. 몽골군, 양주 점령.

1254. (고종 41년, 갑인년) 7. 차라대의 몽골군, 5차 침입. 9. 충주 · 성주 산성의 군민, 몽골군 격퇴. 0. 이 해에 고려 백성 206,800여 명이 잡혀갔으며 죽임을 당한 자 헤아릴 수 없음. 최자 시화집 <보한집> 발간.

1255. (고종 42년, 을묘년) 2. 별초, 철령 주둔 몽골군 격파. 3. 산성과 섬에 있던 백성을 육지로 나오게 함. 4. 몽골군, 의주 · 정주에 주둔. 6. 차라대의 몽골군, 6차 침입. 10. 몽골군, 대원령 넘음. 12. 유민에게 토지 분배.

1256. (고종 43년, 병진년) 1. 수군을 남하시켜 몽골에 대비. 3. 입암산성에서 몽골군 격퇴. 6. 이천, 남도에서 몽골군 격파. 차라대, 무등산 남쪽 점령. 8. 차라대 · 영녕공 · 홍복원, 경기도 수안현에 주둔. 9. 차라대, 북쪽으로 철군.

1257. (고종 44년, 정사년) 4. 안열, 원주에서 반란하다 주살. 윤4. 최항 죽음. 최항의 서자 최의, 정권 승계. 6. 관리에게 강화도 녹과전으로 토지 지급.

1258. (고종 45년, 무오년) 2. 몽골군, 의주에 축성. 3. 김준 · 유경 등, 최의를 죽이고 정권을 왕에게 환원시킴. 최씨 무신정권 종료. 7. 몽골, 동경 총관 홍복원 죽임. 8. 차라대, 개경에 주둔. 몽골군, 서해도의 가수굴 · 양파혈 점령. 9. 몽골군, 강화도 건너편에 주둔. 12. 몽골, 화주에 쌍성총관부 설치. 각도의 곡식이 모두 몽골의 수확이 됨.

1259. (고종 46년, 기미년) 3. 지방 수령들로 하여금 피난민을 거느리고 나와

농사를 짓게 함. 4. 태자 왕전, 몽골로 출국하여 항복을 고함. 6. 몽골, 강화의 내외성 철거. 고종 죽음(68세, 재위 46년). 태손 왕심이 태자 대행. 11. 개경에 궁궐 복원.

1260. (원종 1년, 경신년) 2. 관민이 개경에 건축 허가. 3. 태자, 몽골에서 귀국. 4. 태자 즉위(41세, 24대 원종). 0. 이인로 시화집 <파한집> 사후 발간.

1261. (원종 2년, 신유년) 4. 태자 몽골로 출국. 9. 태자 귀국. 몽골, 요양에 안무고려군민총관부를 두고 고려인 통치.

1262. (원종 3년, 임술년) 6. 몽골, 사바부 둔전군을 압록강 서쪽으로 이동. 10. 공신당 재건.

1263. (원종 4년, 계해년) 2. 왜구, 금주에 침구. 몽골, 영녕공 왕준을 안무고려군민총관으로 삼음. 3. 홍복원의 아들 홍다구, 고려군민총관이 됨.

1264. (원종 5년, 갑자년) 5. 몽골, 고려왕의 친조 재촉구. 8. 원종, 몽골로 출국하여 원 세조 만남. 12. 원종 귀국.

1265. (원종 6년, 을축년) 7. 왜구, 남해안에 침구.

1267. (원종 8년, 정묘년) 8. 일본에 <몽골칙서><고려국서> 전달. 10. 이장용, <3대실록>(신종·희종·강종) 편찬.

1268. (원종 9년, 무진년) 6. 몽골, 고려의 전함과 군사의 수 점검.

1269. (원종 10년, 기사년) 2. 전민변정도감 설치. 5. 진주 소장 <국사>를 진도로 이관. 6. 임연, 원종 유폐하고 왕창 옹립. 11. 몽골, 왕창 폐위시키고 원종 복위시킴.

1270. (원종 11년, 경오년) 2. 원종, 연경에서 원 황제 알현. 몽골, 서경에 동녕부 설치. 5. 원종, 태자와 함께 개경으로 환도. 6. 배중손·노영희 등, 삼별초 거느리고 몽골에 항쟁. 8. 삼별초, 진도로 들어감.

1271. (원종 12년, 신미년) 2. 경상·전라·충청에 안무사 파견. 4. 각 도에 농무별감 파견. 5. 김방경·흔도·홍다구의 여원연합군, 진도의 삼별초 토벌. 김통정 등 삼별초 잔여 세력, 탐라로 들어감. 6. 태자 왕심, 몽골에 인질로 감. 12. [몽골 세조 쿠빌라이, 국호를 원으로 개칭].

1272. (원종 13년, 임신년) 1. 녹과전 시행. 2. 태자, 변발·호복으로 돌아옴. 전함병량도감 설치. 3. 종묘 낙성되어 9실에 신주 봉안. 6. 동학당·서학당 설치. 12. 태자, 원에 감.

1273. (원종 14년, 계유년) 2. 여원연합군, 탐라의 삼별초 공격. 4. 탐라 평정.

윤6. 탐라에 탐라총관부 설치하고 다루가치 배치.

1274. (원종 15년, 갑술년) 1. 원, 일본 정벌을 위해 전함 3백 척 건조 요구. 3. 여인 130명을 원에 보냄. 5. 태자 왕심, 원 세조의 딸 원성공주와 혼인. 고려, 원의 부마국이 됨. 원의 군사 1만 5천 명 입국. 6. 원종 죽음(56세, 재위 15년). 7. 원, 태자 왕심을 고려왕에 책봉(39세, 25대 충렬왕). 10. 김방경, 원의 흔도와 함께 전함 9백여 척으로 제 1차 일본 원정. 원정군, 큐슈 하카타에 상륙. 폭풍으로 전함 다수 상실. 11. 일본 원정군 귀환.

1275. (충렬왕 1년, 을해년) 2. 응방 설치. 6. <선전소식> 시행. 7. 군기조성도감 설치. 8. 관리의 복장제도 개정.

1276. (충렬왕 2년, 병자년) 3. 왕의 용어 선지를 왕지, 짐을 고로 바꿈. 5. 통문관 설치.

1277. (충렬왕 3년, 정축년) 2. 농무도감 설치. 개성 왕륜사 <장륙존상> 완성. 5. 유경 등, <고종실록> 편찬. 6. 육연, 강화에서 유리기와를 구워냄. 12. 몽골, 일본 재정벌을 위해 홍다구를 정동도원수로 삼음.

12xx. 기사(1269) 경오(1270) 임신(1272) 계유(1273) 갑술(1274) 임오(1282) 정해(1287) 을미(1295) 등 간지 새겨진 청자 제작.

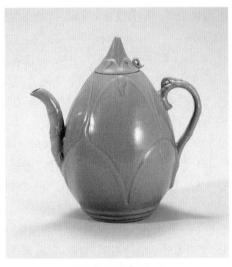

<청자 죽순모양 주전자>

1278. (충렬왕 4년, 무인년) 2. 원의 의관 착용. 6. 충렬왕·원성공주·태자, 몽골에 입조. 7. 원 황제, 흔도·홍다구를 소환하고 다루가치 철수. 9. 충렬왕 귀국. 12. 녹과전 개정 지급. 공사노비의 방랑 금지.

1279. (충렬왕 5년, 기묘년) 3. 도병마사를 도평의사사로 바꿈. 4. 원에 이리간 설치 요청. 이리간에 백성 이주. 6. 원, 전함 9백 척 건조 명령.

1280. (충렬왕 6년, 경진년) 6. 신궁전 응경궁 완성. 10. 좌우 창고의 재정 고갈. 11. 원, 일본 정벌을 위해 서경에 정동행성 설치. 0. 국자감에 경사교수 배치.

1281. (충렬왕 7년, 신사년) 3. 원, 일본 정벌을 위해 흔도·홍다구를 보냄. 5. 여원연합수군, 제 2차 일본 정벌 출정. 6. 남송 범군호의 지원군, 풍랑을 만나 좌초. 8. 일본 정벌군, 패배 철수. 윤8. 흔도 몽골로 환국.

1282. (충렬왕 8년, 임오년) 1. 원, 정동행성 폐지. 11. 원, 전함 수리 명령.

1283. (충렬왕 9년, 계미년) 1. 정동행성 재설치. 3. 승 견명(일연)을 국존으로 삼음. 3. 중방에서 동방정벌군 징집. 4. 사심관 일시 폐지.

1284. (충렬왕 10년, 갑신년) 4. 정동행성 폐지. 충렬왕·원성공주·태자 원에 감. 6. 원부 등, 사서 <고금록> 편찬. 9. 충렬왕 등 귀국.

1286. (충렬왕 12년, 병술년) 2. 원 세조, 동방 원정 중지시킴. 0. 고흥 불대사 <자진원오국사정조탑비> 건립.

1287. (충렬왕 13년, 정해년) 5. 원, 충렬왕을 행상서성평장정사 책봉. 0. 이승휴, 역사서 <제왕운기> 지음.

1288. (충렬왕 14년, 무자년) 2. 마축자장별감 설치. 3. 소금 전매제 실시. 4. 향각 상화연에서 여악 연주. 8. 각 도의 권농사 폐지. 전민변정도감 설치.

1289. (충렬왕 15년, 기축년) 4. 안향, 원의 유학제거가 됨. 0. 원 중서성, 청자 옹·분·병 요구.

1290. (충렬왕 16년, 경인년) 3. 원, 동녕부 폐지. 서북의 여러 성 복구. 안향 귀국. 7. 서북 여러 성에 수령 배치. 12. 원 반란자 합단, 수만 군사로 의주·등주 침입 약탈. 충렬왕, 강화로 피난. 0. <국사>와 서적을 강화로 옮김. 안향, 연경에서 <주자서><주자상> 가져옴.

1291. (충렬왕 17년, 신묘년) 1. 합단, 철령 넘어 양근성 점령. 원주 치악성에서 합단군 격파. 5. 연기에서 합단군 대파. 합단 부자, 북쪽으로 도주. 8. 일본 정벌을 위해 전선과 군량 준비.

1292. (충렬왕 18년, 임진년) 1. 충렬왕, 개경으로 환도. 7. 염세별감을 경상·전라·충청에 파견. 10. 호구조사·토지조사 시행.

1294. (충렬왕 20년, 갑오년) 1. 원 세조 죽음으로 일본 원정 중단. 4. 충렬왕·원성공주, 조문을 위해 상도 도착. 8. 충렬왕 등, 개경으로 환국. 11. 탐라, 고려에 귀속.

1295. (충렬왕 21년, 을미년) 3. 임익 등, 원 세조의 업적 찬수. 4. 탐라를 제주로 개칭. 8. 홍군상을 감수국사로 삼음. 0. 군위 인각사에 일연의 <보각국사정조지탑비> 건립.

1296. (충렬왕 22년, 병신년) 3. 경사교수도감 설치. 11. 태자, 원 황족 한국장공주와 혼인. 0. 김원상, <태평곡> 지음.

1297. (충렬왕 23년, 정유년) 4. 원, 1259년 이후 포로나 유민이 되었던 350호를 고려로 돌려보냄. 5. 충렬왕비 원성공주(제국대장공주) 죽음. 7. 태자, 궁인 무비, 환관 등 40여 명을 죽임. 10. 태자, 원으로 감.

1298. (충렬왕 24년, 무술년) 1. 태자 환국. 충렬왕(63세), 태자에게 전위(24세, 26대 충선왕). 충렬왕을 태상왕이라 함. 4. 정방 폐지. 5. 관제 개정. 7. 관제 재개정. 8. 원, 충선왕을 폐위시키고 충렬왕을 복위시킴. 12. 관제 복구. 0. 대구 팔공산 동화사 <홍진국존비> 건립.

1299. (충렬왕 25년, 기해년) 6. 흰갓·흰옷 착용 금지. 10. 원, 코르구즈를 정동행성 평장사로 삼아 왕과 함께 국사를 보게 함.

12xx. 일연, <삼국유사> 편찬. 순천 송광사 <자정국사묘광탑> 사리함 <청자상감국화문합>.

13xx. <김방경신도비> 건립. 원 황제 앞에서 송방영·송영, 고려의 노래 <쌍연곡>을 부르고 충렬왕이 춤을 춤.

1301. (충렬왕 27년, 신축년) 3. 원, 코르구즈 해임. 5. 관명이 원과 같은 것은 모두 개명.

1304. (충렬왕 30년, 갑진년) 5. 국학에 섬학전 설치. 6. 국학 대성전 완성.

130x. 이혼, <무고> 제작. 가요 <쌍화점> 지어짐.

1307. (충렬왕 33년, 정미년) 3. 전왕 충선왕, 충렬왕을 원의 경수사로 옮기게 함. 전왕, 국정 장악. 4. 전왕, 왕전·왕유소 죽임. 5. 충렬왕, 원에서 귀환. 12. 선대 <고려실록> 185책 원에 보냄.

1308. (충렬왕 34년, 무신년) 5. 원, 전왕 충선왕을 심양왕에 책봉. 전왕, 관제

개정. 7. 충렬왕 죽음(73세, 재위 34년). 8. 충선왕, 원에서 귀국하여 즉위
(34세). 9. 궁명과 관명 개정. 궁주를 옹주로 개칭. 충선왕, 원으로 감.

1309. (충선왕 1년, 기유년) 2. 소금전매법 제정. 3. 강안궁·연경궁 중수. 근시
·다방·삼관·오군 회복. 0. 최성지, 원에서 시역법 배워 옴. <고종실
록> 수정 편찬.

1310. (충선왕 2년, 경술년) 5. 충선왕, 태자 왕감 죽임. 8. 각 관청 및 주현의
이름 고침. 9. 환관 15인을 군에 책봉.

1311. (충선왕 3년, 신해년) 11. <원종실록> 편찬. 0. <지대4년명동종>(파리 박물
관 소장) 제작.

1312. (충선왕 4년, 임자년) 5. 충선왕, <고려실록> 185책을 고려에 돌려보냄.
6. 자모법에 따르지 않은 사채 채무 추징금지. 각 도에 쇄권별감 파견.
0. 개성 민천사 <금자장경> 사경. <관경서분변상도>(일본 대은사 소장).

1313. (충선왕 5년, 계축년) 3. 충선왕 귀국. 충선왕(39세, 재위 5년), 강릉대군
왕만에게 전위. 6. 강릉대군 왕만 즉위(20세, 27대 충숙왕). 충선왕, 상왕
이 되어 원으로 감. 0. 개성 민천사 <불상> 제작.

1314. (충숙왕 1년, 갑인년) 2. 5도순방계정사 파견해 지조 결정. 윤3. 충선왕,
연경에 만권당을 설치하고 이제현과 경사 연구. 7. 원, 원송 서적 4,371권
보내옴. 0. 순천 송광사 <원감국사보명탑> 건립.

1315. (충숙왕 2년, 을묘년) 1. 양반과 천민의 복색 제정. 5. 승 제관 불전 <천태
사교의> 사후 발간. 12. 충선왕비 한국장공주(계국대장공주) 원에서 죽음.

1316. (충숙왕 3년, 병진년) 3. 상왕 충선왕, 왕고에게 심양왕 전위. 관리와 승
려의 상업행위 금지. 7. 충숙왕, 원 황족 복국장공주와 혼인.

1317. (충숙왕 4년, 정사년) 민지, 역사서 <본조편년강목> 찬진.

1318. (충숙왕 5년, 무오년) 2. 제주 민란. 4. 사심관 폐지. 5. 제폐사목소 설치.
6. 충숙왕, 제폐사목소를 찰리변위도감으로 바꿈. 7. 상왕 충선왕, 찰리변
위도감 폐지.

1319. (충숙왕 6년, 기미년) 3. 충선왕, <행록>을 짓게 함. 6. 안향 문묘에 배향.
9. 충숙왕비 복국장공주 죽음. 0. 순천 송광사 <혜감국사광조탑비> 건립.

1320. (충숙왕 7년, 경신년) 12. 원, 상왕 충선왕을 토번에 유배. 정방 재설치.

1321. (충숙왕 8년, 신유년) 3. 찰리변위도감 재설치.

1322. (충숙왕 9년, 임술년) 밀양 영원사 <보감국사묘응탑비> 건립.

1323. (충숙왕 10년, 계해년) 11. 상왕 충선왕, 토번에서 대도로 귀환.

1324. (충숙왕 11년, 갑자년) 8. 충숙왕, 원 황족 금동공주와 혼인.

1325. (충숙왕 12년, 을축년) 5. 상왕 충선왕 원에서 죽음(51세). 8. 충숙왕, 금동 공주와 용산 행궁에 행차. 10. 금동공주(조국장공주) 출산 후 죽음. 평양에 기자 사당 숭인전 건립.

13xx. 묘향산 보현사 <팔각십삼층탑> 건립.

1328. (충숙왕 15년, 무진년) 지공선사, 양주 회암사 창건. 승 체원, <백화도장 발원문약해> 지음.

1330. (충숙왕 17년, 경오년) 2. 원, 태자 왕정을 고려왕 책봉. 태자 왕정, 원 황실의 덕녕공주와 혼인. 8. 왕정 즉위(16세, 28대 충혜왕). 충숙왕, 상왕이 됨(37세, 재위 17년). 0. 안축, 경기체가 <관동별곡><죽계별곡> 지음. <아미타삼존도>(일본 법은사 소장).

1331. (충혜왕 1년, 신미년) 4. 신 소은병 사용하고 구 은병의 사용 금지. 8. 원, 고려 처녀 요구. 경기 지역의 사급전 폐지하고 녹과전에 충당. 9. 이학도 감 설치. <충경왕(원종)실록> 편찬.

1332. (충숙왕 복위 1년, 임신년) 2. 원, 충혜왕 탄핵. 상왕 충숙왕 복위(39세). 충혜왕, 전왕이 됨(18세, 재위 2년).

1333. (충숙왕 복위 2년, 계유년) 6. 이곡, 원의 과거 제과에 급제.

1334. (충숙왕 복위 3년, 갑술년) 4. 심양왕 왕고 귀국.

1335. (충숙왕 복위 4년, 을해년) 윤12. 원, 처녀 요구 철회.

1336. (충숙왕 복위 5년, 병자년) 3. 전왕의 공신전을 거두어 원주인에게 돌려 줌. 12. 원, 전왕 충혜왕을 고려로 돌려보냄. 0. 기인제도 혁파.

1337. (충숙왕 복위 6년, 정축년) 5. 원, 한수 이남 고려인의 무기 휴대 금지.

1339. (충숙왕 복위 8년, 기묘년) 3. 충숙왕 죽음(46세). 5. 보흥고 설치. 0. 강릉 오대산 월정사 <사시장경비> 건립.

1340. (충혜왕 복위 1년, 경진년) 1. 채홍철, <자하동신곡> 작곡 가사 <동백목> 지음. 3. 원, 전왕 충혜왕을 복위시킴(26세).

1342. (충혜왕 복위 3년, 임오년) 2. 각 창고의 포를 내놓고 시장 개설. 0. 이제 현, <역옹패설> 지음. 속리산 보은 법주사 <자정국존보명탑비> 건립.

1343. (충혜왕 복위 4년, 계미년) 3. 직세·선세 징수. 삼현에 신궁 착공. 5. 보 흥고 확대. 6. 기인제도 재시행. 10. 신궁 완성. 11. 원, 충혜왕을 원으로

압송. 11. 전민추쇄도감 설치. 12. 원, 충혜왕을 게양현으로 유배. 정방 폐지. 0. 강보, 역법서 <수시력첩법입성> 편찬.

1344. (충혜왕 복위 5년, 갑신년) 1. 충혜왕, 유배 도중 죽음(30세). 2. 29대 충목왕 즉위(8세). 충혜왕비 덕녕공주 섭정. 5. 보흥고·덕녕고·내승·응방 폐지하고 소속 전토와 노비를 원주인에 돌려줌. 6. 서연 개설. 8. 과거법 개정. 12. 경기 지방의 빼앗긴 녹과전을 원주인에게 돌려줌.

1345. (충목왕 1년, 을유년) 5. 단오에 척석희 금지. 7. 심왕 왕고 죽음. 0. 여악 채용.

1346. (충목왕 2년, 병술년) 6. 개성 남대문루 <연복사종> 제조. 10. 이제현 등, <편년강목> 중수. <3조실록>(충렬·충선·충숙) 찬수.

1347. (충목왕 3년, 정해년) 2. 정치도감 설치. 폐정 개혁.

1348. (충목왕 4년, 무자년) 2. 진제도감 설치하고 굶주린 자 구제. 4. 경도에 기근과 전염병 만연. 전라도 쌀을 경기·충청·서해도의 굶주린 자에게 배급. 12. 충목왕 죽음(12세, 재위 4년). 0. 개성 경천사 <십층석탑> 건립.

1349. (충정왕 1년, 기축년) 5. 원, 왕저에게 왕위 계승케 함. 7. 왕저 즉위(13세, 30대 충정왕). 8. 정치도감 폐지. 10. 강릉대군 왕기, 원 왕족 노국대장공주와 혼인. 각 도에 찰방별감 파견.

1350. (충정왕 2년, 경인년) 2. 고성·죽림·거제 등지에서 왜구 발호. 4. 왜구, 순천부 등 침구. 7. 왜구, 합포 침구. 0. 진도현을 육지로 옮김.

1351. (충정왕 3년, 신묘년) 8. 왜선 130여 척, 경기 지방 노략질. 10 원, 충정왕이 너무 어리다 하여 강릉대군 왕기를 왕으로 책봉. 이제현을 섭정승으로 삼음. 11. 왜구, 남해에 침구. 12. 왕기 즉위(22세, 31대 공민왕). 충정왕, 전왕이 되어 강화로 추방(15세, 재위 2년).

1352. (공민왕 1년, 임진년) 1. 공민왕, 변발·호복 등 몽골 풍속 폐지. 3. 전왕 충정왕 피살. 6. 왜구, 전라도 침구. 9. 조일신, 난을 일으킴. 10. 조일신 주살. 11. 전민별감 각 도에 파견.

1353. (공민왕 2년, 계사년) 2. 쇄권도감 설치. 11. 이색, 원의 제과에 발탁. 12. 쇄권도감 폐지.

1354. (공민왕 3년, 갑오년) 4. 왜구, 전라도 조운선 40여 척 약탈. 7. 염제신 등, 원의 장사성 토벌 지원군으로 출정. 0. 최해 문집 <졸고천백> 사후 발간(일본 존경각 소장).

1355. (공민왕 4년, 을미년) 4. 왜구, 전라도 조운선 2백여 척 약탈. 11. 전주를 부곡으로 강등. 0. 최해 시문집 <동인지문> 사후 발간.

1356. (공민왕 5년, 병신년) 2. 원, 고려왕에 공신호 내림. 4. 보우를 왕사로 삼음. 5. 기철 · 권겸 · 노책 등, 반란을 꾀하다 주살. 정동행성이문소 폐지. 원의 압록강 서쪽 8참 공격. 쌍성 등지를 원으로부터 수복. 쌍성총관부 폐지. 6. 원의 압록강 3참 격파. 원의 연호 · 관제 폐지. 7. 문종 당시의 관제 회복. 유인우 · 이자춘, 함주 이북의 여러 진 회복. 9. 이판령의 여진 격파. 11. 이부시랑 겸 병부낭중 이색. 0. 전남 강진요에서 <청자상감정릉 명접시편> 제작. 이색, 시 <산대잡극> 지음.

1357. (공민왕 6년, 정유년) 1. 중앙과 지방의 학교 수리. 9. 각 도에 염철별감 파견. 왜구, 승천부 침구. 왜구로 인해 조운 중단. 윤9. 이인복, <고금록> 편수.

1358. (공민왕 7년, 무술년) 3. 왜구, 각산수에 침구하여 선박 3백여 척 불태움. 개경 외성 보수. 4. 왜구, 교동도에 침구. 8. 서강에 축성.

1359. (공민왕 8년, 기해년) 5. 왜구, 예성강 옹진에 침구. 11. 요동 · 심양의 유민 2천 3백여 호 투항. 12. 한족 반란군 홍건적, 4만 무리로 압록강을 건너 1차 침입. 안우, 철주에서 홍건적 격퇴. 홍건적, 서경 점령.

1360. (공민왕 9년, 경자년) 1. 서경 수복. 2. 이방실 · 안우 · 김어진 등, 홍건적을 압록강 이북으로 축출. 3. 홍건적, 황해도 침구. 5. 왜구, 전라도 침구. 윤5. 왜구, 강화 침구. 11. 공민왕, 백악의 신궁으로 이어. 0. 이승휴 문집 <동안거사문집> 사후 발간.

1361. (공민왕 10년, 신축년) 1. 최영, 서북면 도순찰사가 됨. 2. 이자춘, 동북면 병마사가 됨. 3. 공민왕, 백악에서 환궁. 8. 왜구, 동래 · 울주에 침구하여 조운선 불태움. 9. 박의 모반. 이성계, 박의 죽임. 10. 10만 홍건적, 삭주에 2차 침입. 11. 홍건적, 영변에 주둔. 공민왕, 남쪽으로 피신. 12. 홍건적, 절령책 격파하고 개경 점령. 만월대 연경궁 소실. 공민왕, 안동으로 피신.

1362. (공민왕 11년, 임인년) 1. 정세운 · 안우 등, 홍건적 대파. 개경 수복. 홍건적, 압록강 이북으로 패주. 김용, 정세운 죽임. 2. 김용, 안우 · 이방실 · 김득배 죽임. 국자감을 성균관이라 개칭. 4. 복주목을 안동대도호부로 변경. 7. 이성계, 함흥에서 홍건적 격파.

1363. (공민왕 12년, 계묘년) 윤3. 김용, 난을 일으켜 흥왕사 행궁 점거. 최영,

김용 등 소탕. 공민왕 귀경. 4. 왜선 213척 교동에 정박. 5. 원, 덕흥군 왕혜를 고려왕으로 책봉. 12. 덕흥군, 요동에 주둔. 0. 문익점, 원에서 목화씨 가져 옴. <태묘악장> 제정. 이제현 시문집 <익재난고> 사후 발간. 안동 봉정사 대웅전·극락전 보수.

1364. (공민왕 13년, 갑진년) 1. 최유, 덕흥군과 함께 의주 포위. 최영, 최유 격파. 2. 이성계, 함주·화주 수복. 3. 왜선 2백여 척, 경상도 해안 침구. 5. 김속명, 진해에서 왜구 3천 명 격파. 7. 양가 자제 선발하여 8위·5군에 배치. 10. 원, 공민왕을 복위시킴. 11. 최유 처형. 12. 왜구, 조강에 침구. 0. 이곡 시문집 <가정집> 사후 발간.

1365. (공민왕 14년, 을사년) 2. 공민왕비 노국대장공주 죽음. 공민왕, 불사를 크게 일으킴. 3. 왜구, 교동·강화에 침구. 5. 공민왕, 승 신돈에게 국정 자문. 7. 신돈을 진평후에 책봉. 0. 공민왕, <노국대장공주진영> 그림.

1366. (공민왕 15년, 병오년) 4. 정추·이존오, 신돈의 비행 상소. 5. 왜구, 교동에 주둔. 전민변정도감 설치. 0. 강화 전등사 <청동은입사향로> 제작. 공민왕, 남양주 봉선사에서 <성상도> 관람.

1367. (공민왕 16년, 정미년) 3. 왜구, 강화 약탈. 4. 신돈, 공민왕에게 서경 천도 권유. 10. 오인택·경천흥 등, 신돈 제거 모의 발각되어 유배.

1368. (공민왕 17년, 무신년) 2. 국자감시 폐지. 친시 시행. 9. [주원장, 명 건국. 원, 명에 멸망. 원 순제, 상도로 천도하고 북원이라 함]. 공민왕, 명과의 수교 논의. 10. 김정·김흥조 등, 신돈 죽이려다 죽임을 당함. 11. 북원, 중원 수복을 위한 군사 지원 요청.

1369. (공민왕 18년, 기유년) 4. 명, 고려에 건국 통고. 5. 북원의 연호 폐지. 명에 사신 파견. 6. 관제 개정. 8. 만호·천호를 서경·의주·이성·강계 등에 배치. 9. 북원에서 사신이 옴. 11. 신돈, 팔관회에서 왕을 대행.

1370. (공민왕 19년, 경술년) 2. 왜구, 내포·선주 침구. 7. 명의 연호 사용. 8. 복색 개정. 11. 이성계, 북원의 동녕부·요성 점령.

1371. (공민왕 20년, 신해년) 3. 왜구, 해주 침구. 7. 왜구, 예성강에 침입하여 병선 40여 척 불태움. 신돈과 일당 반역 모의로 주살. 0. 이인복·이색 등, 역사서 <본조금경록> 증수. <태묘친향악장> 새로 편찬.

1372. (공민왕 21년, 임자년) 1. 북원, 이성·강계 침입. 인희전 제사에서 향당 악 연주. 2. 북원의 침입 격퇴. 3. 왜구, 순천·장흥에 침구. 4. 제주 민란.

6. 제주 민란 평정. 관제 개혁. 왜구, 안변 · 성주 침구. 이성계를 원수로 삼아 왜구에 대비. 9. 공민왕, 승려들에게 <무상가> 부르게 함. 10. 구정에서 태묘악 익히게 함. 10. 자제위 설치. 0. 공민왕, 증상봉에서 <화산잡희> 관람. 양주 회암사 <지공선사부도 및 석등> 건립.

1373. (공민왕 22년, 계축년) 2. 북원의 사신이 옴. 귀산현에 침구한 왜구 수백 명 죽임. 4. 왜구, 한양부 침구. 7. 우를 강녕부원대군에 책봉. 9. 왜구, 해주 목사 살해. 10. 6도 도순찰사 최영. 윤11. 도총도감 설치.

1374. (공민왕 23년, 갑인년) 3. 왜구, 경상도 병선 40여 척 불태움. 8. 최영, 제주도의 북원 세력 격파. 9. 명에 제주도 말을 보냄. 공민왕 피살(45세, 재위 23년). 32대 우왕 즉위(10세). 11. 김의, 명의 사신 죽이고 북원으로 도주. 0. 기철, 가요 <총석정> 지음. 공민왕릉에 석인 · 석수 · 석등 · 호석 제작.

13xx. 공민왕, <천산대렵도><이양도><염제신 초상> 등 그림.

1375. (우왕 1년, 을묘년) 5. 후지 등, 왜인 다수 투항. 7. 후지, 해상으로 도주. 8. 왜구, 낙안 · 보성 침구. 11. 양광도에서 왜선 2백 척 포획. 제주 민란.

1376. (우왕 2년, 병진년) 3. 반야 처형. 5. 제주 민란 주모자 처형. 7. 왜구, 영산 · 나주 침구. 최영, 홍산에서 왜구 대파. 9. 왜구, 고부 · 태산의 관아를 불사르고 전주 점령. 10. 부령에서 왜구 대파. 11. 왜구, 진주 · 울주에 침구. 12. 왜구, 양주 · 울주 침구.

1377. (우왕 3년, 정사년) 3. 왜구, 착량에서 전함 50여 척 불태움. 교동 · 강화의 사전 폐지. 5. 왜구로 인한 천도를 위해 철원을 살핌. 이성계, 지리산에서 왜구 격파. 박위, 황산강에서 왜구 격파. 6. 왜구, 제주 침구. 왜구, 영강 · 장연 · 풍주 등 침구. 8. 왜구, 신주 · 문화 등 침구. 9. 이성계, 해주에서 왜구 격파. 정몽주를 일본에 보내 왜구 중지 요청. 10. 최무선, 화약 개발하고 각종 화약무기 제조. 화통도감 설치. 황해 · 경기 · 삼남지방에 왜구 폐해 극심. 0. 청주 흥덕사에서 <백운화상초록불조직지심체요절> (직지심체요절) 금속활자 인쇄. 영주 부석사 <조사당벽화> 그려짐.

1378. (우왕 4년, 무오년) 3. 왜구, 남양에 침구하여 수원부 노략질. 4. 최영, 해풍에서 왜구 대파. 7. 정몽주, 일본에서 귀환. 12. 백악산 아래 궁궐 건립을 위한 좌소조성도감 설치. 0. 여주 취암사에서 <백운화상초록불조직지심체요절> 목판본 인쇄.

1379. (우왕 5년, 기미년) 2. 좌소 수도 이전 중지. 5. 왜구, 진주 · 풍주의 관아와 민가 불태움. 9. 우인열 등, 사천에서 왜구 대파. 왜구를 피해 해인사 소장 <역대실록> 선산 득익사로 옮김.

1380. (우왕 6년, 경신년) 4. 최영, 해도도통사 겸함. 6. 왜구, 계룡산 침구. 8. 왜선 5백여 척, 서천에 침구하여 약탈 살상. 나세 · 최무선, 화포 이용하여 진포에서 왜선 5백여 척 격파. 왜구, 함양 약탈. 9. 이성계, 황산에서 왜구 대파(황산대첩).

1381. (우왕 7년, 신유년) 3. 개경 수창궁 재건 착수. 해변 마을에 3년 간 조세 경감. 4. 전민변정도감 설치. 7. 선산 득익사 소장 <실록> 안성 칠장사로 옮김. 8. 개경의 물가 상승으로 경시서에서 물가 지정.

1382. (우왕 8년, 임술년) 4. 양수척, 영월군에서 난 일으킴. 난 평정 후 양수척을 각 주에 나누어 둠. 9. 우왕, 남경으로 천도. 12. 절급도감 설치.

1383. (우왕 9년, 계해년) 2. 우왕, 개경으로 환도. 3. 경상도에 둔전 설치. 5. 정지, 남해에서 왜선 120척 격파. 8. 왜구, 옥주 · 보령에 침구하고 계룡산에 머뭄. 0. 여주 신륵사 <대장각기비> 건립.

1384. (우왕 10년, 갑자년) 윤10. 개경 수창궁 낙성. 12. 무예도감 설치.

1385. (우왕 11년, 을축년) 9. 이성계, 함주에서 왜구 대파.

1386. (우왕 12년, 병인년) 수원 창성사 <진각국사탑비> 건립.

1387. (우왕 13년, 정묘년) 1. 광흥창이 비어 백관의 녹봉 감액. 6. 관복을 명의 제도에 따름. 8. 정지, 대마도 · 이키 두 섬 정벌 요청. 11. 사전에서 반조를 거두어 군량에 충당. 0. 최영, 북한산성 개축하고 군사 양성.

1388. (우왕 14년, 무진년) 1. 최영, 문하시중이 됨. 2. 우왕, 최영 등과 요동 정벌 논의. 5도의 성곽 보수. 3. 명, 강계에 철령위 설치 통보 4. 우왕, 최영을 팔도도통사, 조민수를 좌군도통사, 이성계를 우군도통사로 하여 요동 정벌 개시. 왜구, 초도에 들어옴. 원주 영전사 <보제존자나옹사리탑> 건립. 5. 이성계, 위화도 회군. 6. 이성계 등, 우왕 유배 보냄(24세, 재위 14년). 조민수 등, 왕자 창 옹립(9세, 33대 창왕). 최영 유배. 7. 조민수 유배. 8. 이색을 문하시중, 이성계를 수시중으로 삼음. 정지, 남원 등의 왜구 격파. 9. 정방을 상서사로 고침. 10. 급전도감 설치. 12. 최영 처형.

1389. (창왕 1년, 공양왕 1년, 기사년) 1. 박위, 대마도 정벌하여 왜선 3백여 척 격파. 3. 예조에서 조회에 음악 사용 요청. 4. 전제 개혁 논쟁. 11. 이성계

등, 창왕을 폐하고(10세, 재위 1년), 정창군 왕요 옹립(45세, 34대 공양왕). 12. 이색 부자 파직. 조민수를 서인으로 함. 폐왕 우왕·창왕을 죽임. 9공신에 녹권을 내림. 0. 화통도감 폐지하고 군기시에 소속시킴. 10학 설치. 사역원에 이학교수 배치. 유구 사신, 후추 3백 근 가져옴. 식영암, 가전체 <정시자전> 지음.

138x. 권근, <효행록> 편찬.

1390. (공양왕 2년, 경오년) 1. 변안열 죽임. 조민수·권근 유배. 2. <대간직소법> 폐지. 4. 이색 유배. 6. 왜구, 양광도 침구. 9. 공양왕, 남경으로 천도. 11. 문하시중 이성계, 수문하시중 정몽주. 12. 왜구를 피해 <실록> 안성 칠장사에서 충주 개천사로 옮김. 0. 권근, 성리학 입문서 <입학도설> 편찬.

1391. (공양왕 3년, 신미년) 1. 5군을 3군으로 개편. 3군도총제사 이성계. 각도의 목·부에 유학교수관 배치. 2. 공양왕, 남경에서 개경으로 환도. 방사량, <시무 11조> 올림. 4. 부녀자들의 절 왕래 금지. 5. <과전법> 시행. <상복제> 개정. 6. 성균관 생원과 5부 생도를 조회에 참석시킴. 12. 이색 한산부원군에 책봉. 0. 전악서, 관현방 흡수하고 아악서 설치. 아악서에서 종묘 악가 교습. 청자 <홍무24년명백자발> 제작.

1392. (공양왕 4년, 임신년) 1. 서적원 설치. 2. <노비결송법> 제정. 인물추고도감 설치. 4. 이방원, 정몽주 죽임. 이색 유배. 이숭인 등 서인이 됨. 7. 공양왕, 폐위되어 원주로 감(48세, 재위 3년). 고려 멸망.

<고려 역대왕>

대수	묘호	출생~사망	재위	왕비	부
1	태조 왕건	877~943	918~943	신혜왕후 유씨 장화왕후 오씨 신명순성왕후 유씨 신정왕후 황보씨 신성왕후 김씨 정덕왕후 유씨	왕릉
2	혜종	912~945	943~945	의화왕후 임씨	태조
3	정종	923~949	945-949	문공왕후 박씨 문성왕후 박씨	태조
4	광종	925~975	949-975	대목왕후 황보씨	태조
5	경종	955~981	975-981	헌숙왕후 김씨 헌의왕후 유씨 헌애왕후 황보씨 헌정왕후 황보씨	광종
6	성종	960~997	981-997	문덕왕후 유씨 문화왕후 김씨	대종 (추존)
7	목종	980~1009	997-1009	선정왕후 유씨	경종
8	현종	992~1031	1009-1031	원정왕후 김씨 원화왕후 최씨 원성왕후 김씨 원혜왕후 김씨 원용왕후 유씨 원목왕후 서씨 원평왕후 김씨	안종 (추존)
9	덕종	1016~1034	1031-1034	경성왕후 김씨 경목현비 왕씨 효사왕후 김씨	현종

10	정종	1018~1046	1034-1046	용신왕후 한씨 용의왕후 한씨 용목왕후 이씨	현종
11	문종	1019~1083	1046-1083	인평왕후 김씨 인예왕후 이씨	현종
12	순종	1046~1083	1083-1083	정의왕후 왕씨 선희왕후 김씨	문종
13	선종	1049~1094	1083-1094	정신현비 이씨 사숙왕후 이씨	문종
14	헌종	1084~1097	1094-1095	–	선종
15	숙종	1054~1105	1095-1105	명의왕후 유씨	문종
16	예종	1079~1122	1105-1122	경화왕후 이씨 순덕왕후 이씨 문정왕후 왕씨	숙종
17	인종	1109~1146	1122-1146	공예왕후 임씨 선평왕후 김씨	예종
18	의종	1127~1173	1146-1170	장경왕후 김씨 장선왕후 최씨	인종
19	명종	1131~1202	1170-1197	의정왕후 김씨	인종
20	신종	1144~1204	1197-1204	선정왕후 김씨	인종
21	희종	1181~1237	1204-1211	성평왕후 임씨	신종
22	강종	1152~1213	1211-1213	사평왕후 이씨 원덕왕후 유씨	명종
23	고종	1192~1259	1213-1259	안예왕후 유씨	강종
24	원종	1219~1274	1259-1274	정순왕후 김씨 경창궁주 유씨	고종
25	충렬왕	1236~1308	1274-1298 1298-1308	제국대장공주	원종

26	충선왕	1275~1325	1298-1298 1308-1313	계국대장공주	충렬왕
27	충숙왕	1294~1339	1313-1330 1332-1339	공원왕후 홍씨 복국장공주 조국장공주 숙공휘령공주	충선왕
28	충혜왕	1315~1344	1330-1332 1340-1344	정순숙의공주 희비 윤씨	충숙왕
29	충목왕	1337~1348	1344-1348	-	충혜왕
30	충정왕	1337~1352	1349-1351	-	충혜왕
31	공민왕	1330~1374	1351-1374	노국대장공주 순정왕후 한씨	충숙왕
32	우왕	1365~1389	1374-1388	근비 이씨	공민왕
33	창왕	1380~1389	1388-1389	-	우왕
34	공양왕	1345~1394	1389-1392	순비 노씨	정원부원군

12. 조선

1392. (태조 1년, 임신년) 7. 17. 이성계李成桂, 조선 건국하고 개경 수창궁에서
즉위(58세. 부 이자춘, 모 최씨). 문무백관의 관직제도 제정. 8. 고려 공양왕
을 공양군으로 하고 간성군에 거주케 함. 방석 왕세자 책봉. 9. 개국공신
1등 17명, 2등 11명, 3등 16명 책봉. 사헌부에서 <시무 12개조> 올림. 도
평의사사에서 <시무 22개조> 올림. 10. 전악서 무공방에서 신악 연주.
함흥 <환조정릉신도비> 건립.

1393. (태조 2년, 계유년) 1. 관복제도 제정. 2. 계룡산에서 도읍지 물색. 국호
조선朝鮮이라 함. 5. 명 사신 내조. 이성 · 강계 등에 투항한 여진인 돌려
보냄. 각 도에서 군적 올림. 8. 개경의 궁궐 보수. 계룡산 인근에 새 도성
건설 착수. 9. 삼군도총제부를 의흥삼군부로 개칭. 중방 폐지. 10. 6학 설
치. 12. 계룡산 도성 공사 중지하고 수도 다시 물색. 0. 개경 연복사 <오
층탑> 완성.

1394. (태조 3년, 갑술년) 2. 3군 10사의 각 사에 5영 설치. 권중화 등, 지리서
<동국역대제현비록촬요> 편찬. 3. 정도전 등, 법전 <조선경국전> 찬진.
4. 명 사신, 말 1만 필 요청. 고려 공양왕 부자와 왕씨 다수 죽임. 명의
<대명회전>에 이성계 종계의 오류 발견(종계변무). 6. 금은 사용의 한계
제정. 7. 경기도 각 포구의 수비 강화. 8. 한양을 수도로 정함. 10. 시중을
정승으로 개칭. 한양으로 천도. 12. 경복궁 착공.

1395. (태조 4년, 을해년) 1. 정도전 · 정총 등, <고려국사> 37권 편찬. 2. 예문
춘추관에 인원 배치. 무반의 관제 개정. <대명률직해> 간행. 4. 사직단
완공. 태조, 정도전 등과 <문덕곡>을 부름. 6. 한양부를 한성부로 개편.
정도전, 정치서 <경제문감> 지음. 7. 제복의 등급 규정. 각 주부군현에
권농관 배치. 9. 종묘 정전 완공(태묘). 경복궁 완공. 정도전, 한양도성 예
정지 실측. 윤9. 도성축조도감 설치. 10. 승 자초(무학)를 왕사로 삼음. 권
근 등 천문학자 12명, <천상열차분야지도> 제작. 권근 등, 가요 <천감>
<화산><신묘> 등 지음. 11. 종묘악장 · 사직 · 환구 · 문선왕 등의 제사 악
장 개작. 12. 노비변정도감 설치. 태조, 경복궁으로 들어감.

1396. (태조 5년, 병자년) 1. 한양도성 축조 시작. 4. 한성부 5부에 방명표 설치.

6. 명 황제, 조선 인정. 8. 태조 계비 신덕왕후 강씨 죽음. 4도감 13소 설치. 9. 한양도성 완공. 도성에 4대문 4소문 세움. 10. 주군의 경계 다시 정함. 11. 동해안에 침구한 왜구 격퇴. 의흥삼군부에서 강무제도 올림. 12. 김사형 등, 왜구 근거지 이키·대마도 정벌.

1397. (태조 6년, 정축년) 4. 흥인문 옹성 완공. 왜인 나가온과 병선 24척 투항. 8. 유구국 사신 내조. 제생원 개원. 10. 유비고 설치. 12. 조준 등, 법전 <경제육전> 찬진. 0. 승려도첩제 시행.

13xx. 정도전, 악사 <문덕곡><몽금척><수보록><정동방곡> 등 지음.

1398. (태조 7년, 무인년) 1. 각 품의 녹과전 수 결정. 2. 숭례문 완공. 동북면의 주군현 및 각 참의 명칭 제정. 4. 종루에 새로 제작한 종 설치. 윤5. 종루에 물시계 설치. 수군의 관직 제정. 6. 노비의 가격 결정. 명 사신, 여악 물리고 당악 들음. 7. 성균관·문묘 준공. 8. 이방원, 정도전 등을 죽임. 이방원, 방석·방번 죽임(1차 왕자의 난). 9. 태조, 방과에게 선위(64세. 재위 6년). 2대 정종 즉위(42세. 부 태조 이성계, 모 신의왕후 한씨). 태조를 상왕이라 함. 정종, 공신회맹제 거행. 0. 양평 용문사 <정지국사탑비> 건립. 강화 선원사 소장 <재조대장경판> 합천 해인사로 옮김.

1399. (정종 1년, 기묘년) 1. 명의 연호 <건원> 사용. 3. 정종, 개경으로 천도. 왜구 소멸로 수군 축소. 5. 제생원에서 의약서 <향약제생집성방> 30권 간행. 8. 각 도에 행대감찰 파견. 10. 조례상정도감 설치. 0. 김사형, 명에서 세계지도 <성교광피도><역대제왕혼일강리도> 가져옴.

1400. (정종 2년, 경진년) 1. 방간, 박포 등과 난을 일으켰으나 실패하고 유배(2차 왕자의 난). 박포 처형. 이방원 세제 책봉. 4. 사병 폐지. 도평의사사를 의정부, 중추원을 삼군부로 개편. 승정원 설치. 6. 태조를 위한 덕수궁 건립. 노비변정도감 재설치. 11. 정종, 이방원에 선위(44세. 재위 2년). 3대 태종 이방원 즉위(34세. 부 태조 이성계, 모 신의왕후 한씨). 태조를 태상왕, 정종을 상왕이라 함. 12. 별시위 설치. 갑사제도 확립. 0. 한수 시집 <유항시집> 사후 발간.

1401. (태종 1년, 신사년) 3. <문과고강법> 제정. 사헌부, 숭불의 폐해를 논함. 4. 사섬서 설치하여 저화 관장. 별사전 폐지. 5. 공부상정소에서 공부의 수 결정. 7. 관제 개정. 신문고 설치.

1402. (태종 2년, 임오년) 1. <무과법> 시행. 관직의 녹봉에 저화 병용. 2. 공신

전 · 사사전의 세수법 제정. 4. 시장에서 저화와 오승포를 반씩 사용토록
함. 5. 조운선 251척 건조. 김사형 등, 세계지도 <혼일강리역대국도지도>
제작. 8. 호구 상세히 조사. 11. 조사의, 반란으로 주살. 0. 하륜 등, 악장
<수명명 6장><조선성덕가 12장> 찬진.

1403. (태종 3년, 계미년) 2. 청동활자 <계미자> 주조. 4. 명 사신이 고명 · 인
장 · 조칙 가지고 옴. 5. 병조에서 전국 군사 수 296,310명이라고 보고.
6. 경상도 조세를 육상 운송케 함. 8. 하륜 등, 역사서 <동국사력> 찬진.

1404. (태종 4년, 갑신년) 3. 관리와 서인의 분묘 규모 지정. 4. 의정부, 각 도
의 호구 · 전답 수 산정. 6. 노비의 사적 공여 금지. 7. 일본 사신이 예물
을 가지고 옴. 이색 문집 <목은집> 사후 발간. 10. 창덕궁 착공. 0. 이숭
인 시문집 <도은집> 사후 발간.

<천상열차분야지도 天象列次分野之圖>

1405. (태종 5년, 을유년) 1. 내명부 여관제도 확립. 3. 육조의 직무를 상세히 정함. 7. 밤에 근정전 마당에 호랑이 나타남. 9. 충청·경상·전라의 전답 재측량. 왕사 자초 죽음. 10. 창덕궁 완공. 태종, 한성으로 환도하여 창덕궁에 입궁. 11. 사사의 토지와 노비 제한.

1406. (태종 6년, 병술년) 2. 압록강 너머로 말 매매 금지. 3. 선교 양종의 잔존 사찰 선정. 4. <공처노비결절법> 제정. 명 사신이 동불 요청. 5. 경성·경원에 무역소 설치. 6. 각 향교 생도의 액수와 전지 지정. 7. 태종, 태평관에 나가 명 악기 수령. 9. 대마도주가 토산물 바침. 10. 종묘에서 명 악기 사용. 11. 유학·무학·이학·역학·음양풍수학·의학·자학·율학·산학·악학 10학을 둠. <급전법> 제정. 권근, 경전주석서 <예기천견록> 찬진. 0. 귀후서 설치. 유향소 폐지.

1407. (태종 7년, 정해년) 1. 백관의 녹과 결정. 3. 은 채굴 금지. 성균관 문묘 신축. 4. <군정사목> 제정. 9. 청주성 축성. 삼군의 방패 제작. 10. 각 도에 전민별감 파견. 11. 의정부에서 말 관리 지정.

1408. (태종 8년, 무자년) 1. 의정부의 서무를 육조로 이관. 제주에 감목관 배치. 3. 충청도 수영에 침구한 왜선 격퇴. 4. 명에서 조선 처녀 요구. 진헌색 설치하고 처녀 징집. 5. 태조 이성계 승하(74세). 8. 공처노비의 신공 결정. 9. 경기도 구리 건원릉에 태조 이성계 안장. 10. 왜노비의 매매 금지. 11. 명 사신, 조선 처녀 5명 데려감.

1409. (태종 9년, 기축년) 2. <의약활인법><무사선발법> 제정. 신덕왕후의 정릉을 도성 밖으로 이전. 4. 아악·전악의 천전지법 제정. 윤4. 아악서·전악서의 관품 지정. 6. <서반고신법> 제정. <호종법> 개정. 8. 삼군진무소 설치 후 삼군의흥부로 개칭. 9. <노비진고법> 제정. 10. 공신전의 전급법 제정. 군정·군령 개정.

1410. (태종 10년, 경인년) 2. 주자소에서 서적 인쇄·간행·판매. 3. 왕비의 동생 민무구·민무질 형제 역모 혐의로 자진. 4. 경원부를 경성으로 옮김. 7. <저화통행법> 회복. 8. 의례상정소 설치. 10. 저화 사용 추진. 0. 전주 경기전에 태조의 어진 모심. 도성 내에 시전 설치.

1411. (태종 11년, 신묘년) 1. 3천 명 동원하여 남산에 소나무와 잣나무 심음. 3. 각 도에 찰방 파견. 환구단 확장하고 제사의식 제정. 8. 충청·강원·황해·경기에 창고 증설. 8. 한양에 5부학당 설치. 12. 은 채굴 허가.

1412. (태종 12년, 임진년) 2. 도성 개천의 축조 공사 완료. 별사전·친시등과전 세습 폐지. 저화 규격 통일. 4. 경복궁 경회루 완공. 5. 창덕궁 돈화문 완 공. 종친의 반서·반록제도 제정. 6. 단군·기자 제사 지정. 7. 의흥부 혁 파. 병조에서 군정 담당. 주자소에서 <17사> 발간. 8. 충주 사고의 서적 을 춘추관으로 옮김. 11. 조운법 시행.

1413. (태종 13년, 계사년) 1. 동서 양계에 양전. 돈화문 대종 주조. 2. 하륜 등, <경제육전속전> 간행. 3. <태조실록> 15권 찬진. 4. 외방 각 관청의 노비 수 지정. 7. 수군의 만호·천호 호칭 제정. 9. <노비중분법> 제정. 10. 8 도의 지방 행정 조직 완성. 각 도군현의 명칭 개정. 12. 육조의 업무 분장. <호패법> 시행.

1414. (태종 14년, 갑오년) 1. <비첩소산한품속신법> 제정으로 <노비종부법> 시행. 4. 의정부 업무 육조로 대폭 이관(육조직계제). 5. <노비사목> 제정. 6. 관제 개정. 7. 성균관 알성시 시행. 10. 개정 호패 지급. 노비변정도감 설치. 사역원에서 일본어 학습. 12. 도성 내 2천 6백여 칸의 행랑 완공.

1415. (태종 15년, 을미년) 1. 녹과 지정. 3. 의흥위에 보충군 설치. 4. 공장·상 고인·행상·항시의 수세법 제정. 7. 조지소 설치. 8. 김제 벽골제 보수. 10. <맥전조세법> 제정. 11. 각 품의 노비수 재지정. 12. 길주·영흥 2성 축성.

1416. (태종 16년, 병신년) 1. 외방 관리의 관복 지정. 백관의 조복 지정. 3. 주자 소에서 <승선직지록> 발간. 5. 충청도 태안과 강원도 횡천·평강에 강무 장 설치. 6. <호패법> 폐지. 8. 승려도첩제 실시. 각 도의 공물 규정을 상세히 정함. 9. 영길도를 함길도로 개칭. 평안도 북변에 여연군 설치.

1417. (태종 17년, 정유년) 1. 각 도에 양잠소 설치. 5. 일본인에게 금은 판매 금지. 7. 원종 공신전은 공신 사망 후 군자에 귀속. 과전의 1/3 경상·충 청·전라 하삼도에 이급. <향약구급방> 중간. 11. 풍해도를 황해도로 개 칭. 12. 서운관 소장 참서 소각.

1418. (태종 18년, 무술년) 1. 백관이 큰길에서 사모 쓰게 함. 6. 양녕대군 폐세 자되고 충녕대군 세자 책봉. 의용위 설치. 8. 태종, 세자에게 선위(재위 18년). 4대 세종 즉위(22세. 부 태종, 모 원경왕후 민씨). 위흥부를 의건부로 개편. 9. 의건부를 삼군부에 통합. 창덕궁 인정전 준공. 세종, 창덕궁으로 이어. 10. 세종, 경연 개설. 0. 권근 시문집 <양촌집> 사후 발간.

1419. (세종 1년, 기해년) 5. 왜구선 50여 척, 비인현 침구. <봉화령> 개정. 6.
이종무, 병선 227척과 군사 16,616명으로 왜구 근거지 대마도 정벌. 9.
정종 승하(63세). 제주 양전 실시. 11. 사찰의 노비 혁파. 일본 사신 내조.

1420. (세종 2년, 경자년) 1. 호군방 혁파. 윤1. <향리면역법> 제정. 궁궐 안에
집현전 설치. 경상·전라·충청의 수군도절제사 폐지하고 병마절도사에
예속. 10. 수군도절제사를 수군도안무초치사로 부활시킴. 0. 동활자 <경
자자> 주조.

1421. (세종 3년, 신축년) 1. 일본 사신의 내왕로 지정. 변계량 등, 개수 <고려
국사> 찬진. 3. 모든 문서를 필사하여 각 사고에 보관케 함. 9. <부민고
소금지법> 제정. 10. 종묘 영녕전 완공. 원자 이향 세자 책봉. 12. <사형
삼복계의 법> 엄수케 함. 세자, 서연 개설.

1422. (세종 4년, 임인년) 1. 한양도성 보수 착공. 2. 한양도성 보수 완료. 성문
도감 설치. 5. 태종 승하(56세). 8. 도성에 진제소 설치. 7. 재인·화척을
군적에 등재. 12. 각 도에 진제소 설치.

1423. (세종 5년, 계묘년) 2. 남산에 봉수대 설치. 6. <금화조건 12조> 제정.
7. 함길도에 행상 금지. 8. 경자자로 <통감속편> 인쇄. 10. 재인·화척을
백정이라 개칭. 사찰 창건 엄금. 12. 일본 사신 135명이 토산물 바침.

1424. (세종 6년, 갑진년) 2. 경상·전라에 주전소 설치하고 동전 주조. 호적
정비. 사찰을 선교 양종 36사로 통합하고 승록사 혁파. 7. 주조된 동전
통용시킴. 8. 유관 등, <수교고려사> 편찬.

1425. (세종 7년, 을사년) 1. 한성에 13개 방호소 설치. 4. 저화 통용 금지하고
동전 사용. 7. 왕지를 교지라 개칭. 8. 관상감의 정원 지정. 경기도 남양
에서 경석 발견. 0. 박연, 악장 정리.

1426. (세종 8년, 병오년) 2. 한성부 대화재. 회주를 영흥대도호부로 개편. <가
산몰관법> 폐지. 5. 각 도의 국둔전·관둔전 혁파. 6. 성문도감·금화도
감을 수성금화도감으로 통합. 8. 춘추관에서 <정종실록> 찬진. 12. 사가
독서 시행. 육전수찬색에서 <신속육전> 발간. 0. 일본인에 삼포 개항.

1427. (세종 9년, 정미년) 1. 관둔전 다시 설치. 사사의 영지와 폐사의 기지를
군자에 귀속. 4. 야인의 조경인 수 제한. 5. 박연, 편경 1가 12매 제작. 8.
강화에 목장 개장. 9. 형조와 사헌부의 업무 조정. 여자 14~20세에 결혼
권유. 11. <우마재살금지법><신백정평민잡처령> 공포.

1428. (세종 10년, 무신년) 1. 제사에 향악 사용금지. 3. 종학 설치. 내관·궁관의 제도 제정. 5. 호구의 법규와 격식 제정. 12. 영변대도호부 설치. 일본에 통신사 파견. 0. 유향소 재설치. 설순 등, <효행록> 개정 발간.

1429. (세종 11년, 기유년) 2. 흥천사 개수. 각도 기인의 수 새로 산정. 4. 경복궁 사정전 완공. 6. 단오에 석척전 금지하고 석척군 폐지. 7. 고구려·백제·신라 시조묘에 제사 지냄. 8. 명에 사신 보내 금은 조공 면제 요청. 9. 평양에 단군 사당 건립.

1430. (세종 12년, 경술년) 2. 정초의 농서 <농사직설> 반포. 3. 상정소에서 아악과 전악의 시험과목 지정. 5. 선박 건조에 쇠못 사용. 9. 수차를 이용한 관개 장려. 12. <아악보> 완성.

1431. (세종 13년, 신해년) 1. 하정 예식에 신 아악 연주. 3. 각 도에 방호소를 두고 유동 금지. 명에서 산법을 배움. 춘추관에서 <태종실록> 찬진. 맹사성, 시조 <강호사시가> 지음. 4. 초파일에 사찰 이외의 연등 금지. 광화문 완공. 5. 4품 이상을 대부, 5품 이하를 사라 칭함. 0. 도량형제도 확정. 변계량 시문집 <춘정집> 사후 발간.

1432. (세종 14년, 임자년) 1. 맹사성 등, <신찬팔도지리지> 찬진. 3. 삼군도총제부를 폐지하고 중추원 재설치. 7. 영북진 설치. 경성도호부 설치. 명에 소 6천 마리 보냄. 10. 신백정(양수척) 자제의 향학 입학 허가. 12. 정초·정인지 등, <회례문무악장> 편찬. 0. <노비종부법> 폐지하고 <노비종모법> 시행. 간의대(관천대) 건립.

1433. (세종 15년, 계축년) 1. 율학청 설치. 황희 등, 법전 <신찬경제속육전> 찬진. 4. 최윤덕, 압록강변 이만주의 건주여진 토벌. 6. 평안도 북변에 자성군 설치. 이천·장영실, <혼천의> 제작. 유효통 등, 향약의약서 <향약집성방> 찬진. 7. 경복궁 보수. 윤8. 각 도의 여진인을 강계로 보냄. 9. 세종, 민속가요 채록을 명함.

1434. (세종 16년, 갑인년) 4. 왕실의 호칭과 관부의 명칭 제정. 함길도·평안도 토관의 품계 지정. 5. 알목하에 회령진 설치(6진 개척 시작). 6. 금은 매매금지 해제. 7. 이천, 조판주자법 개량. 동활자 <갑인자> 주조. 갑인자로 <자활통감> 발간. 장영실 등, 물시계 <자격루> 제작. 경회루 남쪽에 보루각 건립하고 <자격루> 배치. 9. 공신도감을 충훈사로 개칭. 10. 회령도호부 설치. 혜정교와 종묘 앞에 <앙부일구> 설치. 11. <시정기> 편

찬. 0. 설순 등, 교훈서 <삼강행실도> 편찬.

1435. (세종 17년, 을묘년) 2. 화약고 설치. 1품부터 서인까지 혼례 의식 제정. 8. 강도와 살인자는 참형. 9. 집 잃은 아이를 제생원에 보냄. 주자소를 경복궁 안으로 이전. 함길도에서 목화 재배. 11. 서부학당 건립. 의례상정소 폐지.

1436. (세종 18년, 병진년) 2. 경성도호부 설치. 3. 일본인 206명 삼포 거주 허가. 5. <공법절목> 제정. <기우제법식> 제정. 윤6. 공법상정소 설치. 10. 각 도의 염장관 폐지. 12. 납활자 <병진자> 주조. 0. 육조직계제를 의정부서사제로 개편. 사전류 <운부군옥> 발간. 윤회, 악장 <봉황음> 지음.

1437. (세종 19년, 정사년) 1. 울산도호부 설치. 흉년으로 봉록 감봉. 대군·부마의 과전 감축. 흉년으로 도적이 횡행. 4. 갑산성 축성. 주야시계 <일성정시의> 완성. 7. 왕실의 친인척 범위 축소. 8. 가뭄으로 공법 차등 실시. 신백정의 유망 방지. 9. 이천 등, 압록강변 여진 정벌. 평안도 북변에 무창현 설치. 11. 유구국의 문자 학습. 12. 한성과 외방의 형률 통일. 경흥도호부 설치. 휴대용 물시계 <행루> 제작.

1438. (세종 20년, 무오년) 1. 흠경각 건립. 장영실, 자동 물시계 <옥루> 제작하여 흠경각에 설치. 2. 왜선의 3포 평균 분박 엄수케 함. 3. 서운관에 간의대 등 기구 설치. 수성금화도감의 소방대책 제정. 7. 경상·전라에 공법 실시. 11. 시장에서 무기 매매 금지.

1439. (세종 21년, 기미년) 2. 전국 감옥의 설비 지정. 지나친 형벌 금지. 7. 성주·전주에 사고 설치. 김종서, 비변책 올림. 10. 도성 안팎 도로의 너비 지정. 여진인의 상경 제한. 0. 정몽주 문집 <포은집> 사후 발간.

1440. (세종 22년, 경신년) 1. 품계에 따른 복식 제정. 3. 일시 공로로 받은 전민은 세습 금지. 7. 대소 신료의 가옥 건축에 관한 제도 제정. 9. 평안북도 압록강 연안에 무창군 설치. 11. 함경북도 북변에 온성군 설치. 0. 최치운, 의서 <신주무원록> 발간. 임유정 시집 <백가의집> 사후 발간.

1441. (세종 23년, 신유년) 1. 종성·온성 2군을 부로 승격. 6. 정인지 등, 정치서 <치평요람> 편찬. 7. 충청도에 공법 실시. 세자빈 권씨 출산 후 죽음. 8. 장영실·이천 등, 측우기 제작. 서운관에 주물 측우기, 개천과 한강에 양수표, 지방 관아에 자기나 와기 측우기 설치. 각 도의 역로 30리마다 표시 설치. 9. 온성부 행성 완공. 10. 화약을 제작하여 함길도·평안도에

배치. 11. 도서 지방에 개인 목장 허용.

1442. (세종 24년, 임술년) 1. 명 사신이 가지고 온 물품 매매 허용. 5. 산릉수리도감 설치. 측우제도 규정. 6. 종친의 동성동본 혼인 금지. 7. 무창현을 무창군으로 승격. 행직·수직의 법 제정. 11. 일본선의 무역제도 개정.

1443. (세종 25년, 계해년) 1. 혼인 연령을 남 16세, 여 14세 이상으로 규정. 4. 세자에 정사를 대리케 함. 6. 내의원 설치. 왜구, 제주 공선 약탈. 회령에 행성 건설. 7. 대마도주와 세견선 등에 관한 <계해약조>. 9. 온성군·종성군 행성 완공. 11. 전제상정소 설치. 12. 세종대왕, 정인지·성삼문·신숙주 등과 함께 집현전에서 자음 17자 모음 11자의 <훈민정음> 창제. 0. 평안도 북변에 우예군 설치(4군 설치 완료).

1444. (세종 26년, 갑자년) 1. 전지 측량 규칙 개정. 2. 진사시 폐지. 최만리, 언문 창제의 부당함 상소. 집현전에서 운서 <고금운회> 언해. 7. 이순지 등, 천문서 <사여전도통궤> 발간. 10. 경기·황해·강원에 도둑떼 일어남. 11. 토지제도 <전분 6등법>, 조세제도 <연분 9등법> 확정. 대마도주의 세견선 4척으로 제한. 0. 화포주조소 설립. 이순지 등, <칠정산내외편><중수대명력> 간행.

1445. (세종 27년, 을축년) 1. 세종이 연희궁으로 이어하고, 세자가 경복궁에서 섭정. 3. 세자, 희우정에서 수군 훈련 참관. 4. <용비어천가> 10권 편찬. 6. 사관이 처음 서연에 들어감. 7. 절도 3범자 교수형. 충무위 소속 충순위 설치. 8. 사표국에서 화포 관장. 10. 의학사전 <의방유취> 266권 편찬. 12. 저화 사용 8개 조목 제정. 0. 이순지, <제가역상법> 편찬.

1446. (세종 28년, 병인년) 1. <야인사급규정> 제정. 4. <군기점고의 법> 개정. 함길도에 삼수군 설치. 6. 집현전에서 공법의 폐를 논함. 9. 조운선 적재 석수 규정. 영조척으로 도량형 체제 재정비. 세종대왕, <훈민정음예의본><훈민정음해례본> 2권 2책의 <훈민정음> 반포. 10. 봉수법 엄격히 운영. 공문서에 훈민정음 사용. 11. 정음청 설치. 12. 이과·이전 시험에 훈민정음 과목 추가.

1447. (세종 29년, 정묘년) 1. 각 관사의 <노비신공법> 정비. 2. 화포 제작. <용비어천가> 주해 완성. 3. 한성 기생 1백 명으로 한정. 4. 안견, <몽유도원도> 그림. 윤4. 부녀자의 사찰 출입 금지. 5. <용비어천가> 125장 발간. 6. 당시 사용 속악의 악보 정리. 7. <석보상절><월인천강지곡> 완성. 8.

숭례문 중수. 11. 일본인의 교역 품목을 정하고 개인무역 금지시킴.

1448. (세종 30년, 무진년) 1. 군사증원 4조목 제정. 4. 원손 이홍위 왕세손 책봉. 군자 의창 운용 3조목 제정. 6. 한양에 오는 일본 사신 수 60명으로 제한. 10. 신숙주 등, 운서 <동국정운> 간행. 11. 정업원 혁파. 12. 경복궁 문소전에 불당 건립. 여진인에게 귀금속 판매 금지. <총통등록> 간행.

1449. (세종 31년, 기사년) 1. 각 품의 건축 허용 규모 지정. 승려도첩제 강화하고 도성 출입 엄금. 7. 부령부 설치(6진 설치 완료). 12. <석보상절><월인천강지곡> 발간. 0. 강희안, 화초재배서 <양화소록> 편찬.

1450. (세종 32년, 경오년) 1. 명과 무역할 말 1천 5백 필 배정. 양성지, <비변십책> 건의. 2. 세종 승하(54세. 재위 32년). 5대 문종 즉위(37세. 부 세종, 모 소헌왕후 심씨). 3. <동국병감> 완성. 왜왕에게 대장경 1부 보냄. 7. 부마를 위라 호칭. 각 도의 도회 지정. 동활자 <경오자> 주조. 10. 안평대군, 화법 판본 올림. 12. 각 도의 지도 제작.

1451. (문종 1년, 신미년) 1. 경기 · 충청 수군 3천 명으로 도성 보수. 병조에서 마병 · 보병 총 23,486명이라고 보고. 2. 함길도 안변에 둔전 설치. 3. 화차 제작하여 군기감에 50량, 안주 · 의주 · 길주 등에 각 20량씩 배치. 5. 정척, 양계의 지도 제작. 6. 중앙 군사의 위령제도 개정. <진법> 초간본 간행. 7. 군대 편제 3군 10사를 5사로 개편. 5사에 각 5영 설치. 8. 김종서 등, <고려사> 139권 편찬.

1452. (문종 2년, 임신년) 2. 김종서 등, <고려사절요> 편찬. <세종실록> 편찬. 5. 문종 승하(39세. 재위 2년). 6대 단종 즉위(12세. 부 문종, 모 현덕왕후 권씨). 6. 집현전, <학문진흥 21개조> 제정. 11. 정음청 혁파. <고려사> 인쇄. 12. 배현경 · 홍유 · 복지겸 · 신숭겸 · 유금필 · 서희 · 강감찬 · 윤관 · 김부식 · 조충 · 김취려 · 김방경 · 안우 · 김득배 · 이방실 · 정몽주 등 고려왕의 제사에 배향.

1453. (단종 1년, 계유년) 1. <문종실록> 편찬. 2. 정인지 등, 병서 <역대병요> 찬진. 4. 전라도부터 양전 개량 착수. 5. 승도 전원 승적에 등재. 10. 수양대군, 김종서 · 황보인 등을 죽이고 안평대군 부자를 강화로 유배(계유정난). 단종, 수양대군을 영의정으로 삼고 군국의 일 위임. 안평대군 사사. 김종서의 당여 이징옥, 종성에서 난을 일으켰으니 아들과 주살. 10. 양성지, <조선도도><팔도각도> 편찬. 11. 수양대군, 중외병마도통사가 됨.

1454. (단종 2년, 갑술년) 1. 충훈사를 충훈부로 승격. 단종, 송현수의 딸을 비로 맞음. 2. 양성지, <황극치평도> 찬진. 3. <세종실록> 163권 찬진. 10. 삼수군 폐지하고 만호 배치. 12. 문무관의 평상복과 흉배 문장 지정.

1455. (세조 1년, 을해년) 2. 사표국 · 책방 · 궁방 · 보루각 혁파. 4. 평안도 북변의 우예 · 여연 · 무창 3군을 폐지하고 자성군 재설치. 윤6. 단종, 수양대군에게 선위(15세. 재위 3년). 7대 세조 즉위(39세. 부 세종, 모 소헌왕후 심씨). 단종, 상왕이 됨. 11. 취각령 시행. <문종실록> 13권 완성. 0. <홍무정운역훈> 완성.

1456. (세조 2년, 병자년) 1. 이석형 · 변효문, 가사 <완산별곡> 지음. 2. 강원 · 함길 · 평안 · 황해도의 군정 · 한량의 명단 작성. 3. 양성지, <편의 24사> 상소. 6. 성삼문 · 박팽년 등, 상왕 복위운동 실패(사육신). 상왕 복위 관련자 70여 명 처형. 집현전 폐지. 경연 폐지. 금성대군 유배.

1457. (세조 3년, 정축년) 1. 원구서 설치. 3. 5사를 5위로 개편. 3군진무소를 5위진무소로 개편. 제읍의 군사를 5위에 나누어 배치. 제읍방리에 통주 배치. 4. 병제와 군령 18사목 제정. 6. 상왕을 노산군으로 강봉하고 영월에 유배. 7. 역승을 찰방으로 대치. 9. 세조 장남 의경세자 죽음(추존 덕종). 10. 금성대군 사사. 단종 영월에서 승하(17세).

1458. (세조 4년, 무인년) 1. 각 도에 진 설치. <4조보감>(태조 · 태종 · 세종 · 문종) 완성. 3. 유구국 사신 내조. 대소 신민 모두에게 호패를 차게 함. 7. 호패 조건 18조 제정. 0. 세조, <동국통감> 편찬케 함.

1459. (세조 5년, 기묘년) 1. 자성군 폐지로 서북 4군 모두 폐지됨. 2. 호패법 다시 시행. 3. 신숙주, 회령에서 여진족 회유. 6. 경상도 청송군을 도호부로 함. 양잠 조건 9개조 제정. 7. <월인석보> 완성. 8. 충순위 폐지. 9. 장용대 설치. 11. 병제 개정.

1460. (세조 6년, 경진년) 2. 여진, 종성 · 부령 · 경성 등에 침입. 5. 관직 정비. 7. 신숙주 등, 여진 정벌. <경국대전 호전> 공포. 8. 한명회, 건주위 여진 정벌. 11. 하삼도 4천 5백여 호 평안 · 강원 · 황해도에 이주시킴. 윤11. 전라도에서 조운선 1백 척 건조. 0. 전순의, 식이요법서 <식료찬요> 편찬.

1461. (세조 7년, 신사년) 1. 공물 대납 금지. 각 도에 둔전 설치. 4. 경기 · 전라에 양전 실시. <공처노비정안> 완성. 각 도의 대소 한직 3품 이하를 정병에 소속케 함. 6. 간경도감 설치. 7. <경국대전 형전> 공포. 10. <승인

호패법>의 조건 지정. 12. 창덕궁의 건물과 방의 이름 지음.

1462. (세조 8년, 임오년) 1. 유구국 사신 내조. 5. 호적 완성. 충청 · 전라 · 경
상의 군적 작성. 6. 전국에 가축 장려. 각 읍에서 병기 제작. 지방 수령의
임기 30개월로 지정. 11. 세조, 상원사에서 관음보살을 보았다고 함. 0.
창덕궁 후원 확장.

1463. (세조 9년, 계미년) 1. <호패사목 22조> 제정. 5. 군자감 대창 완성. 6.
읍 · 영의 둔전을 적에 올림. 9. 황수신 등, <묘법연화경언해> 간행. 11.
장서각을 홍문관이라 개칭. 12. 병서구결 제정. 0. 양성지 · 정척, <동국
지도> 찬진.

1464. (세조 10년, 갑신년) 1. 충훈부 · 부마부 · 충익사 · 기로소의 공해전 혁파.
종묘제례에서 신작 <정대업><보태평> 연주. 황수신 등, <금강경언해>
<반야심경언해> 간행. 5. 세조, 원각사 건립 논의. 7. 천문 · 풍수 등 7학
문 수립. 8. 양성지, <군정십책> 건의. 11. 전폐(팔방통화) 매년 10만 개
주조케 함. 0. 안견, <묵죽도> 그림. <심경언해> 발간.

1465. (세조 11년, 을유년) 1. 도첩 없는 승려 군적에 편입. 원각사 대종 완성.
3. <원각경언해> 발간. 4. 봉석주 · 김처의 등, 역모로 주살. 원각사 낙성.
6. 소장 지리서 수집 발간. 중국에서 지리서 구해 옴. 7. 양성지 등, <오
륜록> 찬수. 11. 한성부 여항에 이문 건설. 0. 이맹근 필 <관경십육관변상
도> 제작.

1466. (세조 12년, 병술년) 1. 오위진무소를 오위도총부로 개칭. 수군도안무처
치사를 수군절도사로 개칭. 도관찰출척사를 관찰사로 개칭. 2. 평안도 영
원군 설치. 4. 서거정, <마의서> 편찬. 5. 발영시 실시. 7. 전국의 무기
내역 지정. 등준시 시행. <대명률강해> 등 발간. 8. 혜민서 · 소격서 설치.
<과전법> 폐지하고 <직전법> 실시. 11. <실록>을 춘추관과 외방 3사고
에 수장. 양성지, 서적에 관한 10조 진언. 0. <경국대전 이전 · 예전 · 병
전 · 공전> 공포.

1467. (세조 13년, 정해년) 1. 노비 관장 변정원을 장예원으로 고침. 양성지,
<해동성씨록> 찬진. 3. 한성에 잡색군 설치. 세조, <인지의> 제작. 4.
<원각사십층석탑> 건립. 5. 이시애, 난을 일으킴. 함경도 농민 호응. 8.
이시애 주살. 9. 윤필상 · 강순, 명과 함께 압록강변의 건주 여진 정벌. 함
길도 남북으로 분리. 0. 유향소 폐지. 간행도감에서 지눌의 <목우자수심

결언해> 발간.

1468. (세조 14년, 무자년) 2. 보신각 대종 완성. 9. 세조 승하(52세. 재위 13년). 8대 예종 즉위(19세. 부 세조, 모 정희왕후 윤씨). 신숙주 · 한명회 등, 원상이 됨. <직전수조법> 제정. 10. 남이 · 강순 등, 반역죄로 처형. 12. 강희맹, 도적 처벌 9개 항목 올림. 0. 조석문 등, 기록문 <북정록> 편찬.

1469. (예종 1년, 기축년) 3. 도성 안팎의 <소나무 금벌사목 8개조> 제정. 4. 삼포의 사무역 금지. 6. 둔전의 민간인 경작 허가. 7. 평민과 관리의 복식 지정. 9. 최항 · 김국광 등, <경국대전> 찬진. <무정보감> 찬수. 11. 예종 승하(20세. 재위 1년). 9대 성종 즉위(13세. 부 덕종, 모 소혜왕후 한씨). 12. 대왕대비 세조비 정희왕후 수렴청정. 군적 개정. <승인호패법> 폐지.

1470. (성종 1년, 경인년) 2. 도성 방리의 잡색군 혁파. 7. <경국대전 이전 · 병전> 시행. 9. 경기 지방의 곡식 종자 부족. 도성 내의 경작 금지와 식목에 관한 사목 제정. 12. 각 도에 잠소 1개소 설치.

1471. (성종 2년, 신묘년) 1. <경국대전>(신묘대전) 시행. 공납 · 전세 징수의 폐단 시정. 3. 5도의 경차관 폐지. 의학장려 10조 정함. <일본인응대절목> 5조 제정. 백성 사역 방법 제정. 6. 외가 · 친가 6촌 이내의 결혼 금지. 도성 내의 염불소 폐지. 무당을 도성 밖으로 내보냄. 11. 일본인과 밀매매 금지. 12. 간경도감 혁파. 0. 신숙주, 일본 방문기 <해동제국기> 찬진. 원각사 <대원각사비> 건립.

1472. (성종 3년, 임진년) 1. <사치금지절목> 11조 제정. 3. 의학권장 10조 제정. 4. 과거응시제도 조정. 5. 각 도에 도회 설치. 7. 유녀 · 화랑의 금지 7조 정함. 8. <전세절목> 정함. 사족 부녀자가 비구니가 되는 것을 금함. 11. 수군의 대리 입영 금지. 0. 정극인, 단가 <불우헌가> 경기체가 <불우헌곡> 지음.

1473. (성종 4년, 계사년) 5. 응방 폐지. 6. 문서에 초서 금지. 8. 서거정이 올린 <시폐 8조> 채택. <실록> 전질을 신축 전주 사고로 이관. 10. 왜구에 대비하여 해안경비 강화.

1474. (성종 5년, 갑오년) 1. 경상 · 전라도에 면화 재배 장려. 2. 개찬 <경국대전>(갑오대전) 반포. 3. 도적 성행으로 포도장 재설치. 4. 성종비 공혜왕후 한씨 죽음. 윤6. 각 처의 기우제 요건 제정. 9. 새로 만든 저화 사용.

묘에 세우는 석인 · 석상 크기 지정. 11. 신숙주 · 정척 등, <국조오례의> 편찬. 서거정, 시화집 <동인시화> 발간. 12. 경복궁 근정전과 광화문에 청기와 올림.

1475. (성종 6년, 을미년) 1. 부산포의 사염장 폐지. 절도 재범자는 교수형. 2. 여진인, 경원 등에 침입. 4. 영안 · 평안 · 황해 3도에 면화 재배 장려. 5. <봉수사목> 철저히 시행케 함. 사치와 참람 금지규정 제정. 9. 병부에서 전국의 정병 27,620명이라고 보고. 12. 장용대를 장용위로 개칭. 0. 인수 대비 한씨, <내훈> 발간.

1476. (성종 7년, 병신년) 1. 대왕대비 정희왕후 수렴청정 거둠. 아오지에 만호 배치. 5. 원상 거둠. 6. 사가독서 권장사목 제정. 8. 숙의 윤씨 왕비 책봉. 12. 노사신 · 서거정 등, <삼국사절요> 찬진.

1477. (성종 8년, 정유년) 1. 일본 통신사 사목 제정. 윤2. <친잠절목> 제정. 3. 탑과 묘가 있던 자리에 사찰 창건 금지. 왕비 윤씨 빈으로 강봉. 유구국 사신 내조. 5. 한계희 등, <의서유취> 발간. 7. 주 · 부에 사관 배치. 9. 윤자운, <몽한운요> 지음.

1478. (성종 9년, 무술년) 1. 양성지, <팔도지리지> 찬진. 2. 의녀의 업무 분장. 사노비 매매금지. 3. 홍문관, 집현전의 직제와 기능 승계. 5. 문묘에 하마비 설치. 임사홍 · 유자광 유배. 8. 계층별 가옥의 칸수와 척수 지정. 11. 향약 개발의 조건 지정. 12. <추쇄도감사목> 제정. 0. 서거정 등, <동문선> 133권 편찬.

1479. (성종 10년, 기해년) 3. 중국 벼 시험 재배. 4. 일본에 통신사 파견. 장악원의 악기 정비. 5. 세조의 훈시 · 병법 편찬. 6. 왕비 윤씨 폐서인이 됨. 윤10. 명, 건주 여진 정벌에 지원 요청. 11. 윤필상, 건주 여진 정벌.

1480. (성종 11년, 경자년) 1. 유생의 승마 금지. 4. 향교에 토지 하사. 10. 어을우동 교수형. 11. 정현왕후 윤씨 계비 책봉. 북방 국경에 정로위 창설.

1481. (성종 12년, 신축년) 1. 단송도감 설치. 3. <포도사목> 제정으로 좌우 포도장 배치. 사대부 부녀자를 위한 <언문삼강행실><열녀도> 반포. 4. 노사신 · 양성지 등, <동국여지승람> 50권 찬진. 6. 제천정 · 희우정을 제외한 한강변의 모든 정자 철거. 7. <구황절목> 제정. 8. 일본인에게서 후추 종자를 구함. 0. 정극인, 가사 <상춘곡> 지음. 승 의침 등, <두시언해> 25권 발간.

1482. (성종 13년, 임인년) 8. 폐비 윤씨 사사. 0. 양성지, 서적의 간행 · 반포 · 소장에 관한 12사 올림.

1483. (성종 14년, 계묘년) 2. 폐비 윤씨의 아들 이융 세자 책봉. 수강궁 터에 창경궁 착공. 9. 여진인이 입경할 때 영안도 경유케 함. 10. <동국통감> 편찬 재개. 0. 살곶이 다리 완공. <황산곡집><연주시격> 언해. 강희맹, 소화집 <촌담해이> 편찬.

1484. (성종 15년, 갑진년) 1. 소격서 검찰사목 정함. 9. 창경궁 완공. 10. 건주 삼위 귀순자의 상경 인원수 제한. 12. <종친과거절목> 정함. 성균관에 전지 4백 결 내림.

1485. (성종 16년, 을사년) 1. 관에서 일본과의 동 · 철 무역 관장. 개찬 <경국대전>(을사대전) 공포. 2. 상인들의 일본 교역 허가. 3. 동활자 <갑진자> 30여만 자 주조. 7. 서거정 등, <동국통감> 56권 찬진. 11. 경기 수군절도사 폐지. 0. <불정심다라니경언해> 발간. <오대진언집> 발간.

1486. (성종 17년, 병오년) 4. 서북 · 동북 양계 수령에 문무관 교대 임용. 5. 전라도에 과도한 공부 · 공역으로 아사자 발생. 6. 군적 수정. 9. 함경도에 장성 축성. 12. <호랑이 포획절목> 제정. 김종직 등, <동국여지승람> 35권 발간. 최항 시문집 <태허정집> 사후 발간.

1487. (성종 18년, 정미년) 1. 각 도의 공휴지에 둔전 설치. 8. 경상도의 각 포구에 석축 축조. 12. 시전의 업무 한성부에 위임.

1488. (성종 19년, 무신년) 윤1. 소실된 원각사 중수. 최부, <표해록> 지음. 5. 각 도의 군적 완성. 유향소 재설치. 8. 최부, 수차 제작.

1489. (성종 20년, 기유년) 2. <군사시험절목> 제정. 8. 일본 사신 승 혜인 등, 대장경 요청. 11. 강원도 민란.

1490. (성종 21년, 경술년) 1. 도첩 없는 승려를 군에 충원. 4. 병오년(1486년) 158,127명의 군적을 올림. 9. 경상도 염포 · 조라포 · 부산포 · 평산포에 축성. 10. 순천 오동포에 전라좌도 수영 설치.

1491. (성종 22년, 신해년) 1. 여진족의 경흥 침입에 경군 1백 명 지원. 일본 선박 시험 건조. 3. 사사전세 관수 관급. 종묘 제기 제작. 8. 홍문관원의 사가독서 부활. 11. 허종, 두만강변의 여진 정벌.

1492. (성종 23년, 임자년) 1. 소를 도살한 자 외딴 섬으로 보냄. 2. 승려도첩제 폐지. 공사천민의 아들 보충대에 소속시킴. 3. 일본인의 사무역 허용. 7.

경기 · 충청 양전 실시. <대전속록> 발간. 0. 남호독서당 설립. 병서 <진법> 발간. 강희맹 농서 <금양잡록> 사후 발간.

1493. (성종 24년, 계축년) 1. 재산소송 기간을 5년으로 한정. 살인하고 재물약탈자의 처자는 관노비로 함. 5. <권학절목><권과절목> 각 6개조 시행. 9. 경상 · 전라 양전 실시. 성현 등, 악전 <악학궤범> 편찬. 남양주 수종사 <팔각오층석탑> 건립.

1494. (성종 25년, 갑인년) 2. 삼포 거주 일본인 농경지에 과세. 3. 쌀값 폭등. 전국에 도적 빈발. 6. 명 사신, <대명일통지> 가져옴. 12. 성종 승하(38세. 재위 25년). 10대 연산군 즉위(19세. 부 성종, 모 폐비 제헌왕후 윤씨).

1495. (연산군 1년, 을묘년) 연산군, 선왕의 명복을 비는 수륙재 시행과 외척의 등용을 두고 삼사의 유생들과 갈등.

1496. (연산군 2년, 병진년) 4. 연산군, 흥유억불 명함. 7. 건주 여진, 주원 침입. 12. 창덕궁 수문당을 희정당으로 개칭. 0. 연산군, 생모 윤씨의 사사 경위를 알게 됨. 윤씨 묘의 천장을 두고 삼사의 유생과 대립 심화.

1497. (연산군 3년, 정사년) 2. 응방 재설치. 3. 일본인, 녹도 만호를 죽임. 6. 대간들의 사직이 70여 회에 이름. 문신의 사가독서 다시 시행. 11. 공안 개정 정지. 이극균, <경상우도지도> 제작.

1498. (연산군 4년, 무오년) 4. 영안도를 함경도로 개칭. 5. 호적 개정. 식년 개정. 7. <조의제문>을 빌미로 이극돈 · 유자광 등에 의해 사화 일어나 김종직 부관참시, 김일손 · 권오복 등 처형, 정여창 등 유배(무오사화).

1499. (연산군 5년, 기미년) 1. <성종실록> 찬진. 4. 여진, 삼수군 침입. 7. 여진, 강계 · 이동 침입. 8. 북방의 경비 엄하게 함. 9. 평안도 · 함경도 삼수군에 도민입실책 제정. 12. 모든 사사의 전토를 기록케 함. 0. <해인사 대장경> 발간. <구급이해방언해> 발간. <동국명가집> 발간.

1500. (연산군 6년, 경신년) 3. 비융사 설치. 6. 음란남녀 처형법 제정. 8. 의정부에서 <폐단조목> 올림. 9. 홍귀달 등, <속국조보감><역대명감> 찬진. 11. 비융사에서 새로 만든 갑옷을 군기시에 저장. 12. 성현, <역대제왕시문잡저> 찬진. 0. 이식 시집 <사우정집> 사후 발간.

1501. (연산군 7년, 신유년) 4. 공안상정청 설치. 겸사복시 · 선전관청을 궁궐 밖으로 옮김. 윤7. 성준 · 이극균 등, <서북제번기><서북지도> 편찬. 9. 충청도 · 황해도 관찰사의 절도사 겸임 폐지. 10. 성현 등, <동국여지승

람> 수정. 0. 김맹성 시집 <지지당시집> 사후 발간.

1502. (연산군 8년, 임술년) 1. 명으로부터 옷감 염색 방법을 배움. 3. 한치형 등, <시폐 10조목> 올림. 수차를 경기·충청도에서 시험 사용. 5. 사헌부에서 <시폐 10조목> 올림. 6. 갑산에 함경도 행영 설치. 북방 양계 입주인과 내지인의 결혼 금지.

1503. (연산군 9년, 계해년) 1. 승려의 도성 출입 금지. 11. 경복궁·창덕궁의 담을 높이 쌓고 담 부근에 민가를 못 짓게 함. 백악산·인왕산·사직산에서 궁궐 관망 금지. 낙산 아래 민가 철거.

1504. (연산군 10년, 갑자년) 3. 폐비 윤씨 제헌왕후 추존. 홍귀달 숙청. 4. 성종의 후궁 정씨·엄씨 죽임. 조모 인수대비 죽게 함. 윤4. 경연 폐지. 5. 성균관과 4학 유생의 정사 간여 금지. 7. 언문 교습 금지. 언문구결 모두 불태움. 척흉청 설치. 도성 곳곳에서 인가 파괴. 8. 각 관사의 물품 고갈. 9. 비융사 폐지. 10. 폐비 윤씨의 복위 문제로 사화 일어나 정창손·한명회 등 부관참시, 김굉필·권달수·윤필상·이극균·성준 등 수십 명 극형에 처함(갑자사화). 혜안전 준공. 12. 도성 내 금표 설치. 의금부의 죄인 수용 한계 초과. 이두 사용 금지. 0. 한양도성 일부 보수. 기녀들에게 <처용무>를 전습시킴.

1505. (연산군 11년, 을축년) 1. 경연관을 진독관으로 고침. 조관에게 환관이 차는 신언패를 차게 함. 3. 공역과 기아로 거리에 시체 즐비. 5. 시강원 혁파. 6. 조하·조참·행행에 주서·사관 모두 입시시킴. 궁중에 방을 많이 만들게 함. 경기의 사면에 금표 설치. 7. 관부 문서와 <여지승람> 등 서적의 개인 소장 금지. 9. 국고 고갈. 장악원을 연방원으로 고침. 11. 종학 폐지. 12. 사사전 폐지. 궐내의 책을 밖으로 내보냄.

1506. (중종 1년, 병인년) 1. 각 관서의 일부 관직 혁파. 운종가 이북의 백성 모두 몰아냄. 2. 도성 밖 금표의 한계 설정. 4. 사간원 혁파. 5. 홍문관 혁파. 진독관 혁파. 7. 관상감을 사역서로 낮춤. 8. 대제학 혁파. 9. 박원종·성희안 등, 반정을 일으켜 연산군 폐출(중종반정). 11대 중종 즉위(19세. 부 성종, 모 정현왕후 윤씨). 임사홍·신수근 등 죽임. 폐왕, 연산군으로 강봉(31세, 재위 12년). 중종비 신씨 폐위. 연산군이 만든 제도 및 조치 모두 원상복귀. 동서 금표 혁파. 연산군 교동으로 유배. 11. 연산군 죽음.

1507. (중종 2년, 정묘년) 4. 유자광 등 유배. 6. 명화적 무리 빈발. 외방 재인

· 백정을 원적지로 보냄. 8. 이과 등, 반역으로 주살. 9. 언문청 폐지. 11. 정청에 사관 입참. 정난공신에 공신교서 내림. 선교 양종 도회소 철폐.

1508. (중종 3년, 무진년) 2. 홍문관의 월과 · 춘추과시 · 사가독서 · 전경 등의 법 엄격 시행. 10. 국가 재정 고갈. 예조 · 성균관 · 사학의 관원을 추고. 8도에 어사 파견.

1509. (중종 4년, 기사년) 1. 도성 내 무당 행위 엄금. 2. 전가도변 죄인 함경도 5진으로 이주시킴. 3. 도첩 없는 승려 환속시켜 군역에 충원. 5. <경국대전><대전속록> 발간. 7. 강도 20여 명, 송화현 관아 습격. 9. <연산군일기> 완성. 12. 군적 개정으로 정군 177,322명, 잡군 123,958명.

1510. (중종 5년, 경오년) 3. 폐사 사전을 향교에 귀속시킴. 중학 유생들이 배불 선언하고 정릉사에 방화. 4. 왜구, 부산 · 웅천 · 동래 약탈(삼포왜란). 왜란 평정. 7. 절도범에 대한 단근형 폐지.

1511. (중종 6년, 신미년) 3. 성균관에 학전 100결 내림. 4. 유실된 서적을 널리 구함. 5. 경전 서적 인쇄 반포. 7. 종학 다시 설치. 8. 홍문관에서 <천하여지도> 제작. 10. <삼강행실도> 반포. 12. 내금위의 사복 · 부장에 무신 임명. 0. 홍화문(동소문)을 혜화문으로 개칭. 유숭조, <성리연원촬요> 찬진. 정희량 문집 <허암집> 사후 발간.

1512. (중종 7년, 임신년) 2. 동서 진제장 및 동서 활인서 다시 설치. 6. 북방 국경의 정로위 강화. 7. 갑산 · 창성에 여진 침입. 9. 일본과 세견선 · 세견미 감축조약(임신약조). 12. 연산군묘 양주로 이장. 0. 이륙 시문집 <청파문집> 사후 발간.

1513. (중종 8년, 계유년) 5. 각 도에 어사 파견. 10. 박영문 · 신윤무, 반역으로 주살. 11. 추쇄도감 설치. <삼국사기><삼국유사> 재발간.

1514. (중종 9년, 갑술년) 1. 경상도 한량과 경성 관군 교대. 3. 사찰의 창건과 중창 금지. 6. 신용개 등, <속삼강행실도> 편찬. 11. 청백리의 자손 채용. 일본 사신 입조. 12. 성균관 존경각 화재로 소장 도서 전소.

1515. (중종 10년, 을해년) 2. 중종 제 1계비 장경왕후 윤씨 인종 낳고 죽음. 7. <저화행용절목> 제정. 8. 박상 등, 원비 단경왕후 신씨의 복위 상소. 이행, 박상 등 탄핵. 11. 조광조, 이행의 파직 요구.

1516. (중종 11년, 병자년) 1. 동활자 <병자자> 주조. 5. 성균관과 4학 유생이 아닌 자 등용 제한. 10. 천문학 장려. 11. 왕패 없는 사사의 노비와 전답

국가에 귀속. 0. 이천 기록서 <서정록> 사후 발간. 남원 실상사 <서진암 나한석불> 건립. <치평요람> 150권 발간.

1517. (중종 12년, 정축년) 1. 조광조 등, 이학의 장려 상소. 농업·양잠 장려. 2. 여진인 1만여 명 평안도에 거주. 4. 축성사 설치. 6. 축성사를 비변사로 개편. 7. <여씨향약> 8도에 반포. 정몽주를 문묘의 최치원 다음에 배향. 11. 최세진, <사성통해> 편찬. 0. 동호독서당 설립. 응방 폐지.

1518. (중종 13년, 무인년) 1. 전옥서·의금부에 남녀 분리 수용. 4. 김안국, <여씨향약언해> 발간. 7. 신용개 등, <속동문선> 찬진. 김전·최숙생 등, <번역소학> 발간. 9. 소격서 혁파. 11. 조신, <이륜행실도> 발간. 0. 이황, 시 <야당> 지음.

1519. (중종 14년, 기묘년) 2. 외방 여악 중단하고 남악 배치. 4. 조광조의 건의로 현량과 실시. 현량과에서 김식·박훈 등 28명 선발. 7. 전국에 <여씨향약> 권장. 11. 남곤·심정·홍경주 등 훈구 재상에 의해 조광조·김정·김식 등 신진사류 투옥(기묘사화). 12. 조광조 사사. 현량과 파방. 전국 호수 754,146호, 인구 3,745,481명. 0. 유운, 처세서 <진수해법> 편찬. 김정국, 교양서 <경민편> 편찬.

1520. (중종 15년, 경진년) 1. 향약 널리 장려. 2. 여연·무창 거주 여진인에게 퇴거 요구. 3. 제주의 빈 땅에 둔전 실시. 4. 순변사를 6진에 파견. <해인사 대장경> 1부 발간. 5. 비변사 설치. 8. 중앙과 외방에 여악 재배치. 11. 가족 간의 소송 금지.

1521. (중종 16년, 신사년) 1. 서후, 노궁·극적궁 제작. 군기시에서 벽력포·편조전 시험. 5. 서후, 대맹선 건조 주장. 10. 송사련, 안처겸·안처근 등 무고하여 10여 명 처형(신사무옥).

1522. (중종 17년, 임오년) 2. 도량형기 새로 제작. 5. 추자도에 왜변. 11. 강원도 양전 종료. 황해·전라도에 강도 성행. 12. 소격서 재설치.

1523. (중종 18년, 계미년) 1. 군적 개정. 4. 강도 효수 금지. 전국에 어사 파견. 왜구, 안면도·풍주에 침구. 5. 일본 사신 내조. 0. 이서, 가사 <낙지가> 지음.

1524. (중종 19년, 갑신년) 1. 압록강 유역 삼둔의 여진 침입 격퇴. 12. 전라도 양전 종료. 일본 물품에 대한 신가격제 결정. 0. <신간배자예부운략> 가정본 5권과 <옥편> 1권 발간. 송순, 가사 <면앙정가> 지음.

1525. (중종 20년, 을유년) 1. 진휼청 설치. 3. 윤탕빙·유세창 등 모반하다 주살. 5. 박세거 등, 의서 <간이벽온방> 발간. 8. 전라도 양전 재실시. 9. 전라도에 왜변. 10. 이순, 천체관측기 <목륜> 제작. 0. 성현 수필집 <용재총화> 사후 발간.

1526. (중종 21년, 병술년) 2. 경기·강원·함경도에 열병 만연. 5. 간의·혼상 제작. 10. 변방 장수 첩과 동거 금지. 12. 관상감, 동지에 후기관 시험.

1527. (중종 22년, 정해년) 3. 동궁에 <작서의 변> 발생. 4. 작서의 변으로 경빈 박씨 서인이 됨. 최세진, 한자학습서 <훈몽자회> 발간. 12. 중추원에 약방을 두고 약재 무역 실시.

1528. (중종 23년, 무자년) 2. 경복궁 보수. 예조, 매년 한성에 오는 여진인의 수 지정. 9. 성균관 유생들, 재상 품평.

1529. (중종 24년, 기축년) 4. 전라·경상·충청의 조운에 사선 이용. 5. 갑산부를 함경도 행영으로 함. 10. 비변사, 긴급 중요 사안은 의정부, 일반 사안은 병조와 논의하기로 함. 0. 한자학습서 <천자문><유합> 발간.

1530. (중종 25년, 경인년) 2. 산양회의 여진족 축출. 4. 상의원에 서양 세면포 무역 허가. 5. 상의원에서 표준 갓 제작. 8. 이행·홍언필 등, <신증동국여지승람> 55권 발간. 12. 도둑 순석 등의 무리를 잡음. 0. 개성에 <정몽주 유허비> 건립.

1531. (중종 26년, 신묘년) 6. 김안로 재등용. 10. 육조의 당상관 등, 김안로와 대간 규탄. 11. 심정 사사.

1532. (중종 27년, 임진년) 1. 청백리를 포상하고 자손 등용. 2. 군기시에서 화포를 아는 자 발탁. 9. 최세진, <여훈언해> 발간. 10. 조정 관리의 녹봉을 감하여 구황에 충당. 12. 위화도 거주 명인의 경작 금지.

1533. (중종 28년, 계사년) 5. 작서의 변에 연루된 경빈 박씨와 복성군 사사. 0. 김구, 경기체가 <화전별곡> 지음.

1534. (중종 29년, 갑오년) 2. 윤개 등, 명에서 이두석·역청·백철의 조작법과 연금술 등 학습하고 명의 복식을 가져옴. 11. 관복을 명의 제도에 따름.

1535. (중종 30년, 을미년) 6. 역승 폐지하고 찰방 설치. 7. 종학 재설치. 8. <승려금단절목> 수립. 자원 부역승에 호패 제공. 11. 성균관에 시장 하사. 12. <인재양성절목> 시행.

1536. (중종 31년, 병신년) 4. 흥천사종을 숭례문으로, 원각사종을 흥인문으로

옮김. 5. 찬집청 설치. 6. 유전·최세정, 자격루 완성.

1537. (중종 32년, 정유년) 1. 모화관에 영조문 건립. 일본의 통신사 요청 거부. 2. 도성의 요승·요무 적발. 도성 내 무당집과 신축 사찰 철거. 10. 윤원로·윤원형 형제 유배. 김안로 사사. 12. 최세진, <운회옥편> 발간. 0. 정지운, 성리학서 <천명도설> 저술.

1538. (중종 33년, 무술년) 2. 기묘사화 관련자와 죄인에게 관직 허용. 5. 명에서 천문·지리·명과학 신서적 구입. 6. 한성부 인구 증가로 자하문 밖 빈 땅 분배. 9. <동국여지승람> 등재 이외 사찰 철거. 10. 사무역 엄금.

1539. (중종 34년, 기해년) 3. 전라도 승려 3천 명 군적에 올림. 4. 영조문을 영은문으로 개칭. 5. 최세진, <대유대주의><황극경세서설> 찬진. 7. <사망원인 삼복의 법> 재시행. 최세진, <이문속집집람> 찬진.

1540. (중종 35년, 경자년) 6. 도박 엄금. 8. <중국물품사용절목> 제정.

1541. (중종 36년, 신축년) 5. <진휼절목> 제정. 11. 각 아문 및 외방 관서의 술창고 폐쇄. 12. 평안도 여진족에 대비하여 비변사를 확충하고 의정부 3공이 겸직. 0. 김안국, 태지 제작. <승인호패법> 시행.

1542. (중종 37년, 임인년) 6. 단천의 은 채굴 금지. 7. 일본에서 은 1만 5천 량 수입. 8. 주세붕, 백운동에 안향의 사묘 건립. 9. 100세 이상 노인에 술과 고기 내림.

1543. (중종 38년, 계묘년) 1. 주세붕, 백운동서원 설립. 2. 구수담, 대윤(윤임 일파)·소윤(윤원형 일파)의 대립을 진언. 7. 윤은보 등, 법전 <대전후속록> 편찬. 10. 하삼도 주민 평안도에 이주. 0. <유향열녀전언해> 발간.

1544. (중종 39년, 갑진년) 1. 하삼도의 범죄인 변방으로 이주. 4. 왜구, 경상도 사량진에서 약탈(사량왜변). 5. <임신약조> 파기. 일본과 국교 단절. 사신 이외의 일본인 입국 불허. 웅천 가덕도에 진 설치. 9. 동래 다대포를 첨사진으로 승격. 왜관을 부산포로 이전. 11. 중종 승하(57세. 재위 38년). 12대 인종 즉위(30세. 부 중종, 모 장경왕후 윤씨).

1545. (인종 1년, 을사년) 1. 도화서에서 어진 그림. 6. 조광조의 서품 복원. 현량과 다시 실시. 7. 인종 승하(31세. 재위 8개월). 13대 명종 즉위(12세. 부 중종, 모 문정왕후 윤씨). 문정왕후 수렴청정. 원상을 둠. 8. 대윤파 윤임·유관·유인숙 등 사사(을사사화). 9. 계림군 역모로 처형. 10. 현량과 다시 혁파.

1546. (명종 1년, 병오년) 1. 윤결, <유구풍속기> 지음. 3. 윤원로, 동생 윤원형
에 의해 파직. 4. 함경도 · 경기도에 질병 만연.

1547. (명종 2년, 정미년) 2. 원상 거둠. 대마도와 <정미약조> 맺음. 일본과 통
교 재개. 9. 양재역 벽서사건. 봉성군 · 송인수 사사(정미사화). 윤9. 공신
회맹제 거행. 12. 윤원로 사사.

1548. (명종 3년, 무신년) 1. 동서 진제장, 상평창 개설. 황해도에 쌀 4천 석
보냄. 3. 4산에 소나무 벌목 횡행. 버려진 시체와 굶주린 자 다수. 8도에
어사 파견하여 구황 현황 파악. 4. 전국의 두곡 교정 통일. 10. 홍언필
등, <속무정보감> 간행.

1549. (명종 4년, 기유년) 1. 홍문관에서 <선기옥형><혼천의> 제도 올림. 3. 소
도살 엄금. 혼인 사치 엄금. 4. 이홍윤과 선비 40여 명 모반 혐의로 처형.

1550. (명종 5년, 경술년) 2. 백운동서원에 소수서원 편액 하사. 김순고, 윤선
제작. 12. 문정왕후, 선교 양종 부활시킴. 불교 사찰 총본산을 본사라 개
칭. 0. 도첩제 시행. 이언적, <구인록> 지음. 이현보, 연시조 <어부사>
지음.

1551. (명종 6년, 신해년) 1. 양사 · 홍문관 · 성균관 유생들, 양종 혁파 상소. 6.
보우를 판선종사 도대선사로 세움. 양종 선과를 다시 설치하고 승려에게
도첩 제공. 8. 권문세가의 사유 둔전 조사. 9. 상목(3승포)을 폐하고 회봉
(5 · 6승포) 사용. 0. 굶주린 자 급증.

1552. (명종 7년, 임자년) 1. 지음 · 주지 파견될 사찰 395곳 선정. 2. 신규 승려
금지. 선종 20, 교종 39개 사찰 폐지. 4. 승과 시행. 북경 무역 금지. 5
제주도에 왜구 출몰. 7. 군적도감 설치. 11. 왜인 접대규정 재적용.

1553. (명종 8년, 계축년) 1. 양종 시경승 2,580명에게 도첩 발급. 3. 4관에서
신입자 괴롭힘 근절토록 함. 윤3. <천인취양처금지법> 제정. 5. 제주에
왜변. 7. 명종, 친정 시작. 9. 경복궁 화재로 강녕전 · 사정전 · 흠경각 등
소실. 10. 양첩의 아들에 한하여 손자부터 문무과 응시 허용. 0. 이황, 정
지운의 <천명도설> 수정.

1554. (명종 9년, 갑인년) 3. 한성 거주 악공은 자손이 업을 계승케 함. 5. 북경
무역 재개. 6. 제주 · 전라에 왜변. 8. 당상관의 사가독서 첫 실행. 박민현
등, 장영실의 <옥루> 재제작. 9. 경복궁 중건하고 동궁 준공. 11. 진휼청,
<구황촬요> 간행.

1555. (명종 10년, 을묘년) 1. <경국대전주해> 발간. 5. 왜구선 70여 척, 전라도 10개 진 점거(을묘왜변). 이준경, 영암에서 왜구 대파. 6. 김홍도 등 10명 사가독서. 7. 황해도 군사의 평안도 파견 금지. 10. 사냥 허용. 0. 양사준, 가사 <남정가> 지음. 백광홍, 가사 <관서별곡> 지음.

1556. (명종 11년, 병진년) 1. 경기수군절제사 군영을 남양 화량진에 설치. 3. 가뭄에 대비하여 수로와 고랑 정비. 8. 공천추쇄도감 설치. 11. 일본 사신, 세견선 증가 요청. 12. 총통 주조용 동철 6만 근 구입.

1557. (명종 12년, 정사년) 2. 도첩 승려 잡역 면제. 4. 일본 세견선 5척 증가. 수군 증가책 결정. 9. 독서당 관원은 학업에만 전념케 함.

1558. (명종 13년, 무오년) 8. 양계 이외 각 도의 병마평사 폐지.

1559. (명종 14년, 기미년) 1. 평안도 수령 무신으로 바꿈. 3. 임꺽정, 황해도에 서 민란 일으킴. 4. 임꺽정, 개성부 포도관을 죽임. 11. 모든 관가의 원당 폐지. 0. 이황과 기대승, 사단칠정에 관한 서신 왕래 시작(~1566).

1560. (명종 15년, 경신년) 5. 씨름·도박·다리밟기 금지령. 8. 임꺽정, 한양에 출몰. 12. 이황, 도산서당 세움. 0. 정철, 가사 <성산별곡> 지음.

1561. (명종 16년, 신유년) 10. 이정, 서악서원 세움. 도적의 도성 잠입에 대한 비망기 내림. 0. 이황, <주자서절요> 발간. 이지함, 도참서 <토정비결> 지음.

1562. (명종 17년, 임술년) 1. 임꺽정 처형. 9. 중종 정릉을 고양에서 광주로 옮 김. 11. 일본 사신이 왜변에서 약탈한 병서 반납. 일본, 국서 요청.

1563. (명종 18년, 계해년) 9. 순회세자 죽음. 0. 진복창, <역대가> 지음.

1564. (명종 19년, 갑자년) 7. 각도 감사에게 수령 임면 엄정히 하도록 함. 8. 전국에 수해. 0. 이정, 시문집 <성리유편> 지음. 휴정, <선가귀감> 지음.

1565. (명종 20년, 을축년) 4. 문정왕후 죽음. 성균관 유생들, 보우를 잡아가고 양주 회암사 불태움. 6. 보우 제주에 유배. 제주 목사, 보우를 죽임. 7. 윤원형의 관작 삭탈. 11. 윤원형·정난정, 도피처에서 자결. 12. 1545년 이 후에 죄인이 된 자 사면. 0. 이황, 연시조 <도산 12곡> 지음. 양사언, 가 사 <미인별곡> 지음.

1566. (명종 21년, 병인년) 4. 교종·선종의 선과 혁파. 도첩제 폐지. 6. 명종, 이황을 부르나 오지 않음.

1567. (명종 22년, 정묘년) 6. 명종, 중종의 7자 덕흥대원군의 3자 하성군 이균

을 후계로 삼음. 명종 승하(34세. 재위 22년). 7. 14대 선조 즉위(16세. 부덕흥대원군, 모 하동부대부인 정씨). 명종비 인순왕후 심씨 수렴청정. 원상을 둠. 10. 노수신 · 유희춘 서용. 11. 원상을 파함. 0. 차천로, 가사 <강촌별곡> 지음.

1568. (선조 1년, 무진년) 1. 선조, 학교 진흥책 전교. 양계에 순무어사 배치. 2. 인순왕후, 수렴청정 거둠. 선조 친정. 을사사화 당시 적몰된 자 신원. 4. 조광조 영의정 추증. 공무역 5년간 중지하고 사무역 엄금. 조식 · 성혼 · 이환 등 발탁. 9. 현량과 재시행. 12. 이황, 상소문 <성학십도><무진봉사> 올림. 0. <월인석보>(희방사본) 발간.

1569. (선조 2년, 기사년) 3. 이황, 향리로 돌아감. 8. 이이, 정치 도리서 <동호문답> 올림. 0. 불교 교리서 <칠대만법> 발간.

1570. (선조 3년, 경오년) 4. 성균관 유생들, 김굉필 · 정여창 · 조광조 · 이언적 등의 문묘 종사를 청하는 복합상소 올림. 전국적 대기근. 6. 관리 녹봉 삭감. 7. 각 도에 풍수해 극심. 12. 퇴계 이황 죽음. 0. 유희춘, <국조유선록> 편찬.

1571. (선조 4년, 신미년) 4. <명종실록> 찬진. 5. 왜변에 유효했던 투석 장려. 11. 도성 부근에서 호랑이 7마리 잡음.

1572. (선조 5년, 임신년) 7. 이준경, 사후 상소에 붕당이 이루어졌음을 말함. 8. 궁궐 인접 민가 철거. 9. 김굉필 · 정여창 · 조광조 · 이언적 문묘 종사. 0. 이이와 성혼, 사단칠정에 관해 논함.

1573. (선조 6년, 계유년) 8. 군적 개정과 이에 따른 소동. <향약>을 널리 배포. 9. 이이, 향약을 논함. 11. 성주 천곡서원에 사액. 12. 교서관, <향약> 발간. 0. <내훈> 나누어줌. 길재 시문집 <야은선생언행록> 사후 발간.

1574. (선조 7년, 갑술년) 1. 이이, <만언봉사> 올림. 2. <향약> 시행 연기. 3. 사대부가 소유한 간석지와 관둔전 몰수. 12. 십가작통제 실시.

1575. (선조 8년, 을해년) 3. 신 군적 반포. 비변사, 대마도주가 일본이 조선 침략을 준비하고 있다고 알려옴을 아룀. 6. 주희 문집 <주자대전> 교정본 발간. 7. 심의겸 · 김효원의 파당이 대립하여 동서당론이 일어남(을해당론). 8. 이황의 제자들에 의해 안동 도산서원 건립되고 한호의 글씨 사액 받음. 9. 이이, <성학집요> 편찬. 10. 심의겸 · 김효원 외지 임명. 0. 이언적 문집 <회재문집> 사후 발간.

1576. (선조 9년, 병자년) 2. 도산서원 사당 준공하여 퇴계의 신위 모심. 6. 풍기의 고려 태조 왕건 어진을 연천 숭의전으로 옮김. 10. 유희춘, <신증유합> 지음. 0. 평양 대동문 건립.

1577. (선조 10년, 정축년) 7. 전국 홍수. 전염병 창궐. 8. 전라도 남원에 <황산대첩비> 건립. 12. 윤임 · 유관 · 유인숙 · 이류 신원. 0. 이이, 교육서 <격몽요결> 편찬. 남효온 시문집 <추강집> 사후 발간.

1578. (선조 11년, 무인년) 4. 경상도 군사 폭동. 8. 군정의 폐단이 심해짐. 10. 동인 중심의 양사에서 서인 3윤(윤두수 · 윤근수 · 윤현) 탄핵 축출. 0. 이이, 연시조 <고산구곡가> 지음.

1579. (선조 12년, 기묘년) 3. 김우옹, 동서 붕당 화합을 상소. 5. 백인걸, 동서 분당 규탄. 이이, 동서 사류의 보합 논함. 10. 윤두수 · 윤근수 외지 임명.

1580. (선조 13년, 경진년) 10. 성균관 유생들, 유향 등 중국 유학자의 출향과 이황 등의 문묘 종사 상소. 0. 가야 수로왕릉 개축. 정철, 가사 <관동별곡> 연시조 <훈민가> 지음.

1581. (선조 14년, 신사년) 1. 노산군 묘에 입석 봉묘. 2. 각 도에 구황어사 파견. 4. 각지에 상평창 세움. 황해도 기근으로 군자창미 1만 석 보냄. 0. 주세붕 시문집 <무릉잡고> 사후 발간.

1582. (선조 15년, 임오년) 9. 이이, 시폐를 논하고 공안의 개정 요청. 0. 이이, 평전 <김시습전> 지음.

1583. (선조 16년, 계미년) 2. 신립 등, 여진 격파. 이이, <시무 6조> 올림. 4. 이이, <10만 양병설> 주청. 5. 신립, 종성에 침입한 여진 격파. 6. 송응개 · 박근원 · 허봉, 이이를 공격하다 유배(계미삼찬). 동서 분당 심해짐. 12. 이언적 주석서 <중용구경연의> 사후 발간. 0. 김시습 <매월당집> 사후 발간. 한호, 교본 <석봉천자문> 발간.

1584. (선조 17년, 갑신년) 1. 이이 죽음. 0. <구황촬요> 재간행. 공주 감사 <동종> 제작. 남원 실상사 <백장암청동은입사향로> 제작. 황준량 시문집 <금계집> 사후 발간.

1585. (선조 18년, 을유년) 1. 교정청 신설. 2. 노산군묘에 사묘 건립. 11. 김백간, 지침서 <사송유취> 지음. 0. 경기 수영에서 전선 건조. 0. 권오복 시집 <수헌집> 사후 발간.

1586. (선조 19년, 병술년) 1. 향교 제독관을 둠. 10. 조헌, 인재 양성의 부실을

상소. 11. 휴정, 교리서 <선교석> 지음.

1587. (선조 20년, 정해년) 2. 왜구, 녹도 · 가리포 · 흥양에 침구. 3. 왜구 방비
책으로 남부에 암행어사 파견. 9. 일본, 통신사 파견 요청. 0. 여진, 두만
강 하구 녹둔도 침범. 이경진, 상소문 <신원우계율곡서> 올림. 조종경 시
문집 <독암유고> 사후 발간.

1588. (선조 21년, 무자년) 1. 이일, 함경도 여진 시전부락 정벌. 교정청, <소학
언해> 6권 발행. 2. 이일, <증보제승방략> 지음. 10. <사서삼경>의 음석
교정과 언해 완성. 12. 일본, 통신사 파견 재차 요청. 0. 정철, 가사 <사미
인곡><속미인곡> 지음.

1589. (선조 22년, 기축년) 5. 조헌, 시폐를 논하다 유배. 6. 일본, 억류했던 조
선인 116명을 보내고 통신사 파견 재요청. 10. 동인 정여립, 모반 혐의 조
사 중 급사. 서인, 동인 박해(기축옥사). 11. 명에서 개정된 <대명회전> 전
질과 칙서를 가져옴으로 종계변무 종결. 0. 이행 시문집 <용재집> 사후
발간. 권문해, <대동운부군옥> 편찬.

158x. 서산대사, 가사 <회심곡> 지음. 정철, 사설시조 <장진주사> 지음.

1590. (선조 23년, 경인년) 3. 정사 황윤길(서인), 부사 김성일(동인) 등 통신사
일행 2백 명, 일본으로 출발. 7. 통신사 일행, 일본 쿄토에 도착. 11. 황윤
길 등, 도요토미 히데요시 만나고 국서 전달. 0. 교정청에서 <맹자언
해><논어언해><대학언해><중용언해> 발간. 서산대사, <심법요> 지음.
윤두수, <평양지> 편찬.

1591. (선조 24년, 신묘년) 윤3. 통신사 일행 귀국. 황윤길과 김성일, 일본의 개
전 가능성에 대해 상반된 귀국 보고. 기축옥사의 위관 정철, 건저문제 거
론. 선조, 정철 파직 유배. 서인 실각하고 동인 집권. 10. 명에 일본이 정
명가도 요구했다는 사실 통고. 0. 동인, 서인의 처벌 논의로 북인 · 남인
으로 분열.

1592. (선조 25년, 임진년) 4. 도요토미 히데요시의 명으로 일본군 21만 조선
침입(임진왜란). 부산 함락. 충주 탄금대에서 조선군 참패. 광해군 세자 책
봉. 선조, 서북 방면으로 급하게 피신. 5. 일본군, 한성 점령. 경복궁 화재
로 소실. 일본군 북진 계속. 이순신, 노량해전에서 거북선 사용하여 대승.
6. 세자 분조. 하삼도의 관군 대패. 명에 구원 요청. 평양 함락. 선조, 의
주로 몽진. 명의 원군 1진 압록강 건넘. 명군, 대포 불랑기 사용. 6. 곽재

우·조헌·정안홍·권응수·고경명·김천일 등 전국에서 의병 일어남. 7. 이순신, 한산도에서 일본 함대 대파(한산도대첩). 조선 수군, 제해권 장악. 휴정, 승군 일으킴. 회령에서 임해군·순화군 일본군에 잡힘. 8. 금산 전투에서 조헌 의병 7백 명 전사. 9. 명 심유경, 평양에서 일본군과 강화 교섭. 10. 김시민, 진주 전투에서 대승(진주대첩). 김시민 전사. 12. 이여송 의 명군 본진 4만 명 압록강 건너 의주 도착. 0. 이장손, <비격진천뢰> 발명. 허강, <역대사감> 완성. 이원익, 가사 <고공답주인가> 지음.

1593. (선조 26년, 계사년) 1. 조명 연합군, 평양 수복. 북서·북동 방면의 일본 군 퇴각 남하. 명군, 일본군 추격. 일본군, 벽제관에서 명군 대파. 2. 퇴각 일본군 한성에 집결. 권율, 행주산성에서 일본군 대파(행주대첩). 4. 심유 경, 한성에서 일본군과 강화 교섭 재개. 일본군, 경상도로 퇴각. 한성 수 복. 한성부 인구 38,901명. 6. 임해군·순화군 귀환. 진주성 일본군에 함 락되고 김천일 부자 투신 순국. 훈련도감 창설. 8. 이순신, 삼군수군 통제 사가 되어 본영을 여수에서 한산도로 옮김. 10. 선조, 한성으로 돌아와 정릉동 행궁에 머무름. 0. 권필, 한문소설 <주생전> 지음.

1594. (선조 27년, 갑오년) 1. 전국적 기근. 3. 이순신, 당항포에서 일본 수군 대파. 군제를 진관체제로 전환. 4. 전쟁과 기아로 죽은 자를 위해 제사 지냄. 문관·종친·음관 등 총기 훈련. 5. 성혼, <시무 14조> 올림. 11. 속 오군 편성. 백성 구휼. 12. 유정, 가토와 회담.

1595. (선조 28년, 을미년) 3. 훈련도감에서 포수와 사수 선발. 각 도에 명의 훈련 교사 12명 파견. 7. 긴요하지 않은 서원 혁파. 각 도의 대도호부에 무학을 두어 군사 양성. 9. 강화·수원에 요새 설치. 0. 해주의 <실록>을 강화로 옮김. 이현, 가사 <백상루별곡> 지음.

1596. (선조 29년, 병신년) 1. 훈련도감의 사수를 모두 공사 천민으로 편성. 병 조 예하의 5위 체제 복귀. 심유경, 고니시와 함께 도일. 4. 명 사신, 도일 직전에 부산의 일군 본영에서 탈출 도주. 7. 이몽학, 홍산에서 난을 일으 켰으나 부하에 피살. 통신사 황신, 명 사신과 일본에 감. 명과 일본 화의 실패. 12. 황신 귀국. 황신, 사행일기 <일본왕환일기> 기록.

1597. (선조 30년, 정유년) 1. 20만 일본군, 조선 재침(정유재란). 2. 이순신 하 옥. 원균, 삼도수군통제사가 됨. 3. 명군, 다시 출병. 5. 파발제 시행. 7. 조선 수군 대패. 원균 전사. 이순신 다시 삼도수군통제사가 됨. 8. 일본

군, 남원·전주 점령. 9. 명군, 직산에서 일본군 대파. 이순신, 명량해전에서 일본군 대파. 왜군, 안성·죽산 점령. 10. 일본군, 남해안으로 퇴각. 조선 수군, 목포 보화도를 본영으로 삼음.

1598. (선조 31년, 무술년) 1. 명군, 울산성 공격 실패. 2. 조선 수군, 완도 고금도로 본진 이동. 6. 명과 일본의 강화에 대해 경계. 8. 명군, 남해안의 일본군 공격. 히데요시 죽음. 9. 히데요시 유언에 따라 일본군 철수. 11. 이순신, 남해 노량에서 철수하는 일본 수군 대파. 이순신 전사. 일본군 철수 완료. 0. 이순신, <난중일기> 남김. 박인로, 가사 <태평사> 지음.

1599. (선조 32년, 기해년) 1. 명에 사은사 보냄. 4. 명군, 일부만 한성에 남기고 철수. 7. 권율 죽음. 8. 여수에 진남관 건설. 의관제도 복구. 남관왕묘를 남대문 밖에 건립. 0. 북인, 세자 책봉 문제로 대북·소북으로 분열. 고유후, 기록서 <정기록> 발간.

1600. (선조 33년, 경자년) 4. 일본, 포로 3백여 명을 환국시키고 화해 요청. 6. 강항, 일본에서 탈출하여 일본의 정세를 알림. 왕비 의인왕후 박씨 죽음. 9. 비변사에서 시무책 15조 올림. 잔류 명군 철수 완료. 10. 각 역 다시 설치. 12. 임진왜란 이후의 <일기>를 추가 수정케 함. 0. <효행록> 중간. 윤계선, 한문소설 <달천몽유록> 지음.

1601. (선조 34년, 신축년) 1. 왜란 후 처음으로 녹봉 지급. 도망병 잡아들임. 영변부에 <실록> 임시 안치. 명의 요청에 따라 문묘의 공자 위패 <대성지성문선왕>에서 <지성선사공자>로 고침. 2. 임진왜란 이후 시행하던 <서얼허통법> 다시 중지. 6. 사설 둔전 혁파. 일본 사신, 포로 250명 돌려보내고 강화문서 전달. 8. 흥인문 밖 동관왕묘 완공. 10. 건주위 추장이 직책을 청함. 11. 왕비 간택 14세 이상으로 제한.

1602. (선조 35년, 임인년) 7. 김제남의 딸 선조 계비 책봉. 문묘 대성전 중건. 0. 조식 문집 <남명집> 사후 발간.

1603. (선조 36년, 계묘년) 1. 경재소 폐지. 5. 정준봉, <시무 4조> 올림. 춘추관에서 <실록> 4부 등서. 강화사고 수리. 7. 어염에 과세. 12. 각 도에 어사 파견하여 양전 실시. 0. [도쿠가와 이에야스, 도쿠가와 막부 개창]. 이광정·권희, 연경에서 마테오 리치의 <곤여만국전도> 가져옴. 한효순, 병서 <진설> 발간. 묘향산 보현사 <석가여래사리비> 건립. 성운 시문집 <대곡집> 사후 발간.

1604. (선조 37년, 갑진년) 6. 유정을 대마도에 보내 부산과 교역 허가. 10. 선
무공신 18인, 호성공신 86인, 청난공신 5인 공신 책봉. 11. 왜란으로 성균
관 서적이 멸실되어 각 도에서 <사서><주역> 등 두세 질씩 올리게 함.
12. <기효신서><연병실기><권보> 등 병서 · 무예서 발간.

1605. (선조 38년, 을사년) 4. 유정, 포로 3천여 명을 데리고 일본에서 귀국.
12. 의주 체자도에 지계비 건립. 0. 박인로, 가사 <선상탄> 지음. 서경덕
시문집 <화담집> 사후 발간.

1606. (선조 39년, 병오년) 4. 임진왜란으로 불탄 창덕궁 중건 착수. 문묘 명륜
당 중건. <실록> 정본 1질을 오대산, 개보 3질을 춘추관 · 묘향산 · 태백
산에 보관. 6. 문묘벽서사건 발생. 11. 대마도주, 도쿠가와의 서신 전달.

1607. (선조 40년, 정미년) 1. 여우길 등 467명 회답 겸 쇄환사로 일본에 파견.
4. 창덕궁 인정전 중건. 5. 곽재우 · 허균 파직. 6. 부산에 왜관 신축. 7.
여우길 등, 포로 1,240명과 함께 귀국. 10. 경기 · 황해에 민란. 11. 도성에
도적 출몰. 0. 허균, 한글소설 <홍길동전> 지음.

1608. (선조 41년, 무신년) 2. 선조 승하(57세. 재위 41년). 15대 광해군 즉위(34
세. 부 선조, 모 공빈 김씨). 임해군 유배. 소북파 유영경 사사. 이이첨 · 정
인홍 등 대북파 정권 장악. 5. 선혜청 설치. 경기도에서 처음 대동법 실
시. 기인제도 폐지. 종묘 정전 11실, 영녕전 10실 중건. 0. 허준, 의서 <언
해태산집요><언해두창집요> 간행.

1609. (광해군 1년, 기유년) 3. 비변사, 서북의 경계 엄하게 함. 일본 사신 내조.
4. 임해군 사사. 7. 임진왜란 이후 단절된 일본과 국교 재개(기유약조). 한
양 두모포에 왜관 설치. 10. 독서당 재설치. 0. <신증동국여지승람> 중
간. 조호익, <대학동자문답> 편찬. <삼경사서석의> 발간.

1610. (광해군 2년, 경술년) 8. 허준, <동의보감> 25권 찬진. 윤8. 교문관에서
<용비어천가> 등 발간. 9. 김굉필 · 정여창 · 조광조 · 이언적 · 이황 문묘
에 종사. 각 도감의 등록을 실록 봉안소에 보관. 11. <선조실록> 완성. 0.
창덕궁 중건 완료. <악학궤범> 복간. 양덕수, 악보 <양금신보> 발간. 이
제신 시문집 <청강집> 사후 발간.

1611. (광해군 3년, 신해년) 4. 호패법 전면 시행. 10. 정릉동 행궁을 경운궁으로
명명. 12. 허균, <성소부부고> 지음. 0. 이이 전집 <율곡전서> 사후 발간.
<내훈><대학언해> 반사. 박인로, 가사 <사제곡><누항사> 지음.

1612. (광해군 4년, 임자년) 1. 조정 관원 호패 착용. 2. 김직재 부자 처형(김직재의 옥). 9. 도성 부근에 명화적 출몰. 12. 활인서 설치. 0. <논어언해> 발간. 장경세, 시조 <강호연군가> 지음. 휴정 시문집 <청허당집> 사후 발간. 유정 시문집 <사명당대사집> 사후 발간. <용비어천가> 중간.

1613. (광해군 5년, 계축년) 4. 박응서 등 서자 7인, 조령에서 강도질. 5. 영창대군의 관작을 삭탈하고 서인으로 함(계축옥사). 6. 영창대군 외조부 김제남 사사. 7. 영창대군 강화 유배. 0. <고려사><동국여지승람><경국대전> <동의보감><시경언해><대전속록> 발간. 허준, 의서 <벽역신방> 편찬.

1614. (광해군 6년, 갑인년) 2. 영창대군 피살. 7. <선원록> 정본 제작 착수. 무주 적상산성에 사고 창건. 대포 주조. 11. 전주 경기전 중건. 0. 이수광, <지봉유설> 편찬. <사성통해> 중간. 조우인, 가사 <관동속별곡> 지음.

1615. (광해군 7년, 을묘년) 2. 이원익 파직. 4. 광해군, 경운궁에서 창덕궁으로 이어. 윤8. 능창군 유배, 신경희 등 처형(능창군 추대사건). 11. 능창군 자결. 0. 고추 전래. 길재 시문집 <야은선생언행습유> 사후 발간.

1616. (광해군 8년, 병진년) 11. 창경궁 중건 완료. 인왕산 아래 인경궁 착공. 12. 윤선도, 이이첨 탄핵 상소. 0. [누르하치, 후금 건국]. 담배 전래. 조우인, 기행가사 <출새곡> 지음. 송몽인 시문집 <금암집> 사후 발간.

1617. (광해군 9년, 정사년) 1. 윤선도 유배. 3. 이이첨 등, 선조의 계비 인목대비 폐모론 논의. <동국신속삼강행실도> 발간. 5. 일본의 수호 요청에 오윤겸 등 428명 일본에 파견. 7. 정원군 집터에 이궁 경덕궁 착공. 12. 폐비 논란으로 기자헌·이항복 유배. 0. 심광세, 악부시 <해동악부> 지음. 이홍남 시문집 <급고유고> 사후 발간. 윤선도, 시조 <견회요> 지음.

1618. (광해군 10년, 무오년) 1. 인목대비의 대비 호칭 삭탈하고 경운궁(서궁)에 유폐. 윤4. 명의 군사 지원 요청에 거부. 7. 비변사에서 한성 수비 담당. 8. 도성 이탈 백성 급증. 허균 역모죄로 능지처참. 0. 유사규 시집 <상유집> 사후 발간. 이달 시집 <손곡집> 사후 발간. 윤선도, 시조 <우후요> 지음. 정충신, 일기 <백사북천일록> 기록.

1619. (광해군 11년, 기미년) 1. 명에 평양 포수 4백 명 파견. 2. 명에 강홍립·김경서의 군사 1만 3천 지원. 3. 강홍립, 부차에서 후금에 패하고 항복. 4. 후금의 누루하치, 국서 보냄. 평안도 관찰사 명의로 후금에 회답. 7. 후금, 동맹 요청 국서 보냄. 8. 명의 사신 내조. 9. 남별전 건립. 11. 무사

1만 명 선발. 0. 박인로, 가사 <독락당> 지음.

1620. (광해군 12년, 경신년) 2. 국고 고갈. 5. 진휼청의 곡물 고갈. 농민과 군사 분리. 6. 활인서에서 전염병 치료. 영건도감의 재원 조달을 위해 공명첩 발행. 7. 후금, 강홍립 등 10여 명을 제외한 포로 석방. 10. 이궁 경덕궁 완공.

1621. (광해군 13년, 신유년) 2. 인경궁 공사 재개하여 승군 1천 5백 명 투입. 비변사로 하여금 후금에 대비토록 함. 7. 명 모문룡, 국경을 넘어 서북진에 주둔. 8. 정충신을 후금에 보냄. 0. 조위한, 한문소설 <최척전> 지음. 유몽인, 설화집 <어우야담> 지음. 임제 시문집 <백호집> 사후 발간.

1622. (광해군 14년, 임술년) 0. 이항복 계몽서 <사례훈몽> 사후 발간. 작자미상 <계축일기> 지어짐.

<궁궐의 위치도>

1623. (인조 1년, 계해년) 1. 도성 안팎에 새집 건축 금지. 3. 서인 김류·이귀 등 반정 일으킴(인조반정). 창덕궁 화재. 인목대비 복위. 광해군 폐위(49 세, 재위 15년). 16대 인조 즉위(29세. 부 원종, 모 인헌왕후 구씨). 광해군 강화 유배. 대북파 이이첨·정조·박엽 등 처형. 인목대비, 창덕궁으로 옮김. 8. 강원·충청·전라도에 대동청 설치. 강원에 대동법 실시. 10, 호위청 설치. 0. 가집 <오륜가언해> 발간. 고상안, 문집 <효빈잡기> 지음. 조우인, 가사 <매호별곡> 지음.

1624. (인조 2년, 갑자년) 1. 이괄, 난을 일으킴(이괄의 난). 창덕궁 화재. 2. 인조, 공주로 피난. 관군, 이괄의 군사 격파. 반란군, 이괄 살해. 인조 한성으로 귀환하여 경덕궁에 입어. 일본 도쿠가와 쇼군의 인조 즉위 경하 사절 내조. 11. 총융청 설치. 0. 인경궁 건설공사 중지.

1625. (인조 3년, 을축년) 2. 이원익, 대동법 중지 요청. 충청·전라 지역의 대동법 폐지. 3. 지뢰포 제작. 10. 인조, 서북인 등용 허용. 11. <허통사목> 제정되어 서얼허통. 0. 안방준, 조헌의 기록 <항의신편> 발간.

1626. (인조 4년, 병인년) 1. <호패법> 시행. 7. 남한산성 완공(길이 12.356km). 수어청 설치. 백제 시조 온조 사당 숭렬전 건립. 8. 각 도에 호패검찰어사 파견.

1627. (인조 5년, 정묘년) 1. 후금, 아민의 3만 군사로 조선 침입(정묘호란). 정봉수·이립의 의병군, 후금군에 항전. 후금군, 평양 점령. 인조, 강화로 피난. 후금군, 평산 진출. 3. 후금과 화약 성립되고 후금군 철수. 4. 인조, 한성으로 귀환. 각 도에 영장 배치. 10. 이인거, 강원도 횡성에서 난을 일으켜 주살. 0. 네덜란드인 벨테브레이(박연), 제주도에 표착. 강우성, 학습서 <첩해신어> 지음.

1628. (인조 6년, 무진년) 1. 유효립·정심 등, 모반하다 주살. 2. 명의 연호 <숭정> 사용. 10. 명 모문룡 군대, 의주 침입. 11. 훈련도감에서 조총과 창 제작. 0. 강화도 마니산 서고 설치. 안공, <가례부췌> 편찬.

1629. (인조 7년, 기사년) 2. 김경헌 상변사건. 교동현을 교동부로 하고 경기수사 배치. 6. 명의 원숭환, 모문룡을 죽임. 11. 양경홍, 후금과 내통하여 모반하다 주살. 0. 조익, 교육서 <학교절목> 지음. 조존성, 연시조 <호아곡> 지음. 기대승 시문집 <고봉집> 사후 발간.

1630. (인조 8년, 경오년) 1. 군적 완성. 4. 명 유흥치 군대, 의주에서 노략질.

0. 신흠 시문집 <상촌집> 사후 발간.

1631. (인조 9년, 신미년) 2. 후금 사신, 의주 개시 요구. 5. <삼강행실> 전국에 반포. 6. 한양에서 후금 사신이 명의 사신과 만나는 것을 피하게 함. 7. 정두원, 명에서 천리경·서포·자명종·염초화·자목화 등을 가져옴. 10. 후금 사신 한성에 옴. 12. 강화 행궁 건설. 0. 의창군 이광, 역대왕 문집 <열성어제> 발간 시작. 이목 시문집 <이평사집> 사후 발간. 권필 시문집 <석주집> 사후 발간. 경주 오릉에 비석 세움.

1632. (인조 10년, 임신년) 5. 인조, 후금의 사신 만남. 인조 부친 정원군 원종 으로 추존. 6. 인목대비 김씨 죽음. 0. 신식 예서 <가례언해> 사후 발간. 황정욱 시문집 <지천집> 사후 발간.

1633. (인조 11년, 계유년) 1. 척화의 교서 내리고 후금에 대비. 묘향산 사고의 <실록>을 무주 적상산 사고로 옮김. 6. 후금 사신 한성에 옴. 10. 화약 제조. 11. 상평창을 두고 <상평통보> 주조. 0. 유성룡 시문집 <서애집> 기록서 <징비록> 사후 발간. 정철 시문집 <송강집> 사후 발간. 조선과 명 사신들의 시집 <황화집> 발간.

1634. (인조 12년, 갑술년) 8. 삼남에 양전. 9. 명의 황손무 등, 평안북도 가도 에 들어옴. 각 관청 노비의 신공을 화폐로 내게 함. 0. 이수광 <지봉유 설><지봉집> 사후 발간. 송인 시문집 <이암유고> 사후 발간. 홍성민 시 문집 <졸옹집> 사후 발간.

1635. (인조 13년, 을해년) 1. 가도의 명군에게 선박 지원. 12. 인조비 인열왕후 한씨 죽음. 후금 사신, 국서 전달. 0. 이서, 병서 <화포식언해> 발간. 박 인로, 가사 <영남가> 지음. 장유, 수필집 <계곡만필> 지음.

1636. (인조 14년, 병자년) 2. 후금 사신 용골대 들어옴. 홍익한, 용골대를 벨 것을 상소. 용골대 도주. 4. [후금, 국호를 청으로 바꿈]. 8. 일본에 통신 사 파견. 11. 최명길, 청과 화의 주장. 12. 청 태종, 12만 군사로 조선 침입 (병자호란). 임경업, 백마산성에서 항전. 인조, 남한산성으로 피난. 청군, 남한산성 포위. 김상헌, 청과의 화의 불가 주장. <상평통보> 주조 중단. 0. 서양식 해시계 도입. 이정환, 시조 <비가> 지음. 박인로, 가사 <노계 가> 지음. 이호민 시문집 <오봉집> 사후 발간.

1637. (인조 15년, 정축년) 1. 청 태종, 탄천에 진을 침. 강화도 함락. 김상용 자결. 남한산성의 군사 사망자 속출. 인조, 삼전도에 나가 청 태종에 항

복. 선조, 창경궁으로 들어감. 2. 청 태종 본국으로 귀환. 청군, 한성 약탈. 소현세자 · 봉림대군 청에 볼모로 감. 3. 홍익한 · 윤집 · 오달제, 청에 잡혀가 순절(삼학사). 4. 청군, 가도의 명군 격파. 5. 파손된 종묘의 신주 12위 다시 제작. 명의 연호 <숭정> 사용 중단. 0. 병자호란으로 유실된 악기 수집. 박인로, 단가 <입암가> 지음. 보우 불교서 <권념요록> 사후 재발간.

1638. (인조 16년, 무인년) 1. 공석신주사건 폭로. 10. 봉림대군, 청 황제의 서방 원정에 동행. 0. 강복중, 시조 <수월정청흥가> 지음. 채득기, 가사 <봉산곡> 지음. 김육, 기록서 <기묘록> 씀.

1639. (인조 17년, 기묘년) 2. 진휼청이 선혜청에 귀속됨. 12. 대청황제공덕비 <삼전도비> 건립. 호조, 1635년 양전 이후 삼남 전결수 총 514,976결로 보고. 김상헌, 청의 명 공격을 위한 군사 지원 불가 상소. 0. 작자미상 일기 <산성일기> 기록. 이민구 시문집 <동주집> 사후 발간.

1640. (인조 18년, 경진년) 2. 청, 훈춘에 둔 설치. 4, 임경업, 청의 요청에 따라 명 정벌군으로 출병. 7. 청, 소현세자에게 임경업의 비전투에 대해 질책. 11. 김상헌, 청으로 압송. 12. 기묘식년호적 작성 총 513,104호. 0. 정훈, 시가 <성주중흥가><탄궁가> 등 남김. 김상용 시문집 <선원유고> 사후 발간. 이안눌 시문집 <동악집> 사후 발간.

1641. (인조 19년, 신사년) 2. <선조수정실록> 편찬 착수. 7. 광해군, 유배지 제주도에서 죽음(67세). 0. 이정 시문집 <구암집> 사후 발간.

1642. (인조 20년, 임오년) 1. 김상헌, 청에서 환국. 11. 최명길, 청으로 압송. 12. 신익성, 청으로 압송. 0. 송시열과 윤휴, <이기설>에 대해 논함. 윤휴, 퇴계 · 율곡의 설을 배척하고 주자의 <경서집주> 비판. 윤선도, 연시조 <산중신곡> 지음.

1643. (인조 21년, 계미년) 1. 일본에 통신사 파견. 김상헌, 다시 심양으로 압송. 0. <칙사증급록> 기록(~1786). 장유 시문집 <계곡집> 사후 발간.

1644. (인조 22년, 갑신년) 3. 심기원 등, 역모로 주살. [숭정제 자결로 명 멸망]. 4. 소현세자, 청의 서방 원정에 참가. 김육, 연경에서 <시헌력서> 가져옴. 김육, <종덕신편> 지음. 신익성, <황극경세서동사보편통재><동사보편> 등 남김. 김담 시문집 <김문절일고> 사후 발간.

1645. (인조 23년, 을유년) 2. 소현세자 · 최명길 · 김상헌 등 귀국. 소현세자,

독일 신부 아담 샬로부터 받은 천문·산학·천주교에 관한 서적과 여지구·천주상 등을 가져 옴. 4. 소현세자 죽음. 5. 봉림대군 귀국. 9. 봉림대군 세자 책봉. 9. 서얼에게 <허통> 표기 허용. 0. 윤선도, 연시조 <산중속신곡><초연곡> 지음. 장현광 역학서 <역학도설> 사후 발간.

164x. 한문소설 <강도몽유록><피생명몽록> 지어짐.

1646. (인조 24년, 병술년) 3. 소현세자빈 강씨 사사. 6. 임경업, 청에서 압송되어 처형. 0. 조정 역사서 <동사보유> 사후 발간.

1647. (인조 25년, 정해년) 5. 소현세자의 세 아들 제주도 유배(신생의 옥). 8. 김해 가락국 수로왕릉에 묘비 세움. 조빈, <서연비람> 지음. 이명한 문집 <백주집> 사후 발간.

1648. (인조 26년, 무자년) 5. 진휼청, 선혜창에서 분리. 8. 북경에서 <두씨통전><문헌통고> 수입. 11. 형장제도 공포. 0. 소현세자의 두 아들 죽음.

1649. (인조 27년, 기축년) 5. 인조 승하(55세. 재위 26년). 17대 효종 즉위(31세. 부 인조, 모 인열왕후 한씨). 김자점, 청에 북벌론 누설로 유배. 6. 효종, 김집·송시열 등을 등용. 효종, 북벌론 추진. 11. 관상감, 청의 역법에 따라 역법 개정. 12. 조익, <곤지록><대학주해><중용주해> 찬진. 0. 정태제, 한문소설 <천군연의> 지음.

1650. (효종 1년, 경인년) 3. 청, 종실 여자를 구함. 4. 의순공주를 청으로 보냄. 5. 수군이 수송을 맡게 함. 6. 북경에서 동전 수입하여 양서에서 통용. 12. 지리산 화엄사를 선종 대가람으로 함. 윤빈, <고감록> 찬진.

1651. (효종 2년, 신묘년) 5. 청인들이 함경도에서 개시. 8. 충청도에 대동법 실시. 12. 김자점 부자 역모로 처형. 0. 내의원에 침의를 둠. 윤선도, 연시조 <어부사시사> 지음.

1652. (효종 3년, 임진년) 1. 각 도에 승군 분할 배치. 9. 금군에 관마를 주어 기마대 조직. 0. 어영청의 군사 증강. 노수신 문집 <소재집> 사후 발간. 홍만종, 시화집 <시화총림> 편찬.

1653. (효종 4년, 계사년) 4. 홍청도를 충청도라 개칭. 영암 도갑사 <도선국사·수미선사비> 건립. 8. 네덜란드인 하멜 일행 36명 제주 화순포에 표착. 11. 일본 사신, 경서 등을 구함. 0. 김진, 유학서 <신보휘어> 편찬. 김시습 한문소설집 <금오신화> 사후 발간.

1654. (효종 5년, 갑오년) 1. <시헌력> 시행. 2. 청, 나선(러시아인) 정벌을 위해

조선 조총병 지원 요청. 4. 변급과 조총병 1백 명, 송화강에서 러시아군 격파(제 1차 나선정벌). 0. 신익성 시문집 <낙전당집> 사후 발간.

1655. (효종 6년, 을미년) 1. 추쇄도감을 두고 전국의 노비를 추쇄하여 강화 방어에 투입. 3. <악학궤범> 재간행하여 사고에 분산 보관. 6. 통신사 조연 일행, 대마도로 감. 11. 신속, 농업서 <농가집성> 발간.

1656. (효종 7년, 병신년) 2. 일본 통신사 일행 부산 도착. 7. 신형 조총 제작. <내훈> 재간행 반포. 0. 강항 기록 <간양록> 사후 발간.

1657. (효종 8년, 정유년) 3. 청, 조총 1백 정 요구. 4. 일본 사신, 서계ㆍ유황을 가지고 옴. 8. 송시열, <정유봉사> 상소. 9. <선조수정실록> 완료. 11. 태백산에 <실록> 봉안. 0. 정양, 중국속어사전 <어록해> 발간.

1658. (효종 9년, 무술년) 4. 오대산에 <실록> 봉안. 6. 신유와 조총병 2백 명, 흑룡강에서 러시아군 격파(제 2차 나선 정벌). 8. 호남 연해의 27개 군현에 대동법 실시. 0. 대구 약령시 개장. <경민편> 재간행 반포. 김류 시문집 <북저집> 사후 발간.

1659. (효종 10년, 기해년) 3. <용비어천가> 재발간. 5. 효종 승하(41세. 재위 10년). 18대 현종 즉위(19세. 부 효종, 모 인선왕후 장씨). 서인 송시열 등의 주장에 따라 자의대비(인조 계비 장렬왕후)의 복상을 기년제(1년복)로 정함. 효종의 북벌론 폐기.

1660. (현종 1년, 경자년) 3. 남인 윤휴ㆍ허목, 복제 3년설 주장. 남인ㆍ서인 간의 예론 시비(1차 예송. 기해예송). 5. 현종, 기년 복제 채택. 6. 이유태, 경제책 올림. 10. 김장생 서원에 돈암서원 사액. 11. 양민의 삭발과 승려 됨을 금지. 신속, <구황보유방> 발간. 0. 안명로, 병서 <연기신편> 발간.

1661. (현종 2년, 신축년) 1. 도성 내 자수ㆍ인수 두 비구니원을 폐지하고 어린 여승 환속시킴. 5. 송시열, 의례의 시말을 논함.

1662. (현종 3년, 임인년) 6. 장마철에 전염병 유행. 10. 화전의 폐해 극심. 전라도 산간지방에 대동법 시행. 0. 제언사 설치. 일본 사신, <동의보감> <의림촬요> 등을 구해 감.

1663. (현종 4년, 계묘년) 2. 남해 노량의 이순신 사당 충렬사에 사액. 3. 호남 대동청 설치. 사신들의 은 유출 엄금. 전국에 유행성 열병 만연. 4. 모화관 개축. 9. 소 도살 엄금. 12. 경기도 양전 종료. 대마도주, <동국통감> <동국여지승람> 등을 구함.

1664. (현종 5년, 갑진년) 1. 함경도에 목면 종자 심음. 6. 한성에 전염병 창궐. 12. 김익렴, 천문서 <역대요성록> 편찬.

1665. (현종 6년, 을사년) 1. 남한산성 화재로 화약 1만 5천여 근 소실. 7. 함경도 양전 실시. 12. 전라도 산군에 실시하던 대동법 중지. 0. 이현보 시문집 <농암집> 사후 발간.

1666. (현종 7년, 병오년) 1. 강화도 사고에 <등서실록> 보관. 2. 소결청 설치. 3. 경상도 유생들, <상복고증 16조>로 송시열의 복제 비판. 10. 전라도에 유치했던 하멜 일행 7명, 일본으로 도주. 0. 함경도에 대동법 시행. 이덕홍, 이황의 언행기록 <계산기선록> 사후 발간.

1667. (현종 8년, 정미년) 3. 노비의 공포 반 필씩 감함. 7. 가뭄으로 기근. 함경도 양전 종료(총 65,600결). 11. 호적에 누락된 노인과 여자에 <전가정배법> 적용. 12. 종묘 영녕전 2칸 증축. 0. 심열 시문집 <남파상국집> 사후 발간. 평양 광법사 <사적비> 건립.

1668. (현종 9년, 무신년) 1. 거제에서 동 산출. 3. 각 사 노비의 신공 반 필씩 감해줌. 4. 전국에 천연두·홍역 창궐로 사망자 헤아릴 수 없음. 5. 함경도에 소와 말의 전염병 창궐. 8. 한성의 금지사항 6개조 제정. 9. 말 전염병으로 50여 마리 죽음. 11. 경기에 소 전염병으로 1,600여 마리 죽음. 12. 기병 양성을 위해 정초청 창설. 0. 하멜, 네덜란드로 귀국하여 <하멜표류기> 발표.

1669. (현종 10년, 기유년) 1. 송시열의 건의로 동성 결혼 금지. 공사천으로 양처의 소생은 모역을 따르게 함. 2. 훈련별대 창설. 각 도 감사의 임기 2년으로 제한. 0. 송이영·이민철, <혼천의> 제작. 민주면, 지리지 <동경잡기> 발간.

1670. (현종 11년, 경술년) 3. 산간 지방의 유민 단속. 12. 고려 태조릉을 개수하고 수직군 배치. 0. 전국에 기근과 전염병 만연. 이선, 김종서·이일의 병서 <제승방략> 중간.

1671. (현종 12년, 신해년) 1. 조정 관리와 사인 흰 옷 금지하고 검은 옷 착용. 9. 삼남·경기에 소 전염병. 0. 전국적 기근과 전염병으로 수만 명 사망.

1672. (현종 13년, 임자년) 1. 청 사신, 중국 통일의 조서 가져옴. 4. 8도의 창고를 열어 기민 구제. 6. 송시열, 허적 규탄. 10. 전국 호수 1,385,408호, 인구 4,725,189명. 한성 호수 24,800호, 인구 192,154명.

1673. (현종 14년, 계축년) 10. 대마도주 요청으로 부산관을 초량으로 옮김.

1674. (현종 15년, 갑인년) 2. 효종비 인선왕후 장씨 죽음. 7. 자의대비의 복제
로 서인의 대공복(9개월)과 남인의 기년복(1년)의 예론 재개(2차 예송. 갑
인예송). 현종, 기년제로 정함. 8. 현종 승하(34세. 재위 15년). 19대 숙종
즉위(14세. 부 현종, 모 명성왕후 김씨). 12. 대공복 주장했던 서인 송시열 등
에 죄를 물음. 남인 정권 수립.

1675. (숙종 1년, 을묘년) 4. 정초청 폐지. 윤5. 송시열 유배. 9. 비변사에서 <5
가통사목 21조> 제정. 11. <지패법> 시행.

1676. (숙종 2년, 병진년) 1. 곽재우 · 곽준 · 강감찬 · 서견 · 이원익의 사당에
사액. 4. 개성 대흥산성 보수. 8. 평남 용강 황룡산성 보수. 0. 박세당, 농
서 <색경> 지음. 강우성 학습서 <첩해신어> 사후 발간.

1677. (숙종 3년, 정사년) 3. 한성에 호패법 시행. 5. 외방에 호패법 시행. 7.
남별전을 중건하여 영희전으로 개칭. 9. <현종실록> 완성. 11. 을지문덕
사당에 사액. 진휼청에서 공명첩 발급. 0. 경상도에 대동법 시행.

1678. (숙종 4년, 무오년) 1. <상평통보> 주조 유통. 3. 청 사신, 조선의 문적
수집. 4. 공사천으로 양처의 소생은 부역을 따르게 함. 공명첩 폐지. 6.
왜관 신축. 9. 각 사의 노비 면천을 30명으로 제한. 관노비의 면천은 영
구 불허. 0. 박세채, <심학지결> 발간.

1679. (숙종 5년, 기미년) 3. 이민철, 수차 제작. 송상민, 예론 언급 상소로 장
살. 예론의 상소는 역모로 다룸. 6. 허목, 허적을 논핵. 남인, 탁남(허적 ·
권대운) · 청남(허목 · 윤휴)으로 분리.

1680. (숙종 6년, 경신년) 4. 서인, 허적 · 윤휴 등 남인 축출하고 정권 장악(경
신환국). 허견 등, 복선군 추대하려다 처형. 5. 남인 허적 · 윤휴 사사. 윤8.
남인 오정창 · 정원로 처형. 10. 인경왕후 김씨 죽음. 송시열 서용.

1681. (숙종 7년, 신유년) 1. 어영청에서 주전. 4. 10세 이하의 군역 제한. 함경
도 6개 서원에 사액. 5. 인현왕후 민씨 왕비 책봉. 7. 정초청 재설치. 부
마의 재혼 금지. 9. 통영에 이순신 <충렬묘비> 건립. 이덕홍 주서서 <심
경부주석의> 사후 발간. 0. 교서관에서 <열성지장> 발간.

1682. (숙종 8년, 임술년) 1. 악기조성청 설치. 4. 홍문관에서 <농가십이월도>
발간. 5. 일본에 통신사 파견. 이이 · 성혼 문묘에 종사. 8. 서북인이 청현
직에 오름을 허용. 11. 남인 허새 등 반역으로 처형. 0. 훈련별대와 정초

군 합하여 금위영 설치. 박세채, <율곡전서> 발간.

1683. (숙종 9년, 계해년) 3. <현종개수실록> 완성. 4. 서인, 남인 숙청 문제로
노론(송시열) · 소론(한태동)으로 분리. 6. 조광조 시문집 <정암집> 사후
발간. 7. 영남의 대동법 개정. 0. 성혼 주자학서 <주문지결> 사후 발간.

1684. (숙종 10년, 갑자년) 2. 함경도에 기병부대 친기위 설치. 3. 함경도 무산
부 신설. 이단하, <사창절목> 올림. 0. 이단하 등, <선묘보감> 완성.

1685. (숙종 11년, 을축년) 6. 바다에 황당선 자주 출몰. 숙종, 서북인의 임용을
명함. 9. 호패 위조자 사형. 국경 넘어 인삼 채취 금지. 0. 박세채, <삼선
생유서> 지음. 김장생 예서 <가례집람> 사후 발간.

1686. (숙종 12년, 병인년) 0. 정충신 일기 <백사북천일록> 사후 발간.

1687. (숙종 13년, 정묘년) 3. 활인서 부근의 무녀 도성 출입금지. 8. <대전후속
록><열조수교> 발간. 12. 숙종, 탕평책 유시.

1688. (숙종 14년, 무진년) 1. 소의 장씨 이윤 출산. 0. 해남에 <명량대첩비>
건립. 유계 시문집 <시남집> 사후 발간.

1689. (숙종 15년, 기사년) 1. 소의 장씨 희빈 책봉. 2. 세자 책봉 문제로 노론
실각. 남인 집권(기사환국). 3. 이이 · 성혼 문묘에서 출향. 윤3. 노론 김수

<현종 숭릉>

항 사사. 5. 인현왕후 민씨 폐위. 6. 노론 송시열 사사. 노론 김익훈 장사. 10. 희빈 장씨 왕비 책봉. 송시열 주석서 <주자대전차의> 사후 발간.

168x. 김만중, <구운몽><사씨남정기> 지음.

1690. (숙종 16년, 경오년) 1. 노론 이익 유배지에서 죽음. 광주에 진영과 영장 다시 배치. 6. 원자 이윤 세자 책봉. 노론 김수흥 사사. 11. 기민 구제를 위해 공명첩 2만 개 제조하여 각 도에서 팔게 함. 지패를 목패로 바꿈. 신이행 등, 사전 <역어유해> 발간.

1691. (숙종 17년, 신미년) 12. 삼남·서북의 인재 고루 등용. 사육신의 관작 회복시키고 사당에 편액 내림.

1692. (숙종 18년, 임신년) 1. 숙종, <대명집례> 서문 집필. 4. 서원의 난립 자제케 함. 10. 천재지변과 전염병으로 수천 명 죽음.

1693. (숙종 19년, 계유년) 3. 안용복, 울릉도 어로 중 일본 어부에게 피랍. 7. 사주전 엄금. 12. 안용복, 일본에서 귀환. 0. 최석정, 주석서 <예기유편> 편찬. 신여철, 함경도지지 <북관지> 발간.

1694. (숙종 20년, 갑술년) 3. 민암 사사, 권대운 등 유배로 남인 몰락. 남구만·박세채 등 소론 집권. 노론의 송시열·민정중 등 복권(갑술환국). 4. 폐비 민씨 복위. 왕비 장씨 다시 희빈으로 강봉. 6. 이이·성혼 문묘에 복향. 8. 일본인의 울릉도 출입금지 통보. 9. 어영청의 주전 허가. 0. 서형수 등, 김덕령 시문집 <김충장공유사> 편찬.

1695. (숙종 21년, 을해년) 2. 남인 이의징 사사. 4. 경기·충청에 도둑 횡행. 7. 서원 증설 금지. 10. 상평창의 주전 1년 간 허가. 0. 창덕궁 춘휘전을 선원전으로 개칭.

1696. (숙종 22년, 병자년) 1. 일본 막부, 울릉도·독도를 조선 영토로 인정. <종묘악장> 수정. 2. 사주전 관련자는 사형. 3. 압록강 하류 섬에서 개간 허가. 전국 아사자 수만 명. 7. 장희빈 부친의 묘 훼손한 자 처형. 9. 안용복, 울릉도에서 일본 선박 축출. 0. 이세필, 음악서 <악원고사> 편찬. 이계상, 정철 시가집 <송강가사>(황주본) 발간.

1697. (숙종 23년, 정축년) 2. 일본 막부, 일본인의 울릉도 왕래 금지되었음을 통보. 도성 안의 거지를 섬으로 보냄. 8. 중인·서얼의 수령 등용 허용. 10. 전국적 대기근. 0. 안용복 허가 없이 일본 방문하여 유배.

1698. (숙종 24년, 무인년) 1. 청에서 고구마 4만 섬 보냄. 숙종, 탕평을 지시.

정철 시가집 <송강가사>(의성본) 발간. 11. 노산대군 복위, 묘호 단종. 12. 단종과 정순왕후 신위 종묘에 봉안. 기근·전염병 사망 21,546명. 0. 김 지남, 과학기술서 <신전자초방> 지음. 이익 등, 법전 <수교집록> 편찬.

1699. (숙종 25년, 기묘년) 7. 숙종, 서북인의 임용을 명함. 윤7. 호랑이 피해 속출. 11. 전국 호수 1,293,083호 인구 5,772,300명. 기근과 전염병으로 1693년보다 인구 1,416,274명 감소. 12. 전국의 전염병 사망자 25만 명.

169x. 박세채, 시문집 <남계집> 남김. 작자미상 고전소설 <전우치전> 지어 짐. 양대박 문집 <청계집> 사후 발간. 박태한 시문집 <박정자유고> 사 후 발간. 임상원 일화집 <교거쇄편> 사후 발간.

1700. (숙종 26년, 경진년) 3. 유생 집의 규모 제한. 7. 권탁, 수차·윤선 제작. 8. 왕실 족보 <선원계보기략>(첫째 계통) 발간. 0. 이경석 시문집 <백헌 문집> 사후 발간.

1701. (숙종 27년, 신사년) 4. 청인, 압록강 측량. 15세 이하 기민을 노비로 함. 성균관 서북쪽에 계성사 준공. 6. 서원 신설 금지. 8. 인현왕후 민씨 죽 음. 10. 희빈 장씨 사사. 장희재 등 처형. 소론 남구만·최석정 등 유배(무 고의 옥). 노론 집권. 11. 동평군 이항 사사.

1702. (숙종 28년, 임오년) 1. 전국에 호랑이 출몰로 포수 파견하여 잡음. 5. 이준명, 울릉도 지도와 토산물 바침. 10. 김주신의 딸 왕비 책봉(인원왕 후). 0. 제주목사 이형상, 화첩 <탐라순력도> 제작.

1703. (숙종 29년, 계미년) 6. 황당선 선원 50여 명 나포. 9. 군정 개혁을 위해 이정청 설치. 서북 인재 수용토록 함.

1704. (숙종 30년, 갑신년) 3. 한양도성 보수공사 착공. 11. <노산군일기>를 <단종실록>으로 올리고 부록 찬집. 12. 창덕궁에 대보단 건립.

1705. (숙종 31년, 을유년) 3. 숙종, 대보단에서 명 신종에 제사. 홍만종, 사서 <동국역대총목> 편찬. 12. 대마도에 5년 한도로 공작미 허용.

1706. (숙종 32년, 병술년) 1. 이이명, 지도 <요계관방지도> 제작.

1707. (숙종 33년, 정해년) 5. 전국에 홍역 만연. 9. 통합법전 <전록통고> 발간. 11. 당론과 남형남살 엄금.

1708. (숙종 34년, 무자년) 3. 전국에 홍역과 전염병으로 수만 명 사망. 9. 강원 도 양전 실시. 10. 전라도 장흥 민란. 12. 황해도에 대동법 시행. 0. 최석 정 등, 마테오 리치의 <곤여만국전도> 모사 제작.

1709. (숙종 35년, 기축년) 1. 숙종, 노론·소론 양당의 폐단을 말함. 3. 평안도에서 무재 시험 등용. 5. 도성 안팎의 개간금지. 의주에 강감찬 사당 건립.

1710. (숙종 36년, 경인년) 3. 최석정의 <예기유편> 수거 소각. 7. 왜관 공작미 5년 연장.

1711. (숙종 37년, 신묘년) 4. 영남 유생들, 김장생의 문묘 종사 상소. 북한산성 축성 착수. 5. 일본에 통신사 파견. 6. 내수사의 내사옥 혁파. 10. 북한산성 완공. 12. 일본인이 신청한 육성은 사용 허가. 비변사에서 올린 <양역변통절목> 시행. 0. 한양도성 보수공사 완료. 유계 가례서 <가례원류> 사후 발간.

1712. (숙종 38년, 임진년) 2. 청, 장백산 경계 조사를 위한 문서 보내옴. 4. <백두산정계비> 건립. 조선과 청의 국경 획정. 5. 북한산성 행궁 완공. 북한산 경리청 설치.

1713. (숙종 39년, 계사년) 5. 창덕궁 선원전에 숙종 어진 보관. 7. 서원의 신설 금지. 10. 북도 친기대를 정병으로 개편. 11. 전국의 충신·열녀·효자에게 상을 내림.

1714. (숙종 40년, 갑오년) 2. 숭례문에 부도한 익명 괘서 나붙음. 5. 유생 5명이 돈의문에 괘서 붙임.

1715. (숙종 41년, 을미년) 2. 동두곡을 제작하여 8도에 보냄. 4. 관상감에서 허원이 청에서 가져온 <의상지><의상도> 발간. 11. 대궐문에 익명의 괘서 붙음. 0. 북한산성의 외성 탕춘대성·홍지문·오간수문 건립.

1716. (숙종 42년, 병신년) 1. 각 도에 만호와 구관당상 배치. 윤3. 남원에 임진왜란 때 죽은 명 장수의 사당 세움. 8. 숙종, <가계원류>에 의한 논란에 대해 노론 승리로 판정(병신처분). 12. 황해도에 황당선 자주 출몰.

1717. (숙종 43년, 정유년) 2. 각 도에 전염병 유행. 5. 소론 윤선거·윤증 부자 관작 추탈. 김장생 문묘 배향. 8. 왕세자 대리청정. 9. 양전청 설치. 경상·전라·충청에 균전사 파견.

1718. (숙종 44년, 무술년) 1. 계속되는 전국적 흉년으로 호조의 경비 고갈. 4. 소현세자빈 강씨 복위. 10. 마천령의 간로를 막고 산 중복 이상의 경작 금지. 0. 홍만선, 농업서 <산림경제> 편찬.

1719. (숙종 45년, 기해년) 4. 일본에 통신사 파견. 7. 각 도의 전염병 사망자 7천 4백 명 이상.

171x. 허원, 천문서 <세초유휘> 발간. 윤두서, <윤두서 자화상> 그림. 김창협 시문집 <농암집> 사후 발간. 정곤수 시문집 <백곡집> 사후 발간.

1720. (숙종 46년, 경자년) 1. 한성의 여자 무당 성 밖으로 축출. 6. 숙종 승하 (60세. 재위 46년). 20대 경종 즉위(33세. 부 숙종, 모 희빈 장씨). 0. 김지남, 기록문서 <통문관지> 발간.

1721. (경종 1년, 신축년) 5. 조문명, 붕당의 폐해 규탄. 8. 연잉군 왕세제 책봉. 12. 소론 김일경 등, 김창집 · 이이명 · 이건명 · 조태채 노론 4대신 논핵. 4대신 관작 삭탈. 0. 사역원에서 중국어 학습서 <오륜전비언해> 발간.

1722. (경종 2년, 임인년) 1. 환관 박상검 등, 왕세제 음해 모의로 처형. 3. 목호 룡 고변사건. 4. 노론 김창집 · 이이명 · 조태채 사사. 이건명 참형(임인옥 사). 7. 소론 윤선거 · 윤증 부자의 관작 회복. 10. 흉작으로 각 도의 전세 율에 관한 <연분사목> 개정.

1723. (경종 3년, 계묘년) 1. 청의 연호 <옹정> 사용. 6. 신라 시조의 묘호 숭덕 으로 함. 도량형제도 엄격 시행. 서양식 수총기(소화기) 제작. 10. 관상감 에서 서양식 문신종 제작. 0. 남구만 시문집 <약천집> 사후 발간.

1724. (경종 4년, 갑진년) 8. 경종 승하(37세. 재위 4년). 21대 영조 즉위(31세. 부 숙종, 모 숙빈 최씨). 노론 집권. 12. 소론 김일경 참형. 목호룡 · 이의연 옥사.

1725. (영조 1년, 을사년) 1. 영조, 붕당의 폐해와 탕평의 필요성 하교. 탕평책 시행. 신임옥사(신축년~임인년)를 소론의 무고로 판정(을사환국). <압슬의 법> 폐지. 3. 노론 4대신 관작 회복. 소론 4대신 조태구 · 유봉휘 · 조태 억 · 최석항 축출. 4. 노론 4대신의 사충서원 건립. 5. 전결을 사용한 수 령에 대한 금고법 제정. 8. 전옥 이외의 인신 구류 금지. 10. 주전 중지하 고 무기 제작. 12. 영조 생모 숙빈 최씨의 사당 육상궁 건립. 0. <열조어 필간본> 완성. 박수춘 시문집 <국담문집> 사후 발간.

1726. (영조 2년, 병오년) 1. 각 도의 제방 보수. 10. 영조, 삼조의 계(붕당 · 사치 · 숭음)를 내림. 12. 전국 호수 1,614,598호, 인구 6,994,400명. 0. <열성 어제> 17권 간행.

1727. (영조 3년, 정미년) 3. 장물에 관한 법 엄수케 함. 5. 도성의 금표 개정. 6. 어선의 일본 표류를 막기 위해 원양어로 금지. 북관 군사에 조총 훈련. 7. 영조, 탕평 시행(정미환국). 10. 노론 실각하고 소론 정권 재수립. 노론

4대신의 관작 추탈하고 사충서원 폐쇄. 11. <갑리금지령> 제정.

1728. (영조 4년, 무신년) 3. 이인좌 등 소론, 남인과 함께 밀풍군 추대하고 반란(무신란. 이인좌의 난). 소론의 오명항 등, 난을 평정. 이인좌 주살. 6. 순무영 설치. 11. 효장세자 죽음. 0. <숙종실록> 완성. 김천택, 가집 <청구영언> 편찬. 정상기, <동국지도> 제작. 이현석, 역사서 <명사강목> 찬진.

1729. (영조 5년, 기유년) 1. 궁방전·둔전의 면세전 이외에 과세. 금중 각처의 고군 감원. 6. 오가작통법·이정법 엄수케 함. 8. 산전 백성들의 이중과세 금지. 0. 영조, 신임옥사를 탕평책으로 처분(기유처분). 송인명·박사수, 역사서 <감란록> 편찬. 오일도 시문집 <서파집> 사후 발간.

172x. 이정걸, <노회록> 편찬.

1730. (영조 6년, 경술년) 5. 수어청에서 총 1천 자루 제작. 이덕수 등, <숙묘보감> 완성. 6. 마패 개조. 0. 송진명, <백두산지도> 제작.

1731. (영조 7년, 신해년) 3. <공사천법> 개정으로 양인은 모계를 따르게 함. 10. 호조와 진휼청에 주전소 설치하여 상평통보 주조.

1732. (영조 8년, 임자년) 2. <경종실록> 완성. 이세징, 청에서 <만년력> 가져옴. 6. 포도청의 전도주뢰(주리) 형벌 혁파. 7. 삼남 양전에 담배 재배 금지. 0. 윤증 시문집 <명재유고> 사후 발간. 권두경 <퇴계선생언행통록> 사후 발간.

1733. (영조 9년, 계축년) 1. 쌀 부족으로 금주령 내림. 영조, 이광좌·민진원에게 탕평 하교. 8. 국옥 시 낙인 금지. 10. 평양 중성 축성. 11. 이수연, <퇴계선생언행록> 발간.

1734. (영조 10년, 갑인년) 1. 관리의 기생첩 돌려보냄. 2. 사치 금지. 5. 전국의 굶어 죽은 사람 71,900명. 9. 여름 가을에 호랑이에 죽은 사람 140명. 0. 정선, <금강전도> 그림.

1735. (영조 11년, 을묘년) 10. <관서미삼분법> 시행. 11. 호랑이 무리 출몰.

1736. (영조 12년, 병진년) 1. 원자 이선 세자 책봉. 4. 소음으로 인해 돈의문(서대문) 출입 제한. 12. 한성부, 난전의 상품 현장 압수 금지. 0. 이덕수, 교훈서 <여사서언해> 발간. 송징은·송성명, 역사서 <역대사론> 편찬.

1737. (영조 13년, 정사년) 1. 공인들의 미납 세액 삭감. 5. 몽학총민청 설치. 8. 영조, 당폐를 경계(혼탁개벽의 유). 윤9. 삼남에 기근. 11. 안동 예안에 석빙고 건조. <금군절목> 수정.

1738. (영조 14년, 무오년) 1. 전광도를 전라도, 강춘도를 강원도로 명칭 회복.
8. 흰옷 금지시키고 푸른 옷을 입게 함. 0. 밀양 <사명대사표충비> 건립.

1739. (영조 15년, 기미년) 2. 서얼 무인에 수문장직 허용. 청에서 개정 <명사
조선전> 가져옴. 3. 백두산정계비 순시. 5. 중종 원비 단경왕후 신씨의
위호 회복.

1740. (영조 16년, 경신년) 2. 도량형 교정. 4. 세종 때의 포백척을 모방한 교정
포백척 제작. 청에서 <명사> 전질 가져옴. 6. 당년 전세 전액 면제. 8.
덕적도에 진 설치. 0. 영조, 김창집 · 이이명의 관작 회복시키고 임인옥사
를 소론의 무고로 판정(경신처분).

1741. (영조 17년, 신유년) 1. 창의문(북소문) 개수. 4. <한림소시법> 제정. 사적
서원 건축과 제사 금지. 1714년 이후 창건한 사우 폐쇄. 5. <한림권점법>
시행. 7. 영조, 훈유문 <어제대훈> 내림. 9. 난전 엄금. <황단아악기> 완
성. 0. 영조, 임인옥사 옥안 소각 및 <신유대훈> 반포. 이최대 등, <몽어
노걸대> 간행. 이병성 시문집 <순암집> 사후 발간.

1742. (영조 18년, 임술년) 3. 반수교에 탕평비 건립. 6. 각 도에서 추가 주전.
8. 영조, <악학궤범> 서문 지음. <진법>을 <병장도설>로 개명 발간. 10.
한성 5부의 관제 개정. 11. 양역사정청 재설치. 0. 전국에 전염병 만연으
로 수만 명 사망. 이재, 이이 시문집 <율곡전서> 발간.

1743. (영조 19년, 계해년) 1. 정시 · 초시의 법 시행. 윤4. 영조, 반궁에서 대사
례 거행. 도성 내의 하천 준설. 6. 강화 외성 개축. 조현명 등, <양역총
수> 편찬. 0. 전국에 전염병 만연.

1744. (영조 20년, 갑자년) 2. 교서관에서 <사서><사략><소학> 등 발간. 8.
소덕문(서소문) 중수하고 소의문이라 함. 혜화문(동소문) 문루 건설하고
편액. <국조속오례의> 완성. 0. 정구, 이황의 수양서 <고경중마방> 발간.

1745. (영조 21년, 을축년) 1. 8도에 심리사 파견하여 억울한 죄수 재심.

1746. (영조 22년, 병인년) 2. 영조, <어제자성편> 지음. 4. 능라 무역 금지.
<속대전> 발간. 12. 김종서 · 황보인 관작 회복.

1747. (영조 23년, 정묘년) 3. 노량진 사육신묘에 비석 세움. 4. 신라 경순왕묘
보수. 5. 북한산성 경리청을 총융청에 통합. 안평대군 관작 회복. 11. <승
정원일기> 548책 개수 완료. 12. 연산군 · 광해군묘 보수. 0. 강원도 대동
법 시행. 한성 34,105호 182,584명, 팔도 1,735,538호 7,340,318명. 정관

화, 정철 시가집 <송강가사>(성주본) 발간.

1748. (영조 24년, 무진년) 2. 어진 재제작. 일본에 통신사 파견. 6. 조현명 등, <양역실총> 발간. 윤7. 창의문 밖에 세검정 건립. 9. 구택규, <증수무원록>(구본) 편찬. 12. 총융청 터에 선혜청 건립. 0. 영희전 5실로 중건.

1749. (영조 25년, 기사년) 4. 5군문과 선혜청에 회계법 시행. 8. 왕세자, 서정 대리. 9. <탁지정례> 제정. 11. 조관빈 등, 병서 <속병장도설> 발간. 12. <국혼정례> 제정. 0. 전염병 만연. 한순계 시문집 <시은집> 사후 발간.

1750. (영조 26년, 경오년) 1. <선혜청정례> 수정. 7. 양역 절반으로 감축. 0. 전염병 사망자 50~60만 명. 신경준, <훈민정음운해> 지음.

1751. (영조 27년, 신미년) 6. 홍계희, <균역절목변통사의> 올림. 영조, 대신 · 비당 · 균당을 회합시켜 균역법에 대해 논의케 함. 9. 영조, 도성 수비에 관한 <수성윤음> 내림. 균역청 설치. 균역청, <균역법> 시행. 고려 두문동 72 충신에 제사 지내고 어필 비석 건립. 0. 이중환, 지리서 <택리지> 지음. 정선, <인왕제색도> 그림.

1752. (영조 28년, 임신년) 1. 도성 안팎에 호랑이 출몰. 7. 훈련도감 · 어영청에서 신전 44만 4천 냥 주조. 10. 홍역 유행. 12. 광희문부터 흥인문까지 치성 5개소 설치.

1753. (영조 29년, 계유년) 9. 도성 안의 하천이 심하게 막힘. 12. 심휼사를 지방에 파견하여 기근 등을 살펴보게 함.

1754. (영조 30년, 갑술년) 9. 탕춘대를 연융대로 개칭. 10. 병조판서의 금위대장 지휘 폐지. 12. 현릉 · 광릉 · 경릉 · 창릉에 표석 설치. 0. 영조, <위장필람> 지음.

1755. (영조 31년, 을해년) 2. <사노비감포절목> 제정. 윤지 등, 나주 괘서사건으로 처형. 3. 소론의 조태구 · 김일경 등에게 반역의 율 추가 시행. 영조, <어제첨간대훈> 내림. 5. 토역 정시 답안지에 변서가 있어 소론 심정연 등 처형. 소론 소멸. 8. 8도 의승의 번역 폐지하고 번전으로 대납. 12. 전라도 함평에 이국인 8명 표착. 0. 금군청을 용호영으로 개편. 영조, 정치서 <천의소감> 반포.

1756. (영조 32년, 병자년) 1. 사족 부녀의 가발을 금하고 족두리를 쓰게 함. 2. 송시열 · 송준길 문묘 배향. 11. 각 도의 기민들 도성에 유입.

1757. (영조 33년, 정축년) 2. 혼기를 놓친 남녀 지원. 8. 당하관 녹포 착용. 12.

관찰사는 가족 동반으로 임지에 부임.

1758. (영조 34년, 무인년) 1. 연경 청포의 수입을 금하고 양청 목면으로 대용. 2. 홍계희 등, 궁중 예서 <국조상례보편> 발간. 0. 해서·관동 지방에서 천주교를 이유로 제사 안 지내는 행위 엄금. 위창조, 지리서 <북도능전 지> 지음. 신방 시문집 <둔암집> 사후 발간. 이재형 시문집 <송암집> 사후 발간. 정문부 시문집 <농포집> 사후 발간.

1759. (영조 35년, 기묘년) 윤6. 원손 이산 왕세손 책봉. 10. 준천소 설치. 0. 이영보 문집 <동계유고> 사후 발간. 심지원 시문집 <만사고> 사후 발간.

1760. (영조 36년, 경진년) 1. <일성록> 기록 시작. 2. 도성 하천 준천 착수. 경덕궁을 경희궁으로 개칭. 4. 개천 준천 완료. 7. 영조, 경희궁으로 옮김. 왕세자, 온천 행궁으로 감. 0. 이익, <성호사설> 편찬. 송상기 문집 <옥 오재집> 사후 발간. 김주신 시문집 <수곡집> 사후 발간.

1761. (영조 37년, 신사년) 1. 영조, 백성 보호와 결혼 장려 전교. 4. 왕세자, 관 서에 다녀옴. 5. 총융청, 북한산성에 곡식 저장. 8. 시전 수백 칸 화재. 9. 영조, 왕세자의 서행을 알게 됨.

1762. (영조 38년, 임오년) 5. 벽파 김상로 등, 나경언을 사주하여 왕세자의 비 행 등 10조 고변케 함. 나경언 처형. 윤5. 왕세자 폐서인이 됨. 왕세자, 궤 속에 갇혀 죽음. 영조, 죽은 세자에 사도세자 시호 내림. 6. 조재호 역모로 사사. 7. 각 도에 안집사 파견. 각 도의 향전 금지. 8, 세손을 동궁 책봉. 12. 한성 39,926호 183,782명, 전국 1,651,114호 6,797,816명.

1763. (영조 39년, 계미년) 4. 삼남에 극심한 기근. 호남 기민 48만 명. 소 도살 엄금. 0. 일본 통신사 조엄, 대마도에서 고구마 종자 가져옴. 김수장, 가 집 <해동가요>(계미본) 발간.

1764. (영조 40년, 갑신년) 2. 왕세손을 효장세자의 후사로 정함. 0. 김인겸, 기행가사 <일동장유가> 지음. 송계연월옹, 가집 <고금가곡> 편찬.

1765. (영조 41년, 을유년) 전국 읍지 <여지도서> 완성. <용비어천가> 중간. <태묘악장무법> 개정. 홍대용, 기행문집 <연행록> 기록.

1766. (영조 42년, 병술년) 2. 각 도의 은결 엄중히 조사.

1767. (영조 43년, 정해년) 2. <친경의궤> 제작. 4. 전국에 누에고치 분배. 윤7. 갑산에 단을 쌓고 백두산에 망제 올림.

1768. (영조 44년, 무자년) 1. 사적 가축 도살 엄금. 4. 청천강 준설. 0. 정실,

정철 시가집 <송강가사>(관서본) 발간.

1769. (영조 45년, 기축년) 2. 국혼에 면포를 쓰게 함. 4. <북도개시정례> 간행하여 준수케 함. 10. 함경도의 감시어사 폐지.

1770. (영조 46년, 경인년) 1. 전국의 제언 개축. 2. 전염병 유행. 5. 세종 때의 측우기를 재제작하여 창덕궁 · 경희궁에 설치. 6. 난장 · 낙형 폐지. 8. 홍봉한 등, 사료집 <동국문헌비고> 찬진. 11. 유형원 논저 <반계수록> 사후 발간. 0. 성헌징 시문집 <통허재문집> 사후 발간.

1771. (영조 47년, 신묘년) 4. 황구첨정 · 백골징포 등 군정의 폐해 극심. 7. 이현석 역사서 <명사강목> 사후 재간행. 9. 정업원터에 누각 · 비석 건립. 10. 전주에 조경묘 건립. 12. 신문고 설치. 0. 역사서 <신묘중광록> 완성. 서명응, 유학서 <고사신서> 저술.

1772. (영조 48년, 임진년) 5. 영조, 경복궁 옛터를 살펴봄. 8. 탕평과 실시. 서자의 관리 등용 허용. 동색금혼패 대문마다 걸게 함. 0. 동활자 <갑인자> 개주하여 <임진자> 제작.

1773. (영조 49년, 계사년) 6. 도성 하천에 석축 축조. 8. 영조, 광통교에서 준천명 짓고, 5간수교에서 준천공사 살핌. 0. 원접사 시집 <황화집> 간행.

1774. (영조 50년, 갑오년) 1. 경복궁 근정전 터에서 등준과 실시. 6. 가락국 시조 수로왕에 제사. 사적 형벌 엄금. 7. 작년 전세의 반을 줄임.

1775. (영조 51년, 을미년) 1. 백사은, <시무 5조> 상소. 4. 서북 무사의 활쏘기 시험. 5. 신문고 남용 금지. 8. 영조, 경복궁 경회루 연못가에서 개국공신 자녀부터 1728년 공신 자녀까지 음식을 내림. 10. 승문원, 기록물 <괴원등록> 간행. 12. 영조, 왕세손에 정무 대리시킴.

1776. (영조 52년, 병신년) 3. 영조 승하(83세. 재위 52년). 왕세손 이산 즉위(22대 정조. 25세. 부 장조, 모 혜경궁 홍씨). 효장세자를 진종으로 추존. 사도세자 사당 수은묘를 경모궁으로 격상. 6. 전국의 원당 혁파. 7. 홍인한 사사. 8. 사도세자를 장헌세자로 개호. 9. 3만 결의 궁방 혁파. 규장각 준공. 경모궁 준공. 12. 각 사 · 영에서 회계장부 올림. 0. 장지항 등, 병서 <병학통> 편찬.

1777. (정조 1년, 정유년) 3. <서류소통절목> 제정으로 서얼 진출 확대. 김치인 등, <명의록> 편찬. 6. 비변사에서 <모세사목> 올림. 8. 전흥문 등, 정조 시해 미수. 홍술해 등, 역모로 주살. 동활자 <정유자> 15만 자 주조. 9.

도성 안에서 무격 엄금. 창덕궁 인정전에 품계석 세움. 광릉 · 명릉 이외 위토전 80결로 지정. 11. 숙위소 설치. 12. 교서관을 규장각에 편입. 한성 38,593호 197,957명. 0. 관상감에서 <천세력> 기록 시작.

1778. (정조 2년, 무술년) 1. <흠휼전칙> 제정. 2. 호위 3청을 1청으로 통합. 노비추쇄관 폐지. 12. 홍봉한 죽음. 0. 안정복, 역사서 <동사강목> 발간. 박제가, 견문록 <북학의> 발간. 홍명복 등, 어휘집 <방언집석> 발간. 이담, <통문관지> 증수편 발간. 이만운, 역사서 <기년아람> 발간.

1779. (정조 3년, 기해년) 1. 내시교관 폐지. 6. 남한산성 보수. 8. 정조, 남한산성 행차. 9. 홍국영 은퇴 상소. 10. 숙위소 폐지.

177x. 가객 이세춘, 시조 창법 창시. 김홍도, <군선도> 그림.

1780. (정조 4년, 경자년) 5. 신농씨 선농제는 남교, 도교의 옥추제는 경희궁 내의원에서 거행. 10. 관서의 금 생산지에 개점 허가. 0. 수어청과 총용청의 둔전 결수 조사.

1781. (정조 5년, 신축년) 2. 창덕궁 후원의 규장각을 돈화문 앞 궐내각사로 이전. 4. 홍국영 죽음. 6. 규장각, 목록 <규장총목> 예절서 <내각고사절목> 발간. 8. <검암기적비> 건립.

<어전준천제명첩> - 청계천 5간수교 -

1782. (정조 6년, 임인년) 2. <문헌통고> 수정 착수. 4. 표착한 외국 선박에 대한 문책 사례 규정. 11. 조경 등, <13조보감> 찬수. <국조보감> 68권 완성. 0. 사육신묘 신도비 건립.

1783. (정조 7년, 계묘년) 1. 승려의 도성 출입금지. <일성록> 공식 국정 기록으로 전환. 12. 이승훈, 사신 따라 연경에 감. 0. 박지원, <열하일기> 씀.

1784. (정조 8년, 갑진년) 1. 이승훈, 북경 남천주당에서 영세 받음. 3. 승호군의 사대부 행랑 거주 금지. 이승훈, 연경에서 천주교 서적 등 가지고 귀국. 6. 규장각에서 <규장각지> 발간. 이노춘 등, <홍문관지> 발간. 7. 원자 이순 왕세자 책봉. 0. 유득공, 역사서 <발해고> 발간.

1785. (정조 9년, 을사년) 4. 유하원, 서양서적 구입 금지 주장. 5. 무신과 내시의 교통 금지. 7. 호위군 장용위 설치. 9. 통합법전 <대전통편> 발간. 0. <간평일구 · 혼개일구> 제작.

1786. (정조 10년, 병오년) 1. 연경에서 서양 서적 구입 금지. 서학 금지. 3. 청인의 신도 어로작업 금지. 4. 전국에 홍역 유행. 이복원 등, 역사서 <갱장록> 발간. 5. 문효세자 죽음. 0. 강변 30여 빙고 중 8개소만 남기고 폐쇄. 정극인 시문집 <불우헌집> 사후 발간.

1787. (정조 11년, 정미년) 3. 은 · 동 점포의 사설 개점 금지. 5. 라 페루즈 일행의 프랑스 함대, 제주도 측량하고 울릉도에 접근. 10. 비변사, 사신이 지켜야 할 <사행재거사목> 제정. 0. 이문원, <문원보불> 발간.

1788. (정조 12년, 무신년) 1. 장용위를 장용영으로 개편. 6. 우정규, 진언서 <경제야언> 저술. 7. 사명대사의 표충서원을 표충사로 개칭. 8. 이경명, 서학의 폐단 상소. 서학 관계 서적 소각. 10. 한성 5부 방 · 계의 명칭 제정. 12. 승문원에서 외교문서집 <동문휘고> 발간. 0. <도성도> 제작.

1789. (정조 13년, 기유년) 5. 삼도통어사를 다시 두고 교동부사가 겸직. 6. 규장각에서 <해동여지통재>(해동읍지) 편찬 착수. 7. 수원 읍치를 팔달산으로 이전. 10. 사도세자릉 영우원을 수원 현륭원으로 이장. 12. 이의봉, 어학서 <삼학역어> 사전류 <고금석림> 편찬. 0. 정약용, 한강에 배다리 준공. 김영, 천문서 <누주통의> 편찬. 정약용, 수양서 <편주광효론> 저술.

178x. 지도집 <여지도> 제작.

1790. (정조 14년, 경술년) 4. 이덕무 등, <무예도보통지> 편찬. 정조, <주교지남> 편찬. 7. 흥양현 삼도에 유구선 표착. 8. 영남 · 호남에 양전. 9. 윤유

일, 베이징에서 로마 교황에게 조선에 신부 파견 요청.

1791. (정조 15년, 신해년) 1. 각 도 진휼 곡식의 법외가분 엄금. 2. 육의전 이외
의 모든 시전에 <신해통공> 시행. 10. 문신들에 활쏘기 습득시킴. 11. 전
라도 진산군의 천주교도 윤지충 · 권상연 등 순교(신해박해).

1792. (정조 16년, 임자년) 10. 고베아 신부, 조선천주교회를 베이징 교구에 편
입시킴. 0. 정약용, <거중기> 개발. 서유린 등, 법의학서 <증수무원록언
해> 발간.

1793. (정조 17년, 계축년) 1. 주교사에서 <주교절목> 올림. 장용영을 도성의
내영과 수원의 외영으로 확대 개편. 4. 장연 대청도 · 소청도에 주민 거
주 허용. 6. 금은점 설치 금지 해제. 12. 마포에 어물전 개점.

1794. (정조 18년, 갑인년) 2. 수원 화성 축성 착수. 4. 15만 냥 주전. 9. 삼남지
방에 기근 극심. 12. 광해군조의 사초 수정.

1795. (정조 19년, 을묘년) 윤2. 정조와 혜경궁 홍씨, 혜경궁 회갑에 사도세자
현륭원 행차. 3. 화성 둔전 설치. 6. 청의 주문모 신부 조선 입국. 윤유일
등 순교(을묘박해). 8. 광주부 유수가 남한산성 수어사 겸임. 0. 주문모 신
부 <명도회> 조직. 왕실족보 <선원계보기략>(둘째 계통) 발간. 혜경궁 홍
씨, 회고록 <한중록> 집필. 교서관에서 <충무공이순신전서> 발간. 이시
원 등, 심법서 <양현전심록> 발간.

1796. (정조 20년, 병진년) 1. 정조, 현륭원 능행. 9. 수원 화성 완공(5.4km). 11.
원주에 진 설치. 0. 서유규 등, 목록 <누판고> 발간. 이덕무 등, 한자 운
서 <규장전운><전운옥편> 편찬. 김득신 등 7명, <화성행행도팔첩병>
그림.

1797. (정조 21년, 정사년) 6. 정약용, 양학 수용을 시인하고 승지 사직. 9. 영국
프로비던스호, 동래 용당포에 표착. 0. 이병모 등, <오륜행실도> 발간.

1798. (정조 22년, 무오년) 5. 조정에서 서학 대책 논의. 7. 정조, <어정오경백
편> 발간. 10. 장용영 외영의 군제 개혁. 11. 농업 서적을 널리 구함. 0.
정약용, 의서 <마과회통> 편찬. 안조환, 유배가사 <만언사> 지음.

1799. (정조 23년, 기미년) 1. 전염병 유행으로 사망자 12만 8천 명. 2. 도성
밖 토지를 매입하여 매장 허용. 3. 정조, 천주교인 최필공 직접 심문 후
석방. 박지원, 농서 <과농소초> 토지개혁안 <한민명전의> 저술. 4. 서유
문, 기행문 <무오연행록> 지음. 7. 정조, 안경 착용. 10. 정조, 사치를 금

함. 정조, 시선집 <아송> 발간. 12. 규장각, 정조의 문집 <홍재전서> 편찬. 0. 홍양호, 역사서 <흥왕조승> 편찬. 심환지 등, 양대박의 <양대사마실기> 발간. 남명학 시문집 <오룡재록> 사후 발간.

1800. (정조 24년, 경신년) 1. 이공 왕세자 책봉. 4. 내섬시 혁파하고 의영고에 합병. 6. 정조 승하(49세. 재위 24년). 7. 23대 순조 즉위(11세. 부 정조, 모 수빈 박씨). 대왕대비 영조 계비 정순왕후 수렴청정. 벽파 정권 장악. 0. 김건서 등, 외교기록 <교린지> 발간. 정약종, 교리서 <주교요지> 저술. 이의준, 사례집 <존주휘편> 발간.

1801. (순조 1년, 신유년) 1. 내시노비 등 공노비 6만 6천여 명 면천 종량. 대왕대비, 천주교 엄금. 천주교도 색출 방법으로 오가작통법 시행. 2. 이가환·정약종 순교. 4. 주문모 신부, 이승훈·최필공 등 5명, 민간 교도 5백여 명 순교(신유박해). 6. 서학 배척 <토역교문> 반포. 9. 천주교 밀서 <황사영백서> 발각됨. 김종수, <화성성역의궤> 발간. 11. 정약용, 강진으로 유배. 0. 김종후, 예서 <가례집고> 편찬.

1802. (순조 2년, 임술년) 1. 장용영 폐지. 승호군 훈련도감에 소속. 4. 신임옥사 입은 자에 증직. 6. 김건서 등, 외교서 <증정교린지> 발간. 7. 북경 주교 고베아, 조선교회의 사정을 프랑스에 전달. 10. 김조순의 딸 왕비 책봉(순원왕후). 벽파 심환지 죽음. 0. 박준원, 학습서 <소학문답> 발간.

1803. (순조 3년, 계해년) 3. 초시에서 <역서> 제외. 4. 평양·함흥에 큰불. 12. 창덕궁 인정전·선정전 화재. 0. 김만중 소설 <구운몽>(한문본) 사후 발간. 주세붕 기록서 <죽계지> 사후 발간.

1804. (순조 4년, 갑자년) 1. 정순왕후, 수렴청정 거둠. 12. 창덕궁 인정전 중건. 0. 김상정 시문집 <석당유고> 사후 발간.

1805. (순조 5년, 을축년) 1. 정순왕후 죽음. 국구 김조순 등 안동 김씨 세도정치 시작. 8. <정조실록> 간행.

1806. (순조 6년, 병인년) 4. 김달순 사사. 5. 김한록의 관작 추탈. 식량 떨어진 호남인 50만 명에 쌀 2만 5천 석 배급. 6. 김관주 유배 중 죽음. 10. 이긍익, 역사서 <연려실기술> 남김. 12. 각 도의 채금 설점 허가.

1807. (순조 7년, 정묘년) 1. 울산 병영을 경주로 이전. 8. 유구인 99명 제주도 표착. 10. 균역청에서 30만 냥 주전.

1808. (순조 8년, 무진년) 1. 함경도 단천 민란. 2. 평안도 금점 철폐. 순조, 서

북인 등용을 명함. 3. 함경도 북청 민란. 4. 대마도주 소오씨, 막부의 명으로 역지행빙 요청. 0. 서영보 등, <만기요람> 찬진.

1809. (순조 9년, 기사년) 6. 필리핀인 3명, 표착 9년 만에 돌려보냄. 8. 원자 이영 탄생. 12. 윤익렬, 도성의 구황방법 올림. 0. 성사제 기록 <두문동실기> 사후 발간. 김녕 시문집 <돈봉문집> 사후 발간.

180x. 김홍도, <단원풍속도첩> 그림. 민요 <박연폭포>(개성난봉가) 전해짐.

1810. (순조 10년, 경오년) 1. 대마도와 역지행빙 결정. 함경도 명천 · 경성 · 회령 등지에 지진. 2. 호남 · 호서 지방 대동미 탕감. 3. 인삼 밀매매 금지. 5. 경기 · 삼남 지방에 구호곡 54만 석 배급. 6. 이지영, 예서 <국조오례통편> 지음. 11. 통신사 김이교 일행 328명, 대마도에서 일본과 <통신사절목> 규정(마지막 통신사).

1811. (순조 11년, 신미년) 2. 조흥진, 압록강 위화도 개간 건의. 황해도 곡산 민란. 3. 천주교 금지령 엄수케 함. 윤3. 통신사 일행 대마도에서 귀환. 12. 홍경래 등, 평안도에서 농민항쟁(홍경래의 난). 0. 정약용, 역사지리서 <아방강역고> 편찬.

1812. (순조 12년, 임신년) 4. 홍경래 토벌군, 정주성 회복. 홍경래 전사. 토벌군, 항쟁군 1,917명 죽임. 7. 원자 이영 왕세자 책봉.

1813. (순조 13년, 계유년) 4. 삼수부 서쪽 5진 폐지. 강계부 죽전령 동쪽 80리 함경도에 편입. 12. 제주 토호 양제해 등, 모반하다 주살. 청 복건성 어민 120명 영광군 임자도에 표착 후 육로로 귀환.

1814. (순조 14년, 갑술년) 1. 평안도 농민항쟁에서 죽은 이들을 위한 충의단 건립. 2. 사설 병기 제조 매매 엄금. 3. 규장각, 정조 문집 <홍재전서> 발간. 5. 경기 · 충청 · 경상 · 강원도에 구호곡 8만 석 배급. 한성에서 식량 고갈로 폭동. 0. 이이 시문집 <율곡전서> 중간.

1815. (순조 15년, 을해년) 1. 도성 안 무당 · 승려 축출. 2. 경상 · 강원 지방 천주교도 탄압으로 34명 투옥(을해박해). 5. 미곡 상인의 쌀 비축금지 및 방납의 폐 금지. 10. 서북도 출신에 문과 허용. 12. 사도세자빈 혜경궁 홍씨 죽음. 0. 정약전, 어보 <자산어보> 저술.

1816. (순조 16년, 병자년) 3. 호서 암행어사 이우수, 10개 군수의 부정 보고. 4. 개성부의 주전 허가. 6. 호남 암행어사 조만영, 25건의 관리 부정 보고. 영남 암행어사 이화, 9건의 관리 부정 보고. 북도 암행어사 정기선,

8건의 관리 부정 보고. 7. 영국 함선 알세스트호·리라호, 충청도 마량진
에 도착해 서해안 측량. 김정희·김경연, <북한산신라진흥왕순수비> 조
사. 11. 대구 을해박해 생존자 4명 순교.

1817. (순조 17년, 정축년) 5. 이종인, 의서 <시종통편> 저술. 6. 김정희·조인
영, <북한산신라진흥왕순수비> 68자 해독. 0. 정약용, <경세유표> 저술.

1818. (순조 18년, 무인년) 5. 한성 개천의 준설 완료. 비변사에서 <과장구폐절
목> 올림. 8. 순조, 경희궁으로 옮김. 정약용, 강진 유배에서 고향 남양주
로 귀향. 12. 성주덕, <서운관지> 편찬. 0. 정약용, <목민심서> 저술.

1819. (순조 19년, 기묘년) 7. 화성 괘서사건으로 김재묵 처형. 8. 조만영의 딸
세자빈 책봉. 0. 갑술척으로 전국 양전 실시. 액예·원예의 모반사건.

1820. (순조 20년, 경진년) 4. 순조, 창덕궁으로 돌아옴. 6. 변방 장수의 등용법
개정.

1821. (순조 21년, 신사년) 2. 순조, 수원 화성과 건릉·현륭원 행차. 3. 정조비
효의왕후 김씨 죽음. 호조의 경비 부족으로 경사전 10만 냥 전용. 윤3.
관제 홍삼의 밀매 금지. 8. 평양과 인근에 괴질 발생으로 10만 명 사망.

1822. (순조 22년, 임오년) 1. 임동진, 계방의 폐 상소. 2. 순조, 수원 화성과
건릉·현륭원 행차. 0. 정약용, <흠흠신서> 저술.

1823. (순조 23년, 계미년) 7. 5도 유생, 만인소 올려 서얼의 임용 요청. 8. 6진
에 양전 실시. 황폐지 개간에 3년 면세. 한치윤 역사서 <해동역사> 사후
발간.

1824. (순조 24년, 갑신년) 3. 북경 사신의 수 감축. 7. 감자 전래. 0. 유희, <언
문지><물명유고> 저술. 장경세 시문집 <사촌집> 사후 발간.

1825. (순조 25년, 을유년) 3. 금위영에서 367,500량 주전. 정하상, 로마교황에
게 사제 파견 요청 청원문 보냄.

1826. (순조 26년, 병술년) 1. 도량형 제도 문란. 3. 김치규 등 청주 북문 괘서
사건으로 처형. 10. 정상채 등 청주 진영 괘서사건으로 처형. 관서·관북
에 도과 실시. 0. 신위, 관극시 <관극절구 12수> 지음.

1827. (순조 27년, 정해년) 2. 효명세자 대리청정 시작. 전라도 곡성에서 시작
된 천주교 박해 상주·충청도·한성 등으로 확산(정해박해). 4. 북관 곡식
의 분류 규례 교정. 5. 천주교도 5백여 명 체포됨.

1828. (순조 28년, 무자년) 1. 법사 관리의 백성 재산 침해 엄금. 8. 청에 수출

하는 소가죽 수 제한. 12. 전국 호구조사.

1829. (순조 29년, 기축년) 6. 주전용 주석에 대해 면세. 10. 경희궁 화재로 전 각 반 이상 소실. 12. 북관의 금소 폐지. 0. 저자 미상 어휘서 <이두편람> 발간. 의유당 남씨 문집 <관북유람일기>(의유당일기) 사후 발간. 윤광계 시문집 <귤옥집> 사후 발간.

1830. (순조 30년, 경인년) 1. 주전소에서 933,600냥 주조. 2. 선정비의 난립 금지. 5. 효명세자 죽음. 8. 창경궁 화재로 내전 대부분 소실. 9. 효명세자 아들 이환 왕세손 책봉. 12. 임자도 표착 청 상인 35명 육로로 귀환. 0. 오경원, 역사서 <소화외사> 저술.

1831. (순조 31년, 신묘년) 9. 로마 교황청, 천주교 조선교구 창설. 12. 함경도 마천령 이북 지역에서 전화 사용 금지. 0. 경희궁 중건.

1832. (순조 32년, 임진년) 1. 784,300냥 주조. 2. 개성 출신 무과 급제자 임용 허용. 4. 조선 초대 주교 브뤼기에르, 페낭을 떠나 조선으로 향함. 7. 영 국 상선 로드 암허스트호, 충청도 몽금포 앞바다에서 통상 요구. 암허스 트호에 승선한 네덜란드 선교사 귀츨라프, 한문 성서 전달. 0. 조기영, 생 육신 시문집 <생육신합집> 발간. 유언술 시문집 <송호집> 사후 발간.

1833. (순조 33년, 계사년) 1. 진휼을 도운 자에게 수령직 수여 규정 제정. 한성 의 거지들을 원적지로 보냄. 3. 한성 쌀값 폭등. 4. 준천사, 개천 준설. 5. 한성에 전염병 만연. 10. 창덕궁 대조전 · 희정당 소실.

1834. (순조 34년, 갑오년) 4. 창경궁 내전 중건 완료. 5. 비변사에서 관원의 <의장변통절목> 올림. 10. 창덕궁 대조전 · 희정당 중건. 11. 순조 승하(45 세. 재위 34년). 24대 헌종 즉위(8세. 부 추존 익종, 모 신정왕후 조씨). 순조비 순원왕후 수렴청정. 12. 전국 1,578,823호, 6,755,280명. 0. 김정호, 지도 <청구도> 제작. 서유구, 농서 <종저보> 저술. 장한종 재담집 <열청재어 수신화> 사후 발간.

1835. (헌종 1년, 을미년) 6. 교동부 송가도 해일(75명 사망). 7. 문과 시험에서 <역서법> 폐지. 서북인 등용. 10. 브뤼기에르 주교, 조선에 오던 중 만주 에서 죽음. 12. 세곡 · 방납의 폐 바로 잡음. 0. 서유구, 박물학서 <임원경 제지> 저술.

1836. (헌종 2년, 병신년) 1. 모방 신부 한성에 들어옴. 2. 강시환, 수렴청정 비 난으로 유배. 12. 남응중, 모반으로 처형. 삼남지방의 군포를 화폐로 받

음. 0. 종묘 정전 4칸 증축. 권문해 백과전서 <대동운부군옥> 사후 발간.

1837. (헌종 3년, 정유년) 1. 샤스탕 신부 한성에 들어옴. 경상도 대동미 2천 석 함경도에 보냄. 3. 김조근의 딸 왕비 책봉(효현왕후).

1838. (헌종 4년, 무술년) 1. 앵베르 신부 한성에 들어옴. 양반의 공무빙자 평민 토색 엄금. 윤4. <순조실록> 완성. 11. 진전 개간 장려.

1839. (헌종 5년, 기해년) 4. 천주교인 9명 처형. 6. 경기도 기근. 평안도·경상도 수재. 8. 앵베르·샤스탕·모방 신부, 유진길·정하상, 천주교도 다수 순교(기해박해). 9. 오가작통법 시행. 10. <척사윤음> 전국에 반포.

1840. (헌종 6년, 경자년) 3. 안달길 등, 민란 일으켜 죽산 부사 죽임. 4. 양반의 상민 착취 엄금. 5. 도성의 거지 원적지로 보냄. 12. 영국배 2척, 제주도에서 가축 약탈. 순원왕후 수렴청정 거둠.

1841. (헌종 7년, 신축년) 1. 헌종 친정 시작. 9. 경주 백성들, 포환 문제로 궁궐 앞에서 상소. 0. 전국에 전염병 만연.

1842. (헌종 8년, 임인년) 4. 청에 청인들의 압록강 이남 개간 중지 요청. 5. 도성의 개천 준설. 6. 순천 송광사 화재.

1843. (헌종 9년, 계묘년) 2. 송광사 중건. 6. 이양옥, 공주의 대동미 착복으로 처형. 7. 세폐·방물 정비. 8. 효현왕후 김씨 죽음.

1844. (헌종 10년, 갑진년) 6. 비변사에서 각 도의 <보미변통절목> 수정. 8. 이원덕 등, 이원경을 받들고 모반하려다 주살. 9. 헌종, 경희궁으로 옮김. 홍재용의 딸 왕비 책봉(효정왕후). 0. 김정희 <세한도> 그림. 한산거사, 풍물가사 <한양가> 지음.

1845. (헌종 11년, 을사년) 6. 김대건, 상해에서 조선인 최초의 신부가 됨. 영국 군함 사마랑호, 제주도와 서남해안 측량. 7. 청천강 유역 홍수. 8. 훈련도감에서 무기 새로 제작. 10. 김대건 신부 귀국.

1846. (헌종 12년, 병오년) 5. 청인들, 강계에 들어와 개간과 벌목. 6. 김대건 신부 잡힘. 프랑스 해군 소장 세실, 외연도에 들어와 서한 전달(세실 서한). 9. 김대건, 새남터에서 순교. 현석문 등 8명 순교(병오박해). 전국적 대홍수로 6천여 호 침수. 0. 창덕궁 낙선재 건립.

1847. (헌종 13년, 정미년) 3. 청, 청인의 국경 월경 조사. 개인의 인삼 매매금지. 6. 세실 서한의 답변을 듣고자 온 글로와르호, 고군산열도에서 좌초. 영남에 홍수. 8. 글로와르호 선원들, 영국 배로 돌아감.

1848. (헌종 14년, 무신년) 3. 화원 박희영, 북경에서 아편기구 반입으로 처형. 8. 과거 시험장에서 문란 행위 엄금. 10. <3조보감>(정조·순조·익종) 찬수. <국조보감> 82권 완성. 11. 유생 8천여 명, 서류 소통 상소. 0. 5도 앞바다에 이양선 출몰.

1849. (헌종 15년, 기유년) 1. 한산도에 진 설치. 3. 이양선 출몰로 민심 동요. 6. 헌종 승하(23세. 재위 15년). 25대 철종 즉위(19세. 부 전계대원군, 모 용성부대부인 염씨). 순조비 순원왕후 수렴청정. 7. 인삼 암거래 단속. 9. 홍석모 풍속집 <동국세시기> 발간.

184x. 정학유, 가사 <농가월령가> 지음.

1850. (철종 1년, 경술년) 2. 이양선 1척, 울진에서 군민 살상. 3. <헌종어제> 발간. 11. 한성에 도적 횡행.

1851. (철종 2년, 신해년) 3. 프랑스 선박 1척 제주도에 옴. 4. 경기·충청·경상 유생들, 서류 소통 요구. 7. 전국 극심한 수재. 사역원에서 <동문고략> 발간. 9. 김문근의 딸 왕비 책봉(철인왕후). 10. 황해도민 김응도·채희재 등 모반하다 주살. <헌종실록> 발간. 12. 순원왕후 수렴청정 거둠.

1852. (철종 3년, 임자년) 3. 함흥 화재로 604호 소실. 4. 삼남의 방곡 금지. 6. 오위장 임명을 엄정히 하고 진장의 매관매직 금지. 7. 프랑스 군함, 고군산군도에 옴. 북관 개시의 규정 개정. 10. 미국 포경선이 해주 용당포에 들어옴.

1853. (철종 4년, 계축년) 1. 각 도 방곡의 폐해 엄금. 4. 러시아 군함 팔라도호, 동해 영일만까지 측량. 양반들의 재산 강탈 금지. 9. 황해도 연안에 황당선 출몰로 추포무사 재설치. 소나무 벌목 금지. 11. 홍주 원산도에 진 설치. 0. 김진형, 유배가사 <북천가> 지음.

1854. (철종 5년, 갑인년) 1. 뇌물 수수 지방관에게 배가의 법 적용. 3. 수원·광주 유수에 원임대신 임명. 4. 러시아 군함, 함경도 해안에서 백성 살상. 6. 함경도민과 외국 선박의 교역 금지. 7. 황해도 연백 남대지 준공.

1855. (철종 6년, 을묘년) 3. 각 도의 사직단 보수. 5. 영남 유생들, 만인소로 장헌세자의 추존 요청. 6. 강원도 통천 표류 미국인 4명 청으로 보냄. 8. 8도 유생, 윤증의 관작 추탈 상소. 사문의 시비를 논하는 상소 금지. 9. 만인소·팔도소 엄금. 0. 남병길, 수학서 <무이해> 지음.

1856. (철종 7년, 병진년) 1. 금위영·어영청 향군의 번을 2년으로 감축. 이승

훈의 죄 신원. 5. 각 도의 유배 죄인 석방. 제주 <삼성혈비> 건립. 9. 프랑스 군함 비르지니호, 동해안부터 서해안까지 탐사.

1857. (철종 8년, 정사년) 1. 서류 출신의 문과 급제자 승정원에 등용. 3. 최초의 천주교 성직자 모임. 5. 일본 동의 유입 금지. 8. 순조비 순원왕후 김씨 죽음. 순종의 묘호를 순조로 고침.

1858. (철종 9년, 무오년) 2. 형조, 중죄 처분에 판서 참여케 함. 금은동 채굴 엄격 규제. 3. 각 도의 방곡 엄금. 7. 연강에서의 선세 금지. 화양서원의 복주촌 철폐. 11. 수령의 연한을 70세로 한정. 0. 길재 시문집 <야은선생언행습유> 사후 발간.

1859. (철종 10년, 기미년) 4. 개인의 서원 설립 금지. 6. 찰방의 재직 기간 규정. 11. 일본, 서양에 개국했음을 통보해 옴. 12. 영국배 2척 부산 동래에 들어옴. 포도대장 임태영 등, 천주교도 박해. 0. 주세붕 시문집 <무릉잡고> 중간. 전경창 시문집 <계동집> 사후 발간. 박종여 시문집 <냉천유고> 사후 발간.

185x. 전기, <계산포무도><매화초옥도><설경산수도> 등 그림. 작자미상 기행가사 <관동장유가> 지어짐.

1860. (철종 11년, 경신년) 3. 선혜청에서 호조의 경비 부족 보충. 4. 영국 상선 추자도에서 난파. 5. 최제우, 동학 창시. 8. 경희궁 보수 완료. 경신박해 종결. 9. 돈의문 괘서사건. 10. 지방관의 방곡 방납의 폐 금지. 0. 남병길, 역서 <시헌기요> 저술. 변중일 시문집 <간재집> 사후 발간. 변영청 시문집 <동호집> 사후 발간. 오효석 시문집 <생로당유고> 사후 발간.

1861. (철종 12년, 신유년) 3. 세곡 방납·도매의 폐해 경계. 과거시험에서 금전 거래 엄금. 백성들의 왕 행차 구경 금지. 4. 랑드르·칼레 신부 입국. 9. 러시아 함대, 원산에서 통상 요구. 0. 김정호, <대동여지도> 제작. 남병길, 천문서 <성경> 저술.

1862. (철종 13년, 임술년) 2. 진주 민란. 3. 함양·성주·익산 민란. 4. 의성 민란. 개령·함평·성주 민란. 5. 거창 민란. 삼남지방에 민란 빈발(임술민란). 1850년 이후 설립된 서원 철폐. 5. 삼정이정청 설치. 7. 김순성·이긍산 등, 이하전 추대 모반하다 주살. 윤8. 삼정이정청 폐지. 10. 함흥 민란. 11. 광주 민란. 제주 민란. 0. 이준양, 천문서 <신법보천가> 발간.

1863. (철종 14년, 계해년) 1. 세금 임의 징수 금지. 2. 쌀의 질이 나빠 금위영

군졸들 소란. 5. 물가 임의 결정 금지. 금은동연의 개인 채굴 금지. 8. 한
성 5전에 화재. 11. 병산서원에 사액. 12. 철종 승하(33세. 재위 14년). 26대
고종 즉위(12세. 부 흥선대원군, 모 여흥부대부인 민씨). 신정왕후 조씨 수렴
청정. 흥선군, 흥선대원군에 책봉되고 실권 장악. 남해 민란. 0. 작자미상
한글 가집 <남훈태평가> 발간. 최찬 시문집 <고송유고> 사후 발간.

1864. (고종 1년, 갑자년) 1. 행주 강변과 각 읍 · 포의 무명잡세 폐지. 2. 비변
사 축소하여 군사 업무만 담당. 러시아, 경흥부사에 통상 요구. 3. 동학
교주 최제우 대구에서 순교. 4. 광통교 종각 소실. 5. 종각 재건. 러시아
인과 통모한 자 처형. 7. 대군 · 궁방 소유 노비안 소각. 11. 경기 · 충청 ·
황해도에 화적 출몰. 0. 관상감에서 <천세력> 속편 제작. 김정호, 절첩식
<대동여지도> 제작. 안방준 시문집 <은봉전서> 사후 발간.

1865. (고종 2년, 을축년) 1. 수군의 통제 중군 설치. 3. 비변사를 의정부에 통
합. 청주 만동묘 철폐. 화양서원 철폐. 4. 영건도감 설치. 원납전 징수. 경
복궁 중건 착공. <철종어제> 발간. 5. 전라 소안도에 진 설치. 윤5. <철종
실록> 발간. 8. 김해 가락국 김수로왕릉의 숭선전 중수. 11. 러시아인, 국
서를 가지고 경흥에 옴. 법전 <대전회통> 발간. 남병길 등, 규정집 <양전
편고> 발간. 0. 정학유 만물지 <시명다식> 사후 발간.

1866. (고종 3년, 병인년) 1. 전국의 천주교 서적과 판목 소각. 오가작통법 강
화. 천주교도 남종삼 · 홍봉주 순교. 베르뇌 · 다블뤼 등 프랑스 신부 9명
순교(병인박해). 2. 대왕대비 조씨 수렴청정 거둠. 5. 미국 범선 서프라이
즈호, 평안도 철산 표착 후 베이징으로 감. 7. 평양 군민, 미국 상선 제너
럴 셔먼호 불태움. 8. 프랑스 함대, 천주교 탄압을 구실로 마포까지 진입.
9. 고종, 민치록의 딸과 가례(명성황후). 프랑스 함대, 강화도 점령(병인양
요). 10. 양헌수가 이끄는 조선군, 강화 정족산성에서 프랑스군 격퇴. 프
랑스군, 문화재 약탈 도주. 11. 당백전 주조. 12. 당백전 유통. 한성부 호수
45,646호, 인구 200,059명. 0. 보부청 설치. 김정호, <대동지지> 편찬.
홍순학, 기행가사 <연행가> 지음. 홍직필 시문집 <매산문집> 사후 발간.
최충성 시문집 <산당집> 사후 발간.

1867. (고종 4년, 정묘년) 1. 경흥부사, 러시아인의 국경지대 약탈 경계. 3. 도
성 각 성문에 통행세 부과. 5. 당백전 주조 중지. 법전 <육전조례> 반포.
6. 소전(청국전)을 당백전과 함께 사용. 북변 백성들의 만주 · 러시아로

월경 빈번. 대마도주, 무기 교환 요청. 9. 훈련대장 신관호, 수뢰포 제작. 11. 근정전·경회루 완공으로 경복궁 중건 완료. 고종, 근정전에서 조하를 받음. 12. 남병길, 수학서 <산학정의> 발간.

1868. (고종 5년, 무진년) 1. 주전 위조 엄금. 부산에 의창 건립. 3. 미국 군함 셰난도호 대동강에 진입. 삼군부 재설치. 4. 독일인 오페르트 등, 덕산 남연군묘 도굴 실패 도주. 7. 고종, 대왕대비를 모시고 창덕궁에서 경복궁으로 이어. 정덕기 등, 모반으로 주살. 9. 한양도성의 각 성문 개수. 사액 서원 이외의 서원 철폐령. 10. 최익현, 토목공사 중지와 당백전 폐지 요구. 당백전 유통 중지. 12. 일본 신정부 사절단, 동래에서 왕정복고 통고 <일본 국서> 제출. 0. 김정희 시문집 <완당집> 사후 발간.

1869. (고종 6년, 기사년) 2. 서식이 다르다 하여 <일본 국서> 수리 거부. 3. 흥인지문 개수 완료. 전라도 광양 민란. 7. 원납전 독촉. 8. 경상도 고성 민란. 10. 자성군을 다시 설치하고 후창군을 평안도에 속하게 함. 11. 북방 주민 다수 러시아로 이탈.

186x. 이규경, 사전 <오주연문장전산고> 지음. 조희룡, <홍매대련><홍매서옥도> 그림. 작자미상 한글 가집 <여창가요록> 지어짐.

1870. (고종 7년, 경오년) 3. 도성의 개천 준설과 석축 보수공사. 종묘 확장 개수 완료. 5. 주일 독일 대리공사 란트, 부산에 와서 통상 요구. 윤10. 러시아, 조선 이탈민을 잡아 강제 사역.

1871. (고종 8년, 신미년) 3. 47개 사액서원 이외의 전국 6백여 서원 철폐. 양반·상민 불문하고 호포 징수. 동학교도 이필제, 경북 영덕에서 민란. 4. 주청 미국공사 로우, 아시아함대 사령관 로저서와 함께 통상 요구. 6. 미군, 강화도 초지진·덕진진·광성보 점령. 어재연과 조선 병사들, 광성보에서 항전하다 전원 전사(신미양요). 전국에 <척화비> 세움. 7. 미국 함대 철수. 12. 이필제 처형.

1872. (고종 9년, 임신년) 1. 일본 사절단 동래에서 철수. 청인 70여 명, 후창군에서 벌목하다 추방. 4. 각 도 이서의 과거 응시 불허. 6. 군기제조역소 준공. 5. 부산 초량 왜관의 일본인들, 동래부에 침입하여 주민 폭행. 일본, 초량 왜관을 대일본국공관으로 개칭. 일본과 국교 단절. 0. 임종칠 시문집 <둔오집> 사후 발간.

1873. (고종 10년, 계유년) 4. 전라도 부안 격포에 진 설치. 10. 도성 성문 통행

세 폐지. 최익현, 흥선대원군 탄핵. 11. 최익현 제주도 유배. 고종, 친정 선포. 12. 고종, 창덕궁으로 옮김. 0. 경복궁 내 건청궁 건립 착수. 오국헌 시문집 <어은유고> 사후 발간.

1874. (고종 11년, 갑술년) 1. 청전 통용 금지시키고 상평통보 사용 장려. <일성 록> 수정 보완. 2. 원자 이척 탄생. 2. <승정원일기> 수정 보완. 3. 강화 연안에 포대 건설. 6. 무위소 설치. 박규수 등, 대일 경비 강화책 건의. 7. 경상감사 · 동래부사, 교빙 방해죄로 처벌. 각종 대포 신규 제작. 명경 과 폐지. 만동묘 중건. 11. 포항진 폐지. 0. 달레, 파리에서 <한국천주교회 사> 발간. [일본에서 <칠지도> 발견].

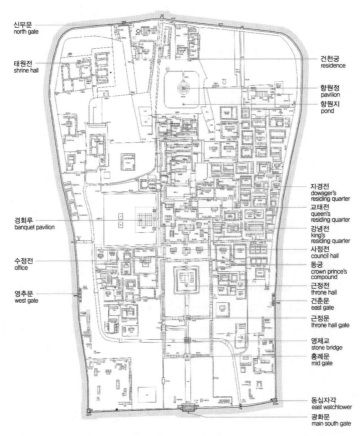

<북궐도형> - 경복궁 배치도 -

1875. (고종 12년, 을해년) 2. 원자 이척 왕세자 책봉. 최익현 석방. 4. 운요호 등 일본 군함 3척 부산 입항. 울산 민란. 5. 고종, 경복궁 건청궁으로 이어. 9. 일본 군함 운요호, 강화도 초지진 무단침입. 강화도 수병, 운요호에 포격. 운요호, 영종진 공격. 조선 수비병 패퇴(운요호 사건). 일본 수병, 강화 주민 살육 방화. 10. 일본 군함, 부산에서 무력 시위. 12. 구로다 등, 부산에서 운요호에 대한 회담 요구.

1876. (고종 13년, 병자년) 1. 일본 군함 7척, 경기 해안에 정박. 강화에서 조일수호 회담 시작. 최익현, 척사소 올리고 강화조약 교섭 반대. 최익현 흑산도 유배. 2. 신헌·구로다, 강화에서 12개 조항의 불평등조약 <조일수호조규>(병자수호조약, 강화도조약) 체결. 조선 개항. 5. 제 1차 수신사 김기수 일행 일본에 파견. 6. 수신사 일행 귀국. 8. <조일수호조규부록> 체결. 경기·삼남지방 가뭄. 11. 경복궁 화재로 830여 칸 소실. 12. 북한산성 화약고 화재로 화약 7,597근 소실. 0. 일본인, 부산에 사설은행 설립. 단군현성전, 자료집 <해동성적지> 발간. 박효관·안민영, 가집 <가곡원류> 발간. 이기발 시문집 <서귀유고> 사후 발간.

1877. (고종 14년, 정축년) 1. 일본과 <부산항조계조약> 체결. 일본인 거류지 설정. 2. 전국에 도둑 무리 횡행. 부산 제중의원에서 매월 종두 접종. 김기수, <일동기유> 기록. 3. 주전 위조자 5명 유배. 4. 무위소, 용호영·총융청 총괄. 5. <조일표류선취급협정> 체결. 6. 문경 이방연 역모죄로 처형. 10. 일본의 하나부사 대리공사 일행, 도성에 강제 입경. 11. 일본 동본원사 부산 별원 설립. 12. 영암의 이우수·장혁진 등 역모로 처형. 0. 유득공 한시집 <이십일도회고시> 사후 발간.

1878. (고종 15년, 무인년) 4. 서원 재설립 상소 금지. 5. 철종비 철인왕후 김씨 죽음. 리델 주교 등 3명 베이징으로 추방. 6. 일본 제일은행, 부산에 지점 개점. 9. 부산 두모진에 세관 설치하고 조선 상인에 과세. 일본 상인 135명, 동래부에서 세관 설치 반대 시위. 11. 일본 대리공사 하나부사, 세관 철폐 요구 무력 시위. 정부, 부산 세관의 수세 중지. 12. 두모진 세관 폐쇄. 0. 김응하 시문집 <정수재유고> 사후 발간.

1879. (고종 16년, 기묘년) 2. 최익현·조병식 석방. 3. 일본 해병, 동래부청에 총격. 4. 하나부사, 원산 개항 요구. 평안도 자성 월경 죄인 3명 효수. 5. 일본 공사가 요구한 일본 화폐 통용 및 등대 설치 허가. 원산 개항 허가.

6. 원산 개항 항의 유생들 유배. 인천·부평에 포대와 진 설치. 7. 청의 이홍장, 조선에 서양 국가와의 통상 권고. 콜레라 만연으로 부산 무역 중지. 12. 지석영, 충남 덕산에서 종두 접종 실시. 0. 전국에 천연두 창궐. 김매순 시문집 <대산집> 사후 발간.

1880. (고종 17년, 경진년) 1. 포군을 징발하여 화적에 대비. 2. 러시아의 마튜린, 경흥에서 통상 요구. 부산 초량의 일본 공관을 부산 영사관으로 개편. 3. 미 해군 제독 슈펠트, 부산에서 통상 요구. 동래부사, 미국의 서한 접수 거부. 미국 군함 철수. 4. 원산 개항. 원산 주재 일본 영사관 개관. 5. 부산에서 프랑스 군함의 통상 요구 거절. 6. 제 2차 일본 수신사 김홍집 일행 일본으로 출발. 최제우 동학 경전 <동경대전> 사후 발간. 7. 원산에서 이탈리아 군함의 통상 요구 거절. 8. 수신사 일행 귀국. 10. 국경을 넘어가는 북관 백성 속출. 11. 하나부사 일본 공사, 천황의 국서 전달. 12. 군국기무 총괄 통리기무아문 설치. 0. 자기황(성냥), 석유, 양면, 양염료, 양철 등이 수입되어 유행. 고종의 명으로 <과화존신><삼성훈경> 발간. 파리외방선교회 한국선교단에서 <한불자전> 발간. 로스, <한국의 역사·풍속·습관>(영문) 발간.

1881. (고종 18년, 신사년) 1. 박정양 등 조사시찰단, 일본으로 출발. 통리기무아문을 궐내에 설치하고 내아문이라 칭함. 3. 황해도 장련 민란. 4. 별기군 창설하고 신식 훈련 실시. 5. 영국 군함 페가서스호, 원산에서 통상 요구. 6. 최시형 포교가사집 <용담유사> 발간. 7. 일본과 <원산거류지조약> 체결. 윤7. 전국 유생들, 척사 상소. 영선사 김윤식, 유학생 38명과 청국 방문. 일본 조사시찰단 귀국. 청주 등지의 화적 14명 효수. 8. 안기영·권정호 등, 흥선대원군의 서장자 이재선을 추대하고 반역 모의. 10. 이재선 사사. <동문휘고 속편> 발간. 11. 통리기무아문 개편. 12. 군제 개편으로 5군영 폐지하고 무위영·장어영 설치. 일본 상인, 부산에서 <조선신보> 창간.

1882. (고종 19년, 임오년) 1. 영선사 김윤식 일행, 청국의 각종 공작창 시찰. 5. 미국과 <조미수호통상조약> 체결. 6. 무위영·장어영 소속 군병들, 봉급미 불만으로 창고지기 구타. 군인과 민간인, 경기감영·포도청·의금부·일본 공사관 등 습격. 군민들, 별기군의 일본인 교관 및 일본인 13명 살해. 군민들, 창덕궁 돌입하여 민겸호·김보현 죽임. 왕비 궁궐 탈출(임

오군란). 왕명으로 흥선대원군 입궐. 통리기무아문 폐지. 삼군부 부활. 하나부사 일본 공사, 인천 탈출 향일. 김윤식 등, 청국에 난군 진압 요청. 7. 하나부사, 일본군 이끌고 한성 입경. 청의 정여창 등, 병력 4천 이끌고 남양만에 도착. 청군, 흥선대원군을 납치하여 천진으로 압송. 일본과 임오군란 사후 조치를 위한 <제물포조약> 체결. 8. 왕비, 충주에서 환궁. 고종, 전국의 척화비 파기 명령. 수신사 박영효 등 일본행. 청과 <조청상민수륙무역장정> 체결. 일본과 <조일수호조규속약> 체결. 9. 지석영, 전주에 우두국 설치하고 종두 접종. 10. 훈련도감 폐지. 은화 주조하여 상평통보와 병용. 11. 외무고문으로 독일인 묄렌도르프 초빙. 통리아문·통리내무아문 설치. 청군의 감독과 훈련 아래 친군 좌영·우영 편성. 12. 통리아문을 통리교섭통상사무아문, 통리내무아문을 통리군국사무아문으로 개칭. 삼군부·기무처를 통리군국사무아문에 통합. 양반의 상업 종사와 상민의 학교 입학 허가. 사도시·내섬시·내자시·사재감·의영고·장원서·사포서·조지서·혜민서·활인서·주교사·내궁방 등 폐지. 0. 로스목사·백홍준 등, <누가복음><요한복음> 번역 발간. 윤대순 시문집 <활수옹유고> 사후 발간.

1883. (고종 20년, 계미년) 1. 인천항 개항. 한성에 순경부 설치. <태극기>를 국기로 제정. <부산일본간해저전신선조약> 체결. 한성부, 신문의 발행과 반포 허용. 4. 관서 18진 폐지. 영종진 부활. 초대 주한 미국공사 푸트 부임. 5. 당오전 주조. 서상륜 등, 황해도 장연에 장연교회(소래교회) 설립. 6. 지석영, 공주에 우두국 설치하고 종두법 가르침. 7. 조폐기관 전환국 설치. 경상·전라·강원·함경 4도 해안의 어로권 일본에 허가. 어윤중, 백두산정계비를 기준으로 한만국경 실사. <재조선국일본인민통상장정>(조일통상장정) 체결. 8. 출판기관 박문국 설치. 전권대신 민영익·홍영식, 미국 도착. 인천·부산·원산에 감리서 신설. <인천일본인조계지거류조약> 조인. 원산에 교육기관 원산학사 설립. 9. 일본 제일은행에 인천·부산·원산의 해관세 수세 업무 위탁. 10. 박문국에서 <한성순보> 창간. 11. <조영수호통상조약> 체결. <조독수호통상조약> 체결. 12. 한성 이외의 주전소 철폐. 0. 인천에 최초의 양옥 세창양행 사택 건립. 성근묵 시문집 <과재집> 사후 발간. 한성에 사진관 등장.

1884. (고종 21년, 갑신년) 1. 일본 제일은행과 <개항장해관세취급약정> 체결.

2. 부산~나가사키 해저전선 착공. 출판인쇄소 광인사 설립. 3. 청국 상인에게 내지 통상 허용. 3. 우정총국 개국(총판 홍영식). 4. 오장경, 청 병력 반을 이끌고 귀국. 5. 민영익, 미국에서 소 · 돼지 · 양 등을 가져와 모범 농장 개장. 윤5. <조이수호통상조약> 체결. <조로수호통상조약> 체결. 복제 개혁. 정오 · 인정 · 파루에 포를 쏘아 시각을 알림. 6. 전환국에서 새로 주조한 당오전 통용 고시. 부산 일본전신국, 기상관측 시작. 8. 의료 선교사 알렌 입국. 각국 개시장을 양화진에서 용산으로 이전. 총융청을 친군영에 통합. 군기시를 기기국에 통합. 9. 미 · 일 상인에게 최혜국 대우 허용. 10. 우정총국 업무 개시. 김옥균 · 박영효 등 급진개화파, 우정국 낙성식에서 정변 일으킴(갑신정변). 민영목 등 수구당 6명 피살. 개화당, 신내각 조직하고 14개조의 혁신정강 반포. 창덕궁에서 청 · 일 병사 전투. 홍영식·박영교 청군에 피살되고 일본군 패배. 고종, 창덕궁으로 이어. 김옥균 · 박영효 · 서광범 · 서재필 등 일본으로 망명. <한성순보> 종간. 11. 일본에 피해보상을 위한 <한성조약> 체결. 청군, 마산 도착. 일본군, 인천 도착. 친군 5영 설치. 0. 독일 마이어사, 제물포에 무역상사 세창양행 설립. 인천~상해 간 항로 개설. 김사철, 잠서 <잠상촬요> 저술.

1885. (고종 22년, 을유년) 1. 고종, 창덕궁에서 경복궁으로 환궁. 2. 여주 민란. 재동에 국립의료기관 광혜원 설립. 3. 제 1차 <한로밀약>. 영국 극동함대, 거문도 불법 점령(거문도 사건). 광혜원을 제중원으로 개칭. 종로 종루를 보신각이라 명명. 강원도 원주 민란. 4. 미국 선교사 언더우드 · 아펜젤러 입국. 통리군국아문을 의정부에 통합. 지석영, 의서 <우두신설> 발간. 5. 내무부를 설치하여 군국서무 총괄. 6. 묄렌도르프 파면. <조청전선조약> 체결. 8. 아펜젤러, 정동에 배재학당 설립. 9. 해관총세무사에 미국인 헨리 메릴. 서로전신선 개통(한성~인천). 한성전보총국 개국. 10. 흥선대원군, 조선에 부임하는 원세개와 함께 청에서 환국. 원세개, 인천 · 부산 · 원산의 관세 징수. 부산에 일본재판소 설치(영사재판). 아펜젤러, 정동제일교회 설립. 11. 독일 세창양행에서 은 10만 냥 차관. 0. 정행, 불교 의식집 <경문찬초> 발간.

1886. (고종 23년, 병술년) 1. 노비세습제 폐지. <한성주보> 창간. 3. <사가노비절목> 제정. 내무협판에 미국인 데니(외무업무 겸직). 4. 미 여선교사 매리 스크랜턴, 정동에 이화학당 설립. 5. <조불수호통상조약> 체결. 일본

정부, 김옥균 추방. 언더우드, 정동에 고아학교 언더우드 학당 설립. 7. 제 2차 <한로밀약>. 원세개, <한로밀약> 추궁. 8. 서상우 등, 북경에서 <한로밀약> 설명. 미 의료선교사 윌리엄 스크랜턴, 왕립 시병원 개원. 9. 정동에 신교육기관 육영공원 설립. 10. 러시아, 조선 불침략 공포. 12. 러시아 공사 베베르, 조선인의 연해주 유입금지 요청. 0. 러시아인, 양화진에 성냥공장 건설. 윤용구, 악보 <현금오음통론> 지음. 정병하, 농서 <농정촬요> 발간. 오페르트, <금단의 나라 조선 기행>(독일어판) 발간. 김정대 시문집 <휴각재유고> 사후 발간.

1887. (고종 24년, 정해년) 2. 영국 함대 거문도에서 철수. 3. 청과 한성~부산 육로전선의정 체결. 조선전보총국 개국. 4. 광무국 설치. 토문 감계사 이중하, 백두산정계비 및 부근의 수원 조사. 5. 주일공사에 민영익. 6. 주미공사에 박정양. 영·독·불·이·러 겸임공사에 심상학. 7. 성균관을 경학원으로 개칭. 9. 언더우드, 새문안교회 창립. 10. 정동에 여성병원 보구여관 개원. 주일공사에 김가진. 12. 각 포의 무명잡세 금지. 0. 경복궁 건청궁에 전기 가설. 스코트, 상해에서 한국어 문법서 <언문말책>(영문) 발간. 지송욱, 신구서림 개점. <교린지> 증보 중간.

1888. (고종 25년, 무자년) 1. <승정원일기> 361책 화재로 소실. 3. 토문 감계 재조사 중단하고 현 상황을 청에 통고. 미·러·이 3국 공사에게 정부가 승인한 자 이외 기독교 전파 및 학당 설립 금지 통고. 4. 미국인 훈련교사 4명으로 사관양성학교 연무공원 설립. 친군 5영을 통위영·장위영·총어영 3영으로 개편. 5. 남로전신선(한성~부산) 개통. 6. 함경도 초원역 군인 난동. 박문국 폐지. 7. <조로육로통상조약> 체결. 함경도 길주 민란. <한성주보> 종간. 8. 마포~인천 증기선 2척 운행. 부산~나가사키 해저전선 준공. 9. 민영준, 향약서 <향례삼선> 발간.

1889. (고종 26년, 기축년) 1. 강원도 정선 민란. 2. 러시아, 절영도·원산에 저탄소 설치 요구(절영도는 거부). 3. 강원도 인제 민란. 강원도 통천 민란. 4. 기선회사 설립 허가. 7. 주미공사 박정양, 고종에 귀국 보고 8. 경흥부사, 감리육로통상 사무 겸임. 9. 함경감사 조병식, 흉년을 이유로 10월부터 1년 간 미곡 수출금지(방곡령) 실시. 전라도 광양 민란. 영국성공회 한국교구 대한성공회 설립. 10. 일본 공사, 방곡령의 철회와 손해배상 청구. 증명서 소지하지 않은 외국 상인의 내지 출입 금지. 11. <조일통어장정>

체결. 0. 헐버트, 지리서 <사민필지>(한글판) 발간. 정희보 시문집 <당곡실기> 사후 발간.

1890. (고종 27년, 경인년) 1. 함경도 방곡령 철회. 영·독·불·이·로 겸임공사에 박제순. 주일공사 김가진 귀국 보고. 한성 상인들, 외국 상점의 용산 이전을 주장하고 철시. 2. 내무협판에 미국인 리젠드르. 회령부에 경찰 배치. 4. 익종비 신정왕후 조대비 죽음. 6. 부산·인천에 25객주제 시행. 7. 서울 양화진에 외국인 공동묘지 허가. 8. 경상도 상주 민란. 11. 내무협판에 미국인 그레이트하우스. 12. 전환국 평양 분소 설치. 일기청에서 <승정원일기> 개수 완료. 0. 언더우드, <한영문법>(영문판) 발간. 송국택 시문집 <사우당집> 사후 발간. 전녹생 형제 시문집 <삼은합고> 사후 발간.

1891. (고종 28년, 신묘년) 2. 청·일, 대동강 하구의 철도 사용 요청(거부). 일본인이 제지공장 건립. 4. 인천 세무사에 인천항 각국 조계사무 관리 겸임케 함. 5. 일본 어선 수십 척이 제주도에 들어와 살상. 한성 개천 준설공사. 6. 청 비적들, 함경도 갑산·단천 등지에서 약탈. 북로전신선 준공(한성~원산). 8. 강원도 고성 민란. 11. 은화와 동화 주조. 엽전과 당오전 함께 통용시킴. 일본 공사, 함경도 방곡령에 따른 손해배상 청구. 0. 다블뤼·방달지, <나한소자전> 발간. 이순인 시문집 <고담일고> 사후 발간.

1892. (고종 29년, 임진년) 1. 영국인 올링거 부부, 영문잡지 *The Korean Repository* 창간. 2. 시카고 만국박람회 참가 위해 10명 출국. 3. 한성과 경기에 도둑떼 극성. 함경도 함흥 민란. 함경도 덕원 민란. 강원도 낭천 민란. 4. 청 비적들이 혜산진 습격. 5. <조오수호통상조약> 체결. 6. 일본 어민의 제주도민 살상에 대한 보상 청구. 전환국에서 백동화 주조 시작. 10. 조청윤선공사 설립. 11. 인천에 전환국 신축하고 서양식 화폐 주조. 한성에 교환국 설치. 12. 경리청에서 북한산성 보수. 동학교도, 전라도 삼례역에 모여 교조의 신원과 탄압 중지 요구(삼례집회). 임오군란 관련자 7명 처형. 살상 강도 13명 효수. 0. 오희상 시문집 <노주집> 사후 발간. 김영작 시문집 <소정고> 사후 발간.

1893. (고종 30년, 계사년) 2. 동학교도 박광호 등, 교조 최제우의 신원 복합상소. 3. 동학교도 2만여 명, 충청도 보은과 전라도 금구에서 <척왜척양> 주창하며 농성. 4. 보은 집회 해산. 동학교도 잠적. 일본과 방곡령 배상문

제 해결. 6. 인천 군민, 인천감리서 습격. 주청 일본 공사, 조선 주차 겸직. 7. 청 비적, 갑산·단천 습격. 8. 해관 총세무사에 영국인 브라운. 전보총국을 전우총국으로 개칭. 9. 각국 공사에게 1개월 후에 방곡령 실시 통고. 11. 전국 각지에서 민란 계속. 12. 전봉준과 전라도 고부 군민, 군수에게 수세 감면 진정. 0. 전화기 도입. 한성에 시계포 등장. 미국 시카고 만국박람회에 1천 달러 상당 수공품 출품. 공선 성서번역위원회 조직.

1894. (고종 31년, 개국 503년, 갑오년) 1. 전봉준과 고부 군민, 고부 관아 점령 (갑오동학농민운동). 아다치 겐조, <한성신보>(일문) 창간. 2. 안핵사 이용태, 고부 군민 탄압. 김옥균 상해에서 피살. 3. 고부 백산에서 농민군 봉기. 전봉준, <4대강령> 발표. 4. 농민군, 금구현·부안현 관아 점령. 관군과 보부상군, 황토현에서 농민군에 대패. 농민군, 전주성 점령. 충청도 농민군 봉기. 정부, 원세개를 통해 청에 지원군 요청. 이제마, 의서 <동의수세보원> 저술. 5. 청군 2,100명 아산만 상륙. 정부와 농민, 27개조의 <전주화약>에 합의. 농민운동 종료. 농민군, 전주성에서 철수하고 집강소 설치하여 자치. 일본군 3,300명 인천 상륙. 6. 일본군, 독단으로 경인·경부 군용전선 착공. 정부, 내정개혁을 위한 교정청 설치. 일본군, 경복궁 난입. 반일 민씨 정권 타도. 대원군 정권 수립. 수원 앞 풍도에서 청일 양군 전투, 청군 패배. 군국기무처 설치. 군국기무처, 중앙관제 및 사회제도 개혁안 발표(갑오개혁). 8아문 설치. 중추원 설립. 공사노비 폐지. 연호 <개국>으로 개호. 성환역에서 청일 양군 전투, 청군 패배. 7. [청·일 선전포고(청일전쟁)]. 과거제 폐지. 은본위제인 <신식화폐발행장정> 공포. 1차 김홍집 내각 수립. 3도 통제영 및 각 도의 병영·수영 폐지. 경무청 관제 공포. <조일공수동맹> 체결. <승선원일기> 기록 시작. 8. 평양에서 청일 양군 전투, 청군 패배. 충청도 동학교도 수만 명 공주에 집결. 동학교도, 문경에서 일본군과 접전. <관보> 제 1호 발행(한문). 9. 일군 축출을 위해 동학농민군 재봉기. 관립 교동초등학교 개교. 10. 전라도 농민군, 논산에 집결. 흥선대원군 정계 은퇴. 농민군, 공주 우금치에서 일군에 패배. <승선원일기> 기록 종료. 11. <궁내부일기> 기록 시작. 제 2차 김홍집 내각. 각지의 양반과 유생들, 동학군 진압에 참여. 농민군, 태인 전투에서 패배. 12. 전봉준, 순창에서 잡힘. 고종, <홍범 14조> 선포. 동학농민군, 관군·일군에 궤멸. 0. 모리스 쿠랑, 논문 <조선서지>(불문) 발표. 박

흥생 생활지침서 <촬요신서> 사후 발간. 박운수 시문집 <덕은유고> 사후 발간. 조병덕 시문집 <숙재집> 사후 발간.

1895. (고종 32년, 개국 504년, 을미년) 1. <관보> 발행(국한문 혼용). 2. 영은문 철거. 3. 일본으로부터 차관 도입. 34개 개혁안 단행. 행정과 사법 분리. 전봉준 등 처형. 공사 예복 개정. 승려의 도성 출입 허용. <재판소구성법> 제정. <궁내부일기> 기록 종료. 4. 이준용, 고종 폐위 음모로 유배. 한성재판소 설립. 법관양성소 설립. 교원 양성을 위한 한성사범학교 설립. 유길준, 국정개혁서 <서유견문> 발간. 5. 김홍집 총리대신 사임. 신임총리에 박정양. 훈련대 설치. 미국인에게 평안도 운산광산 채굴권 허가. 지방 관제 개정(전국 23부, 331군). 인천·부산·원산 감리서 폐지. 한국인 유학생 114명, 게이오 의숙 단체입학. 윤5. 시위대 창설. 전국에 콜레라 만연으로 수천 명 사망. 8도의 각종 환곡을 사환이라 개칭. <사환조례> 반포. <국내우체규칙> 반포. 7. 제 3차 김홍집 내각 수립. <소학교령><한성사범학교 및 부속소학교규칙><성균관관제> 반포. 신임 일본 공사 미우라. 8. 주미공사에 민영환. 한성에 8개 관립소학교 설립 인가. 일본인들, 경복궁 건청궁에 난입하여 명성황후 시해(을미사변). 미우라 공사 및 흉도 50여 명 출국. 김홍집 내각 개혁 추진(을미개혁). 재동소학교 설립. 9. 태양력 사용 결정. 명성황후 시해와 관련된 훈련대 해산. 친위대·진위대 창설. <세무시찰관장정><각군세무장정> 반포. 인정·파루 폐지하고 정오와 자정에 타종. 10. <종두규칙> 반포. 이범진 등, 고종 이어 실패(춘생문 사건). 11. 최초의 근대적 예산 편성. <단발령> 선포. 고종 단발. 문석봉 의병 봉기 좌절. 전국에서 의병 봉기(을미의병). 0. 학부, 목활자 교과서 발행. 이준영·정현 등, 사전 <국한회어> 발간. 헐버트, 지리서 <사민필지>(한문) 발간. 게일, <천로역정> 한글 번역. 강헌규 시문집 <농려집> 사후 발간. 정원용 시문집 <경산집> 사후 발간.

1896. (고종 33년, 개국 505년, 건양 1년, 병신년 / 음력 1895년 11월 17일은 태양력 1896년 1월 1일 / 이하 태양력으로 기술). 1. 연호 <건양>으로 개호. 2. 고종과 왕세자, 정동 러시아 공사관으로 이어(아관파천). 고종, 김홍집 등 대신 5명을 역적으로 규정. 김홍집·어윤중 피살. 유길준 등 일본으로 망명. 친일정권 붕괴. 친러정권 수립. <의병해산조칙> 공포. <단발령> 철회. 유인석 의병, 충주 방면에서 일본군과 전투. 백정을 면천하여 갓 착

용 허용. 3. 미국인에게 경인철도 부설권 허가. 1~3월에 일본 상인 18명 의병에게 피살. 4. 영국인 총세무사 브라운 재정고문 겸임. 러시아인에게 경원·경성 광산 채굴권 허가. 서재필, <독립신문> 및 *Independent* 창간. 5. 민영환·로바노프, 러시아의 조선 보호와 군사교관 파견 밀약. 6. 주미공사에 이범진. 7. 서재필 등, 독립협회 결성. 신임 일본 공사 하라 케이. 학부, 동현과 안동에 관립소학교 신설. 새문안교회에서 창가 <황제 탄신경축가> 부름. 8. 지방제도 개혁(전국 13도, 7부, 1목, 331군). 인천·부산·원산 감리서 부활. 9. 10호를 1통으로 하는 <호구조사규칙> 공포. 내각 폐지하고 의정부로 환원. 경운궁 중수 완공. 황토현에서 흥인문, 대광통교에서 숭례문까지의 도시계획 공포. 러시아인에게 두만강·압록강 유역 및 울릉도 삼림채벌권 허가. 각도 의병 해산. 유인석 의병 만주로 이동. 10. 러시아 군사교관 10명 입국. 흥선대원군 부인 민씨 천주교 세례 받음. 11. 독립협회, 영은문 자리에 독립문 착공. 독립협회, 기관지 <대조선독립협회회보> 창간. 12. 내각기록국에서 <법규유편> 발간. 0. 신기선, 유학서 <유학경위> 발간. 안기원 시문집 <방산집> 사후 발간. 궁중에 커피 소개.

1897. (고종 34년, 광무 1년, 정유년) 1. 유럽 6국 전권대사에 민영환. 각종 잡세를 인지로 대체. 한성 시가에 석유 가로등 등장. 2. 고종, 러시아 공사관에서 경운궁으로 이어. 한성은행 설립. 이봉운, 연구서 <국문정리> 저술. 3. 인천에서 경인철도 기공식. 관립 한어학교 개교. 4. 러시아 공사, 단천·삼수 광산 채굴권 요청(삼수 허가). 5. 관립 노어학교 개설. 독립협회, 모화관을 개수하여 사무실로 사용(독립관). 6. 전국 8곳에 지방대 설치. 송진용 등, 정부 전복 혐의로 처형. 학부, 마간서의 <태서신사> 번역 발간. 8. 러시아 군사교관 13명 입국. 독립협회 제 1회 토론회. <대조선독립협회회보> 종간. 9. 일본 정토종, 부산에 지은사 개창. 10. 목포·진남포 개항. 고종, 원구단에서 <대한제국大韓帝國> 선포. 고종황제 즉위식. 연호 <광무>로 개호. 왕후를 황후, 왕세자를 황태자로 개칭. 재정고문에 러시아인 알렉세예프. 미 선교사 베어드, 평양에 숭실학당 설립. 한성에서 공주·전주·목포 간, 평양에서 삼화·진남포 간 전선 가설. 11. 명성황후 국장 거행(홍릉). 독립문 준공. 12. 동학 제 3대 교주 손병희. 0. 한성 광교에 출판사 겸 서점 회동서관 개점. 게일, <한영자전> 편찬. 일본 군

가 <군함 행진곡> 유행. 고상안 시문집 <태촌집> 사후 발간.
1898. (고종 35년, 광무 2년, 무술년) 1. 외국인에게 채광권·철도부설권 추가
허가 불가 칙령. 여흥부대부인 민씨 죽음. 한성전기회사 설립. 2. 외부대
신 민종묵, 러시아의 절영도 조차 임의 허가. 흥선대원군 이하응 죽음.
3. 정동에 한로은행 개설. 독립협회, 종로에서 만민공동회 개최. 러시아
군사교관과 재정고문 해고. 러시아 절영도 조차 취소. 일본의 석탄고 철
수. 3. 제주 민란. 윤치호, 상업신문 <경성신문> 창간. 4. 경원부사로 하
여금 백두산정계비와 토문 문제 조사토록 함. <경성신문>을 <대한황성
신문>으로 개제. 양홍묵 등, <매일신문> 창간. 5. 인천 거주 일본인들이
한국인 집단 폭행. 종현성당(명동성당) 준공. 6. 동학 2대 교주 최시형 순
교. 어용단체 황국협회 창설. 7. 철도사·양지아문 설치. 안경수, 고종 양
위 음모 발각되어 일본 망명. 독립협회, 조병식·이용익 등 축출 상소.
8. 이토 히로부미, 경부철도부설 허가 지원을 위해 내한. 화적 48명 처형.
이종일 등, <제국신문> 창간. 9. 일본인에게 경부철도 부설권 허가. 김홍
륙 등, 고종 독살 미수. 관립 독일어학교 개교. 남궁억 등, <황성신문>
창간. 10. 독립협회, 종로에서 관민합작 만민공동회 개최하고 <헌의 6

<경복궁 향원정>

조> 올림. 11. 고종, 독립협회 해산과 주요 인물 검거 명령. 이상재 등 17명 체포되었으나 무죄 석방. 만민공동회, 협회 복원을 요구하며 농성. 황국협회 보부상들, 만민공동회 습격. 고종, 만민공동회와 황국협회 대표에게 집회 해산 명령. 12. 신내각 구성. 정부, 병력으로 집회 저지. 0. 네덜란드 화가 보스, 고종 초상화 그림. 유휘문 시문집 <호고와문집> 사후 발간. 한미전기회사, 동대문 차고에 활동사진소 설치.

1899. (고종 36년, 광무 3년, 기해년) 1. 상소자의 신분 규제안 제정. 마산·군산·성진 3개항 개항. 대한천일은행 창립. 황국협회, <시사총보> 발간. 3. 박기종 등, 대한철도회사 창설. 전주 등 전라도 7곳에서 균전 문제로 소요 발생. 4. 국립 내부병원 설립. 캐나다 선교사 애비슨, 제중원의학교 설립. <매일신문> 종간. 5. 서대문~청량리 간 전차 개통. 인천·원산·목포·진남포 등에 기상관측기 설치. 동학의 잔당 영학당, 고부 등지에서 봉기했으나 실패. <재판소구성법> 전면 개정. 6. 고영근, 주요 대신 저택에 폭탄 투척하고 일본으로 망명. 최고 군통수기관 원수부 창설. 신임 일본 공사 하야시 곤스케 부임. 7. 대한철도회사에 경의철도부설권 허가. 독립협회의 최정식 교수형, 이승만 종신형 선고. 훈포장 담당 관청 표훈원 설치. 8. <대한제국국제의정> 반포. <전염병예방규칙> 반포. 평안도에 폭우(838명 사망). <시사총보> 종간. 9. <대한국대청국통상조약> 체결. 전국의 각 군영·아문의 둔토·목장토를 궁내부 내장원으로 이관. 인천~노량진 간 경인선 철도 개통. 11. 사도세자를 장조로 추존하고 능호 융릉. 12. 인천에 미영연초공장 건립. <독립신문> 종간. 0. 학부, 국사 교과서 <동국역대사략><대한역대사략>, 지리 교과서 <대한지지> 발간. 최림 시문집 <외와집> 사후 발간. 한치원 시문집 <동랑집> 사후 발간. 김정집 시문집 <석세유고> 사후 발간. 안찬 시문집 <치사집> 사후 발간. 안영로 시문집 <면암집> 사후 발간.

1900. (고종 37년, 광무 4년, 경자년) 1. 만국우편연합 UPU 가입. 전차 서대문에서 용산까지 연장 운행. 2. 경상·강원·함경도 해역의 포경권 일본 원양어업회사에 허가. 일본인이 설립한 일본어학교 전국에 11개교. 3. 통신국 폐지하고 통신원 개원. 인쇄국 신설. 삼남 지방의 화적들이 활빈당을 표방하고 출몰. 4. 궁내부 소속 철도원 신설. 한성전기회사, 종로에 가로등 3개 설치. 5. 안경수·권형진, 일본에서 귀국 자수하여 처형. 한성~

충주, 부산~창원 간 전선 개통. 6. 경부 설치. 원수부 내 헌병대 설치. 7. 한강철교 준공으로 경인철도 완전 개통. 용산 조폐국 준공. 지방 군대를 진위대로 통일하고 전국에 6개 연대 배치. 8. 귀인 엄씨 순빈 책봉. 왕자 이강 의왕, 이은 영왕에 책봉. 9. 육군법원 설립. 결세 인상(결당 6원에서 10원). 형률 개정으로 참형 재개. 전국의 역토를 궁내부 내장원에 이속. 경상도 일대에 활빈당 출몰. 부산 초량에서 경부철도 남부 기공식. 10. 일본인 어업 구역에 경기도 추가. 남산 동편에 장충단 건립. 11. 서대문역에서 경인철도 개통식. 12. <태극기규정> 반포. 포병 2개 대대, 공병 1개 중대로 치중병대 신설. 덕수궁 석조전 기공. 군악대 신설. 0. 러시아 대장성에서 학술서 <한국지>(러시아어) 발행. 홍세공 시문집 <봉계일고> 사후 발간.

1901. (고종 38년, 광무 5년, 신축년) 1. 언더우드 학당을 경신학교로 개칭. 2. 금본위제의 신식 <화폐조례> 공포. 회령에 변계경무서 설치. 3. 연해 지방에 포대 설치. <한벨기에수호통상조약> 체결. 4. 일본에서 신식 소총 1만 정과 실탄 1백만 발 구입. 구미 각국 주재 공사 임명. 5. 이재수 등, 제주 민란. 7. 충남·전북에 방곡령 발동. 수입 양곡에 면세 조치. 안남미 30만 석 수입 계약. 8. 한성 시내 전등 시점식. 9. 고종 50회 탄신 축하연. 10. 혜민원 설치하여 기민 구휼. 순빈 엄씨 순비 책봉. 이재수 교수형. 11. 각지 방곡령 해제. 0. 박지원 시문집 <연암집> 사후 발간. 김헌기 시문집 <초암전집> 사후 발간.

1902. (고종 39년, 광무 6년, 임인년) 1. 상무사 발행 인찰지 상품매매에 사용. 양강도 갑산동광 붕괴사고(사망 6백여 명). 3. 한성~인천 간 전화 개통. 4. 기로소 관제 시행. 5. 일본 제일은행 1환권 발행 유통. 북간도 시찰원으로 이범윤 파견. 한성~개성 간 전화 개통. 6. 이상재 등, 개혁당 사건으로 구속. 김석규 등, 영호남 지선철도회사 설립. 7. <한덴마크수호통상조약> 체결. 8. 황제어기·친왕기·군기 등 깃발 제작. 에케르트, <대한제국 애국가> 작곡. 9. 전국에 콜레라 만연. 원수부 단발 실시. 10. 간도 거류민, 관리 파견 요청. <도량형규칙> 공포(척양 기준). 정동에 손탁호텔 건립. 11. 상설극장 협률사 창설 공연 <소춘대유희>. 12. 고종 즉위 40년 기념 국민축제. 제 1차 하와이 이민 121명 출발. 결세 재인상(결당 10원에서 16원). 0. 김택영, 국사 교과서 <동사집략> 발간.

1903. (고종 40년, 광무 7년, 계묘년) 1. 궁내부에 박문원 신설. 만국적십자사 제네바 협약에 가입. 충주 약령시 개설. 2. 일본 제일은행권 대량 유통으로 한국 통화가치 하락. 3. 원수부에서 <징병조례> 제정. 의병장 이강년 등 180여 명 특별사면. 외국산 옷감 사용 자제와 공산품 장려. 4. 일본에서 구입한 군함 양무호 인천 입항. 러시아 병사와 만주 마적, 용암포 강제 점거. 5. 윤이병 등, 일본 제일은행권과 청국 동순태 상표 배척운동 전개. 러시아군 1만 2천 명 의주에 진주. 6. 러시아 압록강목재회사 설립. 한성전기회사에서 활동사진 상영. 7. 러시아, 용암포 조차 요구. 8. 영·일 공사, 용암포 조차 철회와 의주 개시 요구. 북간도 관리사에 이범윤. 10. 헐버트 등, 황성기독교청년회 YMCA 창설. 11. 인천 부두에서 러시아 수병과 일본인 충돌. 고영근, 일본에서 명성황후 시해 관련자 우범선 죽임. 12. 한성에 연초공장 설립. 0. 장지연, 역사지리서 <대한강역고> 발간. 허전 시문집 <성재집> 사후 발간.

1904. (고종 41년, 광무 8년, 갑진년) 1. 미·러·영·이·불 군사 각 20~30여 명, 자국 국민과 공사관 보호 명목으로 입경. 화적 2백여 명 평택 관아 습격. 충남 지역에 활빈당 출몰. 2. [일본, 러시아에 선전포고(러일전쟁)]. 정부, 러일 개전에 중립선언. 일본군, 한성 각지에 주둔. <한일의정서>(일본에 협조 강요) 체결. 이용구, 친일단체 진보회 조직. 3. 의정서 체결 당사자 이지용·구완희 집에 폭탄 투척. 일본군, 경의선 철도 강제 착공. 3월 말 거주 일본인 서울 1,387호 6,991명, 부산 2,116호 10,792명. 최운 백 등, 호놀룰루에서 <신조신문> 창간. 4. 경운궁 대화재로 내외전 대부분 소실. 일본, 한성에 한국주차군사령부 설치. 한의학교 동제의학교 설립. 5. 러시아와 체결한 조약·협정 일괄 폐기. 러시아의 삼림채벌권 폐기. 일본 정부, 대한 방침 의결(적당한 시기에 한국을 보호국화 또는 병합). 학부, 애국가 <상제는 우리 황상을 도우소서> 각급학교에 반포. 6. 정부, 일본 공사 하야시의 한국 영토 1/4에 해당하는 황무지 개간권 요구 거절. 하와이 이민 120여 명 인천 출발. 7. 원세성 등, 보안회 조직하고 배일민중운동 전개. 일군, 보안회에 난입. 일군, 한국의 치안을 일군이 담당한다고 통고(군사경찰제). 베델·양기탁 등, <대한매일신보> 및 The Korea Daily News 창간. 8. 일본의 경의선 부설로 서북철도국 폐쇄. 송병준, 유신회 조직. 유신회, 일진로로 개명. <한일외국인고문용빙에 관한 협정

서> 체결(제 1차 한일협약, 한일협정서). 고문정치 시작. 9. 보안회, 협동회로 개칭. 궁내부, 각종 잡세 폐지. 제중원, 신설 세브란스 병원으로 개칭. 민영휘, 휘문의숙 설립. 10. 제실제도정리국 설치. 하세가와 요시미치 한국주차군사령관 입경. 재정고문에 메가타 다네타로. 공주 지방대 병졸, 일본주재소와 상점 공격. 김인식, <학도가> 작사 작곡. 11. 전환국 폐지. 백동화 주조 중지. 12. 일진회, 진보회와 통합. 이준 등, 공진회 설립. 외교 고문에 미국인 스티븐스. 외교관·영사관제 폐지. 각국 주재공사 철수 명령. 경부선 철도 완공. 0. 한성에 공중화장실 등장.

1905. (고종 42년, 광무 9년, 을사년) 1. 경부선 영업 개시. 일본 헌병대, 한성과 인근의 치안경찰권 장악. 일본 화폐의 무제한 유통을 허용하는 <화폐조례> 공포. 일본 제일은행에 국고 취급 및 화폐정리사업 위임(제 1차 화폐개혁). 김동필 등, 대한 13도유약소 설립. 사립 전문학교 한성법학교 설립. 경운궁 중건. 2. 공진회 해산. 한성 시전 상인들, 일본 상인의 종로 진출 금지를 경무청에 요구. 엄주익, 양정의숙 설립. 3. 일군 25명이 궁궐 경비 담당. 최익현·김학진·허위, 일본 헌병에 체포. 멕시코 이민 1,031명 인천 출발. 전국에서 일진회 배척 운동. <도량형법> 공포. 4. 일본에 우편·전신·전화 사업 위임. 주청 한국공사관 철수. 조선 군대 감축. 친위대 해산. 노동자의 하와이·멕시코 이민 금지. 안창호 등, 샌프란시스코 친목회를 공립협회로 개칭. <신조신문> 종간. 5. 주영 한국공사관 철수. 주영 공사관 서리공사 이한응 자결. 이준·양한묵·윤효정 등, <헌정연구회> 조직하여 일진회에 대항. 낙동강 철교 준공. 6. 일본 제일은행에서 국고금 출납 취급. 백동화 교환사업 개시. 7. 주미 한국공사관 철수. 일본, 한성 우체사·전보총사를 인수하여 한성우편국 개국. 한성 종로 상인, 한성상업회의소 설립. 일본 제일은행 한성 지점, 한국의 중앙은행 업무 담당. [가쓰라 태프트 밀약](미국은 필리핀, 일본은 대한제국 지배를 상호 인정). 학부, 지석영의 국문개혁안 <신정국문> 시행. 9. 이용익, 보성전문학교 설립. 부산~시모노세키 관부연락선 운항 개시. 10. 일본에 관세업무 인계. 고종, 헐버트를 통해 일본의 강압 정책을 미국에 호소. 일본 정부, 한국을 보호국화 하기로 결의. 대한적십자사 설립. 11. 김동필 등, 일진회 규탄 운동. 일진회, 보호조약 찬성 성명. 일본 한국특파대사 이토 히로부미, 고종에게 조약안을 제시하고 수락 강요. <한일협상조약>(제 2

차 한일협약. 을사늑약) 체결(통감정치 · 외교권박탈 · 보호국화). 이상설, 조약 폐기와 매국적신 처단 상소. 장지연, 황성신문에 <시일야방성대곡> 발표. 대한 13도유약소, 조약 폐기 등 상소. 종로 상가 철시. 각급학교 동맹 휴학. 민영환 할복 자결. 미주 공립협회, <공립신보> 창간. 12. 손병희, 동학을 천도교로 개칭. 조병세 · 이명재 · 이상철 · 송병선 자결. 최익현, 오적을 규탄하고 조약 취소 상소. 일본, 중앙에 조선통감부, 지방에 이사청 설치. 0. 김학만 등, 노령에 항일단체 한인민회 조직. 헐버트, *The History of Korea* 저술. 윤기진, 역사서 <대동기년> 발간. 김택영, 역사 교과서 <역사집략> 저술.

1906. (고종 43년, 광무 10년, 병오년) 1. 이용익 러시아에서 죽음. 외부 폐지. 의정부에 외사국 설치. 일진회, 일간지 <국민신보> 창간. 2. 통감부 · 이사청 개청. 정부, 해외 한국인에 대한 보호권을 일본 외무성에 이관. 최익현 · 임병찬 등, 전북 태인에서 기병. 3. 초대 통감 이토 히로부미 부임. 주한 영 · 청 · 미 · 독 · 불 등 각국 공사 철수. 안병찬 등, 충청도에서 의병 봉기. 신돌석, 경북 영해에서 의병 봉기. 윤효정 · 장지연 등, 대한자강회 조직. 4. 청천강 철교 완공. 경의선 철도 개통. 특급열차 융희호, 서울~부산 운행 개시. 내부에 치도국 설치하고 신작로 건설. 엄귀비, 진명여학교 설립. 협률사 폐장. 5. 민종식, 충청도 홍산에서 기병하여 홍주성 점거. 엄귀비, 숙명여학교 설립. 6. 정용기 등, 경상도에서 삼남의병군 조직하고 봉기. 의병 봉기를 막기 위해 각 군에 일군 20명씩 파견. 전주 · 남원 진위대에 의병 토벌령 하달. 최익현 · 임병찬 등, 순창에서 체포. 경부 · 경의 · 마산선 통감부에 소속. <통감부법무원관제> 제정. 통감부, 사법권 장악. 고문경찰제 확장으로 전국에 8백 명의 고문 경찰과 5백여 명의 이사청 경찰 배치. 현채, 역사서 <중등교과 동국사략> 저술. 천도교, 일간지 <만세보> 창간. 장응량 등, 잡지 <조양보> 창간. 7. 경무 고문이 궁중 경위권 장악. <궁금령>으로 한국인의 궁중 출입 제한. <재조선일본거류민단법 및 시행규칙> 공포. <국유미개간지이용법> 공포. 이인직, 신소설 <혈의 루> 연재. 대한자강회, 기관지 <대한자강회월보> 창간. 8. 일본군, 한국인에 적용할 군율 발표. 한성 일대에 일본 고등군사경찰제 시행. 최익현 대마도 유배. 대한적십자사, 만국적십자사에 가입. 학제 개혁으로 <사범학교령><고등학교령><외국어학교령><보통학교령> 공포.

이상설·이동녕 등, 간도에서 서전서숙 설립. 장응진, 도쿄에서 태극학회 기관지 <태극학보> 창간. 9. <관세관관제> 제정. 세무감, 징세 업무 집행. 신지방관제 실시(전국 13도, 11부, 333군으로 개편). 통감부, 기관지 <경성일보>(국한문판·일문판) 창간. 10. 윤치호, 개성에 한영학원 설립. <조세징수규정> 공포. 최초의 기념우표 발행. 황족·귀족 교육기관 수학원 설립. 이인직, 신소설 <귀의 성> 연재. 천주교, <경향신문> 창간. 11. 의병장 민종식 등 공주에서 체포. 정부, 간도 한국인의 생명과 재산 보호를 통감에 의뢰. 최익현, 유배지 대마도에서 단식 아사 순국. 양재건 등, 소년잡지 <소년한반도> 창간. 12. 전국 호구조사 2,330,087호 9,781,671명. 서우학회, 기관지 <서우> 창간. 0. 인천·부산·원산 등 8개 항 축항 공사. 주시경, 강의록 <대한국어문법> 발간. 장지연, 한문교과서 <대동문수> 저술.

1907. (순종 1년, 융희 1년, 정미년) 1. 통감부, 남산 신청사로 이전. 궁중소방대 설치. 이용구, 시천교 개창. 2. 김광제·서상돈, 대구에서 국채보상운동 제창. 국채보상운동 전국에 파급. 오영근, 잡지 <야뢰> 창간. 3. 자신회, 을사오적 처단 실패. 궁내부 안에 각궁사무정리소·공진소 설치하고 황실 재산 관장. 신기선 등, 대동학회 창설. 재동경대한유학생회, <대한유학생회학보> 창간. 4. 양기탁, 한성에 국채보상연합회의소 조직. 이상설·이준, 고종의 밀서 휴대하고 헤이그 만국평화회의 참석차 출국(헤이그 특사). 안창호·양기탁 등, 신민회 창설. 사립 선린상업학교 개교. <소년한반도> 종간. 5. 이완용 친일내각 수립. 각 지방에 금융조합 설립. 블라디보스토크 한인촌에 계동학교 설립. <대한유학생회학보> 종간. 6. 의정부를 내각으로 개칭. 이위종, 러시아에서 헤이그 특사에 합류. 헤이그 특사, 만국평화회의 참석 좌절. 이위종, 만국기자협회에서 연설. <만세보> 종간. 활동사진소 극장을 광무대로 개칭. 7. 이준, 헤이그에서 순국. 이토, 고종에게 헤이그 특사 사건 추궁. 이완용·송병준 등, 어전회의에서 고종의 양위 주장. 대한자강회·동우회·기독교청년회 등 2천여 명, 종로에서 양위 반대 시위. 고종, 황태자에게 양위(56세, 재위 44년). 27대 순종 즉위(대한제국 2대 황제. 34세. 부 고종, 모 명성황후 민씨). 한국 병합을 위한 <한일신협약>(정미 7조약) 체결. <보안법> 제정. 일본군 1개 여단 한성 주둔. 애국계몽단체 호남학회 창설. 학부에 국문연구소 설립. <광무신문

지법> 공포. 이인직, 친일계 신문 <대한신문> 창간. 박은식, 소설 <서사 건국지> 번역 출판. <야뢰> 종간. 8. 훈련원에서 대한제국 군대 해산식. 시위대 대대장 박승환 권총 자결. 시위대 병사들, 일군에 무장봉기. 연호 <융희>로 개호. 영친왕 이은 황태자 책봉. 각 부에 일본인 차관 임명(차관정치). 원주·강화 진위대 장병 봉기. 의병, 전국에서 대일항전 개시(정미의병). 노병대 의병, 보은 속리산에서 봉기. 이인영 의병, 원주에서 봉기. 이강년 의병, 제천에서 봉기. 신돌석 의병, 영남에서 봉기. 남 17세 여 15세 이하의 조혼 금지. 대한자강회 해산 명령. 순종 경운궁 돈덕전에서 즉위식. 9. 기삼연 의병, 고창에서 봉기. 한성에서 최초의 박람회 개최. 하와이 24개 항일단체, 한인합성협회 결성. 숭례문 북쪽 성벽 철거. 10. 한일 경찰 합병. 일본 헌병이 경찰권 장악. 하와이 한인합성협회, 주간지 <한인합성신보> 창간. 11. 순종, 황태자와 함께 창덕궁으로 이어. 통감부, 각 면에 자위단 조직하여 의병 봉쇄. 대한자강회 후신으로 대한협회 창설. 극장 연흥사 개장. 12. 황태자 영친왕, 일본으로 출국. 전국 13도 1만 의병 양주에 모여 창의대 편성(총대장 이인영, 군사장 허위). <재판소구성법> 재개정. <재무감독국관제><재무서관제> 제정. 이승훈, 평북 정주에 오산학교 설립. <조양보> 종간. 0. 주안에서 천일제염 시작. 국채보상부인회 등 여성단체 조직. 한성에 양장 여인 등장. 학부, 교과서 <국어독본> 발행. 서울 YMCA 회관에서 환등 상영. 최남선, 출판사 신문관 설립. 송내희 시문집 <금곡집> 사후 발간.

1908. (순종 2년, 융희 2년, 무신년) 1. <삼림법> 시행. 이동휘 등, 서북학회 창설. 정영택 등, 기호흥학회 창설. 도쿄 유학생들, 대한학회 창설. 유길준, 문법서 <대한문전> 발간. <서우> 종간. 2. 학부, 보통학교에 일인 교사 채용. 의병장 민긍호 치악산 전투에서 전사. 장지연 등, 블라디보스토크에서 한글 일간지 <해조신문> 창간. 3. 전명운·장인환, 샌프란시스코에서 스티븐스 사살. 흥인지문 좌우 성벽 철거. 창경궁의 전각을 헐고 동물원 준공. 4. 관립 한성고등여학교 설립. 청진항 개항. 허위 의병대, 동대문 밖 봉화재에서 일군과 전투. 특급열차 융희호 부산~신의주 운행 개시. 해외 한인 신문의 국내 반입 단속 강화. 김약연 등, 간도 화룡현에 명동서숙 설립. 5. <해조신문> 종간. 6. 일헌병 보조원으로 한인 모집. 대한매일신보 사장 영국인 베델, 치안방해죄로 3주 금고형. 7. 러시아령

연추의 이범윤 의병, 국내 공격 작전 개시. 대한매일신보 총무 양기탁 구속. 이인직 · 박정동 등, 극장 원각사 개장. 이길선, 극장 장안사 개장. 8. <사립학교령> 공포. 일한와사주식회사 창립. <대한제국특허령><대한제국상표령> 공포. 신채호, 논설 <독사신론> 게재. 주시경 등, 학술단체 국어연구학회 창설. 9. 융희법률학교 설립. 구세군, 선교사업 시작. 안창호, 평양에 대성학교 설립. 박승필, 전통연희극장 광무대 재개관. 10. 한인 학회 단속을 위한 <학회령> 반포. 서대문형무소 개소. 의병장 이강년 교수형 순국. 의병장 허위 서대문형무소에서 순국. 대한의원 개원. 주시경, 연구서 <국어문전음학> 발간. 11. 평민 의병장 신돌석 피살. 평양자기제조주식회사 설립. 최익현 시문집 <면암집> 사후 발간. 최남선, 월간종합지 <소년> 창간. 최남선, 신체시 <해에서 소년에게> 발표. 이인직, 창극 <은세계> 원각사에서 공연. 이해조, 번안소설 <철세계> 발간. 12. 일본인 이민 적극 추진. 백동화 사용금지. 국책회사 동양척식주식회사 설립. 한성에 상수도 설치. 0. 백과사전 <증보문헌비고> 발간. 신채호, 전기 <이순신전><을지문덕> 저술. 최남선, 창가 <경부철도가> 발표. 이인직, 신소설 <치악산>(상편) 발간. <태극학보> 종간.

1909. (순종 3년, 융희 3년, 기유년) 1. 전기홍 의병, 나주 일대에서 활약. 순종, 통감 이토와 함께 지방 순시. 각지에서 일장기 거부. 나철, 단군교 창시. 2. 미주 한인단체 통합하여 국민회 결성. 송병준, 일본 총리에게 합방론 제시. <가족세법><주세법><연초세법><국세징수법><출판법> 공포. 이해조, 신소설 <모란병> 연재. 신문관, 십전총서 1권 <걸리버 유람기> 발간. 샌프란시스코 국민회, 주간지 <신한민보> 발간. 하와이 국민회, 주간지 <신한국보> 발간. 3. <민적법> 공포. 기로소 관제 폐지. 박은식, 논문 <유교구신론> 게재. 5. 베델 한성에서 죽음. 6. 2대 통감 소네 아라스케. 대한협회, 일간지 <대한민보> 창간. 7. 일본 정부, <한국합병실행에 관한 건>을 의결하고 천황의 재가를 받음. 사법 및 감옥 업무를 일본에 위임. 대한적십자사, 일본 적십자사에 합병. 군부 · 무관학교 폐지. 일한와사주식회사, 한성의 전기 · 가스 · 전차 사업 독점. 8. 청주 · 전주 · 함흥에 관립 자혜의원 개원. 나철의 단군교, 대종교로 개칭. 조선고서간행회, <조선군서대계> 발간 시작. 9. 일 헌병대, 호남 의병대 토벌작전 개시. [청 · 일 <간도협약>(간도를 청국 영토로 확인)]. <개정도량형 및 시행규

칙> 발표(일본식 척관법 적용). 전국에 콜레라 만연. 의병장 이인영, 서대문형무소에서 순국. 민간 음악교육기관 조양구락부 설립. 10. 안중근, 하얼빈 역에서 이토 히로부미 총살. 안중근 현장에서 체포됨. 한국은행 설립. <지방부가세><시장세><도살세> 신설. <재판소구성법> 폐지. 부산에 나병원 건립. 블라디보스토크에 한민학교 설립. 11. 법부 폐지. 통감부 사법청 개청. 통감부, 임시 간도파출소를 폐쇄하고 일본 총영사관 개설. 창경궁 통명전 일대에 제실박물관 개관. 창경궁에 동물원·식물원 개원하고 일반에 공개. 세키노 다다시 등, 북한 유적 조사. 12. 일진회장 이용구, 1백만 일진회 이름으로 황제·통감·내각에 <일한합방상주문> 제출하고, 2천만 동포에 <일한합방성명서> 발표. 대한협회 등, <일한합방론> 반박. 기독교계, <성토일진회문> 발표. 보부상 등, 합방 찬성 성명. 이재명, 이완용 처단 실패. 국문연구소, <국문연구의정안> 완성. 0. 1907년 8월~1909년 말까지 일본 군경과의 전투에서 순국 의병 16,700명, 부상 36,770명. 신채호, <동국거걸 최도통전> 지음. 이화합창단, YMCA 강당에서 <할렐루야> 공연.

1910. (순종 4년, 융희 4년, 경술년) 1. 대한협회 등, 합방반대 재천명. 김창숙 등, 일진회 해산을 중추원에 요구. 중추원 의장 김윤식, 송병준·이용구 처벌 요구. 신채호, 대한매일신보에 <한일합방론자에게 고함> 게재. 민원식, 친일 <시사신문> 창간. 2. 재미 한인들, 대한인국민회 창설. 상설 영화관 경성고등연예관 개관. 3. 이완용 등, 한일합병 찬성단체 정우회 조직. 전국에서 의병 활동. 동양척식회사에 역둔토의 3/4 양도. 평북 용천 상인 6백여 명, 경찰과 충돌. 안중근, 여순 감옥에서 순국. 안중근, 옥중에서 자서전 <안응칠 역사>, 논문 <동양평화론> 남김. 주시경, <국어문법> 발간. 4. 이화학당에 4년제 대학과 신설. 5. 소네 통감 사임. 3대 통감 데라우치 마사다케. 이범윤·홍범도 의병부대, 노령에서 함경도로 진출하여 일군과 격전. 일본 철도원, 경원선·호남선 착공. 평양 수도공사 준공. 신문로에 새문안교회 준공. 경희궁 터에 경성중학교 설립. 통감부, 귀중도서 1,500권 및 문화재 다수 일본으로 반출. 학부, 음악 교과서 <보통교육창가집> 발간. 6. 일본 각의, 합병 후 시행될 한국에 대한 정책 결정. 이완용, 총리대신에 복귀. 통감부, 경무총감부 신설. 헌병경찰제 실시. 한국 경찰관제 폐지. 최초의 공설시장 부산 부평동시장 개장. 덕수궁

석조전 준공. 7. 모든 공문서에 메이지 연호 사용. 일본 수상, 데라우치 통감에게 <한국합병 실행에 관한 방침> 시달. 데라우치 착임. 이완용, 박제순 · 조중응과 합병문제 밀의. 의병장 전기홍 대구형무소에서 순국. 전국 13도에 14개 자혜의원 설립. 이해조, 신소설 <자유종> 발간. 8. 데라우치 · 이완용 · 조중응, 통감 관저에서 합방 합의. 각의에서 합방조약안 통과. 8. 22. 창덕궁 대조전 어전회의에서 <한일병합조약> 가결. 테라우치 · 이완용 조약 체결. 순종, 날인 거부. 통감부, 정치집회 · 옥외민중집회 금지. 통감부, 모든 신문 폐간. 통감부, 각국 영사에게 한국 병합 통고. 일본 천황, <한일합병에 관한 조서> 발표.

<조선 궁궐의 변천>

연도	법궁	이궁	임시 이어
1395년	경복궁 건설		
1405년	경복궁	창덕궁 건설	
1484년	경복궁	창경궁 건설	
1592년	경복궁 소실	창덕궁 · 창경궁 소실	
1592년~1593년			의주 몽진
1593년~1615년			경운궁
1610년	창덕궁 중건		
1616년	창덕궁	창경궁 중건	
1617년	창덕궁	경희궁 건설	
1867년	경복궁 중건		
1868년~1896년	경복궁	창덕궁	
1896년~1897년			아관파천
1897년	경운궁 건설		
1897년~1907년	경운궁		
1907년~1910년	창덕궁	덕수궁(경운궁)	

\<조선 역대왕\>

대수	묘호	출생~사망	재위	부인	자녀
1	태조	1335~1408	1392~1398	6	13(8남 5녀)
2	정종	1357~1419	1398~1400	10	25(17남 8녀)
3	태종	1367~1422	1400~1418	10	29(12남 17녀)
4	세종	1397~1450	1418~1450	6	22(18남 4녀)
5	문종	1414~1452	1450~1452	3	3(1남 2녀)
6	단종	1441~1457	1452~1455	1	–
7	세조	1417~1468	1455~1468	2	5(4남 1녀)
8	예종	1450~1469	1468~1469	1	3(2남 1녀)
9	성종	1457~1494	1469~1494	12	28(16남 12녀)
10	연산군	1476~1506	1494~1506	4	6(4남 2녀)
11	중종	1488~1544	1506~1544	12	20(9남 11녀)
12	인종	1515~1545	1544~1545	3	–
13	명종	1534~1567	1545~1567	7	1(1남)
14	선조	1552~1608	1567~1608	8	25(14남 11녀)
15	광해군	1575~1641	1608~1623	10	2(1남 1녀)
16	인조	1595~1649	1623~1649	5	7(6남 1녀)
17	효종	1619~1659	1649~1659	4	8(1남 7녀)
18	현종	1641~1674	1659~1674	1	4(1남 3녀)
19	숙종	1661~1720	1674~1720	9	8(6남 2녀)
20	경종	1688~1724	1720~1724	2	–
21	영조	1694~1776	1724~1776	6	9(2남 7녀)
22	정조	1752~1800	1776~1800	5	4(2남 2녀)
23	순조	1790~1834	1800~1834	2	5(1남 4녀)
24	헌종	1827~1849	1834~1849	4	1(1녀)
25	철종	1831~1863	1849~1863	8	6(5남 1녀)
26	고종	1852~1919	1863~1907	7	7(6남 1녀)
27	순종	1874~1926	1907~1910	2	–

<조선 역대 왕릉>

대수	묘호	능호	소재지
1대	태조 신의왕후 한씨 신덕왕후 강씨	건원릉健元陵 제릉齊陵 정릉貞陵	경기도 구리시 인창동(동구릉) 경기도 개성 서울 성북구 정릉동
2대	정종, 정안왕후 김씨	후릉厚陵	경기도 개성
3대	태종, 원경왕후 민씨	헌릉獻陵	서울 서초구 내곡동
4대	세종, 소헌왕후 심씨	영릉英陵	경기도 여주시 능서면
5대	문종, 현덕왕후 권씨	현릉顯陵	경기도 구리시 인창동(동구릉)
6대	단종 정순왕후 송씨	장릉莊陵 사릉思陵	강원도 영월군 영월읍 경기도 남양주시 진건읍
7대	세조, 정희왕후 윤씨	광릉光陵	경기도 남양주시 진접읍
8대	예종, 계비 안순왕후 한씨 원비 장순왕후 한씨	창릉昌陵 공릉恭陵	경기도 고양시 용두동(서오릉) 경기 파주시 조리읍(파주 삼릉)
추존	덕종, 소혜왕후 한씨	경릉敬陵	경기도 고양시 용두동(서오릉)
9대	성종, 계비 정현왕후 윤씨 원비 공혜왕후 한씨	선릉宣陵 순릉順陵	서울 강남구 삼성동 경기 파주시 조리읍(파주 삼릉)
10대	연산군, 거창군부인 신씨	연산군묘	서울 도봉구 방학동
11대	중종 원비 단경왕후 신씨 제 1계비 장경왕후 윤씨 제 2계비 문정왕후 윤씨	정릉靖陵 온릉溫陵 희릉禧陵 태릉泰陵	서울 강남구 삼성동 경기도 양주시 장흥면 경기도 고양시 원당동(서삼릉) 서울 노원구 공릉동
12대	인종, 인성왕후 박씨	효릉孝陵	경기도 고양시 원당동(서삼릉)
13대	명종, 인순왕후 심씨	강릉康陵	서울 노원구 공릉동
14대	선조 원비 의인왕후 박씨 계비 인목왕후 김씨	목릉穆陵	경기도 구리시 인창동(동구릉)
15대	광해군, 문성군부인 유씨	광해군묘	경기도 남양주시 진건읍

추존	원종, 인헌왕후 구씨	장릉章陵	경기도 김포시 풍무동
16대	인조, 원비 인렬왕후 한씨	장릉長陵	경기도 파주시 탄현면
	계비 장렬왕후 조씨	휘릉徽陵	경기도 구리시 인창동(동구릉)
17대	효종, 인선왕후 장씨	영릉寧陵	경기도 여주시 능서면
18대	현종, 명성왕후 김씨	숭릉崇陵	경기도 구리시 인창동(동구릉)
19대	숙종 제 1계비 인현왕후 민씨 제 2계비 인원왕후 김씨	명릉明陵	경기도 고양시 용두동(서오릉)
	원비 인경왕후 김씨	익릉翼陵	경기도 고양시 용두동(서오릉)
20대	경종, 계비 선의왕후 어씨	의릉懿陵	서울 성북구 석관동
	원비 단의왕후 심씨	혜릉惠陵	경기도 구리시 인창동(동구릉)
21대	영조, 계비 정순왕후김씨	원릉元陵	경기도 구리시 인창동(동구릉)
	원비 정성왕후 서씨	홍릉弘陵	경기도 고양시 용두동(서오릉)
추존	진종, 효순왕후 조씨	영릉永陵	경기 파주시 조리읍(파주 삼릉)
추존	장조, 헌경왕후 홍씨	융릉隆陵	경기도 화성시 안녕동
22대	정조, 효의왕후 김씨	건릉健陵	경기도 화성시 안녕동
23대	순조, 순원왕후 김씨	인릉仁陵	서울 서초구 내곡동
추존	익종, 신정왕후 조씨	수릉綏陵	경기도 구리시 인창동(동구릉)
24대	헌종 원비 효현왕후 김씨 계비 효정왕후 홍씨	경릉景陵	경기도 구리시 인창동(동구릉)
25대	철종, 철인왕후 김씨	예릉睿陵	경기도 고양시 원당동(서삼릉)
26대	고종, 명성황후 민씨	홍릉洪陵	경기도 남양주시 금곡동
27대	순종 원비 순명효황후 민씨 계비 순정효황후 윤씨	유릉裕陵	경기도 남양주시 금곡동

<종묘 정전에 신위가 봉안된 왕과 왕비>

실 별	신 위
제 1실	태조고황제, 신의고왕후 한씨, 신덕고왕후 강씨
제 2실	태종대왕, 원경왕후 민씨
제 3실	세종대왕, 소헌왕후 심씨
제 4실	세조대왕, 정희왕후 윤씨
제 5실	성종대왕, 공혜왕후 한씨, 정현왕후 윤씨
제 6실	중종대왕, 단경왕후 신씨, 장경왕후 윤씨, 문정왕후 윤씨
제 7실	선조대왕, 의인왕후 박씨, 인목왕후 김씨
제 8실	인조대왕, 인열왕후 한씨, 장렬왕후 조씨
제 9실	효종대왕, 인선왕후 장씨
제 10실	현종대왕, 명성왕후 김씨
제 11실	숙종대왕, 인경왕후 김씨, 인현왕후 민씨, 인원왕후 김씨
제 12실	영조대왕, 정성왕후 서씨, 정순왕후 김씨
제 13실	정조선황제, 효의선황후 김씨
제 14실	순조숙황제, 순원숙황후 김씨
제 15실	문조익황제, 신정익황후 조씨
제 16실	헌종선황제, 효현성황후 김씨, 효정성황후 홍씨
제 17실	철종장황제, 철인장황후 김씨
제 18실	고종태황제, 명성태황후 민씨
제 19실	순종효황제, 순명효황후 민씨, 순정효황후 윤씨

<종묘 영녕전에 신위가 봉안된 왕과 왕비>

실 별		신 위
서협	제5실	정종대왕, 정안왕후 김씨
	제6실	문종대왕, 현덕왕후 권씨
	제7실	단종대왕, 정순왕후 송씨
	제8실	덕종대왕, 소혜왕후 한씨
	제9실	예종대왕, 장순왕후 한씨, 안순왕후 한씨
	제10실	인종대왕, 인성왕후 박씨
정전	제1실	목조대왕, 효공왕후 이씨
	제2실	익조대왕, 정숙왕후 최씨
	제3실	탁조대왕, 경순왕후 박씨
	제4실	환조대왕, 의혜왕후 최씨
동협	제11실	명종대왕, 인순왕후 심씨
	제12실	원종대왕, 인원왕후 구씨
	제13실	경종대왕, 단의왕후 심씨, 선의왕후 어씨
	제14실	진종소황제, 효순소황후 조씨
	제15실	장조의황제, 헌경의황후 홍씨
	제16실	의민황태자 영친왕, 황태자비 이씨

13. 일제강점기

1910. (경술년) 8. 29. <한일병합조약> 공포. 공포하는 날부터 효력 발생. 순종,
양위 조서 발표. 대한제국 소멸. 조선으로 개칭. 조선총독부 설치. 총독부,
<대한매일신보>를 <매일신보>로 바꾸고 기관지로 함. 9. 김석진, 작위 수
여 거부하고 자결. 조정구, 작위 수여 거부하고 자결 시도. 학자 황현 자
결. 문신 이만도, 단식 순국. 일진회·대한협회 등 10개 정치단체 해산. 통
감부·이사청 폐지. 조선총독부 및 소속 관서 관제 공포. 조선총독부 임
시토지조사국 관제 공포. 토지조사사업 시작. 대한의원을 총독부의원으
로 변경. 이재명 순국. 최남선 등, 고전 학술단체 조선광문회 설립. 10. 조
선총독부 출범. 초대 총독 데라우치 마사타케. 한성을 경성부로 개칭. 중
추원을 총독자문기관으로 개편. 조선총독부재판소 설치. 대한제국 내각
해산. 총독부, 조선 귀족 76명에게 작위 수여(8명 거부). 경성 헌병대 사령
부에서 전국 헌병대 관할. 11. 한국인 저작 각급학교 교과서 몰수. 총독부,
<을지문덕> 등 서적 압수. 12. <범죄즉결령> 공포. 안명근 체포. 황해도
안악에서 김홍량·김구·배경진 등 160여 명 검거(안악사건). 〈회사령〉
〈회사령시행규칙〉 공포. 천도교, 인쇄소 보성사 설립. <경향신문> 종간.
1911. 1. (신해년) 양기탁·임치정·주진수 등 신민회 간부 16명 검거(신민회 사
건). 이범진, 러시아에서 자결. 총독부, 대한천일은행을 조선상업은행으로
개편. 2. 의병장 강기동 총살로 순국. 창경궁 자경전 터에 이왕가박물관
신축 개관. 박영효 등, 음악 후원단체 정악유지회 설립. 시천교, 기관지
<시천교월보> 창간. 3. 일본 중의원, 한일합방 사후 승인. 윤영기 등, 경성
서화미술원 설립. 4. 김지수 자결. 천주교 한국교구 경성·대구 2교구로
분할. 이회영·이동녕·양기탁 등, 서간도 삼원보에 독립운동기지 건설
하고 경학사·신흥강습소 설립. 창경궁을 창경원으로 개칭. 이해조, 장편
<화의 혈> 연재. 5. 러시아 블라디보스토크 외곽에 신한촌 건설. 이종호·
김익용·엄인섭 등, 신한촌에서 권업회 조직. 잡지 <소년> 종간. 6. <조선
어업령><조선삼림령> 공포. 성균관 폐지되고 경학원 설립. 조양구락부,
조선정악전습소로 재발족. 7. <관유재산관리규칙> 공포. 순헌황귀비 엄씨
죽음. 8. <조선교육령> 공포. 한국은행을 조선은행으로 개칭. 경성에 격리

수용소 순화원 준공. 안악사건의 안명근 등 17명 공판. 9. 유동열·윤치호·이승훈·이동휘 등 6백여 명의 민족지도자 구금. 조선귀족회 설립(회장 박영효). 총독부, 전국의 미개간지 조사 착수. 불교 사찰 선교 양종으로 통합하고 30개 본사 배정. 임성구, 신파극단 혁신단 창단. 국어연구학회, 조선언문회로 개편. 11. <이식제한령><국세징수령> 공포. 공립보통학교 직원 제복 착용. 압록강철교(신의주~단동) 준공으로 조선철도와 남만주철도 직통 연결. 12. 서대문~동대문 간 전차 복선화 완료. 관부연락선 1일 2회 정기운항 개시. 0. 서일 등, 만주 지린성 왕칭현에서 중광단 창단. 조선고서간행회, <발해고> 등 20여 권 발행. 김교제, 신소설 <치악산>(하편) 발간. 김택영 시문집 <소호당집>(창강고) 사후 발간.

1912. (임자년) 1. 표준시를 일본 도쿄 표준시에 맞춰 현재 11시 30분을 정오로 변경. 이해조, 신소설 <옥중화> 연재. 2. 삼림·임야·미개간지의 국유·사유 구분의 표준 제정. <어업세령><수산조합어업조합규칙> 공포. 총독부, 황현의 <매천집>과 김택영의 <창강고> 압수. 3. 과세지 지도 작성하여 토지소유권의 소재 명확히 함. <조선민사령><조선형사령><조선부동산등기령><조선태형령><조선감옥령><조선부동산증명령><조선등록세령><조선관세령><경찰범처벌규칙> 공포. <조선총독부재판소령> 개정으로 3급 3심제 시행. 최찬식, 신소설 <추월색> 발간. 이해조, 신소설 <탄금대> 연재. 윤백남 등, 신파극단 문수성 창단. 권업회, 블라디보스토크 신한촌에 한민학교 설립. 4. 거제 송진포의 방위대를 진해로 이전. 민족계 지방은행 구포은행 창립. 권업회, <권업신문> 창간. 총독부 학무국, 맞춤법통일안 <보통학교용언문철자법> 공표. 5. 모든 관리 무관 복장 착용. 6. 안악사건·신민회사건 관련 6백여 명 중 123명 재판 진행. 권상로, <조선불교월보> 창간. 7. <사법경찰직무령 및 영장집행령> 공포. 신규식·박은식 등, 상해에서 동제사(재상해한인공제회) 조직. 부산 철도호텔 개업. 8. <토지조사령 및 시행규칙><조선국유지삼림미개간지 및 삼림산물특별처분법><총포화약류취체령> 공포. 손정도·조성환, 가쓰라 타로 암살 음모 혐의로 체포. 9. 마포에 경성감옥 신설하고 서대문 경성감옥은 서대문감옥으로 개칭. 안악사건·신민회 사건으로 기소된 123명 중 18명 무죄, 105명에게 유죄 선고(105인 사건). 임병찬, 고종의 밀명을 받아 대한독립의군부 창설. 제 2한강철교 준공. 10. 안재홍·신익희 등, 도쿄에서 조선유학생

학우회 창설. 11. 미주의 대한인국민회, 샌프란시스코에 중앙총회 설립. 이
상룡 등, 만주 통화에서 부민단 조직. 이기세, 신파극단 유일단 창단. 12.
윤용구·한규설·유길준·민영달·홍순형·조경호 6명, 일본 정부로부
터 받은 남작 작위 반납. 일본인, 영화관 우미관 개관.

1913. (계축년) 1. 토지조사국, 경성 지가 및 등급 구획 발표. 최남선, 어린이잡
지 <붉은 저고리> 창간. 2. 이인직, 신소설 <모란봉> 연재. 3. 대구 나병원
개원. 4. 총독부, 독·미·러·영·이 공사와 각국 거류지 철폐에 관한 의
정서 작성. 노병대, 대구감옥에서 단식 순국. 한용운, <조선불교유신론>
발간. <시천교월보> 종간. 5. 안창호 등, 샌프란시스코에서 흥사단 창단.
독립의군부 임병찬, 총독부 경무총감에 국권 반환 요구. 조중환, 번안소
설 <장한몽> 연재. 6. <총독부 및 소속관서 문관 채용에 관한 규칙> 공포.
<붉은 저고리> 종간. 7. 105인 중 윤치호·양기탁·안태국·이승훈·임
치정·옥관빈 6명에 징역 5~6년 선고, 나머지 99명 전원 무죄 석방. 8.
<지세징수에 관한 건> 공포. 대한인국민회 하와이지방총회, 주간지 <신
한국보>를 <국민보>로 개제. 9. 일본 <육해군형법>을 조선에서 시행. 임
병찬 등 독립의군부 간부, 일본 총리에게 국권 반환 요구서 보내고 전국
에 격문 반포. 공동묘지 지역 19개소 발표. 최남선, 어린이잡지 <아이들보
이> 창간. 최남선, 어린이 월간잡지 <새별> 창간. 작자미상 소설 <부용의
상사곡> 발간. 10. 일본 이민자에게 토지대여 우선권 부여. 경성중학교 낙
성식. 석굴암 1차 중수 시작. 11. 박한영, 불교잡지 <해동불보> 창간. 일본
영화관 황금연예관 개관. 12. 도·군·부의 위치 및 관할 구역 지정. 경학
원 기관지 <경학원잡지> 창간. 0. 채기중 등, 풍기광복단 조직. 남궁억, 문
법서 <조선문법> 발간. 선우일, 신소설 <두견성> 발간.

1914. (갑인년) 1. 이화학당 유치원 개원. 의병장 유시연 대구에서 순국. 호남선
전 구간 개통. 이상설·이동휘 등, 블라디보스토크에 대한광복군정부 수
립. 이상춘, 소설 <서해풍파> 발간. 조중환, 장편 <단장록> 연재. <조선불
교월보> 종간. 3. <연초세령><지세령> 공포. 이화학당 대학부 1회 졸업식
(여학사 3명). 4. 이상재, 조선기독교청년회전국연합회 결성. <재조선일본
거류민단법 및 거류지제도> 폐지. 지방행정구역 개편(13도, 12부, 220군,
2,522면). <조선선박령> 등 해사규칙 공포. <토지대장규칙> 공포. 의병장
이석용 대구에서 순국. 동경유학생학우회, 잡지 <학지광> 창간. 주시경,

문법서 <말의 소리> 발간. 5. <영대차지권에 관한 건><부동산등기령> 공포. 임병찬 체포되고 대한독립의군부 해체. 강진에서 고려 도자기터 발견. 6. 한국주차군사령부를 조선군사령부로 개칭. 총독부, 각급학교 교과과목 개편. 박용만 등, 하와이에서 대조선국민군단 조직. 임병찬 거문도 유배. 러시아, 블라디보스토크의 권업회 강제 해산. <해동불보> 종간. 7. <행정집행령> 공포. 선린고등학교 한국 학생들, 일본 학생과 충돌하여 전원 자퇴원서 제출. 주시경 죽음. [제 1차 세계대전 발발]. 8. 경무총감부, 군사사항 보도금지시킴. 일본의 대독 선전포고로 경성의 독일 총영사관 및 세창양행 폐쇄. 경원선 전 구간 개통. 김윤식, 시문집 <운양집> 발간. 김인식, <영산회상> 채보. 최찬식, 신소설 <금강문> 발간. 9. 군수중공업원료 및 석탄 수출 단속. 러시아, 일본의 요구로 블라디보스토크의 대한광복군정부 해체시키고 한인 국외추방. 태풍 1428호(사망 432명). 경성 각 시장에 야시장 개설. 박영운, 신소설 <최근풍화소설>(상) 발간. 10. 원구단 자리에 조선호텔 준공. 최남선, 잡지 <청춘> 창간. 11. 이회광 등, 불교진흥회 설립. 현상윤, 단편 <한의 일생> 발표. 12. 남궁억, 교과서 <신편언문체법> <가정교육> 저술. 장지연, <고재만필> 연재. 0. 안병규, 경산에 사과나무 식재. 한용운, <불교대전> 발간.

<주시경>

1915. (을묘년) 1. 박상진 등, 달성에서 조선국권회복단 조직. <새별> 종간. 2. 105인 사건으로 복역 중이던 6명 특사로 가석방. 3. <민적법> 개정으로 조선인 호적업무 부·면으로 이관. <개정사립학교규칙><전문학교규칙> 공포. 성낙형·유동열·박은식·신규식·이상설 등, 상해 영국 조계에서 신한혁명당 조직. 이우용 등, 조선산직장려계 조직. 장일환, 평양에서 조선국민회 조직. 4. 중추원 관제 개정. 경신학교 대학부(조선기독교대학) 설립. 5. 제주군과 울릉군을 제주도와 울릉도로 개칭. 하와이 교포, 박용만파와 이승만파로 분열. 7. 총독부 지방관제 개정. 채기중의 풍기광복단과 박상진의 조선국권회복단 통합하여 대구에서 대한광복회 창설. 8. 방주익 등, 함남 단천에서 자립단 창설. 안국선, 단편집 <공진회> 발간. 9. 총독부, 경복궁에서 <시정 5주년기념 조선물산공진회> 개최. 경성우편국 준공. 11. 경성상업회의소 설립. 의병장 채응언 평양에서 순국. 이광수·신익희·장덕수 등, 동경에서 조선학회 설립. 12. <조선광업령> 공포. 총독부, 사립학교에서 일본 국가 제창 지시. 경복궁 내 총독부박물관 개관. 0. 박은식, 역사서 <한국통사> 발간. 어윤적, 역사서 <동사연표> 발간. 홍난파, 악보집 <통속창가집> 발간.

1916. (병진년) 1. <호구조사규정> 공포. 일본 중추원 산하 조선반도사편찬위원회 설립. 3. 이기세 등, 신파극단 예성좌 창단. 김관호, 서양화 <해질녘>으로 일본 문부성 특선. 4. <전문학교관제> 공포. 관립 경성의학전문학교·경성공업전문학교 설립. 경성 상설소방대 조직. 박중빈, 원불교 창시. 불교진흥회, 기관지 <조선불교계> 창간. 김두봉, 문법서 <조선말본> 발간. 한우석, 국악 악보 <방산한씨금보> 발간. 5. 임병찬, 거문도 유배지에서 순국. 감리교회, 계간지 <신학세계> 창간. 6. 경복궁 내에 조선총독부 청사 착공. 동서의학보사, 월간 <동서의학보> 창간. 예성좌·문수성·혁신단, 단성사에서 합동공연. 극단 문수성 해산. 7. 총독부, 고적조사위원회 설립. <법인소득세에 관한 규정><주세령> 공포. 8. 대종교 도사교 나철, 구월산에서 자결 순교 순국. 일본군, 만주에서 대종교인 31명 체포(10명 옥사). 최찬식, 신소설 <도화원> 발간. 9. 여의도에 간이 비행장 개장. 10. 데라우치 총독, 일본 총리로 전임. 2대 총독 하세가와 요시미치. 11. 민영기 등, 친일단체 대정실업친목회 조직. 이광수, 문학론 <문학이란 하오> 연재. 12. 극단 예성좌 해산. 0. 노백린·김좌진·신현대 등, 대한광복회

참가. 대한광복회, 광복단으로 개칭. 일본 육군, 조선 상주군 2개 사단으로 편성. 총독부령으로 공창제도 시행. 조선고서간행회, <조선군서대계> 발행 완료.

1917. (정사년) 1. 이광수, 장편 <무정> 연재. 2. 조선상업은행에 일본인 주주 허용. 김도산, 신파극단 신극좌 창단. 3. 이상설 러시아에서 죽음. 최규익 등 130여 명 체포되고 조선산직장려계 해체. 중국 정부, 간도에서 한인거주권 및 토지소유권 인정. 미국 새크라멘토에서 대한인국민회 후원단체 한인부인회 조직. [러시아 2월 혁명]. 노령 한족회, 기관지 <청구신보> 창간. 4. 의병장 김종철·김종근, 서대문형무소에서 순국. 이왕직 아악대, 아악생 양성소 창설. 최영년, 잡지 <조선문예> 창간. 일본인, <반도시론> 창간. 5. 사립 세브란스 연합의학전문학교 개교. 조선기독교대학, 사립 연희전문학교로 개칭. 조선임야조사사업 시작. 현상윤, 단편 <광야> 발표. 6. 이광수, 단편 <소년의 비애> 발표. 7. 간도 한국인에 대한 경찰권이 중국에서 일본으로 이관. 조선 국유철도 경영권을 남만주 철도주식회사에 위탁. 블라디보스토크 한인들, <한인신보> 창간. 8. 신규식 등, 상해에서 조선사회당 창당. 조선사회당의 조소앙, 스톡홀름 만국사회당대회에 독립요구서 제출. 홍난파, 악보집 <조선구악보> 1~3편 발간. 9. 박용만, 뉴욕 세계약소민족회의에 한국 대표로 참가. 10. 전국 2백여 면의 명칭 변경 및 일본인 면장 임명. <군사구호법> 공포. 동양척식주식회사 본사를 경성에서 도쿄로 이전. 한강인도교 준공. 11. 창덕궁 내전 화재. [러시아 10월 혁명]. 이광수, 장편 <개척자> 연재. 이광수, 단편 <어린 벗에게> 발표. 12. 영친왕 이은, 도쿄에서 일본군 소위 임관. 블라디보스토크 한인들, 전로한족회중앙총회 조직. 동경여자유학생친목회, <여자계> 창간. 0. 윤백남, 영화사 백남프로덕션 설립.

1918. (무오년) 1. 박상진 등 광복단원 37명 체포. <고등고시 및 보통고시령> 공포. 김철훈, 이르쿠츠크에서 러시아공산당 한인지부 창설. 2. 김소랑, 신파극단 취성좌 창단. 3. 개량서당 규제를 위한 <서당규칙> 공포. 헌병파견소를 헌병주재소로 개칭. 4. 일본의 <화폐법> 조선에 시행. 관립 함흥고보·용산중학·대전중학 설립. 조선예수교장로회, 연구지 <신학지남> 창간. 5. <전시이득세령> 공포. 조선주차군을 조선군으로 개칭. 전로한족회중앙총회, 러시아령 내 한인교포의 정치적 중립선언. 이동휘 등, 러시

아 하바롭스크에서 사회주의 한인사회당 조직. 안중식 등 13명, 서화협회
창설. 6. <금융조합령> 제정. 7. 금강산 장안사호텔 영업 개시. 최재익, 동
경에서 일본인을 위한 학습서 <조선어의 선생> 발간. 8. <곡류수용령> 공
포. 최대일 등, 블라디보스토크 신한촌에서 한인청년단 조직. 김규식·여
운형 등, 상해에서 신한청년당 조직. 9. 한용운, 불교잡지 <유심> 창간. 장
두철, 주간문예지 <태서문예신보> 창간. 잡지 <청춘> 종간. 10. **총독부,**
특수은행 조선식산은행 설립. 이광수 논문 <신생활론><자녀중심론> 발
표. 11. 조소앙 등 독립운동가 39명, 만주 지린에서 <대한독립선언서>(무
오독립선언서) 선포. 여운형, 상해에서 미대통령 특사에게 독립건의서 제
출. 미주 교포단체, 윌슨 미대통령에게 독립요망진정서 제출. 총독부, 토
지조사사업 완료. 12. 최팔용·서춘 등 도쿄 유학생, 조선청년독립단 조
직. 김약연 등 간도 교포, 전 간도 교포의 독립운동 합의. <유심> 종간.
0. 이능화, <조선불교통사> 발간.

1919. (기미년) 1. 도쿄의 조선유학생학우회, 독립선언 실행방침 논의. 고종, 덕
수궁 함녕전에서 승하(68세). 방정환 등, 문예잡지 <신청년> 창간. 2. 상해
신한청년당, 김규식을 파리, 장덕수를 일본, 여운형을 러시아, 김철·서병
호를 국내로 파견하여 독립운동 지휘케 함. 6백여 도쿄 유학생들, <독립
선언서>(2·8 독립선언) 선포. 천도교·기독교·불교, 합작독립운동에 합
의. 학생대표들, 33인 중심의 운동에 합류키로 결정. 보성사에서 <독립선
언서> 21,000매 인쇄. 재경 민족대표 25명, <3·1 독립선언서>에 서명. 김
동인 등, 도쿄에서 동인지 <창조> 창간. 김동인, 단편 <약한 자의 슬픔>
발표. 전영택, 단편 <혜선의 사> 발표. 주요한, 자유시 <불놀이> 발표. 홍
난파 등, 도쿄에서 음악잡지 <삼광> 창간. 3. 민족대표 33인, 태화관에서
독립선언서 낭독. 학생들, 탑골공원에서 독립운동 시위(3·1독립운동). 33
인 체포되고 학생 시위대는 시내 가두 행진. 수천 시민 합세. 총독부, 시
위 강제 진압. 시위대 130여 명 체포. 시위 전국으로 확대. 고종황제 국장
거행. 박용만 등, 호놀룰루에서 대조선독립단 창단. 경성 시내 상가 동맹
철시. 전국에서 독립운동 시위. 총독부, 시위 강력 탄압. 간도 교포, 간도
대한민회 조직. 미국·멕시코·하와이 교포, 독립운동 지원 방침 결정. 노
령의 전로한족중앙총회, 대한국민의회로 개편. 대한국민의회, <독립선
언서> 발표하고 노령임시정부 수립 선언. 김규식, 파리에 한국대사관 설

치. 김윤식 · 이용직 등, 총독부에 독립승인 최고장 제출. 전협 · 최익환 · 김가진 등, 조선민족대동단 창단. 유림대표 137인, 독립청원서 파리에 우송(파리 장서 사건). 이동녕 등, 상해 프랑스 조계에 독립임시사무소 설치. 중광단, 대한정의단으로 개편. 간도대한민회, 훈춘대한국민회와 통합하여 간도국민회로 개편. 장선희 · 오현주 등, 경성에서 혈성단애국부인회 조직. 상해 교포, 상해대한인거류민단 조직. <반도시론> 종간. 4. 상해 프랑스 조계에서 대한민국임시의정원 개원(의장 이동녕). 임시의정원, 상해대한민국임시정부 수립 선언. 임시의정원, <대한민국임시헌장 10개조> 선포. 임시정부, 내외에 정부수립 공포. 총독부, <정치에 관한 범죄 처벌의 건> 공포. 일본군, 제암리 학살사건 자행(29명 피살). 일본군, 수원 · 안성 64개 부락에서 방화 살육. 박장호 · 백삼규 · 조병준 등, 만주 삼원보에서 대한독립단 조직. 한성 국민대회에서 한성임시정부 수립 선포. 이범윤 등, 만주 연길에서 의군부 조직. 부민단과 남만주 한인 지도자, 자치단체 한족회 조직. 남만주 한족회, <한족신보> 창간. 4월 말까지 전국 시위 횟수 1,214건, 110만 명 참가. 5. 한족회, 삼원보에 서로군정서 조직. 서로군정서 신흥학교를 신흥무관학교로 개편. 김규식, 파리강화회의에 독립청원서 제출. 홍석운 등, 평양에서 의용단 조직. 안창호, 상해임시정부 참가. 이승만, 대통령 명의로 외교 활동 시작. 6. 혈성단애국부인회와 조선독립애국부인회, 대한민국애국부인회로 통합. 일본인 제작 기록영화 <고종황제의 국장사건> 공개. 7. 상해임시정부, 임시사료편찬회 · 대한적십자회 창설. 임정, 임시연통제 공포. 노령 대한국민의회 해산. 김순애 등, 상해에서 대한애국부인회 조직. 8. 총독부 관제 개정. 하세가와 총독 면직. 헌병경찰제 폐지. 이승만, 워싱턴에 임정한국위원회 설치. 홍범도 대한독립군, 갑산 · 혜산진 등지에서 일본군 기습. 상해임시정부, 기관지 <獨立> 창간. 9. 제 3대 총독 사이토 마코토. 강우규, 사이토 총독에게 폭탄 투척. 사이토 총독, 문화정책 표명. 상해임시정부 1차 개헌. 한성 · 노령 · 상해 세 곳의 임시정부를 상해로 통합. 임시정부, 대통령제 채택(대통령 이승만. 국무총리 이동휘). 임시정부, <한일관계사료집> 발행. 10. 임정, 여운형 · 안봉근 · 한형권을 소련에 파견. 대한정의단과 대한군정회 대한군정서로 통합. 10월 말까지 만세운동으로 국내에서 1만 8천여 명 구속. 임정, 기관지 <獨立>을 <獨立新聞>으로 개제. 홍난파 등, 경성악우회 창립 공연. 박승필 제작

김도산 주연, 최초의 한국영화 <의리적 구투> 상영. 11. 의친왕 이강, 상해 탈출 미수로 국내 압송. 김원봉 등, 지린성에서 의열단 조직. 김경희 등, 평양에서 대한애국부인회 조직. 임정 여운형, 일본 정부 요청으로 일본 방문하고 귀국 후 상해 복귀. 이병조, 잡지 <서광> 창간. 12. 임정 함경북 도 연통제 노출되어 54명 체포됨. 대한군정서, 북로군정서로 개칭. 장도 빈, 잡지 <서울> 창간.

1920. (경신년) 1. 간도국민회 윤준희 · 임국정 등, 수송중인 조선은행권 15만 원 탈취. 경성주식현물거래시장 개장. 어윤적 · 정만조 등, 유교단체 대동 사문회 조직. 이기동 · 한윤동 등, 사회주의 단체 동경조선고학생동우회 조직. 이르쿠츠크 공산당 고려부 조직. 이양전 등, 도쿄에서 여성잡지 <여 자시론> 창간. 2. 차미리사, 조선여자교육협회 창설. 현철, 예술학원 설립. 3. 북간도 대한독립군, 지린에서 일군 격파. 3 · 1 운동 지도자 48인에 대 한 예심 종결. <어업세령><선세령><염세규정><인삼세법><태형령> 폐 지. 최시흥 등, 평북 의주에서 천마산대 조직. 조진태 등, <조선일보> 창 간. 도쿄 유학생 김우진 등, 도쿄에서 극예술협회 조직. 전영택, 중편 <생 명의 봄> 연재. 4. <회사령> 폐지. <연초전매령> 제정. 일본군의 블라디보 스토크 신한촌 공격으로 최재형 등 피살되고 120여 명 체포됨(4월 참변). 청진~회령 간 일본 군용열차 폭파. 영친왕 이은, 도쿄에서 일본 황족 나 시모토노미야 마사코(이방자)와 결혼. 박중화 등, 조선노동공제회 창설. 김성수 등, <동아일보> 창간. <삼광> 종간. 5. 김광제 등, 조선노동대회 창설. 김윤경 등, 조선학생대회 창설. 경성 일대에 천연두 창궐. 6. 오동진 등, 만주에서 광복군총영 조직. 홍범도 · 안무 · 최진동 독립군, 연합하여 일본군 150여 명 사살(봉오동 전투). 대한독립단 백삼규, 만주에서 일군에 피살. 최시흥 천마산대, 삭주 등지에서 일경과 수차례 격돌. 평양에 최초 의 공중목욕탕 개설. 경성에서 고학생 친목단체 갈돕회 창립. 한규설 · 이 상재 등, 조선교육회 창설. 한용운, 조선불교유신회 창설. 천도교 개벽사, 월간종합지 <개벽> 창간. <여자계> 종간. 7. 경성에서 유흥세 과세. <조선 소득세령> 공포. 이르쿠츠크 공산당 고려부, 전로고려공산당으로 개칭. 고원훈 등, 조선체육회 창설. 고경상, 동인지 <폐허> 창간. 8. 임시정부, 남만주에 광복군사령부 창설. 의용단 문일민 등, 평남 도청에 폭탄 투척. 미 상하의원단 9명 방한을 계기로 각지에서 만세 시위. 광복단 한훈 · 김

동순 등 체포됨. 대한독립단 구월산대, 일경과 전투에서 대장 이명서 전사. 조만식 등, 평양에서 조선물산장려회 창설. 조선일보, 논설 <자연의 화>로 첫 정간. 9. 광복단 박치의 등, 선천경찰서에 폭탄 투척. 북간도 서로군정서 사관연성소에서 생도 298명 배출. 일본군, 중국 마적과 내통해 훈춘을 공격(제 1차 훈춘사건). 유관순, 서대문형무소에서 순국. 조선일보, <우열한 총독부 당국자여 하고로 우리 일보의 정간을 시켰다뇨>로 무기정간. 조선노동공제회, 기관지 <공제> 창간. 김소월, 시 <낭인의 봄> 발표. 동아일보, 사설 <제사문제를 재론하노라>로 무기정간. 10. 일본군의 사주를 받은 중국 마적, 훈춘 일본 영사관 습격(제 2차 훈춘사건). 김좌진의 북로군정서군 1천 6백 명과 홍범도의 대한독립군 1천 4백 명, 연합하여 화룡현 청산리에서 일본군 1천 2백여 명 사살(청산리 대첩). 일본군, 북간도 일대 조선인 대학살(간도 참변. 69개 촌락에서 2,285명 피살, 가옥 2,507호 소실). 광복단 등 4개 독립운동단체, 임시정부 지휘 아래 들어감. 경성복심법원, 3·1 운동 관련자 48인에게 선고(손병희 등 8명 징역 3년, 그밖에 2년 6월~1년 6월, 11명 무죄). 11. 제 2차 <조선교육령> 공포. 동아일보 기자 장덕준, 훈춘사건 취재 중 일경에 피살. 강우규, 서대문형무소에서 순국. 이범승, 종로에 경성도서관 개관. 12. 전국 84개 청년단체 연합하여 조선청년연합회 결성. 만주의 독립군부대 통합하여 대한독립군단 조직(총재 서일, 병력 3천 5백여 명). 총독부, 제 1차 산미증식계획 (1921~1925) 수립. 구 한국화폐 통용금지. 김학섭 등, 시베리아에서 대한독립군결사대 조직. 창덕궁 내전 중건 완료. 0. 양재기 등, 어린이잡지 <새동무> 창간. <서울> 종간. 박은식, 역사서 <한국독립운동지혈사> 발간. 홍난파 작곡 김형준 시 <봉선화>.

1921. (신유년) 1. 친일단체 대정친목회, 한일 동화를 위한 주의·강령 발표. 임정 국무총리 이동휘, 이승만과 대립으로 사임. 총리 후임에 이동녕. 한인 기자단체 무명회 조직. 오상순, 시 <힘의 숭배>, 평론 <종교와 예술> 발표. 현진건, 단편 <빈처> 발표. <폐허> 종간. <서광> 종간. 2. 총독부, 조선인 고등관의 특별 임용 범위 확대. 양근환, 도쿄에서 친일파 민원식 처단. 이동휘 등, 한인사회당을 고려공산당으로 개칭(상해파). 재로 대한독립군단, 치타 정부와 군사협정. <시사신문> 종간. 3. 총독부 학무국, <보통학교용언문철자법대요> 공표. 김철 등, 톈진에서 한혈단 조직. 이

우민·황영희 등, 창사에서 한중호조사 조직. 멕시코 한인 288명, 쿠바로 이민. 김억, 번역시집 <오뇌의 무도> 발간. 조선중앙기독교청년회, 잡지 <청년> 창간. 4. 신익희·이유필, 상해에서 한중호조사 조직. 이광수, 총독부 회유로 귀국. 국내외 10개 단체 대표, 베이징에서 군사통일주비회 개회. 총독부 중추원, 대폭 인사로 지주층 포섭. 신알배터 등, 조선여자청년회 조직. <조선연초전매령> 공포. 서화협회, 제 1회 서화협회전 개최. 5. 이르쿠츠크파 전로고려공산당, 고려공산당으로 개칭. 황석우 등, 시 전문지 <장미촌> 창간. 김약수, 도쿄에서 잡지 <대중시보> 창간. 이상준, 악보집 <신선속곡집> 발간. 6. 러시아 적군, 이만 자유시의 고려공산당을 공격하여 독립군 전사 272명, 포로 9백여 명(흑하사변, 자유시 참변). 치타 정부와 일본, 한국독립군의 무장해제 합의. 김동인, 단편 <배따라기> 발표. <창조> 종간. <공제> 종간. 7. 광복단의 채기중, 서대문형무소에서 순국. 고려공산당 이르쿠츠크파, 상해에 지부 설치. 8. 독립단 2백여 명, 장진에서 일본군과 교전. 광복단 박상진·김한종·강순필 대구형무소에서 순국. 염상섭, 단편 <표본실의 청개구리> 발표. 9. 김익상, 총독부 청사에 폭탄 투척. 부산부두 석탄운반노동자 5천여 명, 임금인상 요구하며 5일간 총파업. 남궁혁, 잡지 <반도지광> 창간. <대중시보> 종간. 10. 김찬·이용 등, 연해주 이만시에서 대한의용군사회 조직. 김호 등, 만주의 독립운동단체 연합하여 대한국민단 결성. 오하묵·지청천 등, 이르쿠츠크에 고려혁명군관학교 설립. 서화협회, <서화협회보> 발간. 11. 박열 등, 도쿄에서 사회주의단체 흑도회 설립. 현진건, 단편 <술 권하는 사회> 발표. 극단 혁신단 해체. 12. 좌측통행 실시. 이승만·서재필 등, 워싱턴 군축회의에 한국독립청원서 제출. 임경재 등, 조선어연구회 조직. 0. 총독부, 창덕궁 대보단 폐기하고 그 자리에 신선원전 건립. 독립군의 일본군과 교전 만주 73건, 국내 87건. 일본 경찰관서 습격 91건. 차경석, 보천교 창시. 전영택, 단편 <K와 그 어머니의 죽음> 발표. 장도빈, <조선연표> 발간.

1922. (임술년) 1. 윤덕병 등, 사회주의단체 무산자동지회 조직. 순안 등지에서 대한국민단원 85명 검거. 여운형 등, 모스크바 극동무산자대회에 한국 대표로 참가. 조선불교 선교 양종 중앙총무원 설립. 박종화 등, 동인지 <백조> 창간. 윤백남, 신파극단 민중극단 창단. 2. 동경조선인고학생

동우회, 조선일보에 <전국 노동자 제군에 격함> 발표. 이광수 등 흥사단 계, 경성에서 수양동맹회 조직. 서로군정서 · 한족회 · 대한독립단 등, 만주 환인현에서 대한통군부로 통합. 3. 무산자동지회 · 신인동맹회, 무산 자동맹회로 통합. 이광수, 기행수필집 <금강산유기> 연재. 4. 만주의 5개 독립단체 연합하여 광정단 조직. 5. 국민대표대회를 위한 국민대표대회 주비위원회 소집. 방정환 등, <어린이 날> 제정. 손병희 죽음. 이광수, 논설 <민족개조론> 발표. 6. 총독부, 제 1회 조선미술전람회(선전) 개최. 7. 김가진 상해에서 죽음. 일본 니가타 신월전력 공사장에서 한인 노동자 1백여 명 피살. 8. 사회단체 대표 50여 명, 니가타 한인노동자 학살사건 조사회 결성하고 대표 현지 파견. 대한통군부 등, 만주 환인현에서 대한 통의부 창설. 9. 신규식 상해에서 죽음. 독립군, 삭주 · 성천 · 삼수 등에서 활약. 황해도 재령 동척 소작농민 1만여 명 아사 직전. 일본 농상무성, <소작쟁의조정법안> 확정. 홍난파, 연악회 창설. 연악회, 기관지 <음악계> 창간. 10. 윤덕병 등, 조선노동연맹회 결성. 흑도회 해체. 박열 등, 무정부주의 단체 흑우회 결성. 조철호, 조선소년군 창설. 정성채, 조선소년척후대 창설. 11. 안창남, 도쿄~오사카 간 비행 성공. 장도빈, 잡지 <조선지광> 창간. 나도향, 장편 <환희> 연재. 나도향, 단편 <옛날의 꿈은 창백하더이다> 발표. 황원균, 조선극장 개장. 12. <조선호적령> 공포. 코민테른, 고려공산당 해체. 코민테른, 꼬르뷰로 설치. 전남 순천 소작쟁의. 김약수 · 변희용 등, 도쿄에서 북성회 조직. 0. 창경원에 벚나무 수천 그루 식재. 독립군의 일본군과 교전 만주 59건 국내 89건, 일본 경찰관서 습격 13건. 총독부, 조선반도사편찬위원회를 산하 조선사편찬위원회로 개편. 0. 방정환, 세계명작동화집 <사랑의 선물> 발간. 안확, <조선문명사> 발간. 장지연 <조선유교연원> 사후 발간.

1923. (계해년) 1. 상해에서 국민대표대회 개회. 국민대표회의, 개조파와 창조파의 대립으로 결렬. 의열단원 김상옥, 종로경찰서에 투탄 후 자결 순국. 의열단, 상해에 비밀 폭탄제조공장 건립. 유진태 등, 경성에 조선물산장려회 설립. 2. 이도 · 박영자 등, 토산애용부인회 창설. 3. 황옥, 천진에서 폭탄 휴대 국내 잠입 후 검거(황옥 경부사건). 이상범 등, 미술단체 동연사 창립. 방정환, 아동잡지 <어린이> 창간. 4. 경성무선전신국 개국. 이상재 등, 조선민립대학기성회 개회. 임정의정원 조덕진 등, 임시대통령 이승만

탄핵안 제출. 무정부주의자 박열, 도쿄에서 가네코 후미코 등과 불령사 조직. 경남 진주의 백정들, 형평사 창립. 김억, 타고르 시집 <기탄잘리> 번역. 5. 방정환 등, 5월 1일 제1회 <어린이날> 기념식. 김규식 등, 만주 옌지에서 고려혁명군 조직. 민태흥 등, 사회주의 단체 토요회 조직. 방정환 등, 어린이문화단체 <색동회> 창립. 박승희 등, 도쿄에서 극단 토월회 창단. 6. 윤해·김규식·지청천·신숙 등 창조파, 상해 임정에서 탈퇴하여 조선공화국 수립. 임시정부 김구, 조선공화국을 모반으로 규정하고 해산시킴. 김재봉 등, 경성에 꼬르뷰로 국내부 설립. 김억, 시집 <해파리의 노래> 발간. 윤심덕 소프라노 독창회. 7. 홍명희 등, 신사상연구회 조직. 독립운동가 14명, 청진 감옥에서 탈옥 기도. 염상섭, 장편 <해바라기> 연재. 8. 무장독립군, 영변·강계·의주 등지에서 활약. 전남 함평 노동친목회원 수백 명, 일본 경찰과 충돌. 전남 무안군 암태도 소작농들, 암태소작회 결성(암태도 소작쟁의). 평양의 양말공 1천여 명 동맹파업. 태풍 2353호(사망 1,157명). 이필수, 문법서 <정음문전> 발간. 9. [일본 관동 대지진]. 일본, 한인 폭동설 조작하여 교포 5천여 명 학살. 현진건, 단편 <할머니의 죽음> 발표. 나도향, 단편 <여이발사> 발표. 개벽사, 여성잡지 <신여성> 창간. <백조> 종간. 10. 북성회, 경성에 외곽단체 건설사 조직. 전남 순천 농민 4백여 명 임시대회. 암태도 소작민, 소작료 불납동맹. 김갑제 등, 아동잡지 <신소년> 창간. 11. 박열, 일본 천황 암살 혐의로 도쿄에서 검거. 12. 인천 매가리 직공 1천여 명 동맹파업. 0. 독립군 출동 454회. 일본 경찰관서 습격 12회. 노동쟁의 72건 6,041명. 소작쟁의 176 건 3,973명.

1924. (갑자년) 1. 의열단원 김지섭, 도쿄 이중교에 폭탄 투척. 상해임시정부, 기관지 <獨立新聞>을 <독립신문>으로 개제. 2. 경성에서 최초의 약식재판. 코민테른, 꼬르뷰로 해체. 최찬식, 신소설 <춘몽> 발간. 3. 조철호·정성채, 소년척후단조선총연맹 결성. 코민테른, 블라디보스토크에서 오르그뷰로 조직. 재경 11개 친일단체, 각파유지연맹 결성. 암태도 소작인, 면민대회에서 지주 규탄. 4. 223개 사회주의 운동단체, 경성에서 조선청년총동맹 결성. 임정 국무총리에 이동녕. 167개 노농단체 대표, 조선노농총동맹 결성. 이회영 등, 베이징에서 재중국조선무정부주의자연맹 조직. 암태도 소작인, 지주측과 유혈 충돌(13명 검거). 염상섭, 중편 <만세전>

연재. 이경손 등, 극단 무대예술연구회 창단. 5. 경성제국대학 예과 개교. 임시정부 직할대 참의부 설립. 임정 참모총장에 노백린. 정종명 등, 사회주의 여성단체 조선여성동우회 설립. 6. 독립군, 태천·창성 등지에서 활약. 23개 사회단체, 언론집회압박탄핵회 조직. 박종화, 시집 <흑방비곡> 발간. 현진건, 단편 <운수 좋은 날> 발표. 7. 암태도 농민 6백여 명, 구속된 13명의 석방을 요구하며 아사동맹. 일본인, 부산에 영화제작사 조선키네마주식회사 설립. 8. <총포화약류취체령> 시행규칙 공포. 암태도 소작쟁의, 소작인의 주장 관철로 종결. 염상섭, 단편집 <견우화> 발간. 9. 채찬, 대한통의부원에게 피살. 임정 의정원, 이동녕을 대통령 직무대리로 선임. 10. 황해도 재령군 북률 동척농장 소작인들, 소작료 불납 동맹시위 (북률 소작쟁의). 이광수·방인근, 문예지 <조선문단> 창간. 최학송, 단편 <고국> 발표. 11. 신사상연구회, 화요회로 개칭. 화요회, 연구단체에서 행동단체로 전환. 김약수 등, 북풍회 조직. 통의부·광정단 등 만주 독립운동 단체, 지린성에서 정의부 조직. 황해도 북률 소작인 5백여 명 2차 시위. 12. 임정 대통령 대리에 박은식. 주요한, 시집 <아름다운 새벽> 발간. 0. 변영로, 시집 <조선의 마음> 발간. 윤극영, 동요 <반달> 발표. 엄필진, <조선동요집> 발간. 김기진, 단편 <붉은 쥐> 발표. 권상로, 잡지 <불교> 창간. 이필우, 체육기록영화 <전조선여자올림픽대회> 발표. 창경원 밤 벚꽃놀이 시작,

1925. (을축년) 1. 일본의 북성회 해산되고 일월회 조직. 평북 용천 불이서선 농장 소작 쟁의. 현진건, 단편 <불> 발표. 전영택, 단편 <화수분> 발표. 김동인, 단편 <감자> 발표. 2. **오르그뷰로 해체.** 현진건, 단편 <B사감과 러브레터> 발표. 동아일보, 신춘문예 실시. 3. 김혁·김좌진 등, 만주독립군 규합하여 신민부 조직. 참의부 독립군, 국내 진입계획 중 일경의 기습으로 43명 피살(고마령 참변). 임정 의정원, 임시대통령 이승만 탄핵안 가결. 임정 의정원, 대통령제 폐지하고 내각책임제 채택. 총독부, 철도국 신설하고 남만철도의 위탁경영 해제. 신흥우·이상재 등, 흥업구락부 창설. 김동환, 장시집 <국경의 밤> 발간. 최학송, 단편 <탈출기> 발표. 4. 임정 의정원, 이승만의 구미위원부 폐지령 공포. 김약수·김재봉·조봉암 등, 경성에서 조선공산당 창당. 박헌영 등, 고려공산청년회 조직. 주요섭, 단편 <인력거꾼> 발표. 5. <치안유지법> 공포. 함남 부전강 제 1발전

소 착공. 이광수, 장편 <마의태자> 연재. 6. 총독부 경무국장 미쓰야, 만주 군벌 장작림과 항일운동 탄압을 위한 <재만한인단속강화협약>(미쓰야 협약) 체결. 총독부, 조선사편찬위원회를 조선사편수회로 개편. 나도향, 단편 <벙어리 삼룡이> 발표. 7. 태풍 2560호(을축대홍수. 사망 516명, 서울 500㎜, 파주 650㎜). 현진건, 단편 <새빨간 웃음> 발표. 8. 박영희 · 김기진 · 최학송 등, 조선프롤레타리아예술가동맹 KAPF 결성. 9. 백남훈 등, 조선사정연구회 조직. 임정 국무령에 이상룡. 서울역 역사 준공. 상해임시정부 <독립신문> 종간. 홍난파, 음악잡지 <음악계> 창간. 나도향, 단편 <물레방아> 발표. 노자영, 장편 <표박의 비탄> 발간. 10. 전남 무안군 도초도 소작인들, 소작료 불납운동(도초도 소작쟁의). 남산 서편에 일본 신사 조선신궁 완공. 11. 박은식 죽음. 신의주에서 신만청년회 폭행(신의주 사건). 신의주 사건으로 김약수 · 박헌영 · 임원근 등 60여 명 검거(제1차 조선공산당 검거사건). 조선~만주 전화 개통. 나주 동척 소작인 1만여 명, 소작료 불납동맹으로 경찰과 충돌. 12. 강달영 · 김재봉 등, 제 2차 공산당 조직. 총독부, 제 2차 산미증식계획(1926~1935) 수립. 나도향, 단편 <뽕> 발표. 이돈화, 잡지 <조선농민> 창간. 0. 노동쟁의 55건 5,700명. 소작쟁의 204건 4,002명. 김소월, 시집 <진달래꽃> 발간. 최학송, 단편 <큰물 진 뒤> 발표.

1926. (병인년) 1. 전남 무안군 자은도 농민 1천여 명 소작쟁의. 전남 목포 제유회사 노동자 동맹파업. 일본 미에현 일본인, 교포 학살. 1천여 재일교포, 일본인과 충돌. <조선농회령><조선산업조합령> 공포. 안창호 등, 수양동맹회 · 동우구락부 통합하여 수양동우회 설립. 김기진, 장편 <약혼> 연재. 2. 이완용 죽음. 임정 국무령 이상룡 사임. 후임 양기탁 사퇴. <조선도량형령>(일본 미터법 사용) 공포. 자은도 소작인 3천여 명 아사 직전. 카프, <문예운동> 창간. 토월회 해산. 3. 인천정미소 남녀 직공 3천여 명 총파업. 4. 경성제국대학 법문학부 · 의학부 개설. 양기탁 등, 만주 지린성에서 고려혁명당 창당. 화요회 · 북풍회 · 무산자동맹회 · 조선노동당 4개 사회주의단체, 정우회로 통합. 순종 창덕궁 대조전에서 승하(53세). 송학선, 창덕궁 금호문 앞에서 총독 암살 미수. 천도교, 잡지 <신인간> 창간. 5. 신민부 김좌진, 만주로 보내는 총독부 공금 6천 원 탈취. 최원택 · 조봉암 등, 만주 지린성에 조선공산당만주총국 · 고려공산청년회만주총

국 결성. 최남선, 논문 <조선국민문학으로서의 시조> 발표. 수양동우회, 월간종합지 <동광> 창간. 한용운, 시집 <님의 침묵> 발간. 6. 순종 국장일인 6월 10일에 계획된 만세운동 사전 탄로되어 천도교도·학생 다수 검거. 청년·학생들, 격문 살포하고 독립만세 시위(6·10 만세운동). 학생 106명 체포. 조선공산당 권오설·이준태 등 135명 검거되고 101명 재판(제 2차 조선공산당 검거사건). 경기도 수원고등농림학교 학생들 동맹휴학. 제주공립농업학교 학생들, 일인 교사 배척 동맹휴학. 이상화, 시 <빼앗긴 들에도 봄은 오는가> 발표. 7. 임정 국무령에 홍진. 상해 교포 2백여 명, 임정경제후원회 조직. 전주고보생, 동맹휴학 끝에 일본인 교장 축출. 8. 극작가 김우진과 성악가 윤심덕 현해탄에 동반 투신자살. 임정 의정원 의장에 송병조. <개벽> 종간. 10. 경복궁 내 조선총독부 청사 낙성식. 나운규 각본·감독·주연 영화 <아리랑> 개봉. 이하윤 등, 도쿄에서 문학단체 해외문학연구회 조직. 조태연, 사화집 <조선시인선집> 발간. 11. 광주지역 학생들, 항일단체 성진회 조직. 정우회 <정우회선언>. 경성부 청사 준공. 조선어연구회, 음력 9월 29일(양력 11월 4일)을 <가갸날>로 제정. 심훈, 장편 <탈춤> 연재. 이상협, 일간 <중외일보> 창간. 개벽사, 월간잡지 <별건곤> 창간. 전영택, 단편집 <생명의 봄> 발간. 12. 양명·안광천 등, 조선공산당 재조직. 임정 국무령에 김구. 의열단원 나석주, 식산은행과 동척에 폭탄 던지고 경찰과 교전 중 자결. 최남선, 시조집 <백팔번뇌> 발간. 0. 노동쟁의 81건 5,984명. 소작쟁의 198건 2,745명. 이경손·조일제, 계림영화사 설립.

1927. (정묘년) 1. 하준석 등, 종합잡지 <현대평론> 창간. 해외문학연구회, 기관지 <해외문학> 창간. 2. 민족주의·사회주의 제휴하여 신간회 창설(회장 이상재). 정우회 해체 선언. 허헌·김법린, 브뤼셀 피압박민족회의에 참석하여 조선에서 일본인 구축안 제출. 임정 의정원, 집단지도 체제의 임시약법 통과. 김규식 등, 중국 남경에서 동방피압박민족연합회 결성. 조선어연구회, 기관지 <한글> 창간. <가갸날>을 <한글날>로 개칭. 경성방송국 JODK 방송 개시. 3. <조선영업세령><조선자본이자세령> 공포. 이상재 죽음. 4. 신민부·정의부·참의부 대표, 통합을 위해 회동. 5. 유영준·김활란·박원민 등, 신간회 자매단체 근우회 설립. 조선질소비료주식회사 흥남공장 건립. 신민부·정의부·참의부 통합 결렬. 광주고보

학생들, 일본 학생과의 차별에 항의 동맹휴학. 7. 안명근 지린에서 죽음. 김교신 등, 동인지 <성서조선> 창간. 8. 임정 이동녕 내각 수립. 9. 조선노농총동맹, 조선농민총동맹·조선노동총동맹으로 분리. 나운규, 영화사 나운규 프로덕션 설립. 10. 조선공산당 만주총국 최원택 등 29명 검거(제1차 간도공산당사건). 전북 옥구군 이엽사농장 소작인 농민항쟁. 홍난파 작곡 이원수 작사 <고향의 봄>. 11. 김기진 등, 상해에서 중국본부한인청년동맹 결성. 12. 이리 시민들, 재 만주 한인 박해에 대한 항의로 중국인 상품 불매운동. 안재홍 등, 경성에 재만주동포옹호동맹 결성. 사이토 총독 퇴임. 제 4대 총독 야마나시 한조 취임. 연희전문 상과, 학술지 <경제연구> 창간. 소년조선사, <소년조선> 창간. 0. 노동쟁의 94건 10,523명. 소작쟁의 275건 3,973명. 김희상, 문법서 <울이글틀> 발간. 심훈 각본·감독 영화 <먼동이 틀 때> 상영.

1928. (무진년) 1. 신민부 김혁 등 12명, 하얼빈에서 일경에 체포. 일경, 공산당원 대검거(제 3차 조선공산당 검거사건, ML당 사건). 조선일보, 신춘문예 시행. 2. 차금봉·안광천 등, 제 4차 조선공산당 조직. 황해도 재령군 북률 동척농장 소작쟁의 재개. 4. 경성방송국 오케스트라 조직. 백우용, 아악의 5선보 채보. 5. 어린이날을 5월 첫 일요일로 지정. 조명하, 타이완에서 일본 천황의 장인 기습 성공. 재중국한인청년동맹 결성. 6. <치안유지법> 개정 공포. 7. <소작 관행에 관한 건><조선토지개량령> 시행. 최남선, 수필집 <금강예찬> 발간. 9. 조선공산당 만주총국 72명 검거(제 2차 간도공산당사건). 만주총국 붕괴되고 화요파·경성파·ML파로 분열. 10. 함경선 전 구간 개통(원산~회령). 조명하, 타이페이 형무소에서 순국. 이재유 등 170여 명 검거(제 4차 조선공산당 검거사건). <한글> 정간. 11. 함남 영흥광업소 광부 파업. 이광수, 장편 <단종애사> 연재. 홍명희, 장편 <임꺽정> 연재. 황석우, 시 전문지 <조선시단> 창간. 12. 코민테른, 조선공산당 승인을 취소하고 재건 명령(12월 테제). 영흥 노동자 총파업. 0. 노동쟁의 119건 7,756명. 소작쟁의 1,590건 4,863명. 전수린 작곡 이애리수 노래 가요 <황성옛터> 유행. 오세창, 서화사전 <근역서화징> 발간.

1929. (기사년) 1. 영흥 파업 종료. 원산 총파업. 2. 전국 각지에서 원산 총파업 지지. 3. 조선공산당 차금봉 서대문형무소에서 옥사. 4. 공명단원 최양옥 등 3인, 망우리에서 우편자동차 습격. 원산노동연합회, 자유복직 결

의로 파업 종료. 평남 · 전북에 유행성감기(1,100여 명 사망). 5. 신민부 · 정의부 · 참의부, 흥경에서 국민부로 통합. 국민부의 정규군 조선혁명군 창설. 6. 인정식 등 50여 명, 공산당 재건 기도로 검거(제 5차 조선공산당 검거사건). 함흥고보 학생들, 조선어 수업 요구하며 동맹휴학. 김동환, 잡지 <삼천리> 창간. 7. 신간회 제 2차 전체대표회의. 신간회, 좌파 실권 장악으로 우파 반발. 신간회 우파, 경성지회대회. 여운형, 상해에서 체포. 김좌진 등, 만주 영안현에서 한족총연합회 결성. 조선일보, 문맹퇴치운동 전개. 8. 야마나시 총독, 독직 사건으로 파면. 제 5대 총독 사이토 재취임. <소년조선> 종간. 9. 경복궁에서 <조선박람회> 개최. 국민부, 조선혁명당 창당. 평북 용천 불이농장 소작쟁의. 김기진, 장편 <전도양양> 연재. 10. 광주~나주 통학열차에서 조선 · 일본 학생 충돌. 함남 부전강 제1발전소 완공. 조선일보, 경성에서 제 1회 경평축구대회 개최. 조선어연구회 회원 등 108명, 조선어사전편찬회 조직. 염상섭, 장편 <광분> 연재. 조선물산장려회, 기관지 <조선물산장려회회보> 창간. 이광수 · 주요한 · 김동환, <삼인시가집> 발간. 11. 광주학생항일운동 일어남. 학생운동 전국 확산. 황석우, 시집 <자연송> 발간. 토월회, 재기 공연 <아리랑고개>. 12. 경성제대와 경성의 고등보통학교 학생들 동맹휴학. 경찰, 신간회 본부 기습하여 간부 등 44명 검거. 경찰, 근우회 간부 등 47명 검거. 총독부, 민요 <아리랑> 금지령. 김동인, 장편 <여인> 연재. 0. 노동쟁의 103건 8,293명. 소작쟁의 423건 5,319명. 홍난파, 동요집 <조선동요백곡집> 발간. 이상준, 악곡집 <조선속곡집> 발간. 무용가 배구자, 배구자예술연구소 설립. 무용가 최승희, 최승희무용연구소 설립.

1930. (경오년) 1. 광주학생운동 전국에 파급. 경성의 14개 학교, 개성의 4개 학교 학생들 만세 시위. 용천 불이농장 소작인 1백여 호, 소작권 매도하고 만주로 이민. 김좌진 피살. 이동녕 · 조소앙 · 김구 등, 상해에서 한국독립당 창당. 안재홍, 논설 <조선상고사관견> 연재. 김동인, 단편 <광염 소나타> 발표. 김기진, 장편 <해조음> 연재. 2. 조성환 · 이세영 등, 북경에서 한족동맹회 조직. 이상, 중편 <12월 12일> 연재. 총독부 학무국, <언문철자법> 공표. 3. 조선공산당 만주총국 장주련 등 50여 명 검거(제3차 간도공산당사건). 3월까지 194개교 5만 4천여 학생 시위 참가. 박용철 등, <시문학> 창간. 상해임시정부, <임시정부공보> 발행. 4. 상해에서 무

정부주의자 운동단체 남화한인청년연맹 결성. 장지영, <조선어철자법강
좌> 발간. <학지광> 종간. 5. 상해대한인거류민단 경찰기구로 의경대 조
직. 승려 이용조·조학유 등, 항일비밀결사 만당 조직. 김근 등 만주 공
산당원, 중국 공산당의 지시로 반일 항쟁(간도 5·30 사건. 제 4차 간도공산
당사건). <조선농민> 종간. <농민> 창간. 6. 만주의 조선 공산주의자 각
단체, 중국 공산당에 통합. 7. 함남 단천 하동면 농민 2천여 명, 경찰과
충돌(11명 사망). 전국에 폭우. 8. 임정 국무령에 김구. 평양고무 노동자 1
천 8백여 명 동맹파업. 안재홍, 기행문 <백두산등척기> 연재. 9. 적색노
동조합연맹인터내셔널(프로핀테른), <조선의 혁명적 노동조합운동의 임
무에 관한 결의>(9월 테제) 채택. 10. 일본 미쓰코시 백화점 경성지점 개
점. 김동인, 장편 <젊은 그들> 연재. 11. 신간회 중앙위원회 개회(위원장
김병로). 경성전기주식회사 당인리 화력발전소 준공. 12. 신간회 부산지
회, 신간회 해산론 주장. 신간회 평양지회, 신간회 해소 결의. 연희전문
문과, <조선어문연구> 창간. 0. 일본 지주들, 일본 쌀가격 하락으로 조선
쌀 배척운동. 노동쟁의 160건 18,972명. 소작쟁의 726건 13,012명. 1921
년~1930년 사이 일본으로 이주 노동자 27만 명, 만주·연해주로 이주
농민 40만 명. 최현배, 계몽서 <조선민족 갱생의 도> 발간.

1931. (신미년) 1. 조선어연구회, 조선어학회로 개칭. 4. 조소앙, <삼균주의>
공표. 프로핀테른 함흥위원회 김호반 등 17명 검거(제 1차 태평양노동조합
사건). 4. 조윤제 등, 조선어문학회 조직. 5. 신간회, 전체대회에서 해체
결의. 조선청년총동맹 해소. 현제명, <현제명 작곡집>(제 1집) 발간. 6. 사
이토 총독 사임. 6대 총독 우가키 가즈시게. 카프 회원 70여 명 검거(제
1차 카프 사건). 신채호, 역사서 <조선상고사> 연재. 이광수, 장편 <이순
신> 연재. 이효석, 단편집 <노령근해> 발간. <중외일보> 종간. 7. 동아일
보, 농촌계몽운동 <브 나로드 운동> 전개. 중국 지린성에서 한중 농민
충돌(만보산사건). 7. 조선어문학회, 기관지 <조선어문학회보> 창간. 서항
석 등 12명, 극예술연구회 창설. 8. 현익철, 심양에서 체포됨. 9. [일본,
만주 침공(만주사변)]. 박흥식, 종로에 화신백화점 개점. 10. 홍진·지청천
등, 지린에서 한국독립당과 산하 한국독립군 조직. 김동삼, 하얼빈에서
체포됨. 임정 직속 비밀결사 한인애국단 조직. 범태평양노동조합, <조선
의 범태평양노동조합비서부 지지자들에 대한 동비서부의 통신>(10월 통

신) 공표. <시문학> 종간. 11. 임정의 김구 등, 중국과 한중항일대동맹 조직. 김찬성, <중앙일보> 창간. 박용철 등, <문예월간> 창간. 동아일보사, 잡지 <신동아> 창간. 12. 조선혁명당 간부 30여 명, 요령성에서 일군에 체포됨. 박승빈 등, 조선어학연구회 창설. 0. 창경궁과 종묘 단절시키고 도로 개설. 노동쟁의 201건 17,114명. 소작쟁의 667건 10,282명. 한용운, 잡지 <불교> 속간. 최학송, 단편집 <홍염> 발간.

1932. (임신년) 1. 한인애국단 이봉창, 도쿄에서 일본 천황에 폭탄 투척했으나 실패. 경남 김해 하자마농장 소작인 373가구 소작쟁의. 전남 광양금광 광부 890명 동맹파업. 전북 김제 다목농장 소작인 8백여 명 소작쟁의. 제주 해녀 5백여 명, 어용단체 해녀조합에 항거 시위. 김동인, 단편 <발가락이 닮았다> 발표. 김말봉, <망명녀>로 등단. 2. 총독부, <미쓰야 협약> 폐기. 조선혁명군, 중국의용군과 합작하여 한중연합군 조직. <조선지광> 종간. 3. [일본, 만주국 건립]. 한중연합군, 신빈에서 일본군 대파. 함남 단천, 함북 성진 적색농민조합 사건으로 수백 명 검거. 이효석, 단편 <오리온과 능금> 발표. <문예월간> 종간. 4. 한인애국단 윤봉길, 상해 홍커우 공원에서 일본 요인에게 폭탄 투척 성공. 안창호, 상해에서 체포됨. 총독부, <소작관행조사서> 발간. 이광수, 장편 <흙> 연재. 이은상, <노산시조집> 발간. 김동인, 단편 <붉은 산> 발표. 현제명, 조선음악가협회 창설. 5. 장희건 등 노동자 5백여 명 검거(제 2차 태평양노동조합사건). 이문홍 등 99명, 흥남 적색노조사건으로 검거. 임시정부, 상해에서 저장성 항주로 이전. 조선어학회, <한글> 재창간. 최영환, 논문 <조선민요론> 발표. 6. 임민호 등 30여 명, 적색노조 재건 활동 혐의로 체포(제 3차 태평양노동조합사건). 8. 조선자작농창정 계획에 의해 각지에서 창정 자작농 선정. 9. 한중연합군, 쌍성보 점령(제 1차 쌍성보전투). 치안유지법 개정으로 사회주의운동 탄압 강화(10개월 동안 3천여 명 검거). 총독부, 일본 소요 면화 10만 근 전량을 조선에서 생산키로 함. 10. 이봉창, 일본에서 교수형 순국. 임정, 항주에서 진강으로 이전. 11. 한국독립당·조선혁명당 등, 중국 남경에서 한국대일전선통일동맹 결성. 한중연합군, 일군에 패배(제 2차 쌍성보전투). 임정, 진강에서 남경으로 이전. 12. 한중연합군, 동만주 경박호 전투에서 일만연합군 2천 명 격파. 윤봉길, 일본에서 총살형 순국. 0. 양주동, 시집 <조선의 맥박> 발간. 박상준, 문법책 <개정

철자법준거조선어법> 발간.

1933. (계유년) 1. 랴오닝성 신빈에서 국민부 장교 18명 체포됨. 진해 동양제
사 여공 파업. 손진태 등, 조선민속학회 창설. 조선민속학회, 기관지 <조
선민속> 창간. <동광> 종간. 2. 한국독립당 · 한국혁명당, 남경에서 신한
독립당으로 합당. <조선소작조정령> 시행. 총독부, 면화증산계획 발표.
<경제연구> 종간. 3. 총독부, 사상범 · 보통범의 분리집행원칙 결정. <미
곡통제법> 공포. 각 부 · 군 · 도에 소작쟁의 조정기관 소작위원회 설치.
부산 조선방직 노동자 4백여 명 파업. 임정 송병조 내각 수립. 여운형,
<조선중앙일보> 창간. 4. 일본 미쓰이 물산, 조선에서 고무제품 독점. 한
중연합군, 일만연합군 1개 사단 격파(사도하자 전투). 김동인, 장편 <운현
궁의 봄> 연재. 5. 총독부, 간도를 특별행정구로 지정. 김구 · 장개석, 남
경에서 낙양군관학교에 한인훈련반 설치 합의. 김초향 등, 국악단체 조
선성악연구회 창설. 채만식, 장편 <인형의 집을 나와서> 연재. 6. 현제
명, <현제명 작곡집>(제 2집) 발간. 7. 한중연합군, 일본군 나남부대 격파
(대전자령 전투). 경성 서대문 편창제사 직공 4백여 명 파업. <조선어문학
회보> 종간. 8. 태풍 3383호(사망 415명). 조선금융조합연합회 창설. <조
선사방사업령> 공포. 경남 함안 농민 수천 명 농성 시위. 부산진 환태고
무공장 직공 3백여 명 파업. 목포 동아고무공장 직공 130여 명 파업. 이
태준 등, 문학단체 구인회 결성. 9. 한국독립당군, 동녕현의 일본군 공격
했으나 패배. 한중연합군 불화로 와해. 평양곡산 직공 350여 명 파업. 편
창제사 여공 5백여 명 파업. 10. 2월의 <조선소작조정령> 시행 이후 소
작쟁의 건수 전년도 304건에 비해 642건으로 급증. 임정 이동녕 내각
수립. 조선물산장려회, 기관지 <신흥조선> 창간. 지봉문 등, 문예잡지
<조선문학> 창간. 모윤숙, 시집 <빛나는 지역> 발간. 조선어학회, <한글
맞춤법통일안> 제정. 11. 남궁억, 비밀결사 십자당사건으로 체포. 낙양군
관학교 한인특별반 설치. 농촌 고리채 정리 시작. 9월 말 간도 총인구
57만여 명 중 조선인 40만 3천여 명. 12. 정달헌 등 30여 명, 평양적색노
동조합 조직 혐의로 검거. 현진건, 장편 <적도> 연재. <농민> 종간. 0.
미곡 총생산량 1,819만 석 중 대일 수출 943만 석. 김소운, 민요집 <조선
구전민요집><조선동요선>(일어판) 발간. <불교> 종간. 김동진 작곡 이은
상 시 <가고파>. 채동선 작곡 정지용 시 <고향>. 이덕봉 등, 조선박물연

구회 설립.

1934. (갑술년) 1. 임시정부, 각 단체 대표를 진강에 소집. 김병로·여운형 등, 조선소작령제정촉진회 조직. 총독부, 고무신 통제. 군산 가등정미소 여공 170여 명 동맹파업. 울릉도 폭설(41명 사망). <신흥조선> 종간. 박영준, 단편 <모범경작생>으로 등단. 2. 곡물연합회·조선상공회의소, 일본의 외지미 차별대우에 반대. 조선미옹호전선대회 개회. 울진 적색노조 사건으로 50여 명 검거. 조선어학연구회, 기관지 <정음> 창간. 3. 만주의 한국독립당과 남경의 한국혁명당, 남경에서 신한독립당으로 통합. 총독부, 남면북양 정책 발표. 4. <조선농지령> 공포. <조선소득세령> 개정. 세무서 독립에 따라 각 도의 재무부 폐지. <신여성> 종간. 5. 경성·평양에 메이데이 기념격문 살포. <세무서관제> 시행. 카프 회원 70여 명 검거(제 2차 카프 사건. 신건설사 사건). 이병도 등, 학술단체 진단학회 창설. 채만식, 단편 <레디메이드 인생> 발표. <신소년> 종간. 6. 충주 소태면 농민 3천여 명, 면사무소 습격. <조선시가지계획령> 공포. 7. 태풍 3486호(사망 265명). 노자영, 문예잡지 <신인문학> 창간. <어린이> 종간. 8. 이상, 시 <오감도> 발표. 박태원, 중편 <소설가 구보씨의 일일> 연재. 최학송, 문학평론 <현대 주지주의 문학이론> 발표. 9. 조선혁명군 총사령 양세봉 환인현에서 전사. 신백수, 문예동인지 <삼사문학> 창간. 10. 금융조합연합회, 자작농 창정자금 대출 개시. 흥남제련소 직공 6백여 명, 부당해고 항의 파업. 신의주 왕자제지회사 직공 250여 명 파업. 11. 총독부, 관혼상제에 관한 <의례준칙> 공포. 이경덕 등 20여 명 검거(제 4차 태평양노동조합사건). 낙양군관학교 한인특별반 해산. 진단학회, 학술지 <진단학보> 창간. 12. 제주도 적화운동 혐의로 70여 명 체포. 임시정부, 남경에 한국특무대예비훈련소 설치. 총독부, 산미증식계획 중단. 0. 유치진, 희곡 <빈민가><소> 발표. 고복수, 가요 <타향살이> 출반.

1935. (을해년) 1. 이동휘 죽음. 여성 농촌운동가 최용신 죽음. 김동리, 단편 <화랑의 후예>로 등단. 김유정, 단편 <소낙비><노다지>로 등단. 안수길, 단편 <적십자병원장>으로 등단. 2. 함북 명천에서 비밀결사 조직 혐의로 130여 명 검거. 강경애, 단편 <원고료 이백원> 발표. 3. <식산계령> 공포. 5. 지방세제조사위원회 설치. 카프 해산. 계용묵, 단편 <백치 아다다> 발표. 6. 충남 장항에 조선제련주식회사 설립. 총독부, 소작관을 증원해

소작쟁의 단속. 인천곡물협회와 선항동맹회 분규로 노동자 1천여 명 파업. 7. 의열단 · 한국독립당 · 신한독립당 · 조선혁명당 · 대한인독립당 5당 대표, 남경에서 조선민족혁명당 창당. 일본산업 진남포제련소 한인노동자 1천 2백여 명 동맹파업. 8. <신원보증령> 공포. 고등보통학교 군사교육 실시. 대전 군시제사공장 여공 5백여 명 파업. 부산 삼화고무 제 1공장 노동자 780여 명 파업. 삼화고무 파업 2, 3, 5 공장으로 확대. 9. 조소앙 등, 민족혁명당 이탈하여 항주에서 한국독립당 재건. 총독부, 각 학교에 신사참배 강요. 심훈, 장편 <상록수> 연재. 이난영, 가요 <목포의 눈물> 출반. 10. 조선 주둔 일본군, 사단 대항 훈련. 임시정부, 가흥으로 이전. 김유정 단편 <봄봄> 발표. 11. 평양의 기독교계 사립학교장 신사참배 거부. 임정 주석에 이동녕. 이동녕 · 김구 등, 항주에서 한국국민당 창당. 조선일보사, 잡지 <조광> 창간. 주요섭, 단편 <사랑방 손님과 어머니> 발표. 김윤식, <영랑 시집> 발간. 김동인, 잡지 <야담> 창간. 12. 경성부민관 준공. <삼사문학> 종간. 0. 정지용, <정지용 시집> 발간. 박승빈, 문법서 <조선어학> 발간.

1936. (병자년) 1. 평양 숭실전문학교 · 숭실학교 교장 맥큔, 신사참배 거부 이유로 교장 인가 취소. 총독부, 학무국 내에 사상계 설치. 김은호 제자들, 동양화 단체 후소회 설립. 이효석, 단편 <분녀> 발표. 김동리, 단편 <산화>로 등단. 김정한, 단편 <사하촌>으로 등단. 최인화, 아동잡지 <동화> 창간. 2. <조선소작조정령> 개정 공포. 평양 숭의여학교 교장대리 스누크, 신사참배 거부로 교장대리 취소. 임시정부, 가흥에서 남경으로 복귀. 신채호, 여순감옥에서 순국. 3. 박종화, 장편 <금삼의 피> 연재. 구인회, 동인지 <시와 소설> 창간. 4. 경성부 관할 구역 변경. <도제 · 부제 · 읍면제 시행규칙> 개정. <지방세 부과에 관한 법령> 시행. 모윤숙, 산문집 <렌의 애가> 연재. 5. 조선 · 대만의 미곡 통제를 위한 <미곡자치관련법> 공포. 김일성, 중국 무송현 동강에서 조국광복회 조직. 염상섭, 장편 <불연속선> 연재. 김유정, 단편 <동백꽃> 발표. 김동리, 단편 <무녀도> 발표. 6. 조선제련주식회사 장항제련소 준공. 안익태, <애국가> 작곡. 7. 임선규, 희곡 <사랑에 속고 돈에 울고>(홍도야 우지마라) 공연. 8. 일본 육군성, 나진을 요새로 선정. <조선불온문서취체령> 공포. 제 7대 총독 미나미 지로. 총독 관할 선만척식주식회사 설립. 만주 신경에 만선척식회

사 설립. 손기정, 베를린 올림픽 마라톤 우승(세계 최고기록 2시간 29분 19초). 태풍 3693호(사망 1,232명). <동아일보>, 일장기 말살사건으로 무기 정간. 오정민 등, 조선연극협회 창설. 박영준, 단편 <목화씨 뿌릴 때> 발표. 박태원, 장편 <천변풍경> 연재. 9. 조선중앙일보, <일장기 말살사건>으로 자진 휴간. 이상, 단편 <날개> 발표. <신동아> 종간. 10. 미나미 총독과 관동군 사령관, 도문에서 조선 독립운동가 공동 토벌 논의. 한강에 광진교 건설. 조선어학회, <조선어표준말모음> 발간. 이효석, 단편 <메밀꽃 필 무렵> 발표. 11. 부산~베이징 직통열차 운행. 전국 12도에 미곡 통제조합 설립. 서정주, 문예잡지 <시인부락> 창간. 12. 전남·전북의 장로교 경영 초·중학교 17개교 폐교 결정. <조선사상범보호관찰령> 공포. 0. 경부선 복선공사 착공. 김기림, 시집 <기상도> 발간.

1937. (정축년) 1. 최백지·김득수 등, 중국 화북지방에서 한족항일동지회 조직. 부산 택산형제상회 인부 150여 명 동맹파업. 장항제련소 전 직공 파업. 전영택, 문예종합지 <백광> 창간. 정비석, <성황당>으로 등단. 2. 일본의 중요산업통제에 관한 법률 조선에도 적용. 박윤옥 등, 평양에서 열혈회 조직. 총독부, 친일전향자단체 시국대응전선사상보국연맹(대화숙) 조직. 백백교 교주 전용해와 간부들, 교도 3백여 명 살해 혐의로 검거(백백교 사건). 전용해 자살. 김유정, 단편 <땡볕><따라지> 발표. 3. 선만척식회사, 제 1차 간도이민 모집(11,928명). 총독부, 일본어 사용 강화. 진해 시멘트공장 직공 6백여 명 임금 쟁의. 최현배, 문법서 <우리말본> 발간. 김말봉, 장편 <찔레꽃> 연재. 이태준, 단편 <복덕방> 발표. 4. 김동삼, 경성감옥에서 순국. 총독부, <5대시정방침> 발표. 윤곤강, 시집 <대지> 발간. 최정희, 단편 <흉가> 발표. 5. 경복궁 후원에 총독 관저 준공. 일본 척식성, 만주에 한인노동자 10만 명 이주 결정. 이상, 단편 <종생기> 발표. 6. 수양동우회 회원 검거. 경북 봉화 금정광산 광부 2백여 명 파업. <동아일보> 정간 해제. 7. [중일전쟁 발발]. 총독부, 경기·함북에 외사경찰과 신설. 8. 임시정부 중심으로 중국·미주 등의 9개 단체, 한국광복운동단체연합회 결성. 친일 부인들, 애국금차회 결성. 함북 명천 농민조합 199명 검거. 경성 전역에 등화관제. 전국에 음향관제. 9. <조선산금령> 공포. 전주 신흥학교·기전여학교, 신사참배 거부하고 폐교. 소련 정부, 연해주 거주 한인 20만 명 중앙아시아로 강제 이주. 10. 총독부, <황

국신민서사> 암기 강요. <황국신민체조> 실시. 채만식, 장편 <탁류> 연재. 11. 경성·인천 방공훈련. 조선민족혁명당·조선민족해방자동맹·조선혁명자연맹·조선청년전위동맹, 남경에서 조선민족전선연맹 결성. <조선중앙일보> 종간. 김은호, <금차봉납도> 그림. 12. 각 학교에 일본천황 사진 배부하고 경배 강제. 임시정부, 남경에서 장사로 이전. 박종화, 장편 <대춘부> 연재. <시인부락> 종간. 0. 라디오 보급 10만 대 돌파. 박영희, 시집 <회월시초> 발간. 장만영, 시집 <양> 발간. 이서구, 희곡 <어머니의 힘> 공연. 조선박물연구회, 도감 <조선식물향명집> 발간.

1938. (무인년) 1. 전국에 일본어 강습소 1천여 곳 개설. 전 국민에게 일어 강습 실시. 남인수, 가요 <애수의 소야곡> 출반. 2. <육군특별지원병령>으로 조선인 병력 동원. 평북 노회, 장로교 최초로 신사참배 승인. 경찰, 각 전문학교 도서관과 서점 검색 및 불온서적 압수. 극예술연구회 해체. 임화, 시집 <현해탄> 발간. 덕수궁 미술관(석조전 서관) 준공. 3. 제 2차 간도 이민 모집. 평양 숭의학교·숭실학교, 신사참배 거부하고 폐교. 안창호 죽음. 제 3차 <조선교육령> 공포. 수양동우회 181명 검거(수양동우회 사건). 채만식, 단편 <치숙> 발표. 4. <국가총동원법> 제정. 중학교 조선어 시간을 일어·한문 등으로 대체. 조선에 <중일전쟁특별세> 적용. <육군병지원자훈련소관제> 공포. 양기탁, 중국 강소성에서 죽음. 원료 부족으로 전국 고무공장 휴업. 유진오, 단편 <창랑정기> 발표. 5. 일본에 <국가총동원법> 시행. 조선·대만·사할린에도 <국가총동원법> 적용. 총독부, <공장사업장관리령> 공포. 한국독립당·한국국민당·조선혁명당 대표들 장사 조선혁명당 본부에서 통합 논의 중 총격으로 현익철 사망, 김구 등 중상(남목청 사건). 안재홍 등 흥업구락부 간부 검거(흥업구락부 사건). 총독부, 각종 토목공사에 부인동원령. 한용운, 장편 <박명> 연재. 유치진 등, 극단 극연좌 창단. 6. 경성제대 강당에서 육군지원병 입소식. 전국 방공훈련 실시. 친일 민간단체들, 국민정신총동원조선연맹 결성. 이왕가박물관, 이왕가미술관으로 개칭하고 창경궁에서 덕수궁 석조전 서관으로 이전. 7. <국민정신총동원근로보국운동에 관한 건>으로 근로보국대 조직. 임시정부, 장사에서 광동성 광주로 이전. 친일 좌우익전향자들, 시국대응전선사상보국연맹 결성. 전국의 교원·관리 제복 착용. 문세영, <조선어사전> 발간. 총독부 산하 조선사편수회, <조선사>(37책) <조선

사료총간>(20종) <조선사료집진>(3책) 발간. 현진건, 장편 <무영탑> 연재. 홍난파, 산문집 <음악만필> 발간. 8. 총독부, 물가위원회·시국대책조사회 설치. <동·연·아연·주석 사용제한령> 공포. 9. 평양 장로교 총회에서 신사참배 결의. 조선혁명군 총사령 김호석 체포. <개역성경전서>(성경 개역) 발간. 10. 조선민족혁명당 김원봉, 중국 한구에서 조선의용대 조직. 임정, 광주에서 광서성 유주로 이전. 해상 방공연습 시작. 서해에 등화관제. 11. 경제경찰제 실시. 수양동우회 사건 이광수 등 29명, 사상전향서 제출. 이광수, 장편 <사랑> 발간. 12. 신조선사, <여유당전서> 간행. 0. 김광섭, 시집 <동경> 발간. 노천명, 시집 <산호림> 발간. 김동명, 시집 <파초> 발간. 최재서, 평론집 <문학과 지성> 발간.

1939. (기묘년) 1. 총독부, <국민직업능력신고령> 공포. 박계주, 장편 <순애보> 연재. 계용묵, 단편 <병풍에 그린 닭이> 발표. 임화, <현대조선시인선집> 발간. 2. 이태준, 장편 <딸 삼형제> 연재. 김래성, 장편 <마인> 연재. 김연만 등, 문예지 <문장> 창간. 3. <국경취체령> 공포. 김동인, 단편 <김연실전> 발표. 4. 국가총동원법에 의한 <회사이익배당 및 자금융통령> 공포. 못·철사·철판 등 배급제. 5. 총독부, 노무동원 할당모집 시작. 임시정부, 유주에서 사천성 기강으로 이전. 총독부, 각종 운동단체를 산업·경제 방면은 농촌진흥운동, 정신적 방면은 국민정신총동원운동으로 통합. 이수영 등, 일본에서 민족부흥회 조직. 총독부, 경복궁 건청궁터에 조선총독부미술관 건립. 극연좌 해체. 7. <국민징용령> 공포로 징용 실시. 소방조·수방단을 경방단으로 통합. 마산 창신학교·의신학교 신사참배 거부로 폐교. 고교·전문교 입학시험에서 영어 과목 폐지. 8. 국민정신총동원조선연맹 전국 순회 강연. 매월 1일을 흥아봉공일(애국일)로 지정. 식품 가격 폭등. 쌀값 폭등을 막기 위해 각 도에 협정표준미가 고시. 산금정책 강화. 목탄자동차 시험. 지주 등 부유층의 지방 이탈 만연. 이병기, <가람 시조집> 발간. 임옥인, 단편 <봉선화> 발표. 9. [제 2차 세계대전 발발]. 김구계의 한국광복운동단체연합회와 김원봉계의 조선민족전선연맹, 전국연합진선협회로 통합. 쌀값 계속 급등. 총독부, 총동원법을 발동하여 가임·소작료 및 봉급·상여금 인상 통제. 임화, 평론 <개설신문학사> 연재. 10. 총독부, <가격등통제령><지대임대통제령><임금임시조치령><회사직원급여임시조치령><전력조정령> 등 공포. 최

재서, 문예지 <인문평론> 창간. 이광수 등, 조선문인협회 결성. 현진건, 장편 <흑치상지> 연재. 11. 창씨개명을 위한 <조선민사령> 개정. <외국인의 입국, 체재 및 퇴거에 관한 법령> 공포. 박윤옥 등 열혈회원 7명 체포. 12. 총독부, <조선미곡도정제한규칙><소작료통제령> 공포. 일본정부, 미곡 부족 해결을 위해 조선에서 150만 석 도입. <조선미곡통제령><조선미곡배급조정령> 공포. 0. 김포비행장 개장. 김상용, 시집 <망향> 발간. 신석정, 시집 <촛불> 발간. 유치환, 시집 <청마시초> 발간.

1940. (경진년) 1. 각 도·부·군에 식량배급조합 결성. <육운통제령 및 해운통제령> 공포. 친일잡지 <내선일체> 창간. <조선영화령> 공포. 2. 창씨개명 실시. 박헌영 등, 경성콤그룹 결성. 조지훈, 시 <봉황수> 발표. 3. <석유배급통제규칙> 공포. 4. <카바이트배급통제규칙> 공포. 최정희, 중편 <인맥> 발표. 만주 집안현에서 고구려벽화 다수 발견. 5. 한국국민당·조선혁명당·한국독립당, 통합하여 새로운 한국독립당 창당(위원장 김구). 국민정신총동원조선연맹, <내선일체정의> 배포. 경성부민 쌀배급에 매출표제 실시. 6. 이수영 등, 나고야에서 민족부흥회 조직. 이수영 등 23명 체포됨. 7. 총독부, 전문대학생 1백여 명을 선발하여 만주국 건설 봉사학생근로대 파견. <잡곡배급통제규칙><사치품제조판매제한규칙> 공포. 경북 안동에서 <훈민정음해례본> 발견. 8. 국민정신총동원연맹, 전시생활체제 강요. <조선일보> 종간. <동아일보> 종간. 9. 임시정부, 기강에서 중경으로 이전. 임시정부, 한국광복군 창설(총사령 이청천). 총독부, <조선기독교불온분자일제검거령> 시행. 10. 임시정부, 국무령제에서 주석제로 변경(주석 김구). 총독부, 국민정신총동원조선연맹을 국민총력조선연맹으로 개편. 총력연맹, 황국신민화운동 강제 실시. <조선민속> 종간. 11. 한국광복군 총사령부, 중경에서 서안으로 이전. 미국인 선교사 160명 본국으로 출국. 박종화, 장편 <다정불심> 연재. 12. 총력연맹, 전 애국반원에게 미곡 공출 독려와 5억 원 강제저축운동 전개 지시. 총력연맹, 사상통일·총훈련·생산력확충 등 3대강목 실천요강 결정. 시국대응전선사상보국연맹 해소. 신봉조 등 각계인사 46명, 친일단체 황도학회 설립. 이서구 등, 조선연극협회 창설. 0. 조선물산장려회 해산. 안익태, <한국환상곡> 작곡. 최현배, 학술서 <한글갈> 발간. 박남수, 시집 <초롱불> 발간. 김소운, 동요집 <구전동요선> 발간.

1941. (신사년) 1. <신문지 등 계재제한령> 공포. 조선어학회, 규정집 <외래어 표기법통일안> 간행. 노익형, 친일잡지 <신시대> 창간. 2. 조선인의 일본군 지원병 모집 마감(3천 명 모집에 139,123명 지원). 일본 내의 생산력 확충을 위한 조선인 노동자 동원 방침 결정. 총독부, 내선일체정신대로 조선인 소학교 6학년 졸업생 6백 명을 선발하여 일본의 공장·사업장에 파견키로 결정. 서정주, 시집 <화사집> 발간. 강소천, 동시집 <호박꽃초롱> 발간. 김동인, 장편 <대수양> 연재. 황순원, 단편 <별> 발표. 3. 평양 등지의 영미 선교사와 부인 등 15명, 반전운동계획 혐의로 검거. <국방보안법> 공포. 소학교를 국민학교로 개칭. 국민학교에서 조선어학습 폐지. 양재하, 잡지 <춘추> 창간. 미술가 20여 명, 조선미술가협회 결성. 김종찬 등, 신미술가협회 결성. 유치진 등, 극단 현대극장 창단. 박계주, 장편 <애로역정> 연재. 4. 부녀자의 갱내 노동 허용. 미주 9개 단체 대표, 호놀룰루에서 재미한족연합위원회 조직. 평원선 완전 개통(평안남도 소포~함경남도 고원). 조계종 총본산 조계사로 결정. <문장> 종간. <인문평론> 종간. <정음> 종간. 5. <무역통제령> 공포. 광물증산운동 전개. 지방신문 1도 1지로 통폐합. 6. 함경남도 허천강수력발전소 준공. 각급학교 학생 연중 30일 근로봉사. 선만척식회사·만선척식회사, 만주척식공사로 통합. <진단학보> 종간. 7. <조선잡곡배급통제규칙> 공포. 8. 전국 총호수의 87.4% 창씨개명 완료 발표. 외국인의 입국 제한. <금속류회수령> 공포. 9. 전국에 국민개로운동 시행. 10. 각도 양곡배급조합 해산. 각도 양곡통제회사 설립. 11. 수양동우회사건 상고심 공판에서 36명 전원 무죄선고. 임정, 중국군이 제시한 <한국광복군행동준승 9개항> 승인. 임정, <대한민국건국강령> 발표. 총독부, <국민근로보국협력령> 공포. 최재서, 문예지 <국민문학> 창간. 12. [일본, 미국 하와이 진주만 공격. 태평양전쟁 개전]. 임시정부, 일본·독일에 선전포고. <농업생산통제령> 공포. 0. 정지용, 시집 <백록담> 발간. <청년> 종간.

1942. (임오년) 1. <조선군사령> 공포. 중소상공업자를 위한 갱생금융제도 실시. 구정 폐지. 조선체육진흥회 설립. 노기남 서울대교구장 서임. <삼천리> 종간. 2. 노무동원 관알선 시행. <식량관리법> 공포. 재미 9개 단체, 하와이에서 재미한족연합위원회 설립. 로스앤젤레스에서 한인국방경위대 조직. 3. <조선사법보호사업령> 공포. 각종 세율 인상. <전시해운관

리령> 공포로 1백 톤 이상 선박 징발. 김교신 등 18명 <성서조선> 사건으로 구속. <성서조선> 종간. 4. 중앙선 전 구간 개통(경경선. 청량리~경주). 김원봉의 조선의용대, 한국광복군에 편입. 5. <조선염전매령> 공포. 제 8대 총독 고이소 구니아키 취임. 조선어학회 기관지 <한글> 종간. 양주동, 연구서 <조선고가연구> 발간. 6. 쌀 대용으로 면미 배급. 총독부, 국민개로운동 강화. 세브란스 의학전문학교, 아사히 의학전문학교로 개칭. 7. 총력연맹, 가정의 놋그릇 공출 지시. 김두봉 등, 조선독립동맹 결성. 조선연극협회·조선연예협회, 조선연극문화협회로 통합 8. 미국의 소리 VOA, 한국어방송 시작. 9. 경성부, 가정용 육류 윤번 구입표제, 쌀 배급 통장제, 된장·간장 배급제 실시. 한국광복군 총사령부, 서안에서 다시 중경으로 이전. 10. 조선어학회 이중화·장지영·최현배 등 구속(조선어학회 사건). <조선청년특별연성령> 공포. 징병제 실시 대비 호적 일제조사. 김구·쑨커 등, 한중문화협회 설립. 11. <조선 총독 및 대만 총독의 감독에 관한 건> 공포로 일본 내무대신이 총독에 지시. 대종교 교주 윤세복 등 간부 21명, 조선과 만주에서 체포. 12. 노기남, 한국인 최초로 주교 서임. 전국 121개소 청년특별연성소 입소식.

1943. (계미년) 1. 보국정신대 창설. 조선농지개발영단 창단. 2. 임정, 중국에 <한국광복군행동준승 9개항> 폐기 요구. 조선신궁, 경성제대에 신도 강좌 개설. 대학·중학·실업교 연한 1년씩 단축. <출판사업령> 공포. 김순애 등, 중경에서 대한애국부인회 재건. 3. <개정병역법> 시행. 집회·결사에 <임시보안법> 적용. 4. 재 쿠바한족단 출범. <조선석유전매령> 공포. 조선문인협회·조선하이쿠작가협회·조선센류협회·국민시가연맹, 조선문인보국회로 통합. 5. 중경의 한인 3백여 명, 전후 한국 신탁통치설 비판. 6. 임시정부, 충칭판 <독립신문>(중국어) 발행. 7. 총독부, <학도전시동원체제확립요강> 시달. 8. 해군지원병제 실시. 한국광복군, 연합군 사령부의 요구로 사관 1개 부대를 미얀마 전선에 파견. 9. <개정국민징용령> 공포. 10. 해군지원병 1기 1천 명, 진해훈련소 입소. <생산증강노무강화대체요강> 발표하여 여성 노동자로 대체. <조선인학도육군특별지원병제도> 공포. 제 1회 학도지원병 징병검사 실시. 토요일 반휴제 폐지. 11. 관부연락선 곤론마루, 미 잠수함 공격에 침몰(544명 사망). <교육에 관한 전시비상조치령> 공포. 문과계대학·전문학교·고등학교에 징집영장

일제 발부. 중추원, 학병 불지원자는 휴학 · 징용키로 결정. 학병 적격자 1천 명 중 959명 입영. [미국 · 영국 · 중국 정상 카이로 회담. 한국의 자유와 독립에 합의 카이로 선언]. 평북 삭주 압록강 수풍댐 1기 발전기 1~6호기 가동. 12. <수도소개실시요강> 발표. 조선중요물자영단 창단. 조선어학회사건 이윤재 함흥감옥에서 옥사. 0. 제 1지원병 훈련소 13기생 및 제 2지원병 훈련소 2기생 수료로 지원병제도 종료(1938년부터 17,664명 배출).

1944. (갑신년) 1. <긴급국민근로동원방책요강> 발표. 조선인 학생 4,385명 강제 입영. 식산은행, 제 1회 할증금부애국채권 발행. 전국 신문의 석간 폐지. 2. 총동원법에 의해 현원징용 실시. <조선총독부재판소령전시특례> 공포. 형사재판에 2심제 적용. 조선어학회사건 한징 함흥감옥에서 옥사. 관청의 일요일 휴무 폐지. 3. <학도군사교육요강><학도동원비상조치요강> 공포. 총독부에 학도동원부 설치. 임시정부, 국내공작특파위원회 · 군사외교단 설치. 금융기관의 일요일 휴무 폐지. 4. 징병대상자 징병검사 실시. 전면적 징병제 시행. 군수광공업책임생산제 실시. 해군지원병 2기 2천 명, 진해훈련소 입소. 주기철 목사 평양감옥에서 옥사. 총독부, 보성전문을 경성척식경제전문학교, 연희전문을 경성공업경영전문학교로 개편. 임정 기관지 <독립신문> 속간. 5. 여자정신대 경남반, 일본에 동원. 6. 미곡강제공출제(할당제) 실시. <전시비상금융대책정비요강> 발표. 여자정신대 경북반, 일본에 동원. 임시정부, 30여 국가에 정부 승인 요청. 프랑스 · 폴란드, 임시정부 승인을 통고. 한용운 죽음. 7. 제 9대 총독 아베 노부유키. 여자정신대 경기반, 일본에 동원. 8. 중국 군사위, 임정에 <한국광복군행동준승 9개항> 취소 통보. 일본 후생성, <여자정신대근무령> 공포. 여운형 등, 조선건국동맹 조직. 일반징용 실시. 대구에서 학병 집단 탈영. 9. 징병검사 합격자 징집 시작. 조선어학회사건 최현배 등 12명 예심 종결. 10. <군수회사법> 시행. <학도근무령> 공포. 이재유 서대문형무소에서 옥사. <내선일체> 종간. <춘추> 종간. 12. 평양사단 조선 학병들, 탈출과 항일 게릴라전 계획 발각되어 70여 명 검거. 친일 종교연합 조선전시종교보국회 결성. 한성 인구 947,630명. 0. 신미술가협회 해체.

1945. (을유년) 2. [미국 · 영국 · 소련 정상 얄타 회담]. 윤치호 · 박춘금 등, 친

일단체 대화동맹 창설. 각 군에 근로동원과 설치. <야담> 종간. <신시대> 종간. 4. 주요도시 소개 실시. 5. 유만수 등 5명, 대한애국청년당 창당. 6. 박춘금 등, 친일단체 대의당 창당. 7. 12~65세의 모든 남자, 12~45세의 모든 여자로 조선국민의용대 조직. 대한애국청년당, 대의당 주최 부민관 연설회장에 폭탄 투척. [미국·영국·중국·소련 정상, 포츠담 회담. 전후 대일 방침 등에 대한 포츠담 선언]. 8. 미군, 일본 히로시마에 원자폭탄 투하. 소련군, 두만강 건너 경흥 일대로 진군. 미군, 일본 나가사키에 원자폭탄 투하. 일본, 포츠담 선언 수락. 소련군, 웅기 진출. 소련군, 나진·청진 상륙. 송진우, 총독부의 정권 이양 교섭 거절. 여운형, 아베 총독의 정권 이양 교섭에 동의.

<효창공원 삼의사 묘>

14. 대한민국

1945. 8. 15. 히로히토 일본 천황, 무조건항복 방송. 조선 광복. 전국에서 해
방 경축 인파 해방 만세 시위. 전국 형무소에서 독립운동자 2만여 명 석
방. 은행 등에 현금 인출 인파. 조선건국준비위원회(건준) 발족(위원장 여
운형). 건준 보안대 조직. 건준 중앙조직 수립 완료. 재일 조선인 귀국 시
작. 일본군, 경성 요지에서 방어벽 치고 저항. 일본군, 물자 소각과 군수
품 창고 폭파. 일본 군경, 각지에서 조선인 시위대에 발포. 소련군, 평양
진주. 소련군, 평양에 사령부 설치. 미군 인천 상륙. 전파관제 전면 해제.
9. 안재홍 등, 조선국민당 창당. [일본, 미조리 함상에서 연합국에 항복
서명]. 연합군 사령부, 북위 38°선을 경계로 미소 양군 조선분할점령책
발표. 건준, 조선인민공화국 선포. 각지 건준 지부, 인민위원회로 개조.
미 극동사령부, 남한에 군정 선포. 군정청 사령관 하지 중장. 하지, 38선
이남 일본군의 항복 받음. 군정장관에 아놀드 소장. 하지, 미군정 시정방
침 발표. 박헌영, 조선공산당(조공) 재건. 경성을 서울로 개칭. 송진우 등,
한국민주당(한민당) 창당. 군정청, 집회·행렬에 허가제 실시. 아놀드, 각
정당에 대해 중립 표명. 군정청, 일본 정부 및 일본인 재산 군정청 소유
로 전환. 소련군 위원단, 서울 입경. 조선은행권, 8·15 당시보다 2배 가
까이 남발. <조선통신> 창설. <조선인민보> 창간. <해방일보> 창간. 미
군정청, 경성방송국 및 <경성일보> 접수. 경성방송국, 제1방송(일본어)
폐지. 현제명, 고려교향악단 창단. 변영로·오상순·박종화 등, 중앙문화
협회 설립. 10. 군정청, <최고소작료결정권> 발표(소작료 1/3 이하). 미 군
정장관 고문에 한인 11명 임명(위원장 김성수). 한글날 10월 9일로 확정.
군정청, <치안유지법><예비검속법> 등 12개 일제특별법 폐지. 아놀드,
군정청이 38선 이남의 유일한 정부라고 선포. 32개 정당 및 사회단체,
38선 철폐 요구. 북한, 조선노동당 창당. 군정청, 남한 각지의 인민위원
회 해산 지시. 경성제국대학을 경성대학으로 개칭. 시중운행 정상 업무.
미국무성, 한국에 대한 신탁통치 의사 표명. 이승만, 독립촉성중앙협의회
(독촉) 결성. 군정청, 일본인 철수령 발표. 각 정당, 신탁통치 반대 성명.
11. 조만식, 평양에서 조선민주당 창당. 조선공산당, 독촉 탈퇴. 조공 산하

조선노동조합전국평의회(전평) 결성. 여운형 등, 조선인민당 창당. 군정청, 국방사령부 설치. 북한의 5도 인민위원회, 5도 행정국으로 개편. 상해임시정부 주석 김구 등, 개인 자격으로 귀국. 신의주 반공학생의거(23명 사망). 8·15 이후 도매물가 30배 이상 폭등. 김창숙 등, 유도회총본부 결성. <조선일보> 복간. <매일신보>, <서울신문>으로 개제 속간. 조선미술협회 결성. 12. 조선독립동맹 김두봉 등, 연안에서 입북. 상해 임정 요인 2진 귀국. 전국농민조합총연맹(전농) 결성. 아놀드 군정장관 후임 러치 소장. 이갑성·김여식 등, 신한민족당 창당. 군정청, 석유배급회사 설립. 군정청, 미곡소매최고가격 결정. 임정 지지 43개 청년단체, 대한독립촉성청년총연맹(독청) 결성. 조공 외곽단체 조선부녀총동맹(부총) 결성. 조공, 독촉과 결별 선언. 미·영·소, 모스크바 삼상회의. 모스크바 삼상회의에서 미소공동위원회 설치 및 5년간 신탁통치 합의. 임정 주도로 신탁통치반대국민총동원위원회 결성. 송진우 피살. 신탁통치 반대운동 각지로 파급. <동아일보> 복간. <합동통신> 창설. 조선문학동맹 결성. 조선영화동맹 결성. 조선연극동맹 결성. 현제명, 경성음악전문학교 설립. 0. 이육사 시집 <육사시집> 사후 발간.

1946. 1. 조선공산당, 신탁통치 지지 선언. 좌익 주최 반탁서울시민대회, 친탁으로 급변. 조만식, 반탁 이유로 소련군에 구금 후 행방불명. 서울 학생들 반탁 시위. 군정청, 국방경비대 창설. 서울에서 미소공동위원회 예비회담. 독립촉성중앙협의회 해체. 군정청, <미곡수집령> 공포. 서울에서 양곡 배급 실시. 서울신문사, 월간 <신천지> 창간. 2. 임정 주도로 비상국민회의 결성. 남양 각지 징용 동포 3천여 명 환국. 이승만의 독촉과 김구의 신탁통치반대국민총동원위원회, 대한독립촉성국민회로 연합. 평양에서 북조선임시인민위원회 발족(위원장 김일성). 군정 자문기관 대한국민대표민주의원 구성(의장 이승만). 좌익 연합으로 남조선민주주의민족전선(민전) 결성. 군정청, <정당등록제> 공포. 군정청, 동척을 신한공사로 개조. 학제 6·3·3제로 개편. 광복 이후 조직된 25개 문화예술단체, 조선문화단체총연맹(문련) 결성. 3. 3·1절 기념식(우익 서울운동장, 좌익 남산공원). 우익, 대한독립촉성노동총동맹(대한노총) 결성. 개성에서 제 1회 남북간 우편물교환. 서울에서 제 1차 미소공동위원회. 문교부 산하 국사관 개관. 정인보 등, 전조선문필가협회 결성. 4. 김두한 등, 대한민주청년

총동맹 결성. 경무국, 8관구의 경찰청 개설. 한국독립당, 조선국민당·신한민족당과 통합. 북한, 조선공산당 북조선분국을 북조선공산당으로 개칭. 조선어학회 학회지 <한글> 속간. 김기림, 시집 <바다와 나비> 발간. 5. 노동절 기념행사(대한노총 서울운동장 주경기장, 전평 서울운동장 야구장). 군정청, 남조선국방경비사관학교 창설. 제 1차 미소공동위원회 결렬. 조선정판사위폐사건 발표. 연희전문·보성전문 등 공사립 전문학교, 대학으로 승격. 38선 무허가 월경 금지. 군정청, 공산당본부 건물 명도령. <해방일보> 발행정지. 군정청, 신문·정기간행물 허가제 실시. 박종화, 시집 <청자부> 발간. 6. 3월말 물가지수 524(1945. 8. 15. 100). 이승만, 정읍에서 남한 단독정부 수립 주장. 군정청, <국립서울종합대학안>(국대안) 발표. 학생들, 국대안 반대 투쟁. 이범석 등 한국광복군 환국. 하지, 좌우합작 지지 성명. 박목월·조지훈·박두진, 시집 <청록집> 발간. 조선무용예술협회 설립. 7. 윤봉길·이봉창·백정기 국민장으로 효창공원 삼의사 묘에 안장. 우익 김규식과 좌익 여운형 등, 좌우합작위원회 설립. 8. 군정청, 국립서울종합대학안 시행 및 서울대학교 설립. 북한 북조선공산당·조선신민당, 북조선노동당으로 합당. 북한 제 1차 노동당대회. 9. 학제 6·6·4제로 개편. 군정청, 박헌영·이주하·이강국 체포령. 군정청, 민전 사무실 명도령. 부산 철도노동자 파업. 전평, 전국 철도노동자 4만명에게 파업 지시. 군경·우익청년·대한노총원, 전평회관 기습하여 간부 다수 검거. 경찰, 용산 철도 파업단 검거. 콜레라 만연(사망 1만 1천여 명). 군정청, 6개 좌익신문 정간. 홍이섭, <조선과학사> 발간. 10. 대구에서 노동자·농민 1만여 명 과격시위(대구 10월사건). 대구에 계엄령 선포. 경북 일대에 소요 만연. 철도 운행 재개. 철도파업 관련자 1천 7백여 명 구속. 남한 전역 해운노조 총파업. 좌우합작위, 합작 7원칙에 합의. 한민당·조공, 합작 7원칙 비난. 이범석, 우익 조선민족청년당(족청) 창당. 경무부장 조병옥 피습. 서울 비상경계령. 경북·경남에 이어 경기에 소요. 서울시 입법의원 선거. 전남 소요로 계엄령 선포. 국립서울대학교 9개 단과대학으로 개교. 천주교 서울교구, <경향신문> 창간. 11. 서울 민선 입법의원 45명 선출. 최고노동시간 공포(주 48시간, 긴급 60시간). 박헌영 등, 남조선노동당 결성(남로당). 12. 이승만 도미. 서울 관선 입법의원 45명 선임. 남조선 과도입법의원 개원(의장 김규식). 대구 10월사건 관련자

537명 선고(사형 16명). 서울 인구 124만 명. 0. 신석초, <석초시집> 발간.
1947. 1. 임정계, 반탁독립투쟁위원회 결성. <부산일보> 폐간. <조선일일신
문> 폐간. 2. 이승만, 미국에서 남한 과도정부 수립을 전문으로 발표. 하
지, 반탁 비난 후 귀국. 북한, 북조선인민회의 창설. 우익 문화단체, 전국
문화단체총연합회(문총) 설립. 3. 3·1절 기념행사(우익 서울운동장, 좌익
남산). 좌우익 충돌로 경찰 발포(38명 사상). 우익 테러단, 전평 습격. 민
전, 테러폭압반대대책위원회 구성. 전평 지시로 남한 전역에서 24시간
총파업. 수도경찰청, 남로당 등 좌익 5개 단체의 파업 계획과 간부 검거
발표. 공보부, 정기간행물의 신규 허가 정지. 4. 하지 서울 귀임. 군정청
개편(13부 2처 3원). 마샬 미 국무장관, 소련에 미소공동위원회 재개 제의.
시공관에서 좌우익 충돌로 좌익 3명 피살(시공관 사건). 수도경찰청, 대한
민주청년총동맹 본부 기습하여 김두한 등 체포. 서윤복, 보스턴 마라톤
대회 우승. 김상옥, 시조집 <초적> 발간. 5. 노동절 기념행사에서 좌우익
충돌(21명 사망). 군정청, 대한민주청년총동맹(우익)·조선민주청년동맹
(좌익) 해산령. 군정청, 공동위원회 기간 중 정치집회 불허. 군정청, 38선
이남의 재조선 미군정청 한국인기관을 남조선과도정부로 호칭. 서울에
서 제 2차 미소공동위원회 개회. 여운형 등, 근로인민당 창당. 선거법안
둘러싸고 관선·민선 입법의원 대립. 군정청, 학교 운영에 민간인 이사
와 한국인 총장 임명 승인. 38선 월남자 급증. 유치진 등, 극예술협회 설
립. 6. 김규식 입법의원 의장 사퇴. 미소공동위원회의 자문 신청단체 남
한 425개, 북한 38개. 각지에서 반탁 시위. 군정청, 3백 명 이하의 옥내
집회 허가. 유치환, 시집 <생명의 서> 발간. 7. 서재필 귀국하여 군정특
별의정관 취임. 정치집회 자유화. 여운형 피살. 경성전기 본사에서 전평
노조원과 대한노총 연맹원 충돌. 우익 학생단체, 전국학생총연맹 결성.
8. 8·15 폭동 음모 혐의로 좌익계 1천 3백여 명 구속. 미소공동위 소련
대표, 미소 양군의 3개월 간 철수 제안(미국 거부). 9. 지청천, 32개 청년
단체를 통합하여 대동청년단 결성. 10. 신임 군정장관에 딘 소장. 국영
서울중앙방송국 HLKA 개국. 조선어학회, <큰사전> 1권 발간. 최호진,
<근대조선경제사연구> 발간. 김생려, 서울교향악단 창단. 11. 유엔 총회,
<남북 총선을 통한 정부수립안><유엔 한국임시위원단 설치안><정부수
립 후 양군 철수안> 가결. 민전, 유엔의 한국문제 결정안 반대. 각선 열

차, 연료 부족으로 대량 운휴. 서정주, 시 <국화 옆에서> 발표. 12. 장덕수 피살. 북한의 송전시설 고장으로 남한에 전기공급 중단. 김구, 남한단독정부수립 반대. 김구, <백범일지> 발간. 0. 양주동, 주석서 <여요전주> 발간.

1948. 1. 유엔 한국임시위원단 내한. 소련측, 위원단의 입북 거부. 이승만, 남한 단독선거 주장. 김구, 남북주둔군 철수 후 자유선거 주장. 전기료 6배 인상. 김동리, 단편 <역마> 발표. 2. 전평, 2·7 구국총파업투쟁. 군정청, 2·7 구국투쟁 진압. 김구, 남한 단독정부 수립에 반대하는 <삼천만 동포에 읍소함> 성명. 유엔 소총회, 유엔 한국위원단 접근 가능 지역(남한)에서만 선거 실시 의결. 민전, 유엔 소총회 결정 반대 및 양군 철수 주장. 3. <국회의원선거법> 공포. 유엔 위원단, 남한 총선 실시 발표. 김구·김규식·김창숙·조소앙·홍명희 등, 총선 반대. 북한·중공 <비밀군사협정> 체결. 군정청, 중앙토지행정처 신설. 신한공사 해체. 군정청, 적산 농지 2,700km²에 대한 <농민불하법령> 공포. 북한 제 2차 노동당대회. 4. 귀속농지 불하 시작. 제주도 남로당 무장대 350명, 12개 지서 공격(4·3 사건). 김구·김규식, 남북대표자연석회의 참석차 방북. 구 조선은행권 유통금지. 5. 김구·김규식 귀경. 유엔 한국위원단 감시 아래 남한 단독 국회의원 선거. 5·10 선거(투표율 95.5%. 200석 중 무소속 85, 독립촉성국민회 55, 한국민주당 29, 대동청년단 12). 좌익단체, 5·10 선거 무효성명. 북한, 남한에 송전 중지. 제헌국회 개원(의장 이승만). 6. 미 하원 세출위 한국구제위원회, 1억 7백만 달러 지원 의결. 7. 국회, 국호를 <대한민국>으로 결정. 7. 17. 국회, <대한민국헌법><정부조직법> 공포. 국회, 정·부통령 선거(재적 198명 중 197명 출석. 대통령 이승만 182, 김구 13, 부통령 이시영). 정·부통령 취임. 8. 국회, 이범석 국무총리 인준. 국회, 의장 신익희 부의장 김약수 선출. 국회, 김병로 대법원장 인준. 8. 15. <대한민국> 정부수립 선포. 미군정 종료. 조선미술협회, 대한미술협회로 개칭. 9. 국군 창설. 국방경비대를 육군, 해안경비대를 해군, 경비사관학교를 육군사관학교로 개편. 연호 <단기>로 개호. 북한, <조선민주주의인민공화국헌법> 제정. 북한, 조선민주주의인민공화국 수립. <반민족행위처벌법> 공포. 10. <국회법> 공포. <한글전용에 관한 법률> 공포. 제주 출동 일부 군인들, 여수·순천에서 반란. 여수·순천에 계엄령. 여순사건 종료. 반

민족행위특별조사위원회(반민특위) 구성. 국회의원 10명, 반민특위 조사 위원에 선임. 중고교 남녀공학제 폐지. 11. 제주도 계엄령 선포. 12. <국가 보안법> 공포. <한미원조협정> 체결. 유엔 총회, 대한민국 정부를 한국 의 유일 합법정부로 승인. 소련군, 북한에서 철수 완료 발표. 제주도 계 엄령 해제. <조광> 종간. 0. 서정주, 시집 <귀촉도> 발간. 조윤제, <조선 시가의 연구> 발간. 문교부, 외래어표기법 <들온말 적는 법> 공포.

1949. 1. 미국, 한국정부 인정. 초대 미국대사 무초 부임. 주일대표부 설치. 양우정, <연합신문> 창간. 2. 한국민주당 해체, 민주국민당 창당. 반민특 위 활동 개시. 여수 · 순천 계엄령 해제. 3. 호남지구 및 지리산 전투사령 부 설치. 제주도지구 전투사령부 설치. 북한, 소련과 <경제문화협정>. 정 부, 대 북한 무역금지. 국사관, 국사편찬위원회로 개편. 4. 식목일 4월 5 일 공휴일로 지정. 유엔 안전보장이사회, 한국 가입안 부결. 해병대 창설. <한일통상잠정협정> 체결. 반공교화단체 국민보도연맹 창설. 아편환자 급증(등록 5,124명, 추산 12만 명). 5. 인구조사 실시(남한 20,166,758명). 남 로당 국회 프락치 사건 적발. 미 국무성, 미군 철수 발표. 제주도에 재선 거 실시. 6. 서울 경찰, 반민특위 습격하여 특위 소속 특경대 해산. <농지 개혁법> 공포. 북한, 남북민주주의민족전선 통합해 조국통일민주주의전 선 결성. 김구 피살. 미군 철수 완료. 미 군사고문단 5백 명 잔류. 주한미 군사령부 활동 종료. 북조선노동당, 남조선노동당과 통합하여 조선노동 당으로 개칭. 7. 주한미군사고문단 창설. <지방자치법> 공포. 반민특위 조사위원 총사직. 8. 장개석 중국 총통 방한. <병역법> 제정. 국회 프락 치 사건으로 의원 10명 기소. 세계보건기구 WHO 가입. <반민족행위처 벌법> 공소시효 민료. 모윤숙 등, 문예지 <문예> 창간. 김영수, 희곡 <혈 맥> 발표. 9. <법원조직법> 제정. 학도호국단 창설. 목포형무소 350여 명 탈옥 사건. 조선어학회, 한글학회로 개칭. 10. 공군 창설. [중화인민공 화국 수립]. 반민특위 · 특별검찰부 · 특별재판부 해체. 유엔 총회, 한국대 표 · 북한대표 초청 부결. 남로당 등 전 민전 산하 133개 정당 · 단체 등 록 취소. 대한적십자사 재조직. 11. 유엔식량농업기구 FAO 가입. 북한, 중공 국교 수립. 외자구매청 신설. 윤치영 · 이인 등, 대한국민당 창당. 남 로당 당원 9천여 명 자수. 제 1회 대한민국미술전람회(국전) 개회. 12. <귀속재산처리법> 공포. 국립서울대학교, 서울대학교로 개명. <교육법>

공포. 한국문학가협회 결성. 0. 박두진, 시집 <해> 발간. 조윤제, <국문학사> 발간. 고정옥, <조선민요연구> 발간.

1950. 1. 애치슨 미 국무장관, 미국의 극동방위선은 한국 · 대만을 제외한 알류산열도 · 일본 · 오키나와 · 필리핀이라고 언명(애치슨 라인). 이승만, 내각책임제 개헌안 불찬성 표명. <한미상호방위원조협정> 체결. 3. 제 1차 개헌안 국회에서 부결. 남로당 총책 김삼룡 · 이주하 검거. 4. 신학기 시작. 농지개혁 시행. 전국에 56개 고교 설치안 발표. 부민관을 국립극장으로 재개관. 황순원, 단편 <독짓는 늙은이> 발표. 제 1회 대한미술협회전 개막. 5. <은행법> 제정. 제 2대 국회의원 선거(투표율 91.9%. 210석 중 무소속 126, 대한국민당 24, 민주국민당 24). 제 2대 국회 개원(의장 신익희). 6. 초등학교 6년 의무교육 실시. 한미환율 1,800 : 1. 북한, 남북총선 제안. 한국은행 발족. 유네스코 UNESCO 가입. 북한에 조만식과 이주하 · 김삼룡 교환 제의. 6. 6월 25일 새벽에 북한 공산군, 38선 전역에서 남침 공격(6 · 25 한국전쟁). 유엔 한국위원단, 북한의 남침을 발표하고 정전 요구. 국회, 유엔과 미국에 긴급원조 요청. 유엔 안보리 긴급 소집. 유엔 안보리, 북한군의 공격을 침략으로 규정하고 철군 요구. 정부, 대전으로 이전. 유엔 안보리, 한국군 지원 결의. 미 정부, 해군 · 공군에 참전 명령. 서울 북한군에 함락. 한강 인도교 폭파. 한강 남안에 방어선 구축. 미 정부, 육군에 출동 명령. 7. 이승만, 대전에서 부산으로 이동. 유엔 지상군, 부산 상륙. 호주 공군, 한강 주변 폭격. 북한군, 영등포 점령. 미군, 오산 부근에서 북한군과 접전. 유엔 안보리, 미국에 최고지휘권 위임. 유엔군 사령관에 맥아더. 한국군, 유엔군에 편입. 김일성, 서울 시찰. 전국에 계엄령 선포. 대한학도의용대 결성. 한국 해군, 미 극동해군에 편입. 한국군 작전통제권 미군에 이양. 정부 대전에서 대구로 이전. 북한군, 대전 · 전주 점령. 도쿄에 유엔군 사령부 설치. 북한군, 순천 진출. 유엔군 총사령부 방송 VUNC 방송 개시. 8. 유엔군, 워커 라인 구축(마산 · 왜관 · 영덕 방어선). 정부 대구에서 부산으로 이전. 유엔군, 칠곡 유학산 전투 승리. 조선은행권 유통 금지시키고 한국은행권으로 등가교환(제 2차 화폐개혁). 유엔군, 대구 다부동 전투 승리. 9. 유엔군, 인천상륙작전 성공. 낙동강 전선에서 유엔군 총반격. 국군 해병대, 한강 도하. 해병대, 서울 수복. 10. 국군, 38선 돌파. 국군, 지리산 공비 토벌작전 개시. 유엔 총회, 유엔군의

38선 이북 진격 승인. 유엔 한국통일부흥위원회 UNCURK 설립. 유엔군, 평양 수복. 유엔군, 청천강 도하. 중공군 참전. 국군, 압록강변 초산 도달. 정부, 서울로 환도. 주한미군방송 AFKN 방송 개시. 11. <부역자처벌특별조치령> 공포. 북한군·중공군, 총반격 개시. 장진호 전투(미 해병 1사단 철수작전). *The Korea Times* 창간. 12. 유엔 한국재건단 UNKRA 설립. 유엔군, 평양 철수. 북한 주민, 남하 피난. 유엔 총회, 한국정전위원단(이란·인도·네덜란드) 설치 결의. <제 2국민병소집령>으로 국민방위군 창설. 미 8군 사령관 워커 중장 전사. 후임 리지웨이 중장. 서울 시민에 대피령. 북한 주민들 흥남에서 대규모 철수.

1951. 1. 중공군, 38선 넘어 남진. 30만 서울 시민, 한강 건너 피난(1·4후퇴). 정부, 부산으로 이전. 서울 다시 함락됨. 유엔군, 원주 탈환. 유엔군, 전면 반격 개시. 해병대, 인천 상륙. 유엔, 중공을 침략자로 규정. 2. 유엔군, 인천과 영등포 탈환. 국군, 경남 거창에서 민간인 719명 학살(거창양민학살사건). 3. 정부, 120만 소작인에게 농지분배 발표. 서울 재수복. 맥아더, 38선 이북 진격 명령. 유엔군, 38선 돌파. 6·3·3·4 학제 실시. 국회, 국민방위군 간부의 착복사건 폭로. 전국 피난민 총수 5, 817, 012명. 수용소 939개소. 4. 트루먼 미 대통령, 유엔군 사령관 맥아더 해임. 후임 리지웨이. 중공군, 제 1차 춘계공세. <대충자금운용특별회계법> 제정. 화천발전소(파로호) 전투. 구 황궁아악부, 국립국악원으로 개편. 5. 이시영 부통령, 이승만 대통령 성토하고 사직. 국회, 부통령 김성수 선출. 국민방위군 해체. 중공군, 제 2차 춘계공세. 유엔 총회, 중공·북한에 전략물자 수출금지 결의. 6. 철의 삼각지대 수복. 소련 유엔 대표 말리크, 정전 제의. 리지웨이, 정전 동의. 거제포로수용소에 17만 3천 명 수용. 7. 개성에서 정전회담 시작. 서울~부산 급행열차 운행 재개. 8. 각지에서 정전회담 반대 국민대회. 9. 이승만, 정전 수락 4대원칙 제시. 유엔군, 추계 대공세. 양구 피의 능선, 단장의 능선, 펀치볼 전투. 10. 한국조폐공사 설립. 도쿄에서 한일예비회담. 지리산 공비, 남원에서 2백여 명 납치. 국무회의, 대통령직선제·양원제 개헌안 의결. 정전회담 장소 개성에서 판문점으로 이동. 11. 전북에 비상계엄령 선포. 버클레이 미 부통령 내한. 12. 부산·대구 제외 전국에 비상계엄령 선포. 지리산·덕유산지구 공비소탕작전. 자유당, 원내·원외로 분열 창당.

1952. 1. 국회, 포로석방 건의안 가결. 이승만, 독도 포함한 <평화선> 선포. 국회, 제 2차 개헌안(대통령 직선제) 부결. 2. 도쿄에서 제 1차 한일회담. 서울대학교 <대학신문> 창간. 3. 조선방직 노동자 6천여 명 파업. 전국 피난민 일제등록 10,464,491명. 학술단체 역사학회 창설. 4. 국회의원 123명, 제 3차 개헌안 제출(내각책임제). 장면 총리 사임. 총리에 장택상. 개헌 반대 폭동사건. 서민호 의원, 현역 대위 총격 살해. 전국 시읍면 의원 선거. 한일회담 중단으로 대표단 귀국. 유엔군 사령관 리지웨이 사임. 후임 클라크. 나환자 다수 발생. [샌프란시스코 강화조약 체결로 일본 주권 회복]. <광무신문지법> 폐기. 양우정, <동양통신> 창설. 5. 미 국무성, 일본에 대 한국재산권 청구무효각서 전달. 제 1회 전국 도의원 선거. 정부, 제 4차 개헌안(대통령 직선제, 양원제) 제출. 민중자결단·딱벌레·백골단 등, 국회 해산 요구. <한미경제조정협정> 체결. 야당의원 50여 명, 헌병대에 연행. 김성수 부통령, 이승만 대통령 탄핵하고 사퇴. 6. 거제도 친공 포로, 수용소장 도드 준장 납치. 거제도 포로 친공·반공 분리 수용. 정전회담 가조인. 반독재호헌구국투쟁위원회 결성 관련 재야인사 피습(국제구락부 사건). 미군, 평북 삭주 수풍발전소 폭격. 국회, 자주적 해산 결의안 제출. 민중자결단, 국회의사당 포위하고 60여 의원 연금. 7. 군사재판, 서민호 의원에 사형선고. 국회, 경찰 포위 속에 제 3·4 개헌안 발췌 통과(발췌개헌. 기립표결 163 : 0. 제 1차 개헌). 국회, 의장 신익희 부의장 조봉암·윤치영 선출. 공비, 해인사에 방화하고 32명 납치. 중석불 사건. 자유당 전당대회에서 대통령 후보 이승만, 부통령 후보 이범석 지명. 부산부두 노동자 1천 6백여 명, 임금인상요구 총파업. 8. 정부통령 선거(투표율 88.1%. 대통령 이승만 523만 표, 조봉암 79만 표. 부통령 함태영). 9. 일본 어선의 해양 침범 규탄 국민대회. 장택상 총리 사임. 10. 국무총리서리에 백두진. 정전회담 무기 휴회. 철원 백마고지 전투. 김화 저격능선 전투. 11. 김익달, 학생잡지 <학원> 창간. 12. 미국 대통령 당선자 아이젠하워 방한. 유엔 총회, 한국전 포로 중립지대 이송안(인도안) 통과. 봉암도 북한군 포로수용소 폭동. 국제민간항공기구 ICAO 가입. 학술단체 국어국문학회 창설. 0. 조지훈, 시집 <풀잎단장> 발간.

1953. 1. 이승만 일본 방문. 미 8군 사령관 테일러 중장. 부산 다대포 앞바다에서 여객선 창경호 침몰(3백여 명 사망). 부산 국제시장 화재. 2. 중공 주

은래, 한국전 즉시정전 용의 표명. 이승만, 중국 본토 해안봉쇄 요구. <긴급통화조치령>(제 3차 화폐개혁. 100원 : 1환). 3. [소련 스탈린 죽음]. 용초도 북한군 포로수용소 폭동. 유엔 총회, 한국 경제원조 결의. 헌병총사령부 설치. 병역기피자 일제 단속. 4. 정전반대 시민궐기대회. <상이포로교환협정> 체결. 도쿄에서 제 2차 한일회담. 정전회담 재개. 부산대학 국립대학으로 인가. 홍순칠 등 독도의용수비대 33명이 독도 경비. 장준하, 종합지 <사상계> 창간. 5. <근로기준법> 공포. 미 국무성, 송환 불원 공산포로 4만 8천여 명 공개. 이승만, 미 정부에 정전 불수락 통고. 정전회담 한국대표 출석 거부. 황순원, 단편 <소나기> 발표. 임성남, 임성남발레연구소 개소. 6. <포로교환협정> 조인. 이승만, 반공포로 전원 석방(2만 7천여 명). 일본인, 독도에 불법 상륙. 7. 이승만, 정전에 동의. 공산군, 7 · 13 대공세. 김화 금성전투. 공산측, 정전협정 조인에 동의. 한국 정부, 정전협정 불참 언명. 7. 27. 유엔군 · 북한군 · 중공군 사령관, 판문점에서 정전협정 조인(6 · 25전쟁 전사 · 실종 군인 : 국군 27만 8천, 북한군 52만, 유엔군 3만 6천, 중공군 20만 6천). 군사정전위원회 설치. 8. 아이젠하워 미 대통령, 의회에 한국 원조 2억 달러 요청. 중립국감시위원단, 군사정전위원회에서 활동 개시. 평양방송, 남로당의 박헌영 · 이승엽 · 이강국 등 12인 숙청 발표. 정부, 서울 환도. 미군 사령부, 서울대 건물 반환하고 용산으로 이전. 9. 전국 비상계엄령 해제. 송환 불원 포로 관리를 위한 중립국감시위원단 인도군 내한. 유엔군 사령관 클라크 해임. 후임 헐 대장. 이승만, 족청계 제거 성명. 전국호구조사 실시. 시민증 · 도민증 소지자에 한강 도하 허가. 10. 워싱턴에서 <한미상호방위조약> 체결. 제 3차 한일회담, 구보다 망언으로 결렬. 판문점에서 정전협정에 의한 정치회담 예비회담. 11월 3일을 학생의 날로 지정. 11. 닉슨 미 부통령 방한. 북한 · 중공 <경제문화협정> 체결. 이승만 대만 방문. 이기붕 자유당 최고위원에 선임. 부산역전 화재. 12. 한미, <경제재건과 재정안정계획에 관한 합동경제위원회협정> 체결. 오영수, 단편 <갯마을> 발표. 0. 아세아재단 · 전국문화단체총연합회, 자유문학상 제정.

1954. 1. 독도에 영토표시 설치. 유네스코 한국위원회 설립. 정비석, 장편 <자유부인> 연재. 2. 포로교환감시 인도군, 진해에서 철수. 문교부, 초등학교 3백 개교 증설과 교원 25,500명 양성 계획 발표. 3. 정전협정에 따른

중립국 포로 송환 완료. 4. 한국산업은행 설립. 한국 · 인도차이나 문제를 위한 19개국 제네바 극동평화회의 개회. 김해랑, 한국무용예술인협회 창설. 5. 미국, <한국전쟁백서> 발표. 제 3대 국회의원 선거(투표율 91.1%. 203석 중 자유당 114, 무소속 68, 민주국민당 15). 연합참모본부 발족. 역도 유인호 선수, 아시아 경기대회에서 세계신기록 수립. 불교계 비구승 · 대처승 대립. 제네바 극동평화회의에서 한국 문제 성과 없이 종료. 6. 제 3대 국회 개원(의장 이기붕). 국무총리에 변영태. 장기영, <한국일보> 창간. 7. 이승만 방미. 야간통행금지 시간 단축(22:00~04:00). 대한민국학술원 · 대한민국예술원 개원. 8. 국회, 주한미군 철수 반대 결의. 보건부, 가짜의사 275명 적발. 부산 미군부대 한국인 종업원 1만 2천여 명, 임금인상 요구 파업. 9. 북한, 중공군 40만 철수 발표. <형사소송법> 공포. 미곡 40만 석 수출 결정. 정재호, <동화통신> 창설. <신천지> 종간. 10. 정부, 유엔군으로부터 수복지구 행정권 인수. 미국, 석유공급 중지. 유류 부족으로 부산 버스 전면 운행 중단. 호남선에 특급열차 태극호 운행. 국제 PEN 클럽 한국본부 설립. 11. 불교계 비구승과 대처승의 대립 격화. 초대 대통령 중임 철폐 개헌안 국회에서 부결. 국회, 개헌안 부결 번복하고 헌법개정안 통과(사사오입 개헌. 제 2차 개헌). 야당, 개헌 반대를 위한 원내단체 호헌동지회 결성. 12. 최순주 국회 부의장 사퇴. 곽상훈 부의장 불신임안 가결. 자유당 의원 12명 탈당. 유엔 총회, 유엔의 통한 원칙 의결. 민영방송 CBS 기독교방송 개국.

1955. 1. 영동지방 절량농가 3만 호. 황태랑, 문학잡지 <현대문학> 창간. 오상원, 단편 <유예>로 등단. 2. 북한, 일본에 국교 수립 제의. 동화백화점 개점. 3. 미 극동군 사령관에 테일러 대장. 박태선, 천부교 창시. 4. 피푼 태국 수상 방한. 5. <병기창 건설에 관한 한미협정> 체결. <한미잉여농산물협정> 체결. 서울 시내 무허가건물 철거 착수. 대구 대한방직 노동쟁의. 장발, 한국미술가협회 창설. 6. 국회, 국방부 원면사건 조사위원위 구성. 양곡 11만 톤 일본에 수출. 미 제트기 5대 인수. 중요 도시에 양곡 배급제 실시. 조계사에서 비구 · 대처 충돌. 이승만, 대처승에게 불교계 퇴진 요구. 박인수 사건. 서울중앙방송국, 공개녹음방송 개시. 김광섭 등, 문학단체 자유문학자협회 설립. <사육신비> 제막. 7. 미 극동지상군사령부 및 미 8군사령부 서울로 이동. 서울 동작동에 국립묘지 건립. 8. 정부,

중립국감시위의 적성대표(체코·폴란드) 퇴거 요구. 증권시장 개장. 환율 1달러 : 18환에서 50환으로 인상. 일반인의 일본 왕래 금지. 대일무역 중지. 국제통화기금 IMF·국제부흥개발은행 IBRD 가입. 정전위원회, 중립국감시위 축소 합의. 소 2만 2천 마리 유행성감기. 9. 대구매일신문, 학생의 정치도구화 반대 사설로 필화사건. 신익희·장면 등, 민주당 창당. 문경선 개통(점촌~가은). 10. 서울에서 해방 10주년기념 산업박람회. 4년제 육군사관학교 1기생 156명 졸업. 한일무역 재개. 일본 의원단, 북한의 김일성과 회담. 전국에 뇌염 발생(761명 사망). 축첩 군인 파면. 무시험입시 중학교 20개교 선정. 학도군사훈련 중지. 국사편찬위원회, <조선왕조실록> 영인본 간행 시작. 김익달, 여성잡지 <여원> 창간. 11. 대통령 직속 사정위원회 발족. 종로에 신신백화점 개점. 12. 청계천 노점상인 3백여 명, 노점 철거 반대 시위. 0. 한국문학가협회상 제정. 전택이 등, 대한영화배우협회 설립. 박인환, <박인환 선시집> 발간. 이호우, <이호우 시조집> 발간.

1956. 1. 국회, 국방부 군 월동용 원면 시중 유출사건 조사. 김창룡 육군 특무대장 피살. 2. <원자력의 비군사적 사용에 관한 대한민국 정부와 미합중국 정부 간의 협력을 위한 협정> 체결. 3. 증권거래소 개장. 영동지방 폭설(300㎝). 세계기상기구 WMO 가입. 전국 절량농가 227,174호 약 110만 명으로 추산. 4. 이승만, 대공협상 및 친일주장 불가 담화. 신익희·조봉암, 이승만 담화 반박. 서울 시내 댄스홀 7개소 허가. 북한 제 3차 노동당대회. 5. 신익희 민주당 대통령후보 유세 도중 전주행 열차 안에서 급사. 경무대 부근에서 시민과 경찰 충돌. 서울에 비상경계령 선포. 제 3대 정·부통령 선거(투표율 94.4%. 대통령 이승만, 부통령 장면). 이승만 대통령 취임. 전국에 비상경계령. 이용희 등, 국제정치학회 창설. 황태영, 민간 상업텔레비전방송 대한방송 설립. 6. 6월 6일 동작동 국군묘지애서 제 1회 전몰장병 추도식. 자유문학자협회, 기관지 <자유문학> 창간. 7. 야당 의원 64명, 지방선거에 관권개입 규탄 국민주권옹호투쟁위원회 결성. 7개 음악단체, 한국음악단체연합회로 통합. 8. 서울시 의원, 전국 도의원, 전국 시읍면장 및 의원 선거 실시. 남산공원에 이승만 동상 건립. 9. 국회, 장면 부통령 경고결의안 가결. 민주당, 대표최고위원 조병옥 선출. KBS 교향악단 창단. 10. 10월 1일 제 1회 국군의 날 기념행사. 서울신문,

한글판 <서울신문> 발행. 11. 정부기구 개편(12부 1원 3청 2실). 조봉암 등, 진보당 창당. <한미우호통상 및 항해조약> 체결. 12. 삼척시멘트공장 6 백여 명, 체불임금 요구. 독도의용수비대, 독도 수비업무를 경찰에 인계. 연희대학과 세브란스 의과대학, 연세대학교로 통합. 0. 진수방, 한국무용가협회 창설. <성경전서 개역한글판> 발간.

1957. 1. 유엔 총회, 유엔 감시 아래 통한 총선거 실시 결의. 인천 미군 유류보급창 노동자 460여 명, 부당해고 항의 농성. 언론인 친목단체 관훈클럽 창설. 하근찬, 단편 <수난 이대>로 등단. 2. 국무회의, 군사재판 3심제 의결. 대충자금 방출 지연으로 76개 공장 조업 중단. <농업은행법> <농업협동조합법> 공포. 한국시인협회 설립. 3. 이기붕 장남 이강석, 이승만 양자로 입적. 4. 진보당 서울시·경기도 결성대회에 괴한 난입으로 유회. <한미항공협정> 체결. 일본, 제 2차 세계대전 한인 전범 도쿄에서 전원 석방. 서울법대생들, 이강석 부정편입 항의 동맹휴학. 한국신문편집인협회 설립. 5. 경상북도 결식아동 1천여 명 퇴학. 마해송·강소천 등, <어린이헌장> 공포. 제 1회 소파상 시상. 야당 주최 장충단 시국강연회 테러 난동. 6. 주일대사, 일본 수상과 한일회담 재개 및 억류자 석방 등 합의. 영월탄광 붕괴사고(15명 사망). KBS 제 1방송, 종일방송 실시. 고려대학교 아세아문제연구소 개소. 한국일간신문발행인협회 설립. 7. 유엔군 사령부, 도쿄에서 서울로 이동. 한일예비회담 재개. 삼남지방 간디스토마 환자 1백만 명 추산. 8. 김정제 간첩사건. 전국에 수해(사망 247명, 이재민 6만여 명). 전국 소아마비 환자 14만 명, 결핵 환자 80만 명. 서울시립교향악단 창단. AFKN, TV방송 개시. 9. 유엔 안보리에서 소련의 반대로 한국 유엔가입안 무산. 문경시멘트공장 준공. 인천판유리공장 준공. 혼혈아 80명 첫 미국 이민. 10. 한글학회, <큰사전> 6권 완간. 11. 김준연 등, 통일당 창당. 박태선, 경기도 소사에 신앙촌 건설. 오상원, 단편 <모반> 발표. 12. 서울대 문리대 교지 게재 논문 필화사건. 한·일, <일본의 재한재산권 포기 및 억류자 상호석방 등의 각서>.

1958. 1. 조봉암 등 진보당 간부 7명 간첩 혐의로 구속. 미국, 주한미군 핵무기 도입 발표. <한글전용 실천요강> 시행. 전국문맹퇴치운동 전개(문맹 99만 명 추산). 2. 중공, 주한외국군 철수 제의(미국 거부). 진보당 정당등록 취소. KNA 여객기 창랑호 납북(탑승자 34명, 3월 6일 26명 귀환). <민

법> 공포. 전국 깡패 일제 단속(2,289명 검거, 학생 711명). 3. <원자력법> 제정. 북한, <천리마운동> 시작. 북한, 김두봉 당에서 제명. 한·미, 국군 6만 명 감축 합의. 서울~제주 항공로 개통. 4. 농업은행 설립. 공군 수송기 납북 미수사건. 제 4차 한일회담. 시립 마약중독자 치료소에서 집단 탈출 사건. 5. 제 4대 국회의원 선거(투표율 87.8%. 233석 중 자유당 126, 민주당 79, 무소속 27). 한강대교 복구 완료 재개통. 6. 제 4대 국회 개원 (의장 이기붕). 군납 비누 부정사건(탈모 비누사건). 청계천 복개공사 착공. 노천명, 시집 <사슴의 노래> 사후 발간. 7. 유엔 한국재건단 UNKRA 활동 종료. 산업은행 연계자금 부정대출 사건. 8. 뇌염으로 전국 초등학교 휴교(전국 뇌염환자 3,230명, 사망 635명). 9. 자유당, 국회 상임위원장 독점. 서울운동장 야구장 개장. 문교부, <로마자의 한글화 표기법> 공포. 10. 고등법원, 진보당 조봉암·양명산에 사형, 5명에 유죄 선고. 중공군, 북한 철수 완료. 미국 개발차관기금, 한국에 564만 달러 차관 승인. 제 5차 한일회담. 11. 부산 대한조선공사에서 체불임금 요구 쟁의. 12. <신국가보안법><59년도예산안><지방자치법개정안> 등 경위권 발동 아래 여당 의원만으로 통과(24파동). 문교부, 이력서 위조 교사 313명 파면. 이근우, 잡지 <자유공론> 창간.

1959. 1. 전국에 <신보안법> 반대 데모. <신보안법> 발효. 한일회담 무기연기. 평화시장 화재. 2. <여적> 기사로 <경향신문> 필화사건. 일본 정부, 재일동포 북송 결정. 서울운동장에서 재일교포북송반대전국대회. 전국섬유노조, 노동시간 단축 요구 쟁의. 3. <북소기술원조협정> 체결. 일본 선박 부산 취항 재개. 4. <경향신문> 폐간. 6. 정부, 재일교포 북송에 대응하여 대일교역 중단. <경향신문> 무기정간으로 변경. 자유당, 대통령후보 이승만, 부통령후보 이기붕 지명. 7. 주한 유엔군 사령관에 매그루더. 부산수용소의 일본인 어부, 집단탈출 시위. 제네바 대한민국 대표부 설치. 대법원, 조봉암 재심청구 기각. 최초의 연구용 원자로 시설 TRIGA Mark-II 도입. 부산 구덕운동장 시민위안의 밤 압사 사고(59명 사망). 조봉암 사형집행. 국내 영화 발전을 위한 제 1회 <대종상> 시상식. 진단학회, <한국사> 발간 시작. 8. 한일회담 속개. 일본 적십자사, 북한 적십자사와 <교포북송협정> 조인. 9. 태풍 사라호(사망 849명). 10. 대일교역 중단 해제. 전국노동조합협의회 결성(전국노협). 이범선, 단편 <오발탄> 발

표. 11. 민주당, 대통령후보 조병옥, 부통령후보 장면 지명. 서울 남산 정상에 우남정 낙성. 김수영, 시집 <달나라의 장난> 발간. 12. 민간 출자 지방은행 서울은행 개점. 재일교포 북송 1진 238세대 975명, 일본 니가타에서 북한 청진으로 출발. 박목월, 시집 <난·기타> 발간.

1960. 1. 해안경비정 701호, 흑산도 해상에서 중공 무장어선에 피격. 설날 이틀 전 서울역 압사 사고(31명 사망). 황순원, 장편 <나무들 비탈에 서다> 연재. 2. 민주당 대통령후보 조병옥, 미국에서 신병 치료 중 급사. 3. 제4대 대통령 선거(투표율 97%. 이승만 유효투표의 100%). 민주당, 3·15 부정선거 무효 선언. 마산에서 부정선거 규탄 데모. 부산에서 학생 데모. 박헌봉, 국악예술학교 설립. 4. <민사소송법> 공포. 민주당·민권수호총연맹·공명선거추진위원회, 합동으로 3·15 부정선거 규탄 데모. 마산 앞바다에서 피살된 김주열 시신 인양. 제 2 마산 데모. 고대생들 데모 후 정치 깡패의 습격으로 40여 명 부상. 3만 명 이상의 학생·시민 데모. 경찰 발포로 경무대 앞 등에서 142명 사망. 데모대, 서울신문사·반공회관에 방화. 데모 전국으로 확대. 서울 등 5개 도시에 비상계엄령 선포. 데모 철야 계속(4·19 혁명). 전 국무위원 일괄 사표. 이승만 자유당 총재 사임. 이기붕 부통령 사임. 서울 전역에서 철야 데모. 데모 군중 10만으로 증가. 이승만, 국회에 사직서 제출. 국회, 사직서 즉시 수리. 과도내각 수립(내각수반 허정). 이기붕 일가 자살. 이승만, 이화장으로 퇴거. <경향신문> 복간. 5. 과도정부, 3·15선거 무효 확인. 최인규 내무장관 구속. 대한노총 간부 총사퇴. 정부, 일본인 기자의 무제한 입국 허용. 국회, 내각책임제 개헌안 제출. 전국 초중고교 교사 및 대학교수 3백여 명, 한국교원노조연합회 결성. 학도호국단 해산. 각 대학 자치적으로 학생회 조직. 거창사건 유족, 당시 신도면장 생화장. 이승만, 하와이로 망명. 6. 정부, 부정축재 자수기간 설정. 삼성 등 9개 재벌, 탈세 등 자진신고. 서울지검, 부정선거 혐의로 전 각료 9명 및 자유당 기획위원 13명 구속. 제2공화국 개헌안 국회 통과. 개헌안 당일 공고(제 3차 개헌). 아이젠하워 미 대통령 방한. 조종현 등, <시조문학> 창간. 7. 서울대에서 국민계몽대 결성. 민의원·참의원 선거. 정기간행물 등록제 실시. 8. 민의원·참의원 개원(참의원 의장 백낙준, 민의원 의장 곽상훈). 민참의원 합동회의에서 대통령 선출(출석의원 259명 중 윤보선 208명). 제 4대 대통령 윤보선 취임. 제

2공화국 출범. 김일성, 남북연방제 제의. 남산의 이승만 동상 철거. 장면 내각 수립. <서울경제신문> 창간. 9. 민주당 구파, 분당 선언. 서울 79개 남녀 중고교, 신생활계몽대 결성. 10. 제 5차 한일회담. <지방자치법> 개정. 효창국제축구경기장 개장. 11. 서울대 민족통일연맹 결성. 대한노총 · 전국노동조합협의회, 한국노동조합총연맹(한국노련)으로 통합. <소급입법개헌>(제 4차 개헌). 국제언론인협회 IPI, 한국 가입 승인. 최인훈, 장편 <광장> 발표. 12. 민주당 구파, 신민당 창당. 한일정기해상항로 해방 후 첫 취항(부산~하카다). 박태선 장로 신도 1천여 명, 동아일보사 습격. 전국 시 · 도 · 읍 · 면 의원 선거. 경무대를 청와대로 개칭. <특별재판소 및 특별검찰부조직법> 제정. <부정선거관련자처리법><반민주행위자공민권제한법> 제정.

1961. 1. 신민당 소장 의원들, 남북 간 경제교류 주장. 혁신계 통일사회당 창당. 서울대학교 동아문화연구소 개소. 2. 민의원, 대일정책결의안 채택. <한미경제조정협정> 종결. 7년간 공권박탈자 609명 1차 공고. 병역기피공무원 2천 7백여 명 해임. 조용수 등 혁신계, <민족일보> 창간. 김연준, <대한일보> 창간. 김지태, MBC 문화방송 설립. 3. 혁신계, 데모규제법과 반공법 반대 데모. 61개 우익단체, 용공 규탄 데모. 창신동 화재로 판잣집 225동 소실. 학기 시작 3월 1일로 변경. 5. 장면 내각 2차 개편. 민족통일전국학생연맹(민통련) 결성 준비대회. <계량법> 공포. 북한, 조국평화통일위원회(조평통) 창설. 박정희 등 육사 8기생 중심 4천 명의 병력, 서울 주요기관 점거(5 · 16 군사정변). 군사혁명위원회 구성(의장 장도영, 부의장 박정희). 전국에 비상계엄 선포. 혁명위원회, <혁명공약 6개항> 발표. 장면 내각 총사퇴. 미국, 군사정권 인정. 혁명위원회, 국가재건최고회의로 개칭. 최고회의, 혁명내각 조직. 국가재건최고회의 포고령으로 지방자치 · 정당 · 사회단체 · 노조 해산. 치안국, 용공분자 2천 명과 깡패 4천 2백 명 검거 발표. 통일사회당 해산. 최고회의, 정기간행물 1천 2백여 종 폐간. 도지사와 9개 시장에 현역 군인 임명. 한국군 군사지휘권 유엔군에 복귀. 비상계엄 해제. 최고회의, <부정축재처리요강> 발표. 미 국무성, 군사정권에 협력 발표. 6. 대학생 교복 착용. 중고생 삭발령. 깡패 965명 국토개발사업장에 동원. <국가재건비상조치법><국가재건최고회의법><중앙정보부법><농어촌고리채정리법><재건국민운동에 관한 법

률><혁명재판소 및 혁명검찰조직법> 공포. 7. <반공법> 공포. 최고회의 의장 겸 내각수반 장도영 해임. 최고회의 의장에 박정희. 내각수반에 송요찬. 반혁명 음모 혐의로 장도영 등 44명 체포. 혁명재판소·혁명검찰부 발족. <부정축재처리법> 공포. 남원·영주 수해(사망 119명). 대한방송 종방. 서울국제방송국 HLCA 개국. 8. 박정희, 민정 이양 시기 등 발표. 한국경제인협회 설립. 농업협동조합중앙회 설립. 한국노동조합총연맹(한국노총) 결성. 9. 부정축재처리위원회 활동 종료. 혁명재판소, 3·15부정선거, 경무대 앞 발포, 마산 발포, 서울대 민통련사건 등에 대해 선고. 한국신문윤리위원회 발족. 북한 제 4차 노동당대회. 10. 제 6차 한일회담. <부정축재환수절차법> 제정. 5개 시중은행 정부에 환속. <민족일보> 조용수 등 3명 사형선고. 예그린악단 창단. 11. 박정희, 일본 경유 미국 방문. 부정축재처리위, 부정축재액 발표. 사립대학 정리. 12. 국토건설단 창단. 청계천 복개공사 완료(광교~오간수교). 최인규 사형집행. 학사자격국가고시 실시. 서울텔레비전방송국 개국. 대한미술협회·한국미술가협회, 통합하여 한국미술협회 설립. 김동리 등, 한국문인협회 설립. 송범 등, 한국무용협회 설립. 0. 박두진, 시집 <거미와 성좌> 발간.

1962. 1. 연호 <단기>에서 <서기>로 변경. 혁명재판소, 장도영 사형선고. <제 1차 경제개발 5개년계획>(1962~1966) 발표. <상법><건축법><도시계획법> 공포. 혁명재판소, 부정축재 등 관련자에 선고. <연합신문> 종간. <문화재보호법> 제정. 10개 예술단체, 한국예술문화단체총연합회(예총) 설립. 2. 울산공업센터 기공식. 한국방송작가협회 창립. 3. <정치활동정화법> 공포. 윤보선 대통령 사임. 박정희 최고회의 의장, 대통령 권한대행 겸임. 최초의 연구용 원자로 TRIGA Mark-II 가동. 명동 시공관을 국립극장 전용관으로 개관. 4. 한국자산관리공사 설립. 최고회의, 정치활동정화법 해당자 4,374명 발표. 미곡 4만 톤 일본 수출 확정. 불교계, 새종단 구성하고 종정 효봉(비구), 총무원장 기산(대처) 취임. 유치진, 남산드라마 센터 개관. 5. 혁명재판소에서 유죄판결 받은 102명 형집행 확인(장도영 등 8명 형집행면제). 혁명재판소·혁명검찰 해체. 정치활동 정화위원회, 정치활동 적격판정자 1,336명 공고. 증권시장, 5월분 수도결제 불이행으로 거래중단(5월 증권파동). 일제 새나라자동차 60대 첫 입하. 5·16특사로 3,227명 출감. <주민등록법> 제정으로 주민등록제도 시행. 리

틀엔젤스 예술단 창단. 6. 김상돈 등 민주당계 41명, 반정부 음모혐의로 검거. 긴급통화조치 및 긴급금융조치(제 4차 화폐개혁. 10환 : 1원으로 평가 절하). 송요찬 내각수반 사임. 박정희, 내각수반 겸임. 대한무역투자진흥 공사 KOTRA 설립. 7. 내각수반에 김현철. 증권시장 재개. 전광용, 단편 <꺼삐딴 리> 발표. 8. 장면, 민주당계 반혁명음모사건 관련 혐의로 법정 구속. 장준하, 막사이사이상 언론 부문 수상. 일간신문 단간제 실시. 9. 서울에 무인 공중전화 등장. 10. <국민투표법> 공고. 파친코 영업정지. 11. <개헌안> 공고. 김종필 · 오히라, 대일청구권문제에 대한 메모 합의. 교통부, 대한국민항공사 KNA 허가 취소하고 국영 대한항공공사 설립. 국토건설단 해체. 12. 개헌안 국민투표 실시(투표율 85%, 찬성률 75%). 제 5차 개헌. 한일회담 예비회담에서 재산권청구문제 타결(무상 3억 달러, 차 관 3억 달러). 박정희, 민정이양 절차 발표. <정당법><집회 및 시위에 관 한 법률> 공포. 브라질 이민 17세대 92명 출국. 0. 박경리, 장편 <김약국 의 딸들> 발간.

1963. 1. 부산, 직할시로 승격. 최고회의, 민간인 정치활동 재개 허용. 전남 영암 앞바다에서 여객선 연호 침몰(140명 사망). KBS TV, 유료광고 실시 및 시청료 징수. 한국방송윤리위원회 발족. 2. <대통령선거법> 공포. 박 정희, 5 · 16혁명 인정 등 9개 항의 제안이 수락되면 민정 불참 선언. 김 종필, 당직 사퇴 후 외유. 주가 폭락으로 증권시장 마비. 민주공화당 창 당(총재 정구영). 박정희, 민정 불참 선언. 장충체육관 개관. 3. 중앙정보 부, 4대 의혹사건(증권 파동, 워커힐 사건, 새나라자동차 사건, 파친코 사건) 수사 경위 발표. 박정희, 군정 4년 연장 국민투표 실시 성명. 동아일보 · 조선일보 15일간 무 사설. 미 국무부, 군정 연장 반대 성명. 서울문리대 학생들, 군정 연장 반대 데모. 박정희 · 윤보선 · 허정 회담. 노동절을 근 로자의 날로 개칭. 국제표준화기구 ISO 가입. 4. 워커힐 호텔 개관. 버거 미 대사, 군정 종결을 희망하는 케네디 대통령친서를 박정희에 전달. 박 정희, 군정 연장 국민투표 보류. <노동조합법><노동쟁의조정법><노동 위원회법> 공포. 민영방송 DBS 동아방송 개국. <자유문학> 종간. 5. 공 화당, 대통령후보에 박정희 지명. 6. 연합참모본부, 합동참모본부로 개칭. 민정당 창당(대표 김병로, 대통령후보 윤보선). 최인훈, 장편 <회색인> 연 재. 오종식, 잡지 <세대> 창간. 7. 민주당 재창당(총재 박순천). 한미경제

협력위원회 설립. 8. 박정희 예편 후 공화당 입당. 박정희, 당총재·대통령후보 수락. 노동청 발족. 9. 철도청 발족. 자유민주당 창당(대표 김준연, 대통령후보 송요찬). 국민의 당 창당(대통령후보 허정). 부산에 콜레라 만연. 10. 가정법원 개원. <국토건설종합계획법> 제정. 송요찬·허정 대통령후보 사퇴. 제 5대 대통령 선거(투표율 85%. 박정희 470만 표, 윤보선 454만 표). 김종필 귀국. 외기노조원 1만 3천여 명, 대우개선 요구 쟁의. 대학생 서클 민족주의비교연구회 설립. 11. 박정희, 케네디 대통령 장례식 참석차 방미. 영친왕 이은 귀국. 제 6대 국회의원 선거(투표율 72.1%. 175석 중 공화당 110석, 민정당 41석). 민주당계 3당 원내교섭단체 삼민회 구성. 12. 공화당 의장에 김종필. 최고회의, 신정부 기구 확정(1원 13부 3처 5청). 제 3공화국 초대 내각 구성(총리 최두선). 신헌법 발효. 제 5대 대통령 박정희 취임. 제 3공화국 발족. 제 6대 국회 개원(의장 이효상). 국가재건최고회의 해체. 서독에 광부 247명 파견. <미터법> 실시. <신문 통신 등 등록에 관한 법> 공포. <방송법> 공포. 한국자연보존협회 창설. 조선일보사, 청룡영화상 제정 및 제 1회 시상식.

1964. 1. 러스크 미 국무장관 내한하여 한일회담 촉구. 2. 민주당 의원들, 삼성물산 삼분폭리(밀가루·설탕·시멘트) 폭로. 국회, 야당의 4대 의혹사건 규명을 위한 국정감사안 폐기. 3. 야당 및 각계 대표 2백여 명, 대일굴욕외교반대범국민투쟁위원회 결성. 제 6차 한일회담 본회담. 대일굴욕외교반대투위, 전국 순회 유세. 서울의 대학생 5천여 명, 대일 굴욕외교 반대 데모. 학생 데모 전국에 파급. 대한항공 서울~오사카 항로 개설. 4. 정부, 삼분폭리사건 국회에 보고. 우간다에 의사 6명 송출. 전국에 결핵환자 1백만 명 추산(매년 12만 명 증가, 4만 명 사망). 한국신문연구소 발족. 5. 최두선 내각 사퇴. 정일권 내각 수립. 공수단 군인, 법원 난입. 상업방송 TBC 동양방송 개국. 6. 서울대·고대 학생 2천여 명, 박정희 하야 요구데모. 1만여 대학생 데모. 서울 일원에 비상계엄 선포(6·3사태). 김종필 공화당 의장 사퇴. 공수단 군인, 동아일보사 난입. 7. 비상계엄 해제. <산업재해보상보험> 시행. KBS, 아시아태평양방송연맹 ABU 창립회원 가입. 경주 석굴암 복원 완료. 8. <언론윤리위원회법> 공포. 중앙정보부, 인민혁명당사건 전모 발표. 검찰, 인혁당사건 13명 기소. 한국기자협회 창립. 국제의원연맹 IPU 가입. 조선일보, 납북인사 송환을 위한 1백만인

서명운동 종결. <신동아> 복간. 9. 국회, 4년 만에 국정감사 실시. 정부, 일본 차관 2천만 달러 승인. 북한에 억류되었던 어부 219명 인천 귀환. 중부지방 폭우(187명 사망). 월남 파견 비전투요원 1진 140명 출국. 10. 한국 · 월남, <월남 지원을 위한 국군 파견에 관한 협정> 체결. 일간 <한국경제신문> 창간. 김승옥, 단편 <무진기행> 발표. 11. 민정당, 자유민주당 흡수 통합. 이상백, 국제올림픽위원회 IOC 위원에 피선. 조남철, 바둑 국수전 9연패. 12. 박정희 서독 방문. 소년범죄 격증(연간 129,670건. 전년의 2배). TBC TV 동양 텔레비전방송 개국. <종묘제례악> 국가무형문화재 제 1호로 지정. 서울시립국악관현악단 창단.

1965. 1. 제 7차 한일회담. 제 2한강교(양화대교) 개통. 월간종합지 <정경연구> 창간. 2. 한은 총재, 사카모토 · 화신 등에 특혜융자 시인. <한일기본조약> 가조인. 중학교 입시시험 정답 오류(무즙 파동). <소년조선일보> 창간. 3. 정부, <한일회담백서> 발표. 월남에 비전투 비둘기부대 2천 명 파견. 단일변동환율제 실시. 한 · 일 외상, 도쿄에서 청구권문제 합의. 서울 구로동 수출산업공단 기공. 서울시 인구 3,424,385명. 국군묘지 국립묘지로 승격. 4. 한 · 일, 청구권 · 교포법적지위 · 어업 등 3대 현안 가조인. 야당, 한일회담 저지 극한투쟁 선언. 서울 시내 대학생 4천여 명, 대일굴욕외교 반대 데모. 효창공원에서 시민궐기대회. <소년동아일보> 창간. 학원사, 여성잡지 <주부생활> 창간. 5. 민정당 · 민주당, 민중당으로 통합(대표 박순천). 박정희 방미. 시중 판매 진통제에서 마약 성분 검출로 20개 제약회사 영업정지. 전국에 죽음의 재 경고. 장기봉, <신아일보> 창간. 6. 전국 대학생들 한일회담 반대 데모. 전국 13개 대학과 서울 58개 고교 조기방학 및 휴교. 도쿄에서 <한일기본조약><재산과 청구권에 관한 문제해결과 경제협력에 관한 협정> 조인. 한일국교 정상화. 야당과 1만여 학생, 한일협정 조인 규탄 데모. 쌀값 폭등. 청소년 선도 위해 밤 10시에 사랑의 종 타종. 민영 서울 FM 방송 개국. <문학춘추> 종간. 7. 정부, 1개 전투사단 월남 파병 결정. 외환 보유고 위기(1억 1백만 달러). 폭우로 한강 유역 수재(사망 67명). 이승만 하와이에서 죽음. 8. 야당의원 61명, 한일협정 반대 총사퇴. 야당 불참리에 <한일협정비준동의안><전투부대월남파병안> 국회 통과. 전국 대학생, 비준 무효 데모. 서울에 위수령 발동. 예비역 장성 11명, 군의 정치적 중립 호소(김홍일 등 4명 구속).

9. 고대 · 연대 무기 휴업령 및 학사감사 착수. 경인선 철도 복선 개통(영등포~동인천). 위수령 해제. 대법원, 인혁당사건 13명에 대해 유죄 확정 선고. 수도사단(맹호부대) 1진 월남 도착. 주월한국군사령부 창설(사령관 채명신). 정부, 금리현실화 단행. 이병철, <중앙일보> 창간. 주월한국군방송 방송 개시. 진단학회, <한국사> 7권 완간. 10. 민중당 의원 14명 국회 복귀. 합동통신, 해외송신 개시. 12. <한일협정비준서> 교환. 65년 말 전국 인구 2,865만 명, 서울 347만 명. 중앙일보, 동양라디오 · 동양텔레비전 통합 운영.

1966. 1. 한일 양국 초대대사 임명. 험프리 미 부통령 방한. 계간문예지 <창작과 비평> 창간. 충남 논산에서 계백장군묘 확인. 2. 박정희, 말레이시아 · 태국 방문. 순종비 순정효황후 윤씨 죽음. 한국과학기술연구원 KIST 개원. 3. 미 정부, 한국 정부에 <한국군 월남 증파에 따른 미국의 대한 협조에 관한 주한 미대사 공한>(브라운 각서) 전달. 국군 2만 명 월남증파동의안 국회 통과. 국세청, 부동산평가기준가격 인상. <한일무역협정> 조인. 외기노조, 미군측과 대우조건 합의. 용화교주 서백일 피살. 신한당 창당(총재 윤보선). 정진기, <매일경제신문> 창간. 4. 한국은행, 65년도 GNP 3,413억 원, 개인소득 110달러로 집계. 5. 일제강점기 일본에 반출된 문화재 중 1,326점 환수. 6. 아시아태평양이사회 ASPAC 설립 및 제 1차 서울 총회. 장창선, 세계레슬링선수권대회에서 우승. 김기수, 권투 WBA 주니어 미들급 세계 챔피언. 7. 서울에서 <한미행정협정>(주한미군 지위협정 SOFA) 조인. <제 2차 경제개발 5개년계획>(1967~1971) 발표. 경인지구 미군부대 경비원 8백여 명, 처우개선 요구 파업. 경부선 특급열차 맹호호 운행(5시간 45분). 8. 북한, 중공 · 소련 노선에서 이탈해 자주노선 선언. 일본, 재일교포 북송 1년 연장 후 폐기 결정. 서울에서 쌀 품귀 현상. 9. 삼성 계열 한국비료의 사카린 원료 밀수사건. 김두한 의원, 한국비료 밀수사건으로 국무위원에게 오물 살포하고 의원직 자퇴. 삼성 이병철, 한국비료 국가에 헌납 성명. 10. 민중당, 대통령후보 유진오 지명. 박정희, 월남 참전 7개국 정상회담 차 필리핀 방문. 장준하, 대통령 명예훼손혐의로 구속. 서독에 간호원 251명 파견. 존슨 미 대통령 방한. 한국신문발행인협회, 한국신문협회로 개칭. 불국사 석가탑 봉안 목판본 <무구정광대다라니경> 발견. 11. 정부, 현 병력 4만 5천 명 이상의 월남

파병 불가 미국에 통보. 쌀값 폭락. 12. <중소기업기본법> 공포. 국세청, 주한 28개 일본 상사에 법인세 부과. 민주사회당 창당(대표 서민호). 0. 한글학회, <우리말큰사전> 편찬 착수.

1967. 1. 남해 가덕도 앞 해상에서 여객선 한일호와 구축함 충남함 충돌(93명 사망). 해군 56함, 동해에서 북한에 피격 침몰(39명 전사). 한국외환은행 설립. 오영수, 단편 <요람기> 발표. 2. 공화당, 대통령후보 박정희 지명. 야당, 신민당으로 통합(대통령후보 윤보선, 대표 유진오). 국제전기통신위성기구 INTELSAT 가입. 불교계, 비구·대처로 분종. 3. 뤼프케 서독 대통령 방한. 북한 조선중앙통신사 부사장 이수근, 판문점에서 귀순. 전주공업단지 기공. 서울시, 무허가 건물 2만여 동 철거 시작. 4. 관세 및 무역에 관한 일반협정 GATT 가입. 구로동 수출산업공단 준공. 타놈 태국 수상 방한. 홀트 호주 수상 방한. 한국비료공업 준공. 한국여자농구단, 제5회 세계여자농구선수권대회 준우승(최우수선수 박신자). 5. 제 6대 대통령 선거(투표율 83.6%. 박정희 568만 표, 윤보선 452만 표). 장준하 등 선거법 위반 혐의로 구속. 서민호 반공법 위반 혐의로 구속. 외환 보유고 3억 달러 돌파. 외국인 토지소유 증가(492만 평). 6. 7대 국회의원 선거(투표율 76.1%. 175석 중 공화 129, 신민 45). 신민당, 6·8선거를 부정선거로 규정. 전국 대학생·고교생, 부정선거 규탄 데모. 전국 28개 대학, 57개 고교 휴교령. 공화당, 부정선거 관련 당선자 9명 제명. 7. 제 6대 대통령 박정희 취임. 중앙정보부, 동베를린 거점 북한대남공작단사건 발표. 중앙정보부, 민족주의비교연구회가 동베를린 사건의 공작부서라고 발표. 제 7대 국회 개원(의장 이효상). 상공부, 네거티브 시스템에 의한 무역자유화정책 실시 발표. 경주 봉길리 앞바다 문무대왕릉 발견. 8. 제 1회 한일각료회담 (도쿄). 청계고가도로 착공. 국민 80%가 11종 기생충에 감염. 증기기관차 퇴역. 9. 공화당, 양찬우 등 의원 4명 해당 행위로 제명. 충남 청양 구봉 광산에서 광부 양창선 매몰 15일 8시간 만에 구출. 10. 이병철, 한국비료 주식 51% 정부에 헌납. 공화당, 의원 4명 추가 제명. 11. 세운상가 AB지구 완공. 부동산투기억제세 부과. <여성동아> 창간. 12. 여당 단독으로 예산안 통과. 농어촌개발공사 창사. 신동엽, 서사시 <금강> 발간.

1968. 1. 북한 무장 게릴라 31명 서울 침입(1·21사태). 미 정보함 푸에블로호, 원산 앞 공해에서 북한에 피랍. 2. 경부고속도로 착공. 경전선(삼랑진~송

정) 개통. 일본에서 재일교포 김희로 사건. 영월탄광 광부 가족 2천여 명, 폐광 반대 데모. 윤이상 오페라 <나비의 미망인> 초연. 3. 오산에 미 제5공군 전방사령부 설치. 한국경제인협회, 전국경제인연합회(전경련)로 개칭. 한국올림픽위원회, 제6회 아시아경기대회 개최 반납 결정. 서울중앙방송국·서울국제방송국·서울텔레비전방송국, 중앙방송국으로 통합. 4. 포항종합제철주식회사 설립. 향토예비군 창설. 기갑여단 창설. 쌀값 억제선 돌파. 광화문광장에 이순신 동상 건립. <월간중앙> 창간. 5. 에티오피아 황제 하일레 셀라시에 방한. 신민당, 단일 지도체제 채택(총재 유진오). 공화당, 국민복지회사건으로 김종필계 의원 3명 제명. 제1차 한미국방장관회담(워싱턴). 민간 김자경 오페라단 창단. 6. 여의도 윤중제 착공. 김종필 공화당 의장 사퇴 및 의원직 상실. 공화당 의장서리에 윤치영. 폭력배들 국토 건설에 투입. 7. 유엔군 사령부, 한국군에 작전권 대폭 이양. 문교부, 69학년도부터 서울의 중학교 입학시험 폐지 발표. 8. 정치활동정화법 6년 5개월 만에 시효 만료. 정치인 70명 자동 해금. 중앙정보부, 통일혁명당 간첩사건 발표. 제주공항 국제공항으로 승격. 중앙일보, <주간중앙> 창간. 9. 서울 구로동 제1회 한국무역박람회 개회. 외국인의 한국 투자 98건 8,476만 5천 달러. 대한금융단, 전국토지시가표 작성. 북악 스카이웨이 개통. 한국문인협회 기관지 <월간문학> 창간. 서울신문사, 주간지 <선데이 서울> 창간. 10. 문교부, 대학입시예비고사 실시 발표. 종로 3가 사창가 폐쇄. 조선일보사, <주간조선> 창간. 11. 무장공비 30여 명, 경북 울진·삼척에 침투. 서울의 전차 철거. 12. 제1회 대입예비고사 실시. <국민교육헌장> 반포. 유엔의 한국문제 연례 자동 상정에서 재량 상정으로 변경. 경인고속도로 개통.

1969. 1. 공화당 의장, 3선개헌 언급. 동베를린 사건 협의 차 서독 특별사절단 내한. 정치정화법 해금 인사들, 호헌운동 전개. <가정의례준칙에 관한 법률> 공포. 쌀값 통제령 발표. 정부, 매주 수·토요일을 분식의 날로 지정. 2. 한일협력위원회 발족. 중앙정보부, 위장간첩 이수근 체포 발표. 동베를린 사건 윤이상 형집행정지 석방. 서울 시내 중학교 무시험진학 추첨 실시. 3. 국토통일원 개원. 한미연합 공수기동훈련 포커스 레티나 실시. 3·1고가도로 개통. 대법원, 동베를린 사건 및 민족주의비교연구회 사건 선고(사형 2명. 실형 15명). 김수환 대주교 추기경 서임. 4. 양순식 의

원 등 5명, 공화당에서 제명. 미 정찰기 EC 121, 동해 상공에서 북한에 피격(31명 사망). 5. 응우엔 반 티에우 월남 대통령 방한. 6. 예비군에 소총 지급. 3선개헌 반대 학생 데모. 한진그룹, 국영 대한항공공사 인수하여 대한항공 KAL로 상호 변경. 박경리, 장편 <토지> 연재. 7. 이수근 사형집행. 전국에 3선개헌 반대 데모. 서울대 휴교. 공화당, 중앙위원 11명과 당원 93명 제명. 김재준 등 329명, 3선개헌반대 범국민투쟁위원회 발족. 신민당 의원 3명 개헌 지지. 8. 신민당 의원들 개헌 반대 가두데모. 박정희 방미. 전국에 콜레라 만연(125명 사망). MBC TV 개국. <태조 이성계 호적> 원본 발견. 9. 신민당, 3선개헌 저지를 위해 당 해산. 공화당 의원총회, 박정희 1기 재임 결의. 공화당 · 정우회 의원만으로 <3선개헌안><국민투표법안> 통과. 신민당 재창당. 제 1회 주택복권 발행. 한국일보사, <일간 스포츠> 창간. 10. 인왕 스카이웨이 개통. 3선개헌안 국민투표 실시(투표율 77.1%, 찬성 65.1%). 제 6차 개헌. 경복궁 내 국립현대미술관 개관. 한국음악협회, 제 1회 서울음악제 개최. 11. 70년부터 고교 이상 학교에 교련 실시. 한국, IMF의 특별인출권 SDR 가입. 전주공업단지 완공. 아폴로 12호 달 착륙 장면 위성중계 생방송. 12. 강릉발 서울행 KAL 여객기 북한에 납치. 제 3한강교(한남대교) 개통. 0. 권정생, 동화 <강아지똥> 발표. 김광섭, 시집 <성북동 비둘기> 발간.

1970. 1. <해저광물자원개발법><농촌근대화촉진법> 공포. <외국인 투자기업의 노동조합 및 노동쟁의조정에 관한 임시특례법> 공포. 재야인사 2백여 명 신민당 입당. 신민당 당수 유진산. 한국노총, 노동조합의 정치참여 선언. 대처 승단 한국불교 태고종 발족(종정 법운). 10개 도시 중학교 무시험 추첨. 2. 윤보선, 신민당 탈당. 납북된 KAL 여객기 51명 중 39명 귀환. 3. 일본 적군파 9명, JAL 요도호 납치하여 김포에 승객 석방 후 평양행. 한강변에서 정인숙 여인 피살. 4. 서울 마포구 와우시민아파트 붕괴(사망 33명). 서울시장 김현옥 사퇴. 서울 지하철 1호선 착공. 새마을운동 시작. 함석헌, 평론잡지 <씨알의 소리> 창간. 5. 마포대교 개통. 윤보선 등, 제 2야당 운동 표면화. 김지하, 담시 <오적> 발표. <여원> 종간. 6. <5적> 전재한 신민당 기관지 <민주전선> 압수. 주 캄보디아 대표부 개설. 서울 인구 5백만 명 돌파. 금산위성통신지구국 개국. 7. 경부고속도로 개통. 우편번호제 실시. 8. 박정희, <8 · 15 평화통일구상선언> 발

표. 북한, 8·15 선언 거부. 동베를린 사건 관련자 전원 특별사면 석방. 애그뉴 미 부통령 방한. 경찰, 히피족 및 장발 단속. 남산 1호 터널 개통. 관세청 개청. 계간문예지 <문학과 지성> 창간. 9. 신민당, 대통령후보 김대중 지명. <사상계> 종간. 11. 북한 제 5차 노동당대회. 서울시, 남서울(강남) 개발계획 발표. 서울 평화시장 재단사 전태일 분신자살. 12. 남산 2호 터널 개통. 서울 세종대로 정부종합청사 준공. 국회, 비적성 공산국가와 교역 가능한 무역거래법 개정안 통과. 제주~부산 여객선 남영호 침몰(326명 사망). 조오련, 제 6회 방콕 아시아경기대회 수영 400m·1500m 우승. 백옥자, 여자 투포환 우승.

1971. 1. 70년 말 현재 외자 도입액 30억 달러. 국민당 창당(총재 윤보선). <대일민간청구권 신고에 관한 법률> 제정. 2. 정부, <제 3차 경제개발 5개년계획>(1972~1976) 발표. 3. 한미합동 공수기동훈련 프리덤 볼트 실시. 한국군, 서부전선 미 제 2사단 지역 20㎞ 접수하여 155마일 전 휴전선 담당. 공화당, 대통령후보 박정희 지명. 한미국방장관회의, 한미안보협의회의로 개칭. 4. 미 7사단 철수. 각 대학, 교련 반대 데모. 재야단체 민주수호국민협의회 결성. 제 7대 대통령 선거(투표율 79.8%. 박정희 634만 표, 김대중 539만 표). 신민당, 4·27선거 부정선거로 규정. 5. 서울 각 대학 학생들, 부정선거 규탄 데모. 신민당 당수 유진산, 전국구 1번 등록(진산파동). 유진산 당수 사퇴. 김홍일 당수 권한대행. 제 8대 국회의원 선거(투표율 73.2%. 204석 중 공화 113, 신민 89). 서울대 문리대·법대·상대·사대 휴업령. 6. 국무총리에 김종필. 국립의료원 인턴들, 처우개선 요구(의료파동). 제 7대 대통령 박정희 취임. 유엔군 총사령부방송 VUNC 종료. 7. 신민당, 당수 김홍일 선출. 제 8대 국회 개원(의장 백두진). 서울지검, 뇌물수수 혐의로 이범렬 판사 구속. 서울 형사지법 판사 39명 집단사표, 전국 판사들 동조(사법파동). 개발제한구역(그린벨트) 확정 고시. 공주 백제 무령왕릉 발굴. 월간 시 전문지 <시문학> 창간. 8. 대한적십자사, 북한적십자사에 이산가족찾기 회담 제의. 남북적십자사 대표, 판문점에서 정전 후 첫 대면. 판사들 집단사표 철회. 서울대 교수 6백여 명, 대학자치의 제도화 촉구. 인천 실미도 특수부대원 24명, 경인가도에서 총기난동 후 자폭. 9. 판문점에 남북 직통전화 가설. 파월기술자 등 4백 명, KAL 빌딩에서 체불임금 지불 요구. 10. 공화당 항명 사건으로 길재호·

김성곤 의원 탈당 및 의원직 상실. 서울 일원에 위수령 발동. 10개 대학에 무장군인 진주 및 휴업령. 각 대학 데모 주동 학생 174명 제적. <제1차 국토종합개발계획>(1972~1981) 공고. 11. 위수령 해제. 12. 주월 해병대 청룡부대 1진 귀국. 박정희, 국가비상사태 선언. 서울 대연각호텔 화재(163명 사망). 대통령에 비상대권 부여하는 <국가보위에 관한 특별조치법> 제정. 수출 10억 달러 돌파.

1972. 1. 매월 15일 민방공훈련 실시. 2. 남북적십자사 첫 실무회담. 3. 한국방송통신대학 설립. 박정희, 북한에 4대 군사노선 포기 등 5개 평화원칙 제시. 국제사면위원회(앰네스티) 한국 지부 창설. 4. 대일민간청구권 최종집계(14만 건, 39억 원). 서울~평양 직통전화 1회선 가설. 금속활자 인쇄본 <직지심체요절> 파리에서 발견. 5. 연구용 원자로 TRIGA Mark-Ⅲ 가동. 서울시, 새마을운동에 소극적인 통반장 1만 8천여 명 해임. 이문구, 연작소설 <관촌수필> 연재. 6. 주한 태국군 고별식. 제 1회 전국소년체육대회 개막. 7. 서울과 평양에서 동시에 평화통일원칙 등 발표(7·4 남북공동성명). 정부, 북괴를 북한으로 호칭 변경. 8. 긴급명령으로 모든 기업사채 동결 및 은행금리 대폭인하(8·3 조치). 정부, 물가 8·3선으로 동결. 제 1차 남북적십자사 본회담(평양). 태풍 베티(사망 550명). 남북적십자사 간 전화 22회선 연결. 중고등학교 기초한자 1,800자 확정. 윤이상 오페라 <심청> 초연. 경복궁 내 국립중앙박물관 신축 개관. 9. 제 2차 남북적십자사 본회담(서울). 신민당, 전당대회에서 비주류 불참 아래 유진산 당수 선출. 신민당 비주류, 별개 전당대회. 중앙선관위, 유진산의 신민당 당수 변경신청 수리. 10. 남북조절위원회 공동위원장 제 1차 회의(판문점). 박정희, <비상조치에 관한 특별선언>으로 국회 해산하고 전국에 비상계엄 선포(10월 유신). 전국 대학 휴교. 언론·방송·출판 사전 검열. 제 3차 남북적십자사 본회담(평양). <국민투표특례법><비상국무회의법> 공포. 비상국무회의, <헌법개정안> 공고(대통령의 3권 통제, 임기 8년, 중임제한 철폐, 통일주체국민회의 설치 등). 서울 인구 6백만 명 돌파. 이어령, 문예잡지 <문학사상> 창간. 11. 전국 초등학교 주 1회 자유학습의 날 시행. <유신헌법안> 국민투표 실시(투표율 91.9%. 찬성 91.5%. 제 7차 개헌). 제 1차 남북조절위원회 본회의(서울). 중앙방송국, 사회교육방송 시작. 12. 서울시민회관 화재(51명 사망). 전국대학 개교. 비상계엄 해제. 국민 직접선거

로 초대 통일주체국민회의 대의원 2,359명 선출. 통일주체국민회의, 대통령 박정희 선출. 제 8대 대통령 박정희 취임. <유신헌법> 공포. 제 4공화국 출범. <국토이용관리법> 제정.

1973. 1. 공업진흥청·공업단지관리청 신설. 민주통일당 창당(대표 양일동). 2. <신형사소송법> 발효. <모자보건법> 제정. 제 9대 국회의원 선거(투표율 71.4%. 지역구 146명 중 공화 73, 신민 52). 3. 통일주체국민회의, 대통령 추천 국회의원 73명 선출(유신정우회). 주월 수도사단(맹호부대) 귀국. 제 9대 국회 개원(의장 정일권). 비상국무회의 해체. 제 2차 남북조절위원회 본회의(평양). 남북적 제 5차 본회담(평양). 고등학교 제 2외국어에 일본어 포함. <가정의례에 관한 법률> 공포. 3. 중앙방송국, 공영 한국방송공사 KBS로 전환. 4. 전국 검사 2백 명 이동. 반사회적 기업인 73명 공개. 주민세 신설. 한국 여자탁구대표팀, 사라예보 제 32회 세계탁구선수권대회 단체전 우승. 5. 남북적 제 6차 본회담(서울). 서울 능동에 어린이대공원 개원. 어머닐날을 어버이날로 개정. 6. 제 3차 남북조절위원회 본회의(서울). 중앙선 전철화(청량리~제천). 남해대교 준공. 서울시, 지하철공채 발행. 7. 포항종합제철 1기 설비 준공. 제 7차 남북적십자사 본회담(평양). 8. 일본 도쿄에서 김대중 납치사건. 김대중, 5일 만에 서울 귀가. 남북조절위원회 북측 공동위원장, 남북대화중단 선언. 남북 적십자사회담 중단. 경주 황남동 155호 고분(천마총)에서 신라 금제관식·금관 등 출토. 9. 전국에서 장발족 단속. 10. 서울문리대 학생들, 유신반대 데모. 데모 전국에 파급. [제 4차 중동전쟁 여파로 전 세계에 오일 쇼크]. 해병대, 해군에 통합. 소양강 다목적댐 준공. 장충동 국립중앙극장 개관. 11. 김종필 총리, 일본에서 김대중 납치사건에 대해 유감 표명. 전국 대학생 데모. 호남고속도로(논산~순천) 개통. 남해고속도로(순천~부산) 개통. 12. 서울 대학·고교 조기방학. 유류 등 9개 품목 가격 대폭 인상. 윤보선·백낙준·김수환 등 재야인사 11명, 대통령 면담 요청. 장준하 등 30여 명, 유신헌법 개헌 청원 백만인 서명운동. 유엔 한국통일부흥위원회 UNCURK 해체. 박두진, 시집 <수석열전> 발간. 오태석, 희곡 <초분> 발표.

1974. 1. 대통령 긴급조치 1호(헌법 논의 금지), 2호(비상군법회의 설치), 3호(국민생활 안정을 위한 조치) 선포. 대구 고교입시 부정 적발. <한일대륙붕협정> 체결. 내외통신 창설. 민속 유품 5,028점을 향토문화재로 지정. 2.

산업기지개발공사 발족. 석유파동으로 석유가 82%, 교통요금 5~78%, 각종 생필품값 7~51% 대폭 인상. 문공부, 긴급조치 비난한 일본 아사히신문 수입허가 취소. 충무에서 해군 YTL정 전복사고로 해군 신병 등 159명 사망. 4. 전국민주청년학생총연맹(민청학련) 반정부 시위. 긴급조치 4호(민청학련 관련 활동금지) 선포. 민청학련 · 인혁당 관련 180명 구속 기소. 5. 노조 구성이 규제된 마산수출자유지역에서 대량 해고. 6. 강원도 고성 앞바다에서 해경 경비정 863호 북한 함정에 피격 침몰(26명 전사, 2명 납북). 이영희, 비평서 <전환시대의 논리> 발간. 7. 농수산부, 전 농가의 34%가 소작이라고 발표. 민청학련사건 선고공판(김지하 · 이철 등 7명 사형, 7명 무기). 비상보통군법회의, 민청학련사건 관련 일본인 2명에 징역 20년 선고. 김지하 · 이철 무기로 감형. 문교부, 중고 교과서에 한자 병용 확정. 8. 광복절 기념식장에서 박정희 저격 미수. 육영수 피격 사망. 저격범 재일교포 문세광 현장 체포. 서울 지하철 1호선 개통(서울역~청량리역 7.8㎞). 광복절 저격사건 관련 일본 규탄 데모. 신민당 당수 김영삼 선출. 긴급조치 1 · 4호 해제. 9. 반일 데모대, 일본대사관 난입. 일본 진사 특사 방한. 민주수호국민협의회, 유신 규탄 성명. 천주교정의구현전국사제단 창단. 울산 현대조선소 폭동 사건. 테헤란 제 7회 아시아경기대회 원신희 역도 3관왕, 백옥자 여자 투포환 대회신기록 우승, 조오련 수영 2관왕. 10. 전국대학 휴교. 동아일보 기자들, 자유언론실천 선언. 포드 미 대통령 방한. 11. 청량리 대왕코너 화재(88명 사망). 연천 고랑포에서 북한 제 1땅굴 발견. 민주회복국민회의 발족. MBC · 경향신문, 문화방송 · 경향신문으로 통합. 자유실천문인협의회 설립. 12. 환율 20%, 석유류 31.3%, 전기료 42.4% 인상. 교육부, 백낙청 서울 문리대 교수 파면. 문세광 사형 집행. 0. 최인호 원작 영화 <별들의 고향> 최고 흥행기록.

1975. 1. 동아일보 · 동아방송 무더기 광고 해약. 박정희, 유신헌법에 대한 찬반 국민투표 실시 공고. 민주회복국민회의 · 신민당, 국민투표 거부 선언. 2. 유신헌법 찬반 국민투표(투표율 79.8%, 찬성률 74.4%). 긴급조치 위반 및 민청학련 관련 구속자 석방(인혁당 관련자 등 일부 제외). 3. 조선일보, 농성 주도자 5명 해직. 동아일보, 일부 기구 폐지 및 기자 해직. 국가모독죄 신설한 <형법개정안> 국회 통과. 강원도 철원에서 북한 제 2땅굴 발견. 4. 연대 임시휴강. 연대 박대선 총장 사퇴. 서울대 임시휴강. 대통

령 긴급조치 7호(고대 휴교령 등) 선포. 고대 휴교. 대법원, 인혁당 사건 관련자 36명 전원 원심 확정(사형 8명, 무기 9명). 인혁당 사건 8명 사형 집행. 휴강 대학 21개교. 서울농대생 김상진, 양심선언 후 할복자살. 고대 김상협 총장 사퇴. 한국, 핵확산금지조약 NPT 가입. [베트남 전쟁 종결]. 5. 전국에서 총력안보궐기대회 연속 개회. 대통령 긴급조치 9호(유신헌법 반대 금지 등). 박정희·김영삼 청와대 요담. 서울대생, 긴급조치 9호 반대 데모. 서울대 한심석 총장 사퇴. 한일의원연맹 창설. 베트남 난민 1,573명 부산에 수용. <종묘제례> 국가무형문화재 56호 지장. 6. 정부, 도피성 이민 우려 인사 84명 출국 규제. 내무부, 경찰 기자실 폐쇄. 남대문시장 화재로 3백여 점포 소실. 8. 유엔 안보리, 한국의 유엔 가입신청 부결. 여의도 국회의사당 준공. 남산타워 준공. 장준하 등산 중 사망. 9. 민방위대 창설. 키신저 미 국무장관, 한국 정전 당사국 회담 제의(북한·중공 거부). 전국중앙학도호국단 발족. 조총련계 재일동포 모국성묘단 1진 720명 입국. 10. 주민등록증 일제 갱신. 영동고속도로(인천~강릉) 개통. 동해고속도로(속초~삼척) 개통. 제 1회 대한민국국제음악제 개최. 11. 정부 개각(총리 최규하). 12. 17명 살해범 김대두 사형 집행. 수출 50억 달러 돌파. 0. 조태일, 시집 <국토> 발간. 김수영, 산문집 <시여 침을 뱉어라> 발간.

1976. 1. 박정희, 영일만에서 석유 발견 발표. 서울지검, 김영삼 신민당 총재 긴급조치 9호 위반으로 불구속기소. 2. 기획원, 35개 도시 주택부족률 46%라고 발표. 신민당 이철승·신도환 등, 비주류연맹 결성. 전국 98개 대학 교수 재임용에서 국공립 212명, 사립 248명 탈락. 일본 도쿄 등지에서 <한국미술 5천년전> 전시. 3. 명동성당 3·1절 기념미사에서 재야 인사 등 <3·1 민주구국선언>(3·1 명동사건). 명동사건 관련자 11명 구속. 4. 학술단체 한국사회과학협의회 발족. 5. 정부, 쇠고기 수입 결정. 신민당 양파 별도 전당대회. 중앙선관위, 신민당 양파의 당대표 갱신 신청 모두 각하. 전국에서 반상회 실시. 6. 김영삼, 당 총재직 사퇴. 한미연합군 사훈련 제 1회 팀스피릿 실시. 경제기획원, <제 4차 경제개발 5개년계획>(1977~1981) 발표. 7. 키신저 미 국무장관, 한반도 문제에 4자회담·교차승인·유엔동시가입안 제시. 동일방직 근로자 1천여 명 농성. 8. 북한 병사들, 판문점에서 미군 장교 2명 도끼로 타살(판문점 도끼만행사건).

김일성, 도끼사건 사과문을 유엔군에 전달. 청계고가도로 완공. 명동사건 1심 재판에서 관련자 18명 전원에 실형 선고. 양정모, 몬트리올 올림픽 레슬링에서 해방 후 첫 금메달. 남북 직통전화 단절. 9. 판문점 공동경비 구역 JSA 남북 분할 경비. 신민당 집단지도체제(대표 이철승). 10. 미 워싱턴포스트지, 박동선의 미 의회 로비사건 보도(박동선 사건). 덴마크 정부, 북한 공관원 전원 밀수 및 마약밀매 혐의로 추방. 안동다목적댐 준공. 전남 신안 앞바다에서 송원대 유물 대량 인양. 11. 국무회의, 주민세 인상 및 사업소득세 신설 등의 지방세법 개정안 의결. 12. 중앙정보부장에 김재규. 정부, 청와대 도청 사건과 관련 미국 비난 성명. 정부, 한미 간의 기본유대 불변 및 미 언론의 신중 촉구 성명. 조선일보사 해직기자들이 제기한 부당해고 무효확인 청구 소송에서 기자들 패소. 조세희, 단편 <난장이가 쏘아올린 작은 공> 발표. 0. 현대건설, 9억 달러 사우디 아라비아 주바일 항만공사 수주.

1977. 1. 박정희, 남북한불가침조약 체결 제의. 북한, 이를 거부하고 남북정치 협상 제의. 3. 카터 미 대통령, 4~5년에 걸친 주한 미 지상군의 철수계획 발표. 대법원, 명동사건 피고인의 상고 기각. 일본 중의원, 한국에 폐유 7만 드럼 수출 논란. 검인정 교과서 부정사건. 반월공업단지 공업지역으로 지정. 4. 미국 정부, 재미 영주 외국인의 북한 여행 제한 철폐. 부산~제주 간 카페리 취항. 5. 일본 요미우리신문 서울지국 폐쇄. 카터, 주한미군 철수 반대 발언한 싱글러브 소장 본국 소환. 6. 미 뉴욕타임스지, 75년 이후 미 CIA의 청와대 도청 사실 보도. 전 중앙정보부장 김형욱, 미 하원에서 박동선 사건 증언. 7. 부가가치세 시행. 직장의료보험제 시행. 9. 미 법무성, 박동선을 증뢰혐의로 기소. 서울 청계천 피복상가 근로청소년 2백여 명, 노동교실에서 유혈 데모. 고상돈, 한국인 최초로 에베레스트 정상 등정. 문화방송, 제1회 대학가요제 주최. 제1회 대한민국연극제 개막. 10. 버스 토큰제 실시. 서울대 · 연대 학생들, 민주회복 · 학원자유 · 유신철폐 등 요구 데모. 11. 이리역에서 한국화약 화약열차 폭발사고 (59명 사망). 12. 긴급조치 9호 위반자 11명, 명동사건 관련자 5명 석방. 14년 만에 쌀막걸리 제조 허용. 구마고속도로(대구~마산) 개통. <영해법> 제정. <반국가행위자처벌특별조치법> 제정. 수출 100억 달러 돌파.

1978. 1. 박정희, 국산 무기 생산과 항공기산업 착수 발표. 여배우 최은희 홍

콩에서 실종. 2. 우리나라 성씨 249개(김씨 22%, 이씨 15%, 박씨 5%). 동일 방직 근로자에 오물투척 및 폭행사건. 3. 서울 지하철 2호선 착공. 난지도에 쓰레기 매립 시작. 4. 박동선, 미 하원 윤리위에서 의원 32명에게 85만 달러 제공 증언. 상공부, 수입자유화 예시품목 321개 발표. 파리발 서울행 KAL 여객기 항로 이탈로 소련 무르만스크 호수에 강제 착륙. 정부, 영해 12해리 선포. 국내 최초의 원자력 발전기 고리원자력 1호기 준공. 서울 세종대로 세종문화회관 개관. 5. 전남 함평 고구마 피해보상 투쟁 해결. 제 2대 통일주체국민회의 대의원 선거(투표율 78.9%. 2,538명 선출). 6. 서울대생 3천여 명, 유신 철폐 요구 데모. 전남대에서 송기숙·성내운 등 교수 11명, <우리의 교육지표> 선언. 청와대 사정보좌관실, 유명인사 259명에 압구정동 현대아파트 특혜 분양 사실 발표. 한국정신문화연구원 개원. 7. 통일주체국민회의, 대통령 단일후보 박정희 선출. 9. 서울대·고대 학생들, 유신 철폐 데모. 10. 국기하강식 거행. <자연보호헌장> 선포. 판문점 남방에서 북한 제 3땅굴 발견. 11. 한미연합군사령부 창설. 제세산업 도산. 12. 제 10대 국회의원 선거(지역선거 투표율 77.1%. 154 중 공화 68, 신민 61. 유신정우회 77). 제 9대 대통령 박정희 취임. OPEC 원유가 인상으로 전 세계에 2차 석유파동. 국사편찬위원회, <한국사>(25권) 완간. 0. 경기도 연천 전곡리에서 아슐리안형 주먹도끼 등 구석기 유물 발견.

1979. 1. 법무부, 일본 마이니치신문 서울 특파원 퇴거명령. 2. 78년 말 차관 총액 122억 달러, 상환이자 24억 달러. 3. 제 10대 국회 개원(의장 백두진). 4. 율산실업 도산. 강원도 함백탄광에서 화약 폭발(26명 사망). 경주 보문관광단지 개장. 서울 잠실실내체육관 준공. 충북 충주에서 <중원고구려비> 발견. 5. 79년도 물가억제선 15% 4개월 만에 붕괴. 기획원, 10년 간 기초생활필수품 가격 최고 1,200% 상승했다고 발표. 신민당 신임총재에 김영삼. 6. 카터 미 대통령 방한. 이문열, 장편 <사람의 아들> 발표. 7. 긴급조치 9호 위반 구속자 86명 석방. 차범근, 서독 프로축구단 입단. 김진호, 세계양궁선수권대회 5관왕. 서울 암사동유적 사적 지정. 8. YH무역 여공 2백여 명, 마포 신민당사에서 농성(YH사건). YH무역 근로자 172명과 신민당원 26명 강제 연행. 태풍 주디(사망 135명). 미 연방지방법원, 박동선 기소 철회로 사건 종결. 9. 서울민사지법, 신민 총재단 직무정지

가처분 결정. 김영삼, 법원 결정에 불복. <학원> 종간. 10. 국회, 김영삼 신민당 총재 제명. 미 국무성, 주한 미대사 소환. 김형욱 전 중앙정보부장 파리에서 실종. 신민당·통일당 의원 전원, 국회의원 사직서 제출. 카터 미 대통령, 김영삼 제명 비난. 부산대·동아대 학생들 대규모 시위. 부산에 비상계엄령 선포. 계엄 하에 부산 시민들 데모. 마산대·경남대 학생들 마산 시내에서 데모(부마사태). 마산·창원에 위수령. 여천석유화학공업단지 준공. 박정희, 중앙정보부장 김재규의 총격으로 사망. 차지철 경호실장 피격 사망(10·26사태). 전국에 비상계엄 선포. 계엄사령관에 정승화. 최규하 총리, 대통령 권한 대행. 전군 비상태세. 경북 문경 은성탄광 화재(42명 사망). 김재규 중앙정보부장 해임. 보안사령관 전두환, 계엄사 합동수사본부장 겸임. 전두환, 박정희 시해사건 중간수사 발표. 연천 전곡리유적 사적 지정. 11. 박정희 국장. 공화당, 김종필 총재 추대. YWCA 회관 위장결혼식 사건. 12. 통일주체국민회의, 제 10대 대통령 최규하 선출. 전두환 등, 정승화 계엄사령관 강제 연행(12·12 사태). 전두환 등, 국방장관 조재현 체포. 최규하, 정승화 연행 사후 재가. 신임 계엄사령관에 이희성. 육군계엄보통군재에서 김재규·김계원에 사형선고. 최규하 10대 대통령 취임. 북한, 80년 모스크바 올림픽에 남북한 단일팀 출전 제의. 0. <세대> 종간.

1980. 1. 1월 4일을 기준시점 100으로 국내종합주가지수 KOSPI 산출. 석유류 가격 평균 59.4% 인상. 국토통일원, 78년 현재 남북한 GNP 5.2 : 1, 1인당 소득 1,279달러 : 541달러로 발표. 2. 남북 직통전화 재개통. 고정환율제에서 변동환율제로 변경. 윤보선·김대중 등 678명 복권. 3. 계간 문예지 <실천문학> 창간. 조용필, 가요 <창밖의 여자> 출반. 4. 전두환 보안사령관, 중앙정보부장 서리 겸임. 강원도 정선 사북탄광 광부 7백여 명 유혈 시위. 5. 전국 각 대학, <시국선언문> 발표. 연세대 등 6개 대학 3천여 학생 가두시위. 30개 대학 학생 10만, 서울역 광장에서 계엄 해제와 신군부 퇴진 요구 시위. 전국 55개 대학 대표 95명, 제 1회 전국대학 총학생회장단회의. 전국에 비상계엄 확대 선포. 계엄사, 김대중·김종필 등 체포. 대한올림픽위원회, 모스크바 올림픽 불참 결정. 계엄사, 국회의사당·중앙청 폐쇄. 광주 대규모 시위. 광주 시위, 인접 시군으로 확대(5·18 민주화운동). 신현확 내각 총사퇴 내각 개편(총리서리 박충훈). 김재규

등 5명 교수형 집행. 최규하, 광주 현지에서 사태 해결 당부 담화. 내무부, 전남 행정을 직접 담당. 계엄군, 광주 진입. 광주 항쟁 종료. 정부, 계엄 아래 대통령 자문보좌기관으로 국가보위비상대책위 신설(상임위원장 전두환). 6. 일본 교토통신 서울지국 폐쇄하고 특파원 출국령. 계엄사, 광주사태 사망자 148명 명단 발표. 계엄사, 국기문란 등 혐의로 329명 지명수배. 한국장기신용은행 개설. 경찰, 음주운전 감지기로 음주운전 단속. 79년 말 인구 3,760만 명. 청소년 본드 흡입 사고 빈발. 7. 국보위, 고위공무원 숙정 작업. 정부, 유언비어 보도로 일본 아사히신문과 지지통신 서울지국 폐쇄. 계엄사, 광주항쟁 수사결과 발표. 계엄사, 김대중 등 5·18 내란음모사건 관련자 37명을 계엄보통군법회의에 송치. 대학교수 80여 명, 시국 관련 해직. 중부지방 폭우(96명 사망). 과외금지 등 교육개혁조치 발표. 8. 군경 합동 사회정화 작업으로 삼청교육대 설치. 최규하 대통령 사임. 전두환 전역. 통일주체국민회의, 전두환 대통령 선출. 국보위, 신원기록 일제정리 및 연좌제 폐지 결정. 9. 11대 대통령 전두환 취임. 내각 구성(국무총리 남덕우). 20대 재벌 계열기업 정리와 대기업의 모든 부동산 신고 의무화. 전국 대학 109일 만에 정상수업. 헌법개정안 공고. 10. 북한 제 6차 노동당대회. 북한, 김정일을 김일성의 후계자로 발표. 북한, 지도이념으로 주체사상 채택. 제 8차 헌법개정안 국민투표(투표율 95.5%, 찬성 91.6%). 제 5공화국 헌법 공포(대통령 7년 단임, 간접선거 등). 국회·정당 자동 해산. 국가보위입법회의 개회. 국보위, 사회악 사범 4만 6천여 명 검거. 11. 육군본부 대법정, 김대중에 사형선고. 국가보위입법회의, <정치풍토쇄신특별조치법> 제정. 정치쇄신 4인위원회 구성. 쇄신위, 구시대 정치인 567명 정치활동 규제. 한일해저케이블(부산~하마다) 개통. 12. 산업별 노조, 기업별 노조로 변경. 중앙정보부. 국가안전기획부로 개칭. <반공법>을 <국가보안법>에 통합. 정기간행물 239종 등록 취소. 617개 출판사 등록 취소. 김지하 등 8명 석방. TBC 종방. DBS 종방. 동양통신 종간. 합동통신 종간. 연합통신 창설. KBS, 컬러 TV 방송 개시. 최초의 프로 축구팀 할렐루야 축구단 창단.
1981. 1. 민주정의당 창당(총재 겸 대통령후보 전두환). 민주한국당 창당(총재 겸 대통령후보 유치송). 대법원, 김대중 사형에서 무기로 감형. 비상계엄 해제. 전두환 미국 방문. 삼청교육대 39,742명 순화교육. 2. KBS 교육방송 실

시. 직접선거로 대통령선거인단 5,272명 선출. 선거인단, 대통령 전두환 선출(찬성 90.2%). 승용차 생산 현대·새한으로 이원화. 3. 제 12대 대통령 전두환 취임. 제 5공화국 출범. 5,221명 특별사면. 제 11대 국회의원 선거(투표율 77.7%. 276석 중 민정당 151, 민한당 82). 입법회의 활동 종료. 언론중재위원회 출범. 4. 공정거래위원회 출범. 제 11대 국회 개회(의장 정래혁). 국정자문회의 발족(의장 최규하). 5. 마리아 테레사 수녀 방한. 경산 열차 추돌사고(55명 사망). 한국자연보존협회, 국내 멸종위기 및 희귀 동식물 251종 목록 발표. 6. 전두환, 동남아시아국가연합 ASEAN 5개국 순방. 한국, 미주기구 OAS 영구 옵서버 국가로 가입. 7. 가계수표 시행. 대구·인천 직할시로 승격. 8. 광주민주화운동 및 김대중 사건 관련자 등 1,061명 사면. 경제기획원, <제 5차 경제사회발전 5개년계획>(1982~1986) 발표. 이북 5도 청사 준공. KBS 교향악단 재발족. 9. 국제올림픽위원회 IOC, 1988년 제 24회 하계올림픽 개최지 서울로 결정. 10. 대우 거제 옥포조선소 준공. 11. 아시아올림픽평의회 OCA, 1986년 제 10회 아시아경기대회 개최지 서울로 결정. 12. <공직자윤리법> 제정. <제 2차 국토종합개발계획>(1982~1991) 공고. 수출 200억 달러 돌파. 한글학회, 창립 60주년 기념식에서 <한글모죽보기> 공개.

1982. 1. 경기·강원 일부 제외 야간통행금지 전면 해제. 미 국방부 발표 81년 말 주한미군 39,317명. 대한민국미술전람회(국전), 대한민국미술대전으로 개편. 2. 65세 이상 경로우대제 실시. 의료보험 임의적용대상 16인에서 5인 이상 사업장으로 확대. 3. 부산 고신대 학생들, 부산 미문화원에 방화. 체육부 발족. 프로야구 출범. 4. 경남 의령경찰서 우범곤 순경, 주민들에게 총기 난사(사망 62명)하고 자폭. 5. 이철희·장영자 부부, 어음사기 혐의 등으로 구속. 조훈현, 국내 첫 바둑 9단. 김지하, 시집 <타는 목마름으로> 발간. 6. 국무총리서리에 김상협. 7. <사채양성화 및 금융거래정상화를 위한 경제조치> 발표. 정부, 일본 역사교과서 왜곡 기술에 대해 시정 요구. 잠실종합운동장 야구장 개장. 8. 국회 문공위, 일본 교과서 왜곡 시정 촉구 4개항 결의문 채택. 전두환, 아프리카 4개국과 캐나다 순방. 체육부, 86 아시안게임 및 88 올림픽 종합계획 확정. 유네스코, 한국 첫 생물권보전지역으로 설악산 지정. 9. 제 27회 세계야구선수권대회 (우승 한국). 제 1회 서울국제무역박람회 개회. 한강종합개발사업 기공. 11.

농수산부, 82년 쌀생산량 백미 기준 3,593만 석. 일본, 한국이 제시한 교과서 왜곡 내용 중 일부 시정. 중공방송, 중공 거주 한국인 1,763,870명. 권투선수 김득구, WBA 라이트급 선수권 도전 경기 후 사망. 12. <금융실명거래에 관한 법률> 제정. 김대중, 형집행정지로 석방 후 미국행. <공직자윤리법> 제정.

1983. 1. 나카소네 일본 총리 방한. 도쿄~상하이~베이징 항로의 한국 비행정보구역 통과 허용. 50세 이상 해외관광여행 허용. 토지 · 건물의 면적에 <미터법> 적용. 2. 정부, 부동산투기 특정지역 고시와 부동산투기 억제책 발표. 정치활동 피규제자 중 1차 250명 해제. 북한군 조종사 이웅평, MIG 19기 몰고 귀순. 3. 중·고등학교 교복 자율화. 대법원, 부산 미문화원 방화사건 문부식 · 김현장 사형 확정. 조치훈, 일본 바둑 최초로 기성 · 명인 · 본인방 대삼관 달성. 4. 최초의 가압중수로형 경주 월성원자력발전소 1호기 준공(설비용량 67만 8천 kw). 외무부, 여권 발급 업무 지방에 이관. 5. 105명 탑승 중공 여객기, 납치되어 춘천 기지에 불시착. <법령안 입법예고에 관한 규정> 제정. 신용관리기금 설립. 6. 김영삼, 민주화와 정치 피규제자 해금을 위한 단식투쟁. 한국 청소년축구대표팀, 제4회 멕시코 세계청소년축구선수권대회 4위. KBS 이산가족찾기 특별생방송 시작. 7. 창경궁 복원 착수. 부분적 금융자산 실명거래제 시작. 전국 인구 4천만 명 돌파. 경산 임당동 고분군 발굴조사. 8. 중공 정기여객기, 한국비행정보구역 통과 시작. 중공 조종사, 중공제 MIG 21기 몰고 귀순(서울 · 경기 일원에 공습경보 발령). 82년도 식량 해외 의존도 47%. 대검, 명성그룹 관련자 16명 구속(명성사건). 9. 뉴욕발 서울행 KAL 007 여객기, 사할린 부근에서 소련 전투기에 의해 격추(탑승자 269명 전원 사망). 김근태 등, 민주화운동청년연합(민청련) 결성. 조정래, 장편 <태백산맥> 연재. 10. 국제의원연맹 IPU 제 70차 서울 총회. 미얀마 수도 랭군 아웅산 묘소에서 폭탄 폭발(서석준 부총리 등 17명 사망). 미얀마 경찰, 코리언 1명 사살 1명 체포. 11. 미얀마, 아웅산 폭파는 북한 특공대의 소행임을 확인하고 북한과 단교 및 승인 취소. 레이건 미 대통령 방한. 12. 문교부, 학원사태 관련 제적 대학생 1,363명 84학년도 복교 허용. 창경원, 창경궁으로 명칭 환원.

1984. 1. 통일원, 북한의 3자회담 제의에 대해 남북한 최고책임자 회담 촉구.

미국, 남·북·미·중 4자회담 제의. 부산 대아호텔 화재(38명 사망). 2. 정치활동 피규제자 중 2차 202명 해금. 공직자 양담배 등 외래품 사용금지. 3. 제적 대학생들 복교 진행. 대학 상주 경찰 철수하고 대학 자율화 진행. 동해에서 훈련 중이던 미국 항공모함과 소련 잠수함 충돌. 권정생, 동화 <몽실언니> 발간. 4. 일부 대학, 학원자율화 요구하며 시위. 국내 외국은행, 총 여신의 10%. 안전기획부, 78년에 실종된 최은희·신상옥 북한에 납치되었다고 발표. 5. 김영삼·김대중·김상현 등, 민주화추진협의회(민추협) 결성. 교황 요한 바오로 2세 방한. 교황, 한국 순교 103위 시성. 서울 지하철 2호선 전 구간 개통(43개 역, 48.8㎞). 서울대공원 동물원 개원. 6. 해직교수 복직 허용. 국내 증권시장에 외국인 투자 허용. 강남 일대의 퇴폐 향락업소 단속. 88올림픽고속도로(광주~대구) 개통. 7. 80개 업종에 외국인 투자 완전 개방. 제 23회 LA 하계올림픽(한국 10위). 유니버설 발레단 창단. 9. 폭우로 망원동 유수지 붕괴, 서울·경기·강원 침수(사망·실종 75명). 전두환, 일본 방문. 일본 천황, 양국의 불행한 과거는 유감이라고 표명. 해운업계 통폐합. 잠실 서울종합운동장 주경기장 완공. 10. 전국 부도율 급상승. 서울 도심에서 대학생 시위 격화. 11. 대학생들, 민정당사 진입 농성. 정치활동 피규제자 84명 3차 해금. 판문점에서 제 1차 남북경제회담. 12. 외국인에 20개 업종 투자 개방. 프랑스 정부, 북한 통상대표부를 총대표부로 승격. 정부, 주불대사 소환.

1985. 1. 1일 0시 기준 전국 인구 40,894,769명. 신한민주당 창당(총재 이민우). 2. 김대중, 미국에서 귀국. 12대 국회의원 선거(투표율 84.6%. 276석 중 민정 148, 신민 67, 민한 35, 국민 20). 구정을 <민속의 날>로 공휴일 지정. 국제그룹 해체. 민정당 대표에 노태우. 3. 정치활동 피규제자 김대중·김영삼·김종필 등 마지막 14명 해금. 4. 민한당 조윤형 총재, 신민당에 무조건 합당. 전두환 방미. 전국학생총연합(전학련) 결성. 전학련, 산하에 민족통일민주쟁취민중해방투쟁위원회(삼민투) 조직. <남극해양생물자원보존에 관한 협약> 발효. 5. 전국 자동차 1백만 대 돌파. 5개 대학생 73명, 서울 미문화원 점거 농성. 12년 만에 제 8차 남북적십자회담(서울). 서울대공원 식물원 개원. 6. 가락동 농수산물도매시장 개장. 정부, 국회 국방위에 광주민주화운동 사망자 191명이라고 보고. 국내 첫 후천성면역결핍증 AIDS 감염자(미국인) 발견. 7. 검찰, 전국 19개 대학의 삼민투위

학생 56명 구속. 부산 지하철 1호선 1단계 개통. 한국은행, 84년 경제성
장율 7.5%, 1인당 국민소득 1,999달러로 집계. 경북 영주순흥벽화고분
발견. 8. 신민당 총재 이민우 재선. 경희궁 복원 착수. 제 9차 남북적십자
사회담(평양). 9. 남북이산가족 고향 방문단 각 151명, 서울과 평양 방문.
최초의 해외개발 유전 인도네시아 마두라 유전에서 생산 개시. 제 1회 공
인중개사 시험. 10. 제 40차 서울 IBRD · IMF 총회(148개국, 3,200여 명).
서울 지하철 3호선(구파발~양재), 지하철 4호선(상계~사당) 개통. 미국의
한국 앨범 덤핑 판정에 시정 요구. 11. 축구국가대표팀, 32년 만에 제 13
회 멕시코 월드컵 축구대회 본선 진출. 국립대전현충원 준공. 12. 11월 말
현재 외채 463억 달러. 국회, 민정당 의원만으로 예산안 및 7개 법안 통
과. 제 10차 남북적십자회담(서울). 북한, 핵확산금지조약 NPT 가입. 수
출 300억 달러 돌파.

1986. 1. 문교부, <외래어표기법> 공포. 대입논술고사 첫 실시. 북한, 팀스피
릿 훈련을 이유로 모든 남북회담 중단. 한국, 북측에 회담 촉구. 현대자
동차, 포니 엑셀 첫 대미 수출. 2. 팀스피릿 훈련 개시. 3. 이민우 · 김영
삼 · 김대중, 난국타개 6개항 제시. 최은희 · 신상옥, 오스트리아 빈에서
미 대사관으로 탈출. 4. 전두환 유럽 4개국 순방. 서울대 교수 47명 시국
선언. 전두환, 3당 대표와 회동. 서울 몽촌토성 일대에 올림픽공원 및 6
개 경기장 준공. 5. 자동차 안전벨트 착용 의무화. 대처 영국 수상 방한.
올림픽대로 개통(행주대교~암사동). 서울대생 김세진 · 이재호 분신자살.
정부, <제 6차 경제사회발전 5개년 계획>(1987~1991) 발표. 6. 전국 23개
대학교수 265명 시국선언. 대법원, 일제강점기 때 작성된 토지조사부상
의 소유자가 실소유자라고 판결. 7. 서울대생 권인숙, 부천 경찰서에서
취조 중 성고문 당했다고 고소. 김대중 등 12명 자택 연금. 제주 북촌리
신석기 생활유적 출토. 8. 전남 영광 한빛원자력발전소 1호기 준공. 창경
궁 복원 완료. 국립현대미술관 과천관 개관. 9. 양담배 시판 개시. 한강종
합개발사업 준공. 제 10회 서울 아시아경기대회(22개국 4,839명 참가. 한국
종합 2위). 10. 일제 징용으로 숨진 473위 환국. 대검, 조직폭력배 38개파
1,697명 구속. 신민당 유성환 의원, 국회에서 <국시는 반공보다 통일>
발언. 한강유람선 운항 개시. 26개 대학 학생 2천여 명, 건국대에서 시위
후 철야 농성(건대 사태. 1,525명 연행). 11. 광주. 직할시로 승격. 12. 한국,

<남극조약> 가입. 법조계 주변 부조리 관련자 95명 구속.

1987. 1. 서울대생 박종철, 경찰의 물고문으로 사망. 동진호, 서해에서 조업 중 북한 경비정에 피랍. 한국은행, 86년 경상무역흑자 46억 달러 발표. 2. 김만철 일가 11명, 북한 탈출 타이페이 경유 김포 도착. 보사부, AIDS 를 지정전염병으로 고시. 북한의 금강산댐 수공에 대비한 평화의 댐 착공. 3. 경찰, 전국에서 시위자 439명 연행. 4. 경찰, 김대중 자택 봉쇄. 전두환, 개헌 논의 금지(4·13 호헌조치). 경기도 포천 광릉수목원에 산림박물관 개관. 5. 통일민주당 창당(총재 김영삼). 포항제철, 광양제철소 1기 준공. 전남 영광 한빛원자력발전소 2호기 준공. 민주당·재야단체 등, 민주헌법쟁취국민운동본부 발족. 6. 중앙기상대, 강수확률예보 실시. 민주당·국민운동본부, 박종철 고문치사 규탄 및 호헌철폐 국민대회 강행. 민정당, 대통령후보 노태우 지명. 10개 대학 조기방학. 전국 79개 대학 시위 계속. 28개 대학의 교수 80명 전국교수협의회(민교협) 결성. 서울의 대학 총학생회장들 서울지역대학생대표자협의회(서대협) 결성. 국민운동본부, 국민평화대행진 강행. 전국 33개 도시에서 직선제개헌 등을 요구하며 시위. 노태우 민정당 대표, 8개항의 시국 수습방안 발표(6·29선언). 7. 전두환, 6·29선언 수용. 시위 중 경찰 최루탄에 맞은 연대생 이한열 사망. 김대중 등 2,335명 사면 복권. 전두환, 민정당 총재 사퇴. 태풍 셀마(사망 345명). 전국에 수해(사망 125명). 수도권에 수해(사망 97명). 전국 전화 완전 자동화. 8. 민정당 총재에 노태우. 김대중 민추협 공동의장, 민주당 입당. 충남 천원 독립기념관 개관. 전국대학생대표자협의회(전대협) 결성. 용인의 오대양 여사장 등 32명 시체로 발견. 9. 노사분규 3천 건 돌파. 영화 시나리오 사전검열 폐지. 방송금지 가요 5백 곡 해금. 강수연, 베니스 영화제 여우주연상 수상. 10. 김대중, 김영삼의 대통령후보 단일화를 위한 경선 거부. 대통령직선제 개헌안 국민투표(투표율 78.2%, 찬성 93.1%. 제 9차 개헌). 신민주공화당 창당(총재 겸 대통령후보 김종필). 11. 해병대 사령부, 14년 만에 해군으로부터 독립 재창설. 평화민주당 창당(총재 겸 대통령후보 김대중). 바그다드발 서울행 KAL 858 여객기 미얀마 인근 해상에서 공중 폭발(탑승자 115명 전원 실종). 12. 민정·민주·평민·공화 4당, TV를 통한 선거 유세. 중부고속도로 개통(하남~청원). 제 13대 대통령 선거(투표율 89.2%. 노태우 36.6%, 김영삼 28.0%, 김대중 27.0%, 김종

필 8.1%). 수출 400억 달러 돌파.

1988. 1. 전국 야간통행금지 완전 해제. 국민연금제 시행. 정부, KAL 858기 폭파는 북한 대남공작원의 소행이라고 발표. 미국, 북한을 테러지원국으로 지정. 2. 87년 경상흑자 97억 9천만 달러. 교통부, 금호그룹에 제 2민간항공 허가. 대검, 국가보안법상 반국가단체는 북한만 해당된다고 발표. 남극대륙 킹 조지섬에 세종과학기지 건설. 제 13대 대통령 노태우 취임. 제 6공화국 출범. 예술의 전당 음악당 · 서예관 개관. 3. 65세 이상에 공공 · 민영 시설 전액 무료. 총독부에서 작성한 독립운동가 수사자료 2만 4천여 점 공개. 납북 시인 정지용 · 김기림 해금. 1980년 등록 취소되었던 <창작과 비평><문학과 지성><실천문학> 복간. 4. 옥포 대우조선 근로자 9천여 명 파업. 제 13대 국회의원 선거(299석 중 민정 125, 평민 70, 민주 59, 공화 35). 일본, 제 1회 후지쓰배 세계바둑선수권대회 주관. 5. 제 13대 국회 개원(의장 김재순). <한겨레신문> 창간. 6. 법관 2백여 명, 대법원의 전면 개편 요구. 김용철 대법원장 사퇴. 소련, 조종사 파견 등 6 · 25 참전 첫 시인. 국회, 광주 · 5공비리 등 7개 특위 구성. 이라크기, 이란 대림산업 건설 현장 폭격으로 근로자 10명 사망. 한강 하류 수중 신곡보 완공. 7. 주 유고무역사무소 개소로 비동맹국가와 첫 직교역. 중공을 중국으로 호칭 변경. 포항제철, 광양제철소 2기 설비 준공. 월북 작가 1백여 명의 해방 전 작품 해금. 8. <범죄인인도법> 제정. 9. 헌법재판소 창립. 경북 울진원자력발전소 1호기 운전 개시. 제 24회 하계 서울올림픽대회(160개국 13,840명. 한국 4위). 10. 국회 16년 만에 국정감사. 제 8회 서울장애인올림픽대회(61개국, 4,319명). 노태우, 유엔 총회 연설. 국방부, 5공초 삼청교육대 사망자 54명이라고 발표. 월북 · 납북 예술가 104명 해금. 11. 전두환, 설악산 백담사 은둔. 한국, IMF 8조국 가입. 12. 북한 공작원 김현희, KAL기 폭파 시인. 북한, 전대협에 제 13차 세계청년학생축전(평양축전) 참가 요청. <국민일보> 창간. 수출 600억 달러 돌파.

1989. 1. 대우, 북한 예술 · 공예품 첫 직교역. 대전, 직할시로 승격. 2. 민속의 날을 설날로 개칭. 공산권 헝가리와 국교 수립. 효성물산, 직항로 통해 북한 무연탄 도입. LG, 북한에 컬러TV 1만 대 수출. 부시 미 대통령 방한. <세계일보> 창간. 3. <한글맞춤법><표준어규정> 시행. 대학생 교련 폐지. 4. 정부, 분당 · 일산에 18만 가구 건설계획 발표. 5. 부산 동의대

학생 농성 중 화재(경찰 7명 사망). 전국교사협의회, 전국교직원노동조합(전교조) 발기인 대회. 문교부, 전교조 결성 불법으로 규정. 전교조 결성. 6. 문교부, 각 대학에 평양축전 참가 불허 시달. 정부, 신상옥·최은희 납치사건 공개. 전대협, 임수경을 평양축전에 파견했다고 발표. 북한 중앙방송, 임수경 평양 도착 보도. 유네스코, <세종대왕상> 제정. 7. 이라크와 국교 수립. 경제정의실천시민연합(경실련) 발족. 천주교전국사제단, 문규현 신부 평양 파견 발표. 강수연, 모스크바 국제영화제 최우수 여우주연상 수상. 8. 문교부, 전교조 탈퇴 시한 넘긴 교사 2,173명 징계위에 회부. 임수경·문규현 신부, 판문점 통해 귀환. 대검에 마약과 신설. 9. 한국인구보건원, 한국 성인 표준체위 남자 171㎝ 64㎏, 여자 160㎝ 53㎏이라고 발표. 서울과 경기도에서 제 1회 세계한민족축전 개회(50개국 1,326명). 조훈현, 제 1회 응씨배 세계바둑선수권대회 우승. 10. 교황 요한 바오로 II세 방한. 대전 대덕에 한국항공우주연구소 설립. 11. 폴란드와 국교 수립. 남한사회주의노동자동맹(사노맹) 출범. 한국 등 12개국, 아시아태평양경제협력체 APEC 출범. 12. 유고와 국교 수립. 화천 평화의 댐 1단계 공사 준공.

1990. 1. 89년 말 외채 294억 달러. 2. 사할린 동포 120명 방한. 민정·민주·공화 3당 합당하여 민주자유당(민자당) 창당. 대한항공과 소련 아에로플로트사, 서울~모스크바 정기항로 개설 협정. 무역진흥공사, 체코 프라하에 무역관 개설. 토지공개념 3개 법안 제정. 3. 양구에서 북한 제 4 땅굴 발견. 북한, 땅굴 굴착 시인. 몽골과 국교 수립. 체코슬로바키아와 국교 수립. 불가리아와 국교 수립. 대법원, KAL기 폭파범 김현희에 사형선고. 소련 국영 항공기, 정기항공편으로 김포 도착. 루마니아와 국교 수립. 4. 대법원, 전교조 활동은 교육민주화 행위로 볼 수 없다고 판결. 김현희 특별사면. 광주시, 5·18 피해자 1,302명에게 보상금 165억 원 지급. 고흥~제주 간 172㎞ 해저광케이블통신망 준공. 5. 노태우, 일본 방문. 아키히토 일왕, <통석의 염> 발언. 6. 노태우, 미국 방문. 민주당 창당(총재 이기택). 7. 홍콩~일본~한국 해저 광케이블 개통. 팔당·대청호 주변 54개 읍면 수질보존특별대책지구로 선포. 8. <남북교류 협력에 관한 법률><남북협력기금법> 제정. 일본 정부, 7만 9천 명의 한국인 강제 징용자 명부 발표. 제 1회 범민족대회, 서울과 판문점에서 별도 개회. 일본

강제 징용 2,351명의 명단 히로시마에서 추가 발견. 9. 제 1차 남북고위급회담(서울). 폭우로 행주대교 부근 한강 제방 붕괴(사망 57명). 이상룡 등 민족지사 5명 유해 중국에서 봉환. 10. 소련과 국교 수립. 국군합동참모본부, 육해공 3군 지휘권 통합. 제 2차 남북고위급회담(평양). 청와대 관저 건립. 11. 일본, 재일동포 1, 2세대 지문채취제도 폐지. 신규 민간방송 SBS 서울방송 개국. 37개 여성단체, 한국정신대문제대책협의회(정대협) 결성. 남·북·해외동포 3자, 베를린에서 조국통일범민족연합(범민련) 결성. 12. 제 3차 남북고위급회담(서울). 노태우, 소련 방문. 중앙기상대, 기상청으로 승격. 전두환, 백담사 은둔 769일 만에 귀가. 서해안고속도로(서울~목포) 기공.

1991. 1. 걸프전쟁에 국군 의료지원단 파견. 정부, 소련에 현금 10억 등 30억 달러 규모 차관 3년에 걸쳐 제공. <주한미군지위협정 SOFA> 1차 개정. 3. 유엔군 사령부, 군사정전위 유엔군측 수석대표에 한국군 장성 첫 임명. 보사부, 생수(광천음료수) 내수 판매 허용. 90년도 GNP 130조 3,735억 원, 1인당 국민소득 5,569달러. 4. 출생·개명 한자 2,731자로 제한. 90년도 평균수명 남자 67세 여자 75세. 고르바초프 소련 대통령 방한. 명지대 학생 강경대 시위 중 경찰의 구타로 사망. 전남대 박승희 분신자살. 5. 대학생·노동자, 강경대 치사 규탄과 노동절 기념집회 후 시위. 안동대 김영균 분신자살. 경원대 천세용 분신자살. 전민련 사회부장 김기설 유서 남기고 분신자살. 8. 금리자유화 재시행. 강원도 고성에서 제 17회 세계 잼보리대회(130개국, 2만여 명). 중국 장춘에서 두만강 개발 7개국 국제회의. 9. 신민당·민주당, 민주당으로 통합(공동대표 김대중·이기택). 일제강점기와 6·25 당시 해외 유출 문화재 11,985점. 유엔 총회, 159개 전 회원국의 만장일치로 남북한 유엔 동시가입 승인. 10. 제 4차 남북고위급회담(평양). 파고다공원 탑골공원으로 명칭 환원. 한글학회, <우리말큰사전> 전 4권 완간. 11. 북한 중앙방송, 북한에는 핵무기가 없고 생산능력도 없으므로 포기할 것도 없다고 보도. 50명 이내 기업체 전체 종업원의 10%까지 외국인 고용 허용. 전국농민회총연맹, 미국쌀 수입 저지 전국농민대회. 제 3차 아시아태평양경제협력체 APEC 서울 각료회의. 부안~군산을 잇는 새만금간척사업 착수. 12. 14개 재야운동단체와 13개 지역운동단체, 민주주의민족통일전국연합(전국연합) 결성. 태평양전쟁

희생자 유족, 일본 정부를 상대로 보상요구 소송. 한국, 국제노동기구 ILO 152번째 회원국으로 가입. 제 5차 남북고위급회담(서울). <남북한 화해와 불가침 및 교류협력에 관한 합의서>(남북기본합의서) 채택. 순천 주암댐 준공. 수출 700억 달러.

1992. 1. 부시 미 대통령 방한. 통일원, 91년 남북한 왕래 인원 13건 412명, 교역 2억 달러라고 발표. 남북, <한반도 비핵화 공동선언> 교환. 북한 · 국제원자력기구 IAEA <핵안전협정> 체결. <제 3차 국토종합개발계획>(1992~2000) 공고. 2. 통일국민당 창당(대표 정주영). 제 6차 남북고위급회담(평양). 월남전 한국군 전사자 4,624명. 3. 제 14대 국회의원 선거(투표율 71.9%. 299석 중 민자 149, 민주 97, 국민 31). 4. 정부, GATT에 <우루과이 라운드 농산물협상 이행계획서> 제출. 남한사회주의노동자동맹 해체. 5. 제 7차 남북고위급회담(서울). IAEA 사무총장, 북한 영변 등의 원자력시설 사찰 위해 평양 방문. 남북기본합의서 이행을 위한 4개 실천기구 발족. 민자당 대통령후보 김영삼. 민주당 대통령후보 김대중. 국민당 대통령후보 정주영. 6. 25개 사립 단과대, 대학에서 대학교로 개칭. 유엔기후변화협약 UNFCCC 가입. 제 14대 국회 개원(의장 박준규). 초고속열차 KTX 착공. 7. 정부 발표 정신대 피해 신고자 390명. IAEA, 제 2차 북한 핵관련 시설 특정 사찰. 제 25회 바르셀로나 하계올림픽(한국 7위). 8. 한국 최초 과학위성 우리별 1호 발사 성공. 통일교, 서울에서 국제합동결혼식(131개국, 30,625쌍). 한국, 대만과 단교하고 중화인민공화국과 국교 수립. 서대문 독립공원 개원. 9. 제 8차 남북고위급회담(평양). 남북교류협력 3개 부속합의서 채택 및 <남북기본합의서> 발효. 삼성전자, 64메가 D램 자체 개발. 사할린 거주 무연고 동포 1세 150여 명 영구 귀국. 10. 국내기술로 건조한 최초 잠수함 이천함 진수. 북한, 팀스피릿 훈련 중지 요구. 한국, 핵위협 해소되지 않으면 팀스피릿 훈련 진행. 북한, 4개 공동위 1차 회의 거부. 11. 인천국제공항 기공. 옐친 러시아 대통령 방한. 민주화운동청년연합 해체. 12. 서울대병원, 뇌사판정기준 선포. 제 14대 대통령 선거(투표율 81.9%. 김영삼 42.0%, 김대중 33.8%, 정주영 16%). 김대중, 정계 은퇴 선언. 북한, 팀스피릿 훈련 재개를 이유로 제 9차 남북고위급회담 거부. 베트남과 국교 수립.

1993. 1. 체코와 국교 수립. 슬로바키아와 국교 수립. 세계은행, 91년 한국 1

인당 소득 6,340달러로 세계 30위라고 발표. 2. 정주영, 정계 은퇴 선언. 6개 대학 부정입시 관련자 59명 구속. 14대 대통령 김영삼 취임. 부산 베트남 난민보호소 폐쇄. 경복궁 국립중앙박물관을 국립민속박물관으로 재개관. 3. 의학협회, 뇌사 공식 인정. 북한, 팀스피릿 훈련에 대해 준전시상태 선언. 북한, 핵확산금지조약 NPT 탈퇴 선언(조건 미비로 보류). 정부, 북한의 NPT 탈퇴 문제 해결될 때까지 북한과의 대화 중단. 서울 난지도쓰레기매립장 만료로 폐쇄. 인왕산 등산로 개방. 부산 구포역에서 무궁화호 열차 전복(78명 사망). 4. 북한, 김정일 국방위원장 추대. 한미연합군사훈련 팀스피릿 실시. 전대협 해체되고 한국대학총학생회연합(한총련) 창설. 5. 남북한 발해유적공동발굴단, 최초의 공동 발굴조사. 6. 헌법재판소 재동 청사 준공. 과학 1호 로켓 KSR-420 서해안에서 발사. 북한, NPT 탈퇴 유보. 국제민간항공협회 ICAO, 소련은 KAL 여객기가 민간항공기 인지하고도 격추시켰다고 결론. 7. 클린턴 미 대통령 방한. 육군 상록수부대, 소말리아 유엔평화유지군 PKO으로 출병. 8. 임시정부 박은식 · 신규식 · 노백린 · 김인전 · 안태국 유해 중국 상해에서 귀환하여 국립묘지에 안장. <대전세계박람회>(93 대전 엑스포) 개막(110개국, 33개 국

<인왕산>

제기구). 공직자윤리법에 따라 21,291명 재산등록. <금융실명거래 및 비밀보장에 관한 대통령긴급재정경제명령>(금융실명제) 발동 및 실시 발표. 제1회 1차 대학수학능력시험 전국에서 실시. 경부고속철도 차종 프랑스 알스톰사의 TGV로 확정. 안중근 83년 만에 천주교도 복권. 9. <공직자 윤리법>에 따라 지방공직자 재산 공개. 10. 일본으로부터 일제 당시 징병·징용 243,992명의 명단 접수. 전북 부안 위도 앞바다에서 서해페리호 침몰(292명 사망). 북한 중앙통신, 북한은 IAEA와 협상하지 않고 미국과 협상하겠다고 보도. 구 조선총독 관저 철거. 그린피스, 러시아가 동해에 핵폐기물 방기했다고 폭로. 전교조 해직교사 1,490명 중 1,424명 복직 신청. 11. 한국·타이완, 서울과 타이페이에 각 대표부 설치. 제1회 2차 대학수학능력시험 전국에서 실시. 12. 총무처, 중앙 행정기관의 123개 기능을 지방자치단체로 이양. GATT 제8차 다자간 무역협상 우루과이 라운드 타결. 수출 800억 달러 돌파. 부여 능산리에서 <백제금동대향로> 출토.

1994. 1. 서울대·연대·고대 등, 14년 만에 대입 본고사 실시. 낙동강 수질 오염으로 경상도 수돗물에 악취. 소말리아 PKO 상록수부대 본대 귀국. 아시아태평양평화재단 출범(이사장 김대중). 2. 농민·대학생 2만여 명, 우루과이 라운드 재협상 요구 시위. 정부, 개인 외화 보유한도 철폐, 해외에서 2만 달러까지 보유 허용. 75개 공기업 민영화 확정. 3. 팀스피릿 훈련 중단하고 한미연합전시증원연습 RSOI 훈련 실시. <공직선거 및 선거부정방지법> 제정. 김영삼 중국 방문. 4. 서재필·전명운 국립묘지 안장. 박찬호, 미국 메이저리그 야구 첫 출전. 5. 근로자의 날 3월 10일에서 5월 1일로 변경. 6. 김영삼, 러시아·우즈베키스탄 방문. 북한, IAEA 탈퇴 발표. 남북, 카터 전 미대통령의 남북정상회담 제의 수락. 남북, 7월 25~27일 김영삼 평양 방문 합의. 서울 용산 전쟁기념관 개관. 7. 북한 김일성 7월 8일 사망. 김영삼 평양 방문 무산. 전국 폭염(대구 39.4°, 서울 38.4°). 가뭄 계속. 8. 교육부, 총학생회의 교내 수익사업 금지. 제주도·경주시·설악산·유성·해운대 5개 지역 관광특구 지정. 삼성전자, 256메가 D램 시제품 생산. 9. 세계 176 국가에 한국 문화재 64,852점 산재. 10. 한국, 생물다양성협약 가입. 북한, 평양에 단군릉 건립. 성수대교 교각 상판 일부 붕괴(사망 32명). 북미, 핵문제 해결을 위한 <북미제네바기

본합의서> 서명. 6 · 25 전사자로 알려진 조창호 소위 북한에서 탈출 귀환. 검찰, 12 · 12 사태 기소유예 처분. 11. 한미일, 대북경수로사업 주계약자 한국기업으로 선정. 12. 유엔군 사령부, 한국군에 평시작전통제권 이양. 정부, 삼성그룹의 승용차 사업 진출 허용. 대한항공 · 아시아나항공, 서울~베이징 직항로 개통. 정부, 남북경협을 위해 6개 기업 방북 승인. 직할시를 광역시로 개칭. 수출 960억 달러. 0. 조용필 음반 판매량 누계 1천만 장 돌파.

1995. 1. 우루과이 라운드 발효로 세계무역기구 WTO 출범. GATT 종료. 개인 외환보유 완전 자유화. 해외 부동산 투자 허용. 통일부 산하 북한경수로사업지원기획단 창단. 2. 세계은행 · 아시아개발은행, 한국 산성비의 33%가 중국 아황산가스가 원인이라고 발표. 자유민주연합 창당(자민련. 총재 김종필). 3. 케이블 TV 20개 채널 본방송 개시. 한미일, 한반도에너지개발기구 KEDO 설립. 대북경수로사업 착수. 한미, 북한에 한국형 경수로 제공 합의. 전남 영광 한빛원자력발전소 3호기 준공. <부동산 실권리자 명의 등기에 관한 법률>(부동산실명제) 제정. 4. 재정경제원, 1994년 조세부담률 20% 초과 발표. 중국 · 홍콩 · 대만 등 중화 경제권 수출이 대미 수출 초과. 대구 지하철공사장 가스폭발 사고(101명 사망). 5. 에볼라 바이러스 비상령. 첫 남북 합작사업 대우 남포공단사업 승인. 86 우성호, 서해에서 북한 경비정에 피랍. 6. 정부, 북한에 쌀 15만 톤 무상제공. 제1회 전국동시지방선거 실시. 서울 삼풍백화점 붕괴 사고(502명 사망). 7. 김대중, 정계 복귀 선언. 서울지검, 전두환 · 노태우에 공소권 없음 처분. 여천 앞바다에서 유조선 시프린스호 좌초로 기름 유출. 러시아의 북한 벌목공 7명 귀순. 8. 국민학교를 초등학교로 개칭. 최초의 방송통신위성 무궁화 1호 발사 성공. 구 조선총독부 청사 첨탑 철거로 해체 시작. 경기도 용인의 경기여자기술학원 원생들 탈출 시도 중 화재(38명 사망). 9. 새정치국민회의 창당(대표 김대중). 제 1회 광주비엔날레 개막. 10. 대법원, 서소문에서 서초동 신청사로 이전. 대우 남포공단 가동. 국방부, <국방백서>에 주적 용어 명시. 11. 한국, 유엔 안보리 비상임이사국에 선출. 전국민주노동조합총연맹(민주노총) 출범. 노태우 구속. 헌법재판소, 검찰의 5 · 18 공소권 없음은 부당하다고 결론. 검찰, 12 · 12 사태와 5 · 18 항쟁에 대한 재수사 착수. 12. <영해법>을 <영해 및 접속수역법>으로 개정. 전

두환 구속. 정부, KEDO와 북한이 체결한 <대북경수로공급협정안> 승인. 최규하, 재임 시 행한 국정운영에 대해 검찰 조사 거부. 납북된 제86 우성호 선원 5명 및 유해 3구 귀환. 교육부, <종합생활기록부> 시행계획 확정 발표. 수출 1,250억 달러. <석굴암과 불국사><해인사장경판전><종묘> 유네스코 세계문화유산에 등재.

1996. 1. 54개 농수산 가공식품과 146개 국산 농산물에 원산지 표시제 실시. 110개 중앙정부 업무를 지방자치단체에 이양. 무궁화 2호 위성 발사 성공. 94년도 1인당 국민소득 8,220달러. 전남 영광 한빛원자력발전소 4호기 준공. 2. 민자당, 신한국당으로 개명. 충남 태안과 중국 산동성 칭다오 간 549㎞의 해저 광케이블 개통. 중소기업청 개청. 헌법재판소, 전두환·노태우 등 28명이 낸 헌법소원 각하. 4. 강원 탄광지구와 충북 보은 등 7개 지구를 1차 개발촉진지구로 지정. 광우병 관련 영국·아일랜드산 소와 가공식품 수입금지. 제 15대 국회의원 선거(투표율 63.9%. 299석 중 신한국당 139, 국민회의 79, 자민련 50). 김영삼·클린턴, 한반도 평화를 위한 남북미중 4자회담 제의. 북한, 4자회담 거부. 강원도 고성 산불로 산림 38.34㎢ 소실. 북한, 평양에 CNN 지국 개설 허가. 5. 95년 말 총외채 789억 달러. 국제축구연맹 FIFA, 2002년 월드컵 축구대회 한일공동개최 결정. 6. 98년까지 외국인에게 증권·은행 설립 개방. 7. 북한·KEDO, 통신의정서 등 3개 의정서 서명. 북한 홍수로 2,700㎢ 이상의 농경지 침수. 제 26회 애틀랜타 하계올림픽(한국 12위). 8. <배타적경제수역법> 제정. 9. 김영삼 중남미 순방. 교육부, 한의대 수업거부 학생 649명 유급 확정. 강릉 앞바다에서 북한 잠수함 1정 좌초(11명 자폭, 1명 생포). 제 1회 부산국제영화제 PIFF 개막. 10. 헌법재판소, 공연윤리위원회의 사전심의 위헌 결정. 한국·EU, <무역과 협력을 위한 기본협정> 체결. 11. 구 조선총독부청사 철거 완료. 조선의 마지막 황태손 이구, 일본에서 영구 귀국. 헌법재판소, 사형제도 합헌 결정. 12. 한국, OECD 29번째 회원국으로 가입. 신한국당, <안기부법><노동관계법개정안> 등 단독처리. 부안 다목적댐 준공. 수출 1,297억 달러.

1997. 1. 1월 1일 현재 전국 인구 4,575만 명. <북한이탈주민의 보호 및 정착지원에 관한 법률> 제정. KEDO·북한, 대북경수로사업서비스 및 부지의정서 서명. 상암동 난지도쓰레기매립장 안정화 개시. 한보그룹 부도.

선문대학교 학술조사단, 풍납토성 조사. 2. 황장엽 북한 노동당 비서, 베이징에서 한국 망명 신청. 한국 · 일본 등 아시아 9개국 연결하는 아태해저광케이블 개통. 3. 초등학교 전면 무료급식. 노동부, 96년 12월 말 외국인 합법 취업자 1만 3천, 연수생 6만 8천, 불법체류자 12만 명이라고 발표. 삼미그룹 부도. <노동조합 및 노동관계조정법> 제정. 4. 김영삼, 북한에 4자회담 촉구. 미 국무부, 북한에 4자회담 촉구. 대법원, 12 · 12 및 5 · 18 관련 전두환 무기징역, 노태우 징역 17년 확정. 진로그룹 부도. 황장엽 서울 도착. 5. 공보처, 케이블 TV 2차 종합유선방송국 23개 권역의 사업자 선정 발표. 6. 외국인에 국내 채권시장 개방. 7. 북한, 태양절 및 주체 연호 채택. 전국 자동차 1천만 대 돌파. 헌법재판소, 동성동본 혼인금지 헌법 불합치 결정. 신한국당 대통령후보에 이회창. 한국, 국제 습지조약(람사르 조약) 101번째 가입. 8. 남북미중 4자회담 예비회담. KAL기 괌 공항 인근에 추락(사망 229명). KEDO · 북한, 함남 신포 금호지구에서 대북경수로사업 착공식. 울릉도에 독도박물관 개관. 9. 경주 월성 원자력발전소 2호기 준공. 민주당 대통령후보에 조순. 기아그룹 법정관리 시작. 10. 국방과학연구소, 단거리 지대공 천마미사일 시험발사 성공. 북한, 김정일 노동당 총비서. 캄보디아와 대사급 수교. 국민회의 · 자민련, 대통령 단일후보 김대중 추대. UNDP, 서울에 국제백신연구소 설립. <훈민정음><조선왕조실록> 유네스코 세계기록유산에 등재. 11. 신한국당 · 민주당, 한나라당으로 통합(대통령후보 이회창, 총재 조순). 해태그룹 부도. 주가 폭락. 환율 1달러 : 1,000원. 정부, IMF에 200억 달러 긴급구제금융 요청. 12. IMF와 구제금융지원 양해각서 체결(IMF 사태). IMF, 3년간 210억 달러 지원 승인. IMF, 1차 56억 달러 지원. 한라그룹 부도. 제 1차 4자회담 본회의(제네바). 재정경제원, 5개 종금사 업무정지. IMF, 2차 35억 달러 지원. 제 15대 대통령선거(투표율 80.7%. 김대중 40.3%, 이회창 38.7%). 아시아개발은행 ADB, 한국에 40억 달러 지원 결정. 환율 최고치 1달러 : 1,995원. 외환보유액 최저 39억 달러. IMF, 3차 20억 달러 지원. 전두환 · 노태우 포함 19명 특별사면. 수출 1,361억 달러. <창덕궁과 후원><수원 화성> 유네스코 세계문화유산에 등재. 1997년 말 현재 지정문화재 7,315건.

1998. 1. 재정경제원, 97년 11월 말 총외채 1,569억 달러라고 발표. <금융산

업의 구조개선에 관한 법률> 제정. 노사정위원회 출범. 금융통화운영위
원회, 제일·서울은행을 부실 금융기관으로 지정. 재정경제원, 10개 종합
금융회사 폐쇄 결정. 전국적 금모으기운동 전개. 2. 김대중 제 15대 대통
령 취임. 3. 북한, 비행정보구역 개방. 제 2차 4자회담 본회의(제네바). 4.
김대중 유럽 방문. 남산골 한옥마을 개장. 5. 외국인 주식투자 한도 폐지.
6. 제 2회 전국동시지방선거. <한미범죄인인도조약> 체결. 정주영 현대
그룹 명예회장, 소 5백 마리 이끌고 방북. 속초 앞바다에 북한 잠수정 침
투. 금융감독위원회, 퇴출 대상 55개 기업 발표. 금융감독위원회, 5개 은
행 퇴출 결정. 7. 외환매입제한 폐지. 박세리, US 여자오픈골프대회 우
승. 8. 현대그룹, 북한과 금강산종합개발사업 의정서 체결. 북한, 무수단
리에서 인공위성 광명성 1호 발사. 정부, 광복 50주년 7,007명 사면. 9.
북한, 김정일 국방위원장 재추대. 토지공개념 3개 법안 폐지. 10. 정주영,
소 501마리 이끌고 2차 방북. 정주영·김정일, 금강산관광사업 합의. 제
3차 4자회담 본회의(제네바). 현대자동차, 기아자동차 인수. 11. 외교통상
부, 독도 영유권 문제는 거론 대상이 아니라고 공표. 금강산 관광유람선
현대금강호 첫 운항. 김대중 중국 방문. <신한일어업협정> 체결. 강화도
에 북한 잠수정 침투. 12. 여수 앞바다에 북한 잠수정 침투. IMF 자금
28억 달러 상환. 외환보유액 520억 달러. 수출 1,323억 달러. 국립현대미
술관 덕수궁관 개관. 내외통신 종간. 대한성서공회, <개역개정판 성경전
서> 발간.
1999. 1. 은행감독원·증권감독원·보험감독원·신용관리기금 통합하여 금
융감독원 설립. 제 4차 4자회담 본회의(제네바). 국가안전기획부를 국가
정보원으로 개칭. 2. 사할린 거주 동포 60명 영구 귀국. <국민건강보험
법> 제정. 3. 국가정보원, 정전 이후 북한 억류 납북자는 454명, 생존 미
송환 국군 포로는 231명이라고 발표. 4. 엘리자베스 영국 여왕 방한. 한
국선물거래소 개장. 제 5차 4자회담 본회의(제네바). 5. <공직자 등의 병
역사항 신고 및 공개에 관한 법률> 제정. 6. 서해 연평도 앞바다에서 한
국 해군과 북한군 교전(제 1연평해전). 경기도 화성군 씨랜드 청소년수련
원에서 화재 발생(유치원생 등 23명 사망). 7. 김대중, 미국·캐나다 방문.
8. 제 6차 4자회담 본회의(제네바). 9. 무궁화 위성 3호 발사 성공. 미국,
대북경제제재 완화 발표. IMF 보완준비금융 135억 달러 조기상환. 10.

평화유지군 PKO 상록수부대 419명 동티모르에 파병. 현대·북한, 금강산개발 30년 독점사용권 합의. 대우그룹 12개 계열사 워크아웃 계획 확정. 11. 정몽준 대한축구협회 회장 방북. 12. KEDO·한국전력, 북한 경수로 본공사 주계약 체결. 한국항공우주연구원, 다목적 실용인공위성 아리랑 1호 발사 성공. 한국우주항공산업 KAI 설립. 대법원, 한총련을 이적단체로 규정. 수출 1,436억 달러.

2000. 1. 국방대학교 재창설. <제 4차 국토종합계획>(2000~2020) 공고. 제일은행 해외 매각. 3. 북한 해군사령부, 서해북방한계선 NLL 부정. 동남아시아-중동-서유럽-3(SEA-ME-WE-3) 국제 해저 광케이블에 한국 등 추가연장사업 완료. 김대중 독일 방문. 4. 남북, 김대중·김정일 회담 예정 발표. 중앙선거관리위원회, 총선 출마 후보자의 전과기록 공개. 제 16대 국회의원 선거(투표율 57.2%. 273석 중 한나라 133, 민주 115). 5. 평양학생소년예술단 서울 공연. 6. 평양교예단 서울 공연. 김대중 평양 방문. 김대중·김정일, 5개 사항 합의 발표(6·15 남북공동선언). 미국, 대북경제제재완화조치 발표. 7. 제 1차 남북장관급회담(서울). 8. 의약분업 시행. 한국 언론사 사장단 방북. 제 2차 남북장관급회담(평양). 남북경제협력추진위원회 발족. 현대자동차 등 현대 9개 회사, 현대그룹에서 분리하여 현대자동차그룹 출범. 제 1차 남북이산가족 상봉(서울과 평양 각 151명). 현대·조선아시아태평양평화위원회, <북한의 7대 사업에 관한 경제협력 합의서> 작성. 9. 비전향 장기수 63명 북한으로 송환. 제 1차 조총련 재일동포 고향 방문단 63명 입국. 제 3차 남북장관급회담(제주). 제 1차 남북국방장관회담(제주). 제 27회 시드니 하계올림픽(한국 12위). 10. 중앙정부와 3천 5백여 전국 읍면동을 연결하는 정보통신망 개통. 의문사진상규명위원회 설립. 제 3차 서울 아시아유럽정상회의 ASEM 개회. 경찰청 내 사이버경찰청 개설. 현대건설 부도. 11. 2차 29개 퇴출 대상 기업 발표. 대우자동차 부도. 동아건설 부도. 제 2차 조총련 재일동포 고향방문단 120명 입국. 제 2차 남북이산가족 상봉(서울과 평양 각 100명). 제 1차 남북군사실무회담(판문점). 12. 김대중, 노벨평화상 수상. 행정자치부, 시군구 행정종합전산망 구축 완료. <주한미군 지위협정 SOFA> 2차 개정. 수출 1,722억 달러. <고창 화순 강화 고인돌 유적><경주역사유적지구> 유네스코 세계문화유산에 등재. 피아니스트 백건우, 프랑스 예술문화기

사훈장 수여 받음.

2001. 1. 클린턴 미 대통령, 한국전쟁 중 발생한 1950년 7월 노근리 사건에 대해 유감 표명. 2. 제 3차 남북이산가족 상봉. 북한 경제시찰단 미국 방문. 푸틴 러시아 대통령 방한. 공적자금관리위원회 신설. 3. 서울 홍제동 화재로 소방관 6명 순직. 남북이산가족 첫 서신 교환(각 3백 통). 한국, 미사일기술통제체제 MTCR 33번째 회원국으로 가입. 국군 하사관을 부사관으로 개칭. 인천국제공항 개항. 5. <종묘제례><종묘제례악> 유네스코 세계무형유산에 등재. 7. 국회 특별위원회, 일본 역사교과서 왜곡 시정 촉구 결의안 채택. 8. 민족통일대축전(평양). IMF 구제금융 195억 달러 전액 상환으로 IMF 관리체계 종료. 9. [미국 뉴욕 9·11 테러]. <승정원일기><직지심체요절> 유네스코 세계기록유산에 등재. 10. 한일역사공동연구위원회 발족. 11. 세계 27개국 5백여 명의 한인 경제인·무역인, LA에서 남북경제교류활성화 등 4개항의 결의문 채택. 김대중, 새천년민주당 총재 사퇴. 12. 한국통신, 멀티미디어통신 시범서비스 개시. 서해안 고속도로 완공(서울 금천구~전남 무안). 외환보유액 1,028억 달러. 수출 1,504억 달러.

2002. 1. 재정경제부, 외환위기 이후 1998년~2001년 투입된 공적자금 155조 3천억 원이라고 발표. 2. 조지 부시 미 대통령 방한. 3. 한국디지털위성방송, 다채널 위성방송(스카이라이프) 개시. 전국공무원노동조합(전공노) 결성. 4. 제 4차 남북이산가족 상봉. 5. 최경주, 미 PGA 뉴올리언스 콤팩 클래식 우승. 제 17회 FIFA 2002 한일월드컵 축구대회(한국 4위). 서울 역사박물관 개관. 6. 여중생 2명, 미군 장갑차에 치어 사망. 제 3회 전국 동시지방선거 실시. 연평도 앞바다에서 한국 해군과 북한군 교전(제 2연평해전. 6명 전사). 8. 카트먼 KEDO 사무국장, 북한의 IAEA 특별사찰 촉구. 8·15민족통일대회(서울). 9. 태풍 루사(사망 246명). 제 5차 남북이산가족 상봉. 제 1차 북일정상회담(평양). 남북, 경의선·동해선 연결공사 각각 착공. 남북군사직통전화 첫 개통. 제 14회 부산 아시아경기대회(43개국 9,782명 참가. 한국 2위). 대구 실종 초등학생 5명 11년 만에 유골로 발견. 11. 한국항공우주연구원, 액체추진로켓 KSR-Ⅲ 발사 성공. 12. 전자정부 출범. 미사일 적재 북한 선박, 아라비아해에서 스페인 군함에 나포. 제 16대 대통령선거(투표율 70.8%. 노무현 48.9%, 이회창 46.6%). 수출

1,624억 달러.

2003. 1. 통일부, 현대아산이 제출한 대북협력사업 변경신청 승인. 북한, 핵확산금지조약 NPT 탈퇴. 북한, NPT 탈퇴 지지 평양 100만 군중대회. 타이완, 한국인 무비자 입국 허용. 2. 노무현 정부 명칭 참여정부. 한국·칠레 FTA 서명. 정몽헌 현대그룹 회장, 2002년 북한에 5억 달러 송금 공개. 대구 지하철 화재 사고(사망 192명). 제 6차 남북이산가족 상봉. 노무현 제 16대 대통령 취임. 3. 2012년 말 현재 국내 불법체류 외국인 289,239명. 한국노총·민주노총 위원장 평양 방문. 4. 교육인적자원부, 교육행정정보시스템 NEIS 시행. 이라크 전후복구지원 등을 위한 서희·제마부대 673명 출국. 5. 4월 말 국내 승용차 1,001만 대. 한국가스공사, 러시아 가스프롬사와 <천연가스공동개발협정> 체결. 6. 제 7차 남북이산가족 상봉. 개성공단 착공식. 7. 청계천 복원공사 착수. 국방부, 북한 정권과 북한군을 적으로 하는 주적 개념 규정. 8. 정몽헌 현대그룹 회장 투신자살. 8·15 민족통일대회 개회(평양). <남북경협합의서> 발효. 북한 핵문제 해결을 위한 제 1차 남북미일중러 6자회담(베이징). 9. 북한, 김정일 국방위원장 재추대. 1995년 6월부터 2003년 6월까지 대북지원금은 총 7억 8,436만 달러. 한국 관광단 114명, 육로로 금강산 관광. 태풍 매미(사망 130명). 제 8차 남북이산가족 상봉(금강산). 과학기술위성 1호 우리별 4호 지상국과 교신 성공. <판소리> 유네스코 세계무형유산에 등재. 10. 평양 류경 정주영체육관 개관. 한중일 정상회담에서 한반도 비핵화 등 14개 분야 합의. 고건 총리 등 국무위원, 노무현 재신임 관련 일괄사표 제출. 국방부, 6·25전쟁 중 북한 억류 국군포로 1,186명으로 확인. 동티모르 파견 상록수부대 철수. 11. KEDO, 대북경수로 건설사업 한시적 중단. 열린우리당 창당(의장 김원기). 12. 소해면상뇌증(광우병) 발생으로 미국산 쇠고기 수입금지. 반추동물 원료를 함유한 미국산 가공식품 수입금지. 전남 순천만 등 5곳을 습지보호지역 및 생태계보존지역으로 추가 지정. 수출 1,938억 달러.

2004. 2. 제 2차 6자회담(베이징). 3. 새천년민주당, 노무현 대통령에 대한 탄핵소추안 국회에 제출. 국회, 노무현 대통령 탄핵안 가결. 제 9차 남북이산가족 상봉(금강산). <일제강점하 반민족행위 진상규명에 관한 특별법> 제정. 4. KTX 서울~동대구 개통으로 운영 개시. 한·칠레 FTA 발

효. 제 17대 국회의원 선거(투표율 60.6%. 299석 중 열린우리당 152, 한나라당 121). 김종필 정계 은퇴 선언. 유네스코, <직지상> 제정. 5. 헌법재판소, 국회의 노무현 탄핵 청구 기각. 제 2차 북일정상회담(평양). 친일반민족행위진상규명위원회 설립. 6. 미국, 2005년 말까지 주한미군 12,500명 감축 한국에 통보. 남북 함정 첫 교신 성공. 개성공단 시범단지 부지조성 완료(9만 3천㎡). 제 3차 6자회담(베이징). 우리민족대회(인천). 의문사진상규명위원회 활동 종료. 7. 제 10차 남북이산가족 상봉(금강산). 주 5일근무제 단계적 시행. 21명 살해법 유영철 체포. <김해 양동 고분군> 사적 지정. 북한·중국이 신청한 <고구려 유적> 유네스코 세계문화유산에 등재. 8. 외국인근로자 고용허가제 시행. 제 28회 아테네 하계올림픽(한국 9위). 이라크 평화재건사단(자이툰 부대) 출국. 11. 석유공사, 울산 앞 해상 천연가스 생산시설 완공. 12. 개성공단 시범단지 생산제품 첫 반출. 정부, 쌀 관세화 유예 10년 추가 연장. 수출 2,538억 달러.

2005. 1. 현금영수증제도 실시. 유태홍 전 대법원장 투신자살. 현대중공업, 1만 TEU급 울트라 컨테이너선 건조. 국방부, <국방백서>에서 주적 용어 삭제. <국어기본법> 제정. 2. 한국정신문화연구원, 한국학중앙연구원으로 개칭. 3. 한국전력, 개성공단에 전력 공급. 북한·중국, <투자 장려 및 보호에 관한 협정><환경 협조에 관한 협정> 체결. 전국 초중고교 토요일 휴무 실시. 5. 친일반민족행위진상규명위원회 출범. 6. 민족통일대축전(평양). 7. 강습상륙함 독도함 진수. 남북광통신망 연결. 대법원, 여성도 종중회원으로 인정. 남북 민간직통전화 개통. 제 4차 6자회담(베이징). 제주, 주민투표로 단일광역체제 선택. 경동시장을 서울약령시로 지정. 8. 서해상 우발 충돌 방지를 위한 남북통신연락소 개소. 북한 화물선, 제주해협 통과. 8·15민족통일대축전(서울). 제 1차 남북이산가족 화상 상봉. 상업 목적의 남 선박, 북 항구에 입항. 시범 기업도시 6곳 선정. 제 11차 남북이산가족 상봉(금강산). 개성 시범관광 실시. 9. 안중근의사 유해 공동발굴 및 봉환사업에 대한 제 1차 남북실무접촉(개성). 전자어음 사용 시작. <강릉 단오제> 유네스코 세계무형유산에 등재. 10. 청계천 복원 완료. 남북경제협력추진위원회 개성사무소 개소. <북관대첩비> 일본에서 국내로 귀환. 서울 용산 국립중앙박물관 신축 개관. 11. 방사성 폐기물처리장 부지 경주로 확정. 제 12차 남북이산가족 상봉(금강산). 유엔 총회,

북한인권결의안 채택. 제 5차 6자회담 1단계 회의(베이징). 12. 5년 한시적 진실화해위원회 설립. 국방부, 베트남전 외교문서 공개. 인혁당 사형집행 관련문서 공개. <친일반민족행위자 재산의 국가귀속에 관한 특별법> 제정. 유엔 총회, 북한인권결의안 채택. 수출 2,844억 달러.

2006. 1. 방위사업청 개청. KOSPI 1,400선 돌파. 2. 신학기부터 초중고교 2 · 4 토요일 휴무. 3. 국방부, 군사보호구역 215㎢ 해제. 황우석, 줄기세포 조작 시인. 친일파 재산환수 시작. 나이지리아와 20억 배럴 유전개발 계약. 대법원, 새만금사업 계속 진행 판결. 전두환 등 176명 서훈 취소. 서울대, 황우석 교수 파면. 정진석 대주교 추기경에 서임. <북관대첩비> 북한으로 전달. 4. 통합 신한은행 출범. 북악산 등산로 일부 개방. 노동단체 대표단 방북. 5. <주민소환에 관한 법률> 제정. 한국, 유엔인권이사회 이사국에 피선. 제 4회 전국동시지방선거 실시. KEDO, 경수로사업 종료 결정. 6. 여당인 열린우리당 지방선거 참패. 1,800t급 잠수함 손원일함 진수식. 제 14차 이산가족 상봉(금강산). 6 · 15민족통일대축전(광주). 화천 평화의 댐 2단계공사 준공. 7. 제주특별자치도 출범 및 단일광역체제로 전환. 북한, ICBM급 대포동 2호 등 미사일 7기 동해상에 시험발

<북악산>

사. 전군 비상 태세. 전국적 FTA 반대 데모. 남북장관급회담 결렬로 북측 대표 조기 귀환. 유엔 안전보장이사회, 미사일 발사 관련 대북 결의문 채택. 북한에 쌀·비료 지원 중단. 북한에 수해. 북한, 이산가족상봉 중단 선언. 북한, 현대아산에 금강산 면회소 현장 철수 통보. 8. 북한, 수해 지원물자 요청. 정부·민간, 200억 원 상당 북한 수해 지원 확정. 정부, 동해·독도 표기된 세계지도 제작 배포. 9. 노무현 미국·유럽 순방. 중국 등의 세계 24개 금융기관, 대북 거래중단. 전국공무원노조 사무실 140여 곳 폐쇄. 북한 미사일 대응을 위한 유도탄사령부 창설. 삼성전자, 40나노 32기가 낸드플래시 메모리 개발. 10. 북한, 1차 핵실험. 반기문 외교통상부 장관, 유엔 사무총장에 피선. 11. 교육·노동계 전국적 파업. 민노총 무기한 총파업. 수출 3,254억 달러.

2007. 1. 현대차, 노조에 손배소 청구. 서울대, 퀘이사 40개 발견. 서울중앙지법, 1975년 인혁당사건 무죄 선고. 중국 인민해방군 대표단 한국 방문. 북한, 영변 원자로 가동중단 및 IAEA 사찰단 재입국 허용. 2. 열린우리당 의원 23명 탈당. 열린우리당 의원들, 노무현 대통령에 탈당 요구. 제5차 6자회담 3단계 회의에서 2·13 합의 채택. 미 하원, 첫 위안부 청문회. 제 20차 남북장관급회담(평양). 노무현, 열린우리당 탈당. 3. UNDP, 대북사업 중단. 제 6차 6자회담 1단계 회의(베이징). 대북 지원 비료 30만 톤 1차 출항. 4. 한미 FTA 협상 타결. 북악산 등산로 완전 개방. 미국산 쇠고기 3년 5개월 만에 수입 재개. 5. 제 15차 남북이산가족 상봉(금강산). 최초의 이지스함 세종대왕함 진수. 뉴욕 KEDO 사무국 폐쇄. 6. 열린우리당 의원 16명 2차 탈당. 열린우리당 의원 16명 3차 탈당. 제 21차 남북장관급회담(서울)으로 회담 종료. <조선왕조 의궤><해인사 대장경판 및 제경판> 유네스코 세계기록유산에 등재. <제주 화산섬과 용암 동굴> 유네스코 세계자연유산에 등재. 7. 충남 태안 앞바다에서 고려청자 침몰 선박 발견. KOSPI 2,000 돌파. 8. 남북정상회담 평양 개최 발표. 친일파 10명 재산 257억 원 국가 귀속 결정. 독립유공자 후손 32명 한국 국적 취득. 남북정상회담 10월로 연기. 대통합민주신당 창당. 9. 국가핵융합연구소, 핵융합연구장치 KSTAR 완성. 국가기록원, 비공개 기록물 147만 건 목록 공개. 제 6차 6자회담 2단계 회의. 10. 노무현 평양 방문. 노무현·김정일, 8개항의 <10·4 남북공동선언> 발표. 11. 방송위원회,

지상파방송 중간광고 허용. 제 1차 남북총리회담(서울). 경복궁 내 국립고궁박물관 개관. 12. 관광객 350명 개성 방문. 태안 앞바다에서 유조선 충돌로 원유 유출 사고. <군사기지 및 군사시설 보호법> 제정. 제 17대 대통령선거(투표율 63.0%. 이명박 48.7%, 정동영 26.1%). 아프가니스탄 주둔 다산·동의부대 마지막 병력 귀국. 김우중·박지원 등 75명 특별사면. 서울외곽순환고속도로 전 구간 개통(127.5km). 수출 3,714억 달러.

2008. 1. 기초노령연금 시행. 2. 외국 로펌 국내 제한 진출. <숭례문> 방화로 소실. 대통합민주신당·민주당, 통합민주당으로 합당. 제 17대 이명박 대통령 취임. 민주주의민족통일전국연합 해산. 3. 로스쿨(법학전문대학원) 제도 시행. 4. 제 18대 국회의원 선거(투표율 46.1%. 299석 중 한나라당 153석. 통합민주당 81석). 이명박, 미·일 방문. 한미, 쇠고기 수입 재개 합의. 19개 시군구에서 조류인플루엔자 AI A/H5N1 확인. 5. 미국산 쇠고기 수입 반대 촛불집회. 서울대공원 가금류 모두 살처분. 미국, 작년 6월부터 1년 간 북한에 식량 50만 톤 지원했다고 발표. 전교조 2만 명, 전국교사대회 개회. 정부, 미 쇠고기 고시. 6. 미 쇠고기 고시 무효 주장 10만 명 헌법 소원. 화물연대 총파업. 한미, 쇠고기 추가 협상. 북한, 핵신고서 제출. 북한, 영변 원자로 냉각탑 폭파. 7. 통합민주당, 민주당으로 개칭. 현대기아차, 미국 시장점유율 6% 돌파. 모든 음식점에 쇠고기 원산지 표기 의무화. 금강산에서 50대 여성 관광객 북한 초병에 피격 사망. 금강산 관광 중단. 쇠고기 국정조사 착수. 공공기관 차량 홀짝제 운행. 서울 첫 직선 교육감 선거. 헌법재판소, 태아 성감별 금지 헌법에 불합치 결정. 8. 제 29회 베이징 하계올림픽(한국 7위). 29개 공공기관 통폐합. 지방공항 3개소 폐쇄. 25개 대학 로스쿨 최종 인가. 9. 북한, 영변 핵시설 재가동할 것임을 IAEA에 통보. 그린벨트 308㎢ 해제. 10. 미국, 20년 9개월 만에 북한을 테러지원국에서 해제. 북한, 영변 핵시설 불능화작업 재개. 11. 정부, 민간 지원단체 금강산 방문 허용. 한국, 미국 비자 면제국이 됨. 대형 마트 등에서 미국산 쇠고기 판매 재개. 유엔 총회, 북한인권결의안 채택(한국 참가). 12. 북한, 개성관광 중단, 경의선철도 운행 중단, 군사분계선 통행 제한, 남북 간 직통전화 단절, 개성공단 상주인구 절반 축소 등 조치. 개성공단 및 금강산 지역 비상주 인원 철수. 이라크에서 자이툰·다이만 부대 철수 완료. 수출 4,220억 달러.

2009. 1. 북한 김정일, 3남 김정은을 후계자로 지명. 14개 건설 · 조선사 워크아웃. 북한, 남북 간의 합의 일괄 무효화 선언. 2. 경부고속철도 부산 금정터널 완공(20.3km). 3. 출자총액제한제도 폐지. 한미연합전시증원연습 RSOI, 키 리졸브 훈련으로 전환. 북한, 미국의 식량 지원 거부. 북한, 미국 국적 여기자 2명 억류. 헌법재판소, 주민소환제 합헌 결정. 4. 북한, 김정일 국방위원장 재추대. 신종인플루엔자 H1N1 법정전염병 지정. 대검찰청, 노무현 전 대통령 소환조사. 5. 노무현 죽음. 북한 2차 핵실험. 한국, 대량살상무기확산방지구상 PSI 참여. 6. 북한, 개성공단 임금 4배, 땅값 3배 요구. 전남 고흥 나로우주센터 준공. 우주발사체 나로호 1차 발사 실패. 7. 북한산 우이령길 개방. 서울~춘천 민자고속도로 개통. 서울 지하철 9호선 운행 개시. <동의보감> 유네스코 세계기록유산에 등재. 8. 클린턴 전 미 대통령 방북. 9. 개성공단 육로통행 정상화. 북한, 예고 없이 댐 방류(6명 사망). 제 3회 제주 세계델픽대회(54개국 1만 5천여 명). <강강술래><남사당놀이><영산재><제주칠머리당영등굿><처용무> 유네스코 세계무형유산에 등재. 10. 국내 최장 인천대교(18.38km) 준공. 광화문광장 세종대왕 동상 제막. 11. 민족문제연구소 · 친일인명사전편찬위원회, 4,389명 수록 <친일인명사전> 발간. 서해 대청도 동쪽에서 북한과 교전(대청해전). 오바마 미 대통령 방한. 외국인노조 국내 설립. 헌법재판소, 혼인빙자간음죄 위헌 결정. 친일반민족행위진상규명위원회, <친일반민족행위진상규명보고서> 발간 후 해체. 북한 화폐개혁. 12. 쇄빙선 아라온호 남극으로 출항. 한전, 400억 달러 UAE 원전공사 수주. 수출 3,635억 달러.

2010. 1. 서울 관측 이래 최대 적설량 25.8cm. 3. 한미합동 군사훈련 키 리졸브 개시. 중국, 안중근 추모행사 승인. 해군 초계정 천안함 북한군에 피격 침몰(46명 전사). 4. 천안함 실종자 수색 참여 금양 98호 침몰(9명 사망). 새만금 방조제 준공. 5. 이명박, 전군 주요지휘관회의 주재. 민군합동조사단, 천안함 침몰 원인 조사결과 발표. 정부, 북한 주적 개념 부활. 6. 제 5회 전국동시지방선거 실시. 정부, 천안함 사건 유엔 안보리에 회부. 나로호 2차 발사 실패. 삼성전자, 스마트폰 갤럭시S 국내 시판. 정지궤도위성 천리안 발사 성공. 자율형 사립고등학교 43개교 선정. 7. 유엔 안보리, <천안함 규탄선언> 채택. <성폭력 범죄자의 성충동 약물치료에 관한

법률> 제정, 시행. 아동 성범죄자 정보 인터넷에 공개. 미 클린턴 국무장관과 게이츠 국방장관 동반 DMZ 방문. 8. 동해에서 조업중이던 55 대승호 납북. 북한, NLL 인근에서 해안포 130여 발 발사. 세종시 이전 36개 정부기관 확정. 광화문 복원 완료. 9. 납북 대승호 귀환. 일본, <독도는 일본땅 방위백서> 발표. 10. 한국 · EU, FTA 체결. 제 18차 남북이산가족 1단계 상봉(533명. 금강산). 11. 서울~부산 전구간 KTX 영업 운행. 서울 초중고교에서 체벌 금지. 제 18차 남북이산가족 2단계 상봉(297명. 금강산). 제 5차 서울 G20 정상회의. 북한, 연평도에 170여 발 포격(4명 사망). 12. 한미 FTA 타결. 진실화해위원회 5년간의 활동 종료. 인천국제공항철도(서울역~인천국제공항역) 전 구간 개통. KT, 올레 1호(무궁화 6호) 발사 성공. 수출 4,663억 달러. <가곡><대목장><매사냥> 유네스코 세계무형유산에 등재.

15. 한국의 인물

1) 고구려

출생~사망	이름	분야	재위
BC 58~BC 19	동명성왕 東明聖王	시조	BC 37~BC 19
BC ? ~AD 18	유리왕 琉璃王	2대왕	BC 19~AD 18
47~165	태조왕 太祖王	6대왕	53~146
? ~197	고국천왕 故國川王	9대왕	179~197
? ~203	을파소 乙巴素	관료	
? ~331	미천왕 美川王	15대왕	300~331
? ~371	고국원왕 故國原王	16대왕	331~371
? ~384	소수림왕 小獸林王	17대왕	371~384
? ~391	고국양왕 故國壤王	18대왕	384~391
374~413	광개토왕 廣開土王	19대왕	391~413
394~491	장수왕 長壽王	20대왕	413~491
? ~590	온달 溫達	장군	
? ~618	영양왕 嬰陽王	26대왕	590~618
579~631	담징 曇徵	승려 · 화가	
? ~642	영류왕 榮留王	27대왕	618~642
? ~666	연개소문 淵蓋蘇文	무신 · 관료	
634~679	연남생 淵男生	관료	
? ~682	보장왕 寶臧王	28대왕	642~668

고구려 유민

출생~사망	이름	분야	재위
? ~719	대조영 大祚榮	발해 시조	698~719
? ~755	고선지 高仙芝	당 장군	

2) 백제

출생~사망	이름	분야	재위
BC ?~AD 28	온조 溫祚	시조	BC 18~AD 28
? ~77	다루왕 多婁王	2대왕	28~77
? ~128	己婁王 기루왕	3대왕	77~128
? ~166	개루왕 蓋婁王	4대왕	128~166
? ~214	초고왕 肖古王	5대왕	166~214
? ~375	근초고왕 近肖古王	13대왕	346~375
? ~405	아신왕 阿莘王	17대왕	392~405
? ~475	개로왕 蓋鹵王	21대왕	455~475
? ~477	문주왕 文周王	22대왕	475~477
465~479	삼근왕 三斤王	23대왕	477~479
? ~501	동성왕 東城王	24대왕	479~501
462~523	무령왕 武寧王	25대왕	501~523
? ~554	성왕 聖王	26대왕	523~554
? ~598	위덕왕 威德王	27대왕	554~598
? ~599	혜왕 惠王	28대왕	598~599
? ~600	법왕 法王	29대왕	599~600
? ~641	무왕 武王	30대왕	600~641
? ~656	성충 成忠	문신	
? ~660	계백 階伯	무신	
? ~660	의자왕 義慈王	31대왕	641~660
? ~661	도침 道琛	승려	
? ~663	복신 福信	무신	
615~682	부여융 扶餘隆	왕자	
? ~ ?	부여풍 扶餘豊	부흥군 왕	661~663

3) 신라

출생~사망	이름	분야	재위
BC 69~AD 4	박혁거세 朴赫居世	시조	BC 57~AD 4
BC 53~AD 4	알영 閼英	박혁거세비	
? ~AD 24	남해차차웅 南解次次雄	2대왕	4~24
? ~57	유리이사금 儒理尼師今	3대왕	24~57
? ~80	석탈해 昔脫解	4대왕	57~80
65~ ?	김알지 金閼智	경주 김씨 시조	
? ~112	파사이사금 婆娑尼師今	5대왕	80~112
? ~134	지마이사금 祇摩尼師今	6대왕	112~134
? ~402	내물마립간 奈勿麻立干	17대왕	356~402
? ~417	실성마립간 實聖麻立干	18대왕	402~417
363~419	박제상 朴提上	충신	
? ~458	눌지마립간 訥祇麻立干	19대왕	417~458
? ~479	자비마립간 慈悲麻立干	20대왕	458~479
? ~500	소지마립간 炤知麻立干	21대왕	479~500
437~514	지증왕 智證王	22대왕	500~514
506~527	이차돈 異次頓	종교인	
? ~540	법흥왕 法興王	23대왕	514~540
534~576	진흥왕 眞興王	24대왕	540~576
? ~579	진지왕 眞智王	25대왕	576~579
? ~579	거칠부 居柒夫	관료	
? ~632	진평왕 眞平王	26대왕	579~632
555~638	원광 圓光	승려	
? ~647	선덕여왕 善德女王	27대왕	632~647
? ~654	진덕여왕 眞德女王	28대왕	647~654
590~658	자장 慈藏	승려	

4) 통일신라

출생~사망	이름	분야	재위
595~673	김유신 金庾信	무신	
603~661	태종무열왕 太宗武烈王	29대왕	654~661
? ~681	문무왕 文武王	30대왕	661~681
616~686	원효 元曉	승려	
? ~692	강수 强首	유학자	
625~702	의상 義湘	승려	
629~694	김인문 金仁問	왕자	
655~ ?	설총 薛聰	학자	
? ~692	신문왕 神文王	31대왕	681~692
687~702	효소왕 孝昭王	32대왕	692~702
? ~737	성덕왕 聖德王	33대왕	702~737
700~774	김대성 金大城	재상	
704~787	혜초 慧超	승려	
711~791	김생 金生	서예가	
? ~822	김헌창 金憲昌	반란자	
? ~826	헌덕왕 憲德王	41대왕	809~826
? ~846	장보고 張保皐	무장	
810~889	범일 梵日	승려	
827~898	도선 道詵	승려	
857~ ?	최치원 崔致遠	학자	
? ~897	진성여왕 眞聖女王	51대왕	887~897
? ~912	효공왕 孝恭王	52대왕	897~912
? ~917	신덕왕 孝恭王	53대왕	912~917
? ~924	경명왕 景明王	54대왕	917~924
? ~927	경애왕 景哀王	55대왕	924~927
? ~978	경순왕 敬順王	56대왕	927~935)
867~936	견훤 甄萱	후백제왕	900~935
? ~918	궁예 弓裔	후고구려왕	901~918

5) 고려

출생~사망	이름	분야	자	호
? ~927	신숭겸 申崇謙	무신		
? ~936	배현경 裵玄慶	무신		
? ~936	홍유 洪儒	무신		
? ~941	유금필 庾黔弼	무신		
877~943	왕건 王建	태조		
912~945	혜종 惠宗	2대왕		
? ~945	왕규 王規	권신		
923~949	정종 定宗	3대왕		
923~973	균여 均如	승려		
927~989	최승로 崔承老	문신		
929~975	광종 光宗	4대왕		
942~998	서희 徐熙	문신	염윤	장위
948~1031	강감찬 姜邯贊	문신 · 장군		
955~981	경종 景宗	5대왕		
960~997	성종 成宗	6대왕		
980~1009	목종 穆宗	7대왕		
? ~1010	강조 康兆	무신		
? ~1011	양규 楊規	무신		
984~1068	최충 崔沖	문신	호연	성재 · 월포
992~1031	현종 顯宗	8대왕		
1003~1061	이자연 李子淵	문신	약충	
1016~1034	덕종 德宗	9대왕		
1018~1046	정종 靖宗	10대왕		
1019~1083	문종 文宗	11대왕		
1047~1083	순종 順宗	12대왕		
1049~1094	선종 宣宗	13대왕		
1054~1105	숙종 肅宗	15대왕		
1055~1101	의천 義天	왕자 · 승려		우세

? ~1111	윤관 尹瓘	문신·무신	동현	문숙
1055~1116	오연총 吳延寵	문신		
? ~1126	이자겸 李資謙	문신		
? ~1127	김인존 金仁存	문신·학자	처후	
? ~1135	묘청 妙淸	승려		
? ~1135	정지상 鄭知常	문신		남호
? ~1144	척준경 拓俊京	무신		
1070~1159	탄연 坦然	승려		묵암
1075~1151	김부식 金富軾	문신·학자	입지	뇌천
1079~1122	예종 睿宗	16대왕		
1084~1097	헌종 獻宗	14대왕		
? ~1176	조위총 趙位寵	문신		
1106~1179	정중부 鄭仲夫	무신		
? ~1179	송유인 宋有仁	무신		
1109~1146	인종 仁宗	17대왕		
1127~1173	의종 毅宗	18대왕		
? ~1174	이의방 李義方	무신		
? ~1196	이의민 李義旼	무신		
1131~1202	명종 明宗	19대왕		
1132~1196	유공권 柳公權	문신	정평	
? ~1197	두경승 杜景升	무신		
1144~1204	신종 神宗	20대왕		
1149~1219	최충헌 崔忠獻	무신		
? ~1197	최충수 崔忠粹	무신		
1152~1213	강종 康宗	22대왕		
1152~1220	이인로 李仁老	문신		미수
1154~1183	경대승 慶大升	무신		
1158~1210	지눌 知訥	승려		목우자
1162~1225	이적 李勣	무신		
1168~1241	이규보 李奎報	문신·문인	춘경	백운거사
1171~1220	조충 趙沖	문신	담약	
1172~1234	김취려 金就礪	무신		
1181~1237	희종 熙宗	21대왕		

? ~1249	최우 崔瑀	무신		
? ~1257	최항 崔沆	무신		
? ~1258	최의 崔竩	무신		
1188~1260	최자 崔滋	문신	수덕	동산수
1192~1259	고종 高宗	23대왕		
? ~1268	김충 金冲	무신		
? ~1271	배중손 裵仲孫	무신		
? ~1273	김통정 金通精	무신		
1206~1258	홍복원 洪福源	반역자		
1206~1289	일연 一然	승려	회연	목암
1211~1289	유경 柳璥	문신	천년·장지	
1212~1300	김방경 金方慶	무신	본연	
1219~1274	원종 元宗	24대왕		
1223~1283	왕준 王綧(영녕공)	왕족		
1224~1298	정가신 鄭可臣	문신	헌지	
1224~1300	이승휴 李承休	문신	휴휴	동안거사
1236~1308	충렬왕 忠烈王	25대왕		
1237~1308	조인규 趙仁規	문신	거진	
1241~1305	정인경 鄭仁卿	문신	춘수	
1243~1306	안향 安珦	문신·학자	사온	회한
1244~1291	홍다구 洪茶丘	문신		
1259~1297	제국대장공주 齊國大長公主(충렬왕비)			
1265~1330	최성지 崔誠之	문신	순부	송파
1269~1343	이조년 李兆年	문신	원로	매운당
1275~1325	충선왕 忠宣王	26대왕		
? ~1315	계국대장공주 薊國大長公主(충선왕비)			
1277~1348	김륜 金倫	문신	무기	죽헌
1287~1340	최해 崔瀣	문인	언명보	
1287~1354	한종유 韓宗愈	문신	사고	복재
1287~1367	이제현 李齊賢	문신·학자	중사	익재·역옹
1294~1339	충숙왕 忠肅王	27대왕		
? ~1319	복국장공주 濮國長公主(충숙왕비)			
1298~1351	이곡 李穀	문신	중보	가정

1298~1362	이방실 李芳實	무신		
1301~1382	보우 普愚	승려		태고
1304~1382	염제신 廉悌臣	문신	개숙	
1312~1362	김득배 金得培	문신		난계
? ~1362	안우 安祐	무신		
? ~1362	정세운 鄭世雲	무신		
1315~1344	충혜왕 忠惠王	28대왕		
? ~1375	덕녕공주 德寧公主(충혜왕비)			
? ~1371	신돈 辛旽	승려		청한거사
1316~1388	최영 崔瑩	장군		
1318~1375	전녹생 田祿生	문신	맹경	야은
1328~1396	이색 李穡	문신·학자	영숙	목은
1329~1398	문익점 文益漸	문신·학자	일신	삼우당
1330~1374	공민왕 恭愍王	31대왕		
? ~1365	노국대장공주 魯國大長公主(공민왕비)			
1337~1348	충목왕 忠穆王	29대왕		
1337~1392	정몽주 鄭夢周	문신·학자	달가	포은
1338~1352	충정왕 忠定王	30대왕		
1345~1394	공양왕 恭讓王	34대왕		
1347~1391	정지 鄭地	무신		
1347~1392	이숭인 李崇仁	문신·학자	자안	도은
1365~1389	우왕 禑王	32대왕		
1380~1389	창왕 昌王	33대왕		
? ~1390	조민수 曺敏修	무신		

6) 조선과 그 이후

출생~사망	이름	분야	자	호
1315~1361	이자춘 李子春	추존왕 환조		
1325~1392	배극렴 裵克廉	무신	양가	필암 · 주금당
1325~1394	안종원 安宗源	문신	사청	쌍청당
1325~1395	최무선 崔茂宣	발명가		
1327~1405	자초 自超	승려		무학
1331~1402	이지란 李之蘭	장군	식형	
1335~1408	이성계 李成桂	태조		
1337~1391	신의왕후 한씨 神懿王后 韓氏(태조 원비)			
? ~1396	신덕왕후 강씨 神德王后 康氏(태조 계비)			
1337~1403	우인열 禹仁烈	무신		
1339~1408	민제 閔霽	문신	중회	어은
1341~1407	김사형 金士衡	문신	평보	낙포
1341~1420	이고 李皐	문신		망천
1342~1398	정도전 鄭道傳	문신 · 학자	종지	삼봉
1346~1405	조준 趙浚	문신	명중	우재 · 송당
1347~1404	최운해 崔雲海	무신	호보	
1347~1416	하륜 河崙	문신	대림	호정
1350~1428	법장 法藏	승려		고봉 · 지숭
1352~1409	권근 權近	문신 · 학자	가원 · 사숙	양촌
1353~1419	길재 吉再	학자	재보	야은
1355~1409	이무 李茂	문신	돈부	
1357~1419	정종 定宗	2대왕		
1360~1425	이종무 李從茂	무신		
1360~1438	맹사성 孟思誠	문신	자명	고불 · 동포
1363~1452	황희 黃喜	문신	구부	방촌
1365~1420	원경왕후 민씨 元敬王后 閔氏(태종 왕비)			
1367~1422	태종 太宗	3대왕		
1369~1430	변계량 卞季良	문신	거경	춘정

1369~1447	박안신 朴安臣	문신	백충	
1376~1445	최윤덕 崔潤德	무신	여화	임곡
1376~1451	이천 李蕆	무신 · 과학자	불곡	
? ~1453	이징옥 李澄玉	무신 · 반란자		원봉
1378~1458	박연 朴堧	문신 · 음악가	탄보	난계
1383~1445	유계문 柳季聞	문신	숙행	
1383~1453	김종서 金宗瑞	문신	국경	절재
1383~1464	김말 金末	문신	간지	
1387~1445	권제 權踶	문신 · 학자	중의	지재
1387~1453	황보인 皇甫仁	문신	사겸 · 춘경	지봉
? ~1467	이시애 李施愛	무신 · 반란자		
1390~1468	강순 康純	무신	태초	
1394~1462	양녕대군 讓寧大君	왕자	후백	
1396~1478	정인지 鄭麟趾	문신 · 학자	백저	학역재
1396~1486	효령대군 孝寧大君	왕자	선숙	
1397~1450	세종 世宗	4대왕		
1399~1456	김문기 金文起	문신	여공	백촌
1401~1481	정극인 丁克仁	문신 · 학자	가택	불우헌 · 다헌
1403~1456	한확 韓確	문신	자유	간이재
1406~1465	이순지 李純之	문신 · 천문학자	성보	
1406~1470	구치관 具致寬	문신	이율 · 경률	
1407~1467	황수신 黃守身	문신	수효	나부
1409~1474	최항 崔恒	문신 · 학자	정부	태허정
1410~1461	강맹경 姜孟卿	문신	자장	
1410~1481	김수온 金守溫	문신	문량	괴애
1412~1456	하위지 河緯地	문신	천장 · 중장	단계 · 연풍
? ~1456	유성원 柳誠源	문신	태초	낭간
? ~1456	유응부 俞應孚	무신	신지 · 선장	벽량
1414~1452	문종 文宗	5대왕		
1415~1482	양성지 梁誠之	문신 · 학자	순부	눌재 · 송파
1415~1487	한명회 韓明澮	관료	자준	압구정
1416~1465	권람 權擥	문신	정경	소한당
1416~1478	윤자운 尹子雲	문신	지망	낙한재

1417~1456	이개 李塏	문신	청보·백고	백옥헌·의열
1417~1456	박팽년 朴彭年	문신	안수	취금헌
1417~1464	강희안 姜希顔	문신	경우	인재
1417~1468	세조 世祖	7대왕		
1417~1475	신숙주 申叔舟	문신	범옹	희현당
1418~1453	안평대군 安平大君	왕자	청지	비해당
1418~1456	성삼문 成三問	문신	근보	매죽헌
1420~1488	서거정 徐居正	문신	자원·강중	사가정
1421~1484	성임 成任	문신	중경	일재·안재
1423~1482	한계희 韓繼禧	문신	자순	
1424~1483	강희맹 姜希孟	문신	경순	사숙재
1425~1475	홍윤성 洪允成	문신	수옹	영해
1427~1498	노사신 盧思愼	문신	자반	보진재
1427~1504	윤필상 尹弼商	문신	탕좌·양경	
1431~1492	김종직 金宗直	문신·학자	계온·효관	점필재
1431~1503	윤효손 尹孝孫	문신	유경	추계
1433~1489	정난종 鄭蘭宗	문신·서예가	국형	허백당
1434~1489	어유소 魚有沼	무신	자유	
1435~1493	김시습 金時習	학자·문인	열경	매월당
1435~1503	이극돈 李克墩	문신	사고	
1436~1502	신승선 愼承善	문신	자계·원지	사지당
1436~1504	성준 成俊	문신	시좌	
1438~1504	홍귀달 洪貴達	문신	겸선	허백당
1439~1504	성현 成俔	학자	경숙	용재·부휴자
1439~1512	유자광 柳子光	문신·간신	우후	
1441~1457	단종 端宗	6대왕		
1441~1468	남이 南怡	무신		
1441~1517	유순 柳洵	문신	희명	노포
1445~1506	임사홍 任士洪	문신·간신	이의	
1450~1469	예종 睿宗	8대왕		
1450~1504	정여창 鄭汝昌	문신·학자	백욱	일두
1450~1506	신수근 愼守勤	문신	근중	소한당
1452~1512	유숭조 柳崇祖	문신	종효	진일재

1454~1492	남효온 南孝溫	문신	백공	추강 · 행우
1454~1503	조위 曺偉	문신	태허	매계
1454~1504	김굉필 金宏弼	학자	대유	사옹 · 한훤당
1455~1482	폐비 윤씨 廢妃 尹氏(성종 계비)			
1457~1494	성종 成宗	9대왕		
1462~1538	정광필 鄭光弼	문신	사훈	수부
1463~1531	유인귀 柳仁貴	문신	자영	수재
1464~1498	김일손 金馹孫	문신	계운	탁영
1467~1510	박원종 朴元宗	무신	백윤	
1468~1542	최세진 崔世珍	어문학자	공서	
1471~1498	이목 李穆	문신	중옹	한재 · 정간
1471~1527	남곤 南袞	문신	사화	지정 · 지족당
1474~1530	박상 朴祥	문신	창세	눌재
1476~1506	연산군 燕山君	10대왕		
1476~1552	이기 李芑	문신	문중	경재
1478~1534	이행 李荇	문신	택지	용재
1478~1543	김안국 金安國	문신	국경	모재
1481~1537	김안로 金安老	문신	이숙	희락당 · 용천
1481~1548	성세창 成世昌	문신	번중	돈재
1482~1519	조광조 趙光祖	문신	효직	정암
1485~1541	김정국 金正國	문신 · 학자	국필	사재
1487~1545	윤임 尹任	무신	임지	
1488~1544	중종 中宗	11대왕		
1489~1546	서경덕 徐敬德	문인 · 학자	가구	화담 · 복재
1491~1553	이언적 李彦迪	문신 · 학자	복고	회재 · 자계옹
1494~1566	윤개 尹漑	문신	여옥	회재 · 서파
1495~1554	주세붕 周世鵬	문신 · 학자	경유	신재 · 손옹
1497~1579	백인걸 白仁傑	학자	사위	휴암
1499~1547	송인수 宋麟壽	문신	미수 · 태수	규암
1499~1572	이준경 李浚慶	문신	원길	동고 · 남당
1500~1549	구수담 具壽聃	문신	천로	
1501~1570	이황 李滉	문신 · 학자	경호	퇴계
1501~1572	조식 曺植	학자	건중	남명

? ~1547	윤원로 尹元老	문신		
1503~1565	윤원형 尹元衡	문신	언평	
1504~1551	신사임당 申師任堂	문인 · 화가		
1504~1585	홍섬 洪暹	문신	퇴지	인재
1509~1565	보우 普雨	승려		허응당 · 나암
1515~1545	인종 仁宗	12대왕		
1515~1590	노수신 盧守愼	문신 · 학자	과회	소재 · 이재
1517~1580	허엽 許曄	문신	태휘	초당
1517~1584	양사언 楊士彦	문신 · 문인	응빙	봉래 · 완구
1519~1582	이량 李樑	문신	공거	
1520~1604	휴정 休靜	승려 · 승군장	현응	서산대사
1521~1583	신세림 申世霖	화가		
1526~1582	김계휘 金繼輝	문신	중회	황강
1527~1572	기대승 奇大升	문신 · 학자	명언	고봉 · 존재
1527~1591	정언신 鄭彦信	문신	입부	나암
1532~1607	황정욱 黃廷彧	문신	경문	지천
1533~1592	고경명 高敬命	문인 · 의병장	이순	제봉 · 태헌
1533~1601	윤두수 尹斗壽	문신	자앙	오음 · 문정
1534~1567	명종 明宗	13대왕		
1534~1602	김명원 金命元	문신	응순	주은
1535~1587	심의겸 沈義謙	문신	방숙	손암 · 간암
1535~1598	성혼 成渾	학자	호원	묵암 · 우계
1535~1623	정인홍 鄭仁弘	문신 · 의병장	덕원	내암
1536~1584	이이 李珥	문신 · 학자	숙헌	율곡 · 석담
1536~1593	정철 鄭澈	문신 · 문인	계함	송강
1536~ ?	황윤길 黃允吉	문신	길재	우송당
1537~1593	김천일 金千鎰	문신	사중	건재 · 극념당
1537~1599	권율 權慄	문신 · 명장	언신	만취당 · 모악
1537~1616	윤근수 尹根壽	문신	자고	월정
1538~1593	김성일 金誠一	문신 · 학자	사순	학봉
1538~1602	정곤수 鄭崑壽	문신	여인	백곡 · 경음
1539~1609	이산해 李山海	문신	여수	아계
1539~1615	허준 許浚	의관	청원	구암

1540~1597	원균 元均	무신	평중	
1542~1590	김효원 金孝元	문신	인백	성암
1542~1607	유성룡 柳成龍	문신	이현	서애
1543~1605	한호 韓濩	서예가	경홍	석봉 · 청사
1544~1592	조헌 趙憲	문신 · 의병장	여식	중봉 · 도원
1544~1610	유정 惟政	승려 · 승병장	이환	사명당 · 송운
1545~1598	이순신 李舜臣	무신	여해	
1545~1628	이직언 李直彦	문신	군미	추천
1546~1589	정여립 鄭汝立	문신 · 사상가	인백	
1546~1592	신립 申砬	무신	입지	
1546~1598	김응남 金應南	문신	중숙	두암
1547~1634	이원익 李元翼	문신	공려	오리
1548~1622	심희수 沈喜壽	문신	백구	일송
1548~1631	김장생 金長生	문신	희원	사계
1550~1598	선거이 宣居怡	무신	사신	친친재
1550~1608	유영경 柳永慶	문신	선여	춘호
1552~1608	선조 宣祖	14대왕		
1552~1615	한백겸 韓百謙	문신	명길	구암
1552~1617	곽재우 郭再祐	의병장	계수	망우당
1554~1592	김시민 金時敏	무신	면오	
1554~1593	고종후 高從厚	문신 · 의병장	도충	준봉
1554~1612	김직재 金直哉	문신	경어	
1554~1614	한응인 韓應寅	문신	춘경	백졸재 · 유촌
1556~1618	이항복 李恒福	문신 · 학자	자상	백사 · 필운
1557~1633	이귀 李貴	문신	옥여	묵재
1559~1623	유몽인 柳夢寅	문신	응문	어우당 · 간재
1559~1636	오윤겸 吳允謙	문신	여익	추탄 · 토당
1560~1613	김시헌 金時獻	문신	자징	애헌
1560~1617	황신 黃愼	문신	사숙	추포
1560~1623	이이첨 李爾瞻	문신	득여	관송 · 쌍리
1560~1627	강홍립 姜弘立	무신	군신	내촌
1561~1613	이덕형 李德馨	문신	명보	한음 · 쌍송
1561~1637	김상용 金尙容	문신	경택	선원 · 풍계

1561~1642	박인로 朴仁老	무신 · 시인	덕옹	노계 · 무하옹
1562~1613	김제남 金悌男	문신	공언	
1562~1624	기자헌 奇自獻	문신	사정	만전
1562~1640	박동선 朴東善	문신	자수	서포
1563~1589	허난설헌 許蘭雪軒	시인		
1563~1628	이수광 李睟光	문신 · 학자	윤경	지봉
1564~1623	유희분 柳希奮	문신	형백	화남
1564~1624	김경서 金景瑞	무신	성보	
1564~1635	이정구 李廷龜	문신	성징	월사 · 보만당
1565~1640	남이공 南以恭	문신	자안	설사
1566~1628	신흠 申欽	문신	경숙	현헌 · 상촌
1566~1629	장만 張晩	문신	호고	낙서
1567~1618	강항 姜沆	문신 · 의병장	태초	수은
1567~1632	여우길 呂祐吉	문신	상부	치계
1569~1618	허균 許筠	문신 · 문인	단보	교산 · 학산
1569~1635	박동량 朴東亮	문신	자룡	기재 · 오창
1570~1652	김상헌 金尙憲	문신	숙도	청음
1571~1637	이안눌 李安訥	문신	자민	동악
1571~1648	김류 金瑬	문신	관옥	북저
1574~1656	김집 金集	문신 · 학자	사강	신독재
1575~1641	광해군 光海君	15대왕		
1576~1636	정충신 鄭忠信	무신	가행	만운
1577~1642	구굉 具宏	무신	인보	군산
1579~1628	유효립 柳孝立	문신	행원	
1579~1655	조익 趙翼	문신	비경	포저 · 존재
1580~1619	김응하 金應河	무신	경의	
1580~1658	김육 金堉	문신	백후	잠곡 · 회정당
1581~1643	김시양 金時讓	문신	자중	하담
1581~1660	이시백 李時白	문신	돈시	조암
1581~ ?	정두원 鄭斗源	문신	정숙	호정
1584~1634	윤지경 尹知敬	문신	유일	창주
1584~1647	이식 李植	문신	여고	택당
1585~1657	이경여 李敬輿	문신	직부	백강 · 봉암

1586~1637	홍익한 洪翼漢	문신	백승	화포 · 운옹
1586~1647	최명길 崔鳴吉	문신	자겸	지천 · 창랑
1587~1624	이괄 李适	무신 · 반란자	백규	
1587~1671	윤선도 尹善道	문신 · 시인	약이	고산 · 해옹
1588~1644	신익성 申翊聖	문신	군석	낙전당
1588~1651	김자점 金自點	문신	성지	낙서
1593~1664	원두표 元斗杓	문신	자건	탄수 · 탄옹
1594~1646	임경업 林慶業	무신	영백	고송
1595~1649	인조 仁祖	16대왕		
1595~1671	이경석 李景奭	문신	상보	백헌
1595~1682	허목 許穆	문신	문보 · 화보	미수
1597~1668	강유 姜瑜	문신	공헌	상곡
1602~1674	이완 李浣	무신	징지	매죽헌
1605~1687	홍우원 洪宇遠	문신	군징	남파
1606~1672	송준길 宋浚吉	문신 · 학자	명보	동춘당
1607~1664	유계 俞棨	문신 · 학자	무중	시남
1607~1689	송시열 宋時烈	문신 · 학자	영보	우암 · 우재
1609~1637	오달제 吳疸濟	문신	계휘	추담
1610~1669	윤선거 尹宣擧	학자	길보	미촌 · 노서
1610~1680	허적 許積	문신	여차	묵재 · 휴옹
1612~1645	소현세자 昭顯世子	왕자		
1617~1680	윤휴 尹鑴	문신	희중	백호 · 하헌
1619~1659	효종 孝宗	17대왕		
1619~1675	김우명 金佑明	문신	이정	
1619~1689	김익훈 金益勳	문신	무숙	광남
1622~1673	유형원 柳馨遠	실학자	덕부	반계
1625~1691	여성제 呂聖齊	문신	희천	운포
1626~1690	김수흥 金壽興	문신 · 학자	기지	퇴우당
1629~1689	김수항 金壽恒	문신	구지	문곡
1629~1711	남구만 南九萬	문신	운로	약천 · 미재
1629~1714	윤증 尹拯	문신 · 학자	자인	명재
1630~1709	송규렴 宋奎濂	문신	도원	제월당
1631~1695	박세채 朴世采	문신 · 학자	화숙	현석 · 남계

1634~1684	김석주 金錫胄	문신	사백	식암
1636~1707	유상운 柳尙運	문신	유구	약재 · 누실
1637~1692	김만중 金萬重	문신	중숙	서포
1641~1674	현종 顯宗	18대왕		
1641~1721	권상하 權尙夏	학자	치도	수암 · 한수재
1646~1715	최석정 崔錫鼎	문신 · 학자	여시 · 여화	존와 · 명곡
1648~1722	김창집 金昌集	문신	여성	몽와
1649~1698	김홍복 金洪福	문신	자회	동원
1658~1721	김창업 金昌業	문인 · 화가	대유	노가재
1658~1722	이이명 李頤命	문신 · 학자	지인 · 양숙	소재
1658~ ?	안용복 安龍福	어부		
1659~1701	희빈 장씨 禧嬪張氏(숙종 후궁)			
1660~1710	맹만택 孟萬澤	문신	시중	
1660~1722	조태채 趙泰采	문신	유량	이우당
1661~1720	숙종 肅宗	19대왕		
1662~1724	김일경 金一鏡	문신	인감	아계
1664~1736	민진원 閔鎭遠	문신	성유	단암 · 세심
1668~1715	윤두서 尹斗緒	문인 · 화가	효언	공재
1669~1748	김유경 金有慶	문신	덕유	용주 · 용곡
1670~1717	김춘택 金春澤	문신	백우	북헌
1673~1751	윤양래 尹陽來	문신	계형	회와
1675~1728	조태억 趙泰億	문신	대년	겸재 · 태록당
1676~1759	정선 鄭敾	화가	원백	겸재 · 겸초
1680~1732	조문명 趙文命	문신	숙장	학암
1680~1745	서명균 徐命均	문신	평보	소고 · 재간
1681~1763	이익 李瀷	실학자	자신	성호
1682~1700	김숭겸 金崇謙	시인	군산	관복암
1682~1759	김재로 金在魯	문신	중례	청사 · 허주재
1683~1739	김상옥 金相玉	문신	언장	소와
1688~1724	경종 景宗	20대왕		
1690~1752	조현명 趙顯命	문신	치회	귀록 · 녹옹
1690~ ?	김수장 金壽長	가인 · 시인	자평	십주 · 노가재
1691~1756	박문수 朴文秀	문신	성보	기은

1691~1767	유척기 俞拓基	문신	전보	지수재
1694~1776	영조 英祖	21대왕		
1703~1771	홍계희 洪啓禧	문신	순보	담와
1707~1769	심사정 沈師正	화가	이숙	현재
1707~1772	김인겸 金仁謙	문인	사안	퇴석
1711~1782	조중회 趙重晦	문신	익장	
1712~1781	신경준 申景濬	학자	순민	여암
1712~1791	안정복 安鼎福	학자	백순	순암
1713~1778	홍봉한 洪鳳漢	문신	익여	익익재
1713~1791	강세황 姜世晃	화가	광지	첨재
1719~1777	조엄 趙曮	문신	명서	영호
1720~1799	채제공 蔡濟恭	문신	백규	번암 · 번옹
1728~1799	김종수 金鍾秀	문신	정부	진솔 · 몽오
1730~1802	심환지 沈煥之	문신	휘원	만포
1731~1783	홍대용 洪大容	실학자	덕보	홍지
1735~1762	사도세자 思悼世子	왕자	윤관	의재
1736~1801	권철신 權哲身	종교가		녹암
1736~1806	이긍익 李肯翊	학자	장경	완산 · 연려실
1737~1805	박지원 朴趾源	학자 · 작가	중미	연암
1741~1793	이덕무 李德懋	학자	무관	형암 · 아정
1742~1791	권일신 權日身	학자 · 종교인	성오	직암
1742~1801	이가환 李家煥	문신 · 학자	정조	금대 · 정헌
1745~1806	김홍도 金弘道	화가	사능	단원
1746~1827	김재찬 金載瓚	문신	국보	해석
1748~1781	홍국영 洪國榮	문신	덕로	
1748~1807	유득공 柳得恭	시인 · 학자	혜풍 · 혜보	영재 · 영암
1750~1805	박제가 朴齊家	학자	차수 · 재선	초정 · 정유
1752~1800	정조 正祖	22대왕		
1754~1822	김득신 金得臣	화가	현보	긍재
1754~1825	이서구 李書九	문신 · 시인	낙서	척재 · 강산
1756~1801	이승훈 李承薰	종교인	자술	만천
1758~1816	정약전 丁若銓	문신	천전	손암 · 일성루
1758~ ?	신윤복 申潤福	화가	덕여 · 입부	혜원

1760~1801	정약종 丁若鍾	종교인		
1760~1806	김달순 金達淳	문신	도이	일청
1762~1836	정약용 丁若鏞	문신 · 학자	미용 · 귀농	다산 · 사암
1764~1845	서유구 徐有榘	문신	준평	풍석
1765~1817	박종경 朴宗慶	문신	여회	돈암
1765~1832	김조순 金祖淳	문신	사원	풍고
1766~1838	심상규 沈象奎	문신 · 학자	가권 · 치교	두실 · 이하
1769~1845	신위 申緯	문신 · 시인	한수	자하
1771~1812	홍경래 洪景來	농민반란자		
1773~1837	유희 柳僖	실학자	계신	서파
1774~1842	홍석주 洪奭周	문신	성백	연천
1779~1855	임상옥 林尙沃	무역상인	경약	가포
1781~1880	박효관 朴孝寬	가객	경화	운애
1786~1856	김정희 金正喜	문신 · 학자	원춘	추사 · 완당
1788~ ?	이규경 李圭景	실학자	백규	오주
1789~1866	조희룡 趙熙龍	화가	치운	우봉 · 석감
1790~1834	순조 純祖	23대왕		
1791~1839	유진길 劉進吉	종교인		
1793~1844	김조근 金祖根	척신	백술	자오
1795~1839	정하상 丁夏祥	종교인		
1796~1870	조두순 趙斗淳	문신	원칠	심암
1797~1869	김좌근 金左根	문신 · 척신	경은	하옥
1803~1877	최한기 崔漢綺	실학자	지로	혜강 · 패동
1804~1866	김정호 金正浩	학자	백원	고산자
1807~1863	김병연 金炳淵	시인(김삿갓)	성심	난고
1807~1876	박규수 朴珪壽	문신	환경	환재
1809~1830	효명세자 孝明世子	왕자	덕인	경헌
1810~1888	신헌 申櫶	무신	국빈	위당
1816~1884	홍순목 洪淳穆	문신	희세	분계
1818~1903	송근수 宋近洙	문신	근술	입재 · 남곡
1819~1887	김유연 金有淵	문신	원약	약산
1820~1898	이하응 李昰應	흥선대원군	시백	석파
1821~1846	김대건 金大建	신부		

1823~1871	어재연 魚在淵	무신	성우	
1823~1907	조병식 趙秉式	문신	공훈	
1824~1864	최제우 崔濟愚	종교가		수운
1824~1906	심순택 沈舜澤	문신	치화	
1825~1854	전기 田琦	화가	위공	고람 · 두당
1825~1892	김병덕 金炳德	문신	성일	약산
1826~1884	민영목 閔泳穆	문신	원경	천식
1827~1849	헌종 憲宗	24대왕		
1827~1898	최시형 崔時亨	종교가	경오	해월
1827~1905	조병세 趙秉世	문신	치현	산재
1827~1910	이면주 李冕宙	문신 · 독립운동가	윤래	계은 · 하계
1830~1874	민승호 閔升鎬	척신	복경	
1831~1863	철종 哲宗	25대왕		
1831~1879	오경석 吳慶錫	역관 · 학자	원거	역매 · 진재
1832~ ?	김기수 金綺秀	문신	계지	창산
1833~1906	최익현 崔益鉉	문신 · 지사	찬겸	면암
1834~1884	민태호 閔台鎬	척신	경평	표정
1835~1916	민종묵 閔種默	문신	현경	한산
1835~1922	김윤식 金允植	문신 · 학자	순경	운양
1836~1878	민규호 閔奎鎬	척신	경원	황사
1836~1905	송병선 宋秉璿	학자 · 지사	화옥	연재
1837~1900	이제마 李濟馬	학자 · 의학자	동무	무평
1838~1882	민겸호 閔謙鎬	척신	윤익	
1840~1916	남정철 南廷哲	문신	치상	하산
1841~1904	박정양 朴定陽	문신	치중	죽천
1842~1896	김홍집 金弘集	문신	경능	도원
1842~1915	유인석 柳麟錫	학자 · 의병장	여성	의암
1842~1929	명완벽 明完璧	가야금연주가	덕조	진당
1843~1897	장승업 張承業	화가	경유	오원
1843~1910	김석진 金奭鎭	문신 · 독립운동가	경소	오천
1845~1884	조영하 趙寧夏	문신	기삼	혜인
1846~1922	김가진 金嘉鎭	문신 · 독립운동가		동농
1846~1922	민영규 閔泳奎	문신	경오	

1848~1896	어윤중 魚允中	문신	성집	일재
1848~1930	한규설 韓圭卨	무신	순우	강석
1850~1927	김택영 金澤榮	학자	우림	창강
1850~1927	이상재 李商在	독립운동가	계호	월남
1851~1894	김옥균 金玉均	정치가	백온	고균·고우
1851~1895	명성황후 민씨 明成皇后 閔氏(고종 황후)			
1851~1896	문석봉 文錫鳳	의병장	이필	의산
1851~1909	신기선 申箕善	문신	언여	양원·노봉
1851~1916	임병찬 林炳瓚	의병장	중옥	돈헌
1852~1910	이범진 李範晉	문신·지사	성삼	
1852~1919	고종 高宗	26대왕		
1852~1932	이용직 李容稙	문신	치만	
1852~1935	민영휘 閔泳徽	문신	군팔	하정
1853~1900	안경수 安駉壽	문신·정치가	성재	
1853~1923	고영근 高永根	관료·지사		
1854~1907	이용익 李容翊	관료·정치가	공필	석현
1854~1911	순헌황귀비 엄씨 純獻皇貴妃 嚴氏(고종 후궁)			
1855~1884	홍영식 洪英植	문신	중육	금석
1855~1895	전봉준 全琫準	농민운동가	명좌	해몽
1855~1910	황현 黃玹	학자·문인	운경	매천
1855~1920	강우규 姜宇奎	독립운동가	찬구	왈우
1855~1935	지석영 池錫永	의사·국어학자	공윤	송촌
1856~1914	유길준 俞吉濬	학자·정치가	성무	구당
1856~1925	정교 鄭喬	문신·계몽가		추인
1856~1940	이범윤 李範允	독립운동가		
1858~1908	이강년 李康秊	독립운동가	낙인	운강
1858~1916	박제순 朴齊純	친일관료		평재
1858~1925	송병준 宋秉畯	무관·친일관료		연사
1858~1926	이완용 李完用	친일 문신	경덕	일당
1858~1927	민영기 閔泳綺	척신·관료		만암·포암
1858~1932	이상룡 李相龍	독립운동가	만초	석주
1859~1897	서광범 徐光範	관료		위산
1859~1907	이준 李儁	관료·지사	순칠	일성·해사

1859~1924	민영달 閔泳達	문신		우당
1859~1925	박은식 朴殷植	학자 · 독립운동가	성칠	겸곡 · 백암
1860~1914	민영익 閔泳翊	문신 · 문인	우홍	운미 · 죽미
1861~1905	민영환 閔泳煥	문신 · 지사	문약	계정
1861~1922	손병희 孫秉熙	종교인 · 독립운동		의암
1861~1939	박영효 朴泳孝	관료 · 정치가	자순	춘고
1862~1916	이인직 李人稙	소설가		국초
1862~1931	조병준 趙秉準	독립운동가	유평	국동
1863~1916	나철 羅喆	종교가 · 독립운동가		홍암
1863~1939	남궁억 南宮憶	교육가 · 독립운동가	치만	한서
1863~1949	호머 B. 헐버트	교육가 · 독립운동가		
1864~1921	장지연 張志淵	언론인	화명	위암
1864~1930	이승훈 李昇薰	독립운동가		남강
1864~1951	서재필 徐載弼	독립운동가		송재
1864~1953	오세창 吳世昌	서예가 · 독립운동가	중명	위창
1866~1945	윤치호 尹致昊	문신 · 정치가		좌옹
1867~1932	이회영 李會榮	독립운동가		우당
1867~1944	권병덕 權秉德	독립운동가		청암 · 정암
1868~1912	이용구 李容九	친일정치가	대유	해산
1877~1946	홍진 洪震	독립운동가		만호
1868~1923	김교헌 金教獻	종교가 · 독립운동가	백유	무원
1868~1935	어윤적 魚允迪	학자 · 친일관료	치덕	혜재
1868~1942	김약연 金躍淵	독립운동가		규암
1868~1943	홍범도 洪範圖	독립운동가		여천
1869~1927	이해조 李海朝	소설가		동농 · 이열재
1869~1935	길선주 吉善宙	목사	윤열	영계
1869~1938	이세영 李世永	독립운동가	좌현	고광
1869~1940	이동녕 李東寧	독립운동가	봉소	석오 · 암산
1869~1942	이필주 李弼柱	독립운동가 · 목사		
1869~1943	이능화 李能和	학자	자현	간정 · 상현
1869~1953	이시영 李始榮	독립운동가 · 정치가	성옹	성재
1870~1917	이상설 李相卨	문신 · 독립운동	순오	보재
1870~1917	이준용 李埈鎔	친일 황족	경극	석정 · 송정

1870~1928	이지용 李址鎔	친일 문신	경천	향운
1871~1909	강일순 姜一淳	종교가	사옥	증산
1871~1938	양기탁 梁起鐸	독립운동가		우강
1873~1921	채기중 蔡基中	독립운동가	극오	소몽
1873~1935	이동휘 李東輝	독립운동가		성재
1873~1940	윤덕영 尹德榮	친일관료	중덕	벽수
1873~1964	함태영 咸台永	독립운동가 · 정치가		송암
1874~1905	이한응 李漢應	관료 · 지사	경천	국은
1874~1926	순종 純宗	27대왕		
1875~1926	노백린 盧伯麟	독립운동가		계원 · 진방
1875~1948	조성환 曺成煥	독립운동가		청사
1875~1954	김상정 金商玎	학자	명옥	한월당
1875~1965	이승만 李承晩	정치가		우남
1876~1914	주시경 周時經	한글학자		한힌샘
1876~1930	장인환 張仁煥	독립운동가		
1876~1949	김구 金九	독립운동가 · 정치가		백범
1877~1910	박에스더	의학자		
1877~1955	이강 李堈	왕자(의친왕)		만오
1878~1908	신돌석 申乭石	의병장		순경
1878~1937	김동삼 金東三	독립운동가		일송
1878~1938	안창호 安昌浩	독립운동가		도산
1878~1958	최린 崔麟	종교인 · 언론인		고우
1879~1910	안중근 安重根	독립운동가		
1879~1922	신규식 申圭植	독립운동가		예관 · 여서
1879~1927	안명근 安明根	독립운동가		
1879~1944	한용운 韓龍雲	승려 · 독립운동가		만해
1879~1950	유동열 柳東說	독립운동가		춘교
1879~1962	김창숙 金昌淑	유학자 · 독립운동가	문좌	심산 · 벽옹
1879~ ?	양주삼 梁柱三	목사		백사당
1880~1920	안태국 安泰國	독립운동가		동오
1880~1932	임치정 林蚩正	독립운동가		춘곡
1880~1936	신채호 申采浩	독립운동가		단생 · 단재
1881~1928	박용만 朴容萬	독립운동가		우성

1881~1945	차이석 車利錫	독립운동가		동암
1881~1950	김규식 金奎植	독립운동가 · 정치가		우사
1881~ ?	이중화 李重華	한글학자		동운
1882~1919	이시영 李始榮	독립운동가		우재
1882~1955	이수경 李壽卿	거문고 명인		송사
1883~1924	안무 安武	독립운동가		청전
1883~1950	조만식 曺晩植	독립운동가 · 정치가		고당
1883~1966	김시현 金始顯	독립운동가	구화	하구 · 학우
1883~1974	장건상 張建相	독립운동가 · 정치가		소해
1883~1979	박대륜 朴大輪	승려		법운
1884~1921	박상진 朴尙鎭	독립운동가		고헌
1884~1947	전명운 田明雲	독립운동가		
1885~1943	안희제 安熙濟	독립운동가		백산
1885~1963	김인식 金仁湜	음악교육가		
1885~1967	신숙 申肅	독립운동가 · 종교인		강재 · 시정
1885~1969	경봉 鏡峰	승려		
1886~1921	민원식 閔元植	언론인		정암 · 난곡
1886~1946	안확 安廓	국학자		자산 · 팔대수
1886~1947	여운형 呂運亨	독립운동가 · 정치가		몽양
1887~1944	한징 韓澄	한글학자 · 독립운동가		효창
1887~1945	송진우 宋鎭禹	언론인 · 정치가		고하
1887~1958	조용은 趙鏞殷	독립운동가		소앙
1887~1964	김병로 金炳魯	법조인 · 정치가		가인
1887~ ?	이위종 李瑋鍾	외교관 · 독립운동가		
1888~1939	문일평 文一平	사학자		호암
1888~1943	이윤재 李允宰	한글학자 · 독립운동가		환산 · 한뫼
1888~1957	지청천 池靑天	독립운동가 · 정치가		백산
1888~1963	박두성 朴斗星	교육가		송암
1888~1964	장도빈 張道斌	언론인 · 국사학자		산운
1888~1966	효봉 曉峰	승려		
1889~1930	김좌진 金佐鎭	독립운동가	명여	백야
1889~1960	김두봉 金枓奉	한글학자 · 독립운동가		백연
1889~1961	유종열 柳宗悅	예술가(본명 야나기 무네요시)		

1890~1923	김상옥 金相玉	독립운동가			한지
1890~1938	현익철 玄益哲	독립운동가			묵관
1890~1957	최남선 崔南善	문인·언론인	공육		육당·한샘
1890~1965	유시태 柳時泰	독립운동가·정치가			
1891~1944	김마리아 金瑪利亞	독립운동가			
1891~1955	김성수 金性洙	기업가·정치가			인촌
1891~1960	신성모 申性模	정치가			소창
1891~1965	안재홍 安在鴻	사학자·정치가			민세
1891~1973	박춘금 朴春琴	정치깡패			
1891~1977	허백련 許百鍊	화가			의재
1892~1926	나석주 羅錫疇	독립운동가			
1892~1950	이광수 李光洙	소설가			춘원
1892~1969	변영태 卞榮泰	정치가			일석
1892~1979	김은호 金殷鎬	화가			이당·양은
1893~1934	손승억 孫承億	독립운동가			태경
1893~ ?	정인보 鄭寅普	한학자·역사학자	경업		위당·담원
1893~ ?	현상윤 玄相允	교육가			
1894~1947	장덕수 張德秀	언론인·정치가			설산
1894~1956	신익희 申翼熙	독립운동가·정치가			해공
1894~1960	조병옥 趙炳玉	독립운동가·정치가			유석
1894~1963	오상순 吳相淳	시인			선운·공초
1894~1966	순정효황후 윤씨 純貞孝皇后 尹氏 (순종 황후)				
1894~1969	김윤경 金允經	한글학자			한결
1894~1970	최현배 崔鉉培	한글학자			외솔
1895~1930	장진홍 張鎭弘	독립운동가			
1895~1942	김익상 金益相	독립운동가			
1895~1960	황석우 黃錫禹	시인			상아탑
1895~1971	유일한 柳一韓	실업가			
1895~ ?	김억 金億	시인			안서
1896~1934	양세봉 梁世奉	독립운동가			벽해
1896~1934	백정기 白貞基	독립운동가			구파
1896~1947	유억겸 俞億兼	교육가			
1896~1948	나혜석 羅蕙錫	화가·소설가			정월

1896~1960	이기붕 李起鵬	정치가	만송
1896~1985	백낙준 白樂濬	교육자 · 정치가	용재
1896~1989	이희승 李熙昇	국어학자	일석
1896~1989	이병도 李丙燾	역사학자	두계
1897~1926	윤심덕 尹心悳	성악가 · 배우	수선
1897~1963	염상섭 廉想涉	소설가	횡보
1897~1970	이은 李垠	왕자(영친왕)	명휘
1897~1972	이상범 李象範	화가	청전
1897~1990	윤보선 尹潽善	정치가	해위
1898~1941	홍난파 洪蘭坡	음악가	
1898~1958	김원봉 金元鳳	독립운동가 · 정치가	약산
1898~1959	우장춘 禹長春	육종학자	
1898~1961	변영로 卞榮魯	시인	수주
1899~1931	방정환 方定煥	아동문학가	소파
1899~1959	조봉암 曺奉岩	정치가	죽산
1899~1964	김법린 金法麟	승려 · 독립운동가	범산
1899~1966	고병간 高秉幹	의사 · 교육가	영서
1899~1966	장면 張勉	정치가	운석
1899~1970	김활란 金活蘭	교육가	우월
1899~1978	정구영 鄭求瑛	법조인 · 정치가	청남
1900~1932	이봉창 李奉昌	독립운동가	
1900~1943	현진건 玄鎭健	소설가	빙허
1900~1947	홍사용 洪思容	시인	노작 · 소아
1900~1951	김동인 金東仁	소설가	금동 · 춘사
1900~1955	박헌영 朴憲永	공산주의 운동가	
1900~1972	이범석 李範奭	독립운동가 · 군인	철기
1900~ ?	손진태 孫晋泰	민속학자 · 국사학자	남창
1901~1932	최학송 崔鶴松	소설가	서해 · 설봉
1901~1936	심훈 沈熏	소설가	해풍
1901~1943	이상화 李相和	시인	무량 · 상화
1901~1945	김교신 金敎臣	종교인 · 교육가	
1901~1953	채동선 蔡東鮮	작곡가	
1901~1962	김말봉 金末峰	소설가	

1901~1964	박승희 朴勝喜	극작가	춘강
1901~1981	박종화 朴鍾和	시인 · 소설가	월탄
1901~1984	노기남 盧基南	주교	
1901~ ?	박영희 朴英熙	시인 · 소설가	회월 · 송은
1902~1920	유관순 柳寬順	독립운동가	
1902~1926	나도향 羅稻香	소설가	
1902~1935	김소월 金素月	시인	
1902~1937	나운규 羅雲奎	영화인	춘사
1902~1950	채만식 蔡萬植	소설가	백릉
1902~1960	현제명 玄濟明	음악가	현석
1902~1971	청담 靑潭	승려	
1902~1974	박열 朴烈	독립운동가	
1902~1992	이태규 李泰圭	화학자	
1903~1950	김영랑 金永郎	시인	
1903~1966	장기원 張起元	수학자	
1903~1976	박종홍 朴鍾鴻	교육가	열암
1903~1977	양주동 梁柱東	시인 · 학자	무애
1903~1982	이은상 李殷相	시인 · 시조시인	노산
1903~1985	김기진 金基鎭	시인 · 문필가	팔봉
1903~1994	박흥식 朴興植	기업가	
1904~1938	박용철 朴龍喆	시인	용아
1904~1944	이육사 李陸史	시인 · 독립운동가	
1904~1961	계용묵 桂鎔默	소설가	
1904~1963	이양하 李敭河	학자 · 수필가	
1904~1966	이상백 李相佰	학자 · 체육인	상백
1904~1976	조윤제 趙潤濟	국문학자	도남
1905~1944	이재유 李載裕	사회주의 운동가	
1905~1954	이영민 李榮敏	체육인	
1905~1966	마해송 馬海松	아동문학가	
1905~1974	유진산 柳珍山	정치가	옥계
1905~1974	유치진 柳致眞	연극인	동랑
1906~1962	전형필 全鎣弼	문화재 수집가	간송
1906~1965	안익태 安益泰	작곡가	

1906~1987	유진오 俞鎭午	법조인 · 정치가	현민
1907~1942	이효석 李孝石	소설가	가산
1908~1932	윤봉길 尹奉吉	독립운동가	매헌
1908~1937	김유정 金裕貞	소설가	
1908~1950	석주명 石宙明	곤충학자	
1908~1960	이무영 李無影	소설가	
1908~1964	최재서 崔載瑞	소설가 · 평론가	석경우
1908~1967	유치환 柳致環	시인	청마
1908~ ?	김진섭 金晉燮	학자 · 수필가	청천
1909~1935	최용신 崔容信	농촌운동가	
1909~1957	김내성 金來成	소설가	아인
1910~1937	이상 李箱	시인 · 소설가	
1910~1987	이병철 李秉喆	사업가	호암
1911~1957	노천명 盧天命	시인	
1911~1975	김유택 金裕澤	경제인 · 정치가	소파
1911~1995	장기려 張起呂	의학자	성산
1912~1993	성철 性徹	승려	퇴옹
1912~1994	김일성 金日成	공산주의 정치가	
1913~1966	박계주 朴啓周	소설가	서운
1913~1995	김동리 金東里	소설가	
1913~2009	김동진 金東振	작곡가	
1914~1965	박수근 朴壽根	화가	미석
1914~1974	홍이섭 洪以燮	역사학자	
1915~1963	강소천 姜小泉	아동문학가	
1915~1965	김홍섭 金洪燮	법조인 · 종교인	
1915~1978	박목월 朴木月	시인	
1915~2000	황순원 黃順元	소설가	만강
1915~2000	서정주 徐廷柱	시인	미당
1915~2001	정주영 鄭周永	사업가	아산
1916~1956	이중섭 李仲燮	화가	대향
1916~1977	장기영 張基榮	사업가 · 언론인	백상
1916~1989	이해랑 李海浪	연극인	
1916~1998	박두진 朴斗鎭	시인	혜산

1917~1945	윤동주 尹東柱	시인	
1917~1979	박정희 朴正熙	군인 · 정치가	중수
1917~1995	윤이상 尹伊桑	작곡가	
1918~1975	장준하 張俊河	독립운동가 · 정치가	
1919~2006	최규하 崔圭夏	외교가 · 정치가	현석
1920~1968	조지훈 趙芝薰	시인	
1922~1973	권진규 權鎭圭	조각가	
1922~2009	김수환 金壽煥	추기경	
1924~2009	김대중 金大中	정치가	후광
1926~2008	박경리 朴景利	소설가	
1926~2018	김종필 金鍾泌	군인 · 정치가	운정
1927~2015	김영삼 金泳三	정치가	거산
1931~1986	김수근 金壽根	건축가	
1932~2010	법정 法頂	승려 · 수필가	
1937~2007	권정생 權正生	아동문학가	
1937~2018	신성일 申星一	영화배우	

사진 출처

문화재청
문화재청 <국가문화유산포털>
국립중앙박물관 <e 뮤지엄>
국립고궁박물관
한국학중앙연구원 <한국민족문화대백과사전>
서울역사박물관
송파구청

최 종 수

서울에서 태어나고 자랐다. 모든 창작과 학문은 기본이 중요하며, 원리는 다 마찬가지라고 생각하고 있다. 지은 책으로 장편소설 <가을빛에 지다><기다림의 조건>과 인문서적 <서울이 보고 싶다><한국사 연대표><WQ EQ IQ 테스트> 등이 있다.

한국사 연대표

초판 인쇄	2021년 12월 20일
초판 발행	2021년 12월 30일
지은이	최종수
발행처	역민사
등록	제 10-0082호
주소	서울 은평구 연서로 46길 7
전화	02-2274-9411
이메일	ymsbpcjs@naver.com
인쇄 · 제책	영신사
디자인	디자인 KM
copyright	ⓒ2021 최종수
ISBN	978-89-85154-49-9 93910
값	15,000원